Anna-Maria Benz

„Freiheit oder Tod“

Harriet Tubman (geb. Araminta Ross; um 1820-1913) Afroamerikanische Freiheitskämpferin

Verlag Edition AV

„Freiheit oder Tod“

Reihe: Widerständige Frauen - Band 9

Cip-Titelaufnahme der deutschen Bibliothek:
Benz, Anna-Maria; „Freiheit oder Tod". Harriet Tubman (geb. Araminta Ross; um 1820-1913), Afroamerikanische Freiheitskämpferin
Reihe Widerständige Frauen - Band 8
Auflage 2; Verlag Edition AV
ISBN: 978-3-86841-022-8

1. Auflage 2009
2. Auflage 2024

Umschlag: Andreas W. Hohmann mit einem Bild von L. Shamir (nach einem Bild von Marlen Gist)
Satz und Buchgestaltung: Andreas W. Hohmann
Druck: Druckerei Kleb GmbH / Wangen im Allgäu

Printed in Germany

ISBN 978-3-86841-022-8

„... ein Geschichtsbegriff, der neben anderen Lügen, darauf besteht, daß die Opfer keine Geschichte haben."

(Herbert Aptheker)

Inhalt

Die gejagten Jäger

Die Begebenheit mutet an wie der Höhepunkt eines Thrillers über Menschenjagd: ein gefangener schwarzer Mann, der sich zuvor durch Flucht selbst befreit hatte, wird von seinen Häschern vor Gericht geführt. Der Agent des Masters ist zufrieden. Der Hammer des Richters saust mit einem dramatischen Knall auf den Tisch. Die Jäger wollen das Gericht mit ihrer gefesselten Beute verlassen. Doch diese Geschichte endet anders, als sie sich das gedacht haben.

Sie verlieren ihre Beute. Es ist der Nachmittag des 27. April 1860: Ein hochgewachsener Mulatte namens Charles Nalle steht trotzig vor Miles Beach, dem Untersuchungsrichter der Vereinigten Staaten. Die Bestätigung, daß die Gefangenname des Flüchtigen rechtens sei, findet in einem Gerichtsgebäude in Troy, New York, statt. Der Flüchtige ist umringt von einer Gruppe wachsamer Rechtsanwälte, Gerichtsdiener und bewaffneter US-Marshals, außerdem Henry J. Wall, ein Agent von der Pflanzung in Virginia. Die Marshals und Wall beendeten soeben die Beweisaufnahme gegen Nalle, um ihn in die Sklaverei zurückzuschicken. Zwei Jahre zuvor war er erfolgreich aus Virginia geflohen und war unterwegs in den – gar nicht so sicheren – Norden.

Doch an diesem Frühlingsnachmittag, 500 Meilen entfernt vom nächsten Sklavenhalterstaat, muß Nalle befürchten, für immer ein Sklave zu sein. Im Jahre 1850 war der „Fugitive Slave Act" (Gesetz über flüchtige Sklaven) verabschiedet worden; dieses Gesetz besagt, daß der Sklave auch in einem freien Staat weiterhin seinem Besitzer gehört. Die US-Regierung ist somit per Gesetz dazu verpflichtet, einen gefangenen Flüchtling in die Sklaverei zurückzubringen.

Während draußen der Lärm von Stimmen zu hören ist und die Menge in den Flur einzudringen droht, gibt Untersuchungsrichter Beach seine abschreckende Entscheidung bekannt: Nalle muß Wall übergeben und zu seinem Master im Süden zurückgebracht werden.

Nalle starrt zum Fenster. Draußen, von den Straßen, starren Augen zu ihm: Dort stehen mehr als tausend Menschen, schwarze und weiße, Frauen und Männer. Nalle weiß, daß in Troy, wie in den meisten Städten des Nordens, zahlreiche Gegner/INNEN der Sklaverei leben. Einige von ihnen wären bereit, die Sklaverei im Rahmen der Gesetze und friedlich zu beenden. Andere sind entschlossen, notfalls Gewalt anzuwenden, um Versklavte zu befreien.

Nalle macht einen verzweifelten Satz zum Fenster, um herauszuspringen. Er hätte es beinahe geschafft, doch die Marshals packen ihn an den Armen und zerren ihn zurück in den Gerichtssaal. In diesem Moment muß ihm die Freiheit wie ein unerfüllbarer Traum erschienen sein. Selbst wenn die Menge draußen bereit gewesen wäre, ihm zu helfen, wie sollte sie das bewerkstelligen? Er ist von schwerbewaffneten Männern umstanden; in seiner Nähe sind weder Freunde noch Verbündete. Das einzige schwarze Gesicht gehört einer Zuschauerin, einer zusammengekrümmten alten Frau, die einen Schal und einen Hut trägt und einen Korb bei sich hat. Die Wachen hatten sie vielleicht aus Mitleid eingelassen. Doch was kann eine alte Frau schon ausrichten?

Plötzlich ruft jemand aus der Menge eine Frage, die bis in den Gerichtssaal zu hören ist: „Wieviel Geld verlangt der Agent, damit Nalle freikommt?"

„Zwölfhundert Dollar", erwidert Wall.

Hastig werden Geldbörsen geöffnet und Hüte herumgeschickt. Wenige Minuten später verkünden die Zuschauer, daß sie das Geld für Nalles Freiheit beisammen haben. Agent Wall verkündet, 1500 Dollars haben zu wollen. Ein lauter, wütender Schrei ist zu hören. Man begreift: Der Sklavenjäger verspottet uns; er will gar nicht, daß Nalle freikommt.

Die Abolitionisten (Gegner der Sklaverei) hatten versucht, Nalle zu befreien, doch es war ihnen nicht geglückt. Nun können sie nichts mehr tun. Die Anhörung ist vorbei; nun würde Nalle in Ketten in den Süden verfrachtet werden, wie ein widerspenstiges Pferd oder eine Kuh.

Wachmannschaften fesseln Nalles Hände und schubsen ihn die Treppen hinunter. In der Nähe des Eingangs drängen die Männer die alte Frau zur Seite, die still in der Nähe gestanden hatte. Doch kaum sind sie an ihr vorbeigegangen, reißt sie sich den Sonnenhut vom Kopf und schreit: „Hier kommt er. Nehmt ihn!"

Die Menge brandet vorwärts zu Nalle und seinen Bewachern, die jetzt an der untersten Stufe des Gerichtsgebäudes angelangt sind. Die Marshals erheben ihre Knüppel, doch die zornige Menge läßt sich nicht abhalten. Dann, - „wie ein Rachengel" - verwandelt sich die „alte Frau": Ohne Schal, ohne Korb und ohne vornüber gebeugt zu sein, offenbart sie sich als eher kleingewachsene, sehr dunkelhäutige Frau um die Vierzig. „Ihre Augen sind leuchtend, sogar wild; ihre Arme sind muskulös, ihre Fäuste zupackend."[1] Die Marshals ducken sich, als die Frau auf sie zustürzt, sie erbittert boxt und schlägt und mit aller Lungenkraft schreit.

„Zieht ihn zum Fluß", ruft sie, „ersäuft ihn! Aber laßt nicht zu, daß sie ihn bekommen!" Dann, berichtet ein Augenzeuge, schlägt sie „wie eine Wildkatze" auf Nalles Bewacher ein und schlingt ihre Arm fest um den Gefesselten. Mit einem Ruck entreißt sie Nalle dem zweiten Bewacher und zerrt Nalle durch die Menge bis zum Fluß. Die Marshals dreschen auf Nalle und seine Retterin mit Fäusten und Knüppeln ein, aber die Frau gibt nicht auf. Die Menge schließt sich um die beiden.

Die *Troy Whig* beschreibt die Szene als „regelrechtes Schlachtfeld." In der „wogenden Menschenmenge", schreibt die Zeitung, „war das Ziehen, Zerren, Prügeln Beweis wütender Anstrengungen seitens der Retter und eines harten Widerstands seitens der Pfleger des Gesetzes."[2] Die Straße ist „erfüllt von Schreien, Flüchen und dem Geruch von Schießpulver."

„Im Handgemenge", berichtet später ein örtlicher Rechtsanwalt, „wurde die kleine schwarze Frau wiederholt von Polizeiknüppeln auf den Kopf geschlagen, doch sie lockerte nicht einen einzigen Augenblick ihren Griff, und sie ermutigte Nalle und seine Freunde mit ihrer Stimme, sie kämpfte mit den Polizeibeamten, die wirklich während ihres Einsatzes völlig erschöpft wurden; und Nalle wurde von ihnen getrennt. Zweifellos hatte sie starke und entschlossene Helfer an ihrer Seite, einige von ihnen hatten weiße Gesichter und doch menschlich fühlende Herzen; sie sind nun im Himmel. Doch sie setzte sich furchtlos dem rasenden Zorn der Sympathisanten der Sklaverei aus und ertrug ihre Schläge ohne vor ihnen zu weichen."[3]

Schließlich gelingt es der Menge, den immer noch gefesselten Nalle von seinen Jägern fortzuziehen. Sie drängen den blutenden und völlig benommenen Flüchtling zum Flußufer und schieben ihn in ein wartendes Ruderboot. Als der Ruderer sich vom Ufer entfernt, geht die schwarze Frau, zusammen mit 400 Verbündeten, an Bord einer Dampffähre und folgt dem Ruderboot.

Doch weitere Marshals, telegraphisch alarmiert, erwarten die Gruppe auf dem Fluß. Es gelingt ihnen, Nalle zu ergreifen und in ein Haus einzuschließen; an jedes Fenster wird eine bewaffnete Wache gestellt. Unbeeindruckt davon beginnen die Frau und ihre Freunde, große Steine gegen die Fenster des behelfsmäßigen Gefängnisses zu schleudern. Diesen Ausfall erwidert der Marshall mit Gewehrfeuer, und die Menge verbirgt sich. Dann schreit jemand: „Wer hat Angst? Sie können höchstens ein Dutzend von uns umbringen. Also los!"

Begierig zu kämpfen, erhebt sich ein hochgewachsener Schwarzer, geht zu dem Haus und tritt die Tür ein. Die Marshals werfen ihn rasch mit einer Axt zu Boden, aber sein Körper hält die Tür offen, und die Abolitionisten stürmen das Gebäude. Starke Hände ergreifen Nalle, tragen ihn nach draußen und setzen ihn in einen Zug, der nach Norden rollt und den ehemaligen Sklaven nach Kanada bringt, in eine sichere Freiheit. Inzwischen zerstreut sich die Menge; auch die schwarze Frau gerät außer Sicht.

Als der Befreite zurückblickt, fragt er nach der Frau, die seine Rettung geleitet hatte. Nalles Begleiter erzählen ihm, daß sie sich versteckt hält, weil ein hohes Kopfgeld auf ihre Ergreifung ausgesetzt ist – nach ihr wird von Bevollmächtigten sowohl im Norden als auch im Süden gefahndet, weil sie die Befreiung Versklavter tatkräftig unterstützt hat. Die meisten kennen sie nur unter dem Namen „Moses" (was unter den Kopfgeldjägern und Plantagenbesitzern zu einiger Verwirrung führte, weil sie nach einem Mann suchen), doch ihr richtiger Name ist Harriet Tubman. Ihr Name als „Conductor" (Führer; Schaffner: ein verschlüsselter Begriff aus der Welt der Eisenbahn), der seine „Passagiere" von „Station" zu Station" (das bedeutet: sicheres Haus) in Sicherheit und Freiheit führt, erinnert an den biblischen Freiheitskämpfer, der sein Volk aus der ägyptischen Knechtschaft befreite und in das von Gott verheißene Land führte – eine dramatische und erregende Saga, die die Juden jedes Jahr zu Pessach feiern und in eigenen Riten re-inszenieren und so als ein gegenwärtiges Geschehen nachvollziehen. Ein zweiter großer Moses ist der Gelehrte und Arzt Moses Maimonides, der das jüdische Denken vieler Generationen beeinflußte. Harriet Tubman ist ein dritter Moses - nicht der Juden, doch eines anderen, gleichfalls unterdrückten Volkes. Für sie ist der Süden der USA identisch mit dem Ägypten der Israeliten. Harriet Tubman hat wahrscheinlich mehr Menschen als jede andere Person – schwarz oder weiß – männlich oder weiblich – aus der Knechtschaft ins Gelobte Land der Freiheit geführt.

Eine Heroin Amerikas

Sie gehört weder zu den Vergessenen noch zu den Übersehenen oder den Geringgeschätzten einer patriarchalisch orientierten Geschichtsschreibung, die Erinnerung an ihre mutigen Taten wurde in den USA im Gegenteil immer lebendig gehalten – gerade weil sie zu einer mißachteten Menschengruppe gehört: Sie ist eine schwarze Sklavin, die sich – wie ihr Freund Frederick Douglass – selbst befreit hat: Sie floh aus der Sklaverei. Doch damit nicht genug, befreite sie zahlreiche Menschen und riskierte dabei jedes Mal ihr eigenes Leben. In Amerika kennt sie jedes Schulkind. Eine ihrer ersten Biographinnen, Sarah Hopkins Bradford, vergleicht sie 1869 „ohne Übertreibung" mit Frauen wie Jeanne d´Arc oder Florence Nightingale; und mit angemessenem Pathos fährt sie fort: „Doch keine dieser Frauen zeigte mehr Mut und Kraft der Beständigkeit in der Begegnung mit Gefahr und drohendem Tod, um menschliches Leid zu mildern, als diese Frau in ihren heroischen und erfolgreichen Bemühungen, all diejenigen zu erreichen und zu retten, die der leidenden Rasse angehören, und Führerin zu sein vom Land der Sklaverei ins versprochene Land der Freiheit."[4] Eine andere zeitgenössische Biographin, Edna Cheney, bezeichnet sie 1865 als „die bemerkenswerteste Frau ihres Zeitalters." Denn „sie hat mehr wundervolle Taten geleistet (…) als jeder andere." Sie ist „unter verschiedenen Namen bekannt, die ihr ein ereignisreiches Leben gab: Harriet Garrison, General Tubman usw., aber den Sklaven ist sie unter dem wohlverdienten Namen Moses bekannt – Moses der Befreier."[5] Samuel J. May, der 1861 eine Monographie über die Antisklaverei-Bewegung veröffentlicht, erklärt, daß Tubman „den ersten Platz unter den Heroinnen Amerikas"[6] verdiene. Ähnlich ist die Einschätzung Earl Conrads ein knappes Jahrhundert später: Für ihn ist Tubman sowohl eine „Pionierin ihres Geschlechts als auch für die Nation der Neger."[7] Für den militanten weißen Freiheitskämpfer John Brown (mit dem sie zusammen arbeitete) war sie „the most of a man, naturally, that I ever met with."[8] Bei einer ersten persönlichen Begegnung im April 1858 schüttelte Brown ihr dreimal die Hand und erklärte: „Der erste, den ich sehe, ist General Tubman, der zweite ist General Tubman, und der dritte ist General Tubman."[9] Als er sich von ihr verabschiedete, nannte er sie wieder dreimal „General." Und als er sie später dem bekannten Bostoner Abolitionisten (d. h. Gegner der Sklaverei) und Redner Wendell Phillips vorstellte, sagte er: „Mr. Phillips, ich bringe Ihnen eine der besten und tapfersten Personen auf diesem Kontinent – General Tubman, wie wir sie nennen."[10] Einer ihrer eifrigsten Verehrer ist auch William Henry Seward, 1839 bis 1843 Gouverneur von New York, 1849 bis 1861 US-Senator und 1861 bis 1869 Staatssekretär. „Ich kenne sie seit langem", schreibt er, „und ein noblerer, hochherzigerer Geist oder ein wahrhaftigerer wohnt selten in menschlicher Gestalt."[11] Ein anderer Zeitgenosse (dessen Name nicht überliefert ist) nennt sie einen „militärische(n) Genius."[12] Und für den kämpferischen Geistlichen Thomas Wentworth Higginson ist Tubman „die größte Heldin des Zeitalters." Higginson wird später einer der eifrigsten Befürworter für kämpfende schwarze Truppen im Bürgerkrieg sein.[13]

Keine Erörterung über die Geschichte des Widerstands gegen die Sklaverei ist vollständig, wenn wir den Anteil der Frauen unterschlagen. Ein Toussaint L`Ouverture, ein Gabriel Prosser, ein Denmark Vesey oder Nat Turner (Frederick Douglass nennt ihn respektvoll Nathaniel Turner) kann sich aufgrund der Gewalttätigkeit des Widerstands leicht ins Gedächtnis einer patriarchalisch orientierten Geschichtsschreibung einprägen; - überzeugender sind Frauen wie Sojourner Truth (um 1798-1883) oder Harriet Tubman, dieser „glühende Vulkan des Widerstands",[14] wie Conrad 1942 bewundernd schreibt. Wir haben aber auch gesehen, daß Harriet vor körperlicher Gewalt nicht zurückscheute. Sie war couragiert – moralisch *und* physisch.

Der Anfang ihres Lebens verlief auf die für die meisten Sklavinnen typischen Weise: Hunger, schwere Mißhandlungen, Schläge, Verkauf von Familienangehörigen, ein ständiges Hintergrundrauschen der Bedrohung. Selbst ein Stück Vieh wird besser aufgezogen. Während „des gesamten Bürgerkriegs" ließ ihr Kampf gegen die Sklaverei „nicht nach, und bis heute genießt sie den Ruf, die einzige Frau zu sein, die jemals Truppen im Krieg anführte."[15] Neben Sojourner Truth zählt sie zu den bekanntesten und einflußreichsten Frauen Amerikas. Beide kämpften für soziale Gerechtigkeit und für die Befreiung der Sklavinnen und Sklaven, für die Rechte der Frauen und Armen. Und beide Frauen hatten nie eine reguläre Ausbildung erhalten, konnten weder lesen noch schreiben, entwickelten aber eigene, revolutionäre Ideen – und setzten sie auf eigene Weise in die Tat um. Sojourner Truth war Predigerin und Sängerin; auch Tubman setzte ihre als schön gepriesene Stimme ein, um im Verborgenen die Sklaven von ihrer Gegenwart in Kenntnis zu setzen und zur Flucht zu ermutigen. Sie gilt als erfolgreichster „Conductor" der „Underground Railroad"

(„Untergrundbahn"), einer aus weißen Quäkern, freien und versklavten Schwarzen bestehenden Untergrundorganisation, die es sich zur Aufgabe gemacht hat, Menschen aus der Sklaverei zu befreien und notfalls bis nach Kanada zu bringen, um sie vor dem Übergriff ihrer ehemaligen Besitzer zu schützen – ein hochriskantes Unternehmen, denn sowohl die Führer/INNEN der Flüchtlingsgruppen als auch die „Stationer" (Inhaber sicherer Häuser, die Flüchtlinge versteckten und sie mit Kleidung, Proviant und Geld unterstützten) mußten im Fall der Entdeckung mit der Todesstrafe rechnen; allein auf Tubman war eine Kopfprämie von 12.000, später von 40.000 US-Dollar ausgesetzt. Doch nichts und niemand konnte sie daran hindern, zu tun, was sie für richtig hielt; auch ihre Familie rettete sie und brachte sie in den sicheren Norden.

Erste biographische Skizzen schrieben 1856 Benjamin Drew[16] und 1865 Ednah (Dow) Cheney[17] und Franklin B. Sanborn,[18] Freiheitskämpfer für die Schwarzen und Herausgeber des abolitionistischen Blatts „Boston Commonwealth." Sanborn setzte Maßstäbe für spätere Biograph/INNen, als er vom „Drama" von Tubmans Lebensgeschichte sprach und von ihrer „Macht" schrieb, die „Nation aufzurütteln, die so lange schwerhörig gegenüber ihren Schreien war."[19] Eine erste Biographin, die seit 1869 mehrere Bücher[20] über Tubman schieb, ist Sarah Bradford, durch die Tubman praktisch über Nacht im ganzen Land bekannt wurde; und es ist, schreibt Kate Clifford Larson, Sarah Bradford gewesen, die für Tubmans Leben und Taten ein dauerndes Bewußtsein in Amerika schuf. Das Honorar ihrer Bücher, die auf Gesprächen mit Tubman basieren, gab Bradford dieser, damit sie ihr Heim für Waisen und hilfsbedürftige alte Menschen finanzieren konnte (*The Harriet Tubman Home for Indigent Aged Negroes*). Die insgesamt drei biographischen Arbeiten Bradfords, eine hastig zusammengestellte „Patchwork Collection"[21] von Geschichten, die auf dokumentarischem Material basieren, enthalten fast alle wichtigen Fakten über Tubmans Aktivitäten in der „Untergrundbahn." Diese Organisation wurde so genannt, weil alle Aktivitäten im Geheimen stattfanden und Begriffe aus der Eisenbahn zur Steuerung des Systems benutzt wurden. So stand beispielsweise eine „Station" in der Sprache der Guerillas für ein sicheres Haus, ein „Conductor" (Harriet Tubman war der erfolgreichste und bekannteste) war ein Führer, der/die Entflohenen in den sicheren Norden brachte. Das System erstreckte sich vom Norden über Ohio und Indiana bis New York und New England im Osten.

Obwohl die vier genannten Biographen z. T. von rassistischen Vorurteilen beeinflußt waren und auch das „fehlerhafte" Englisch Tubmans verfälschten und „korrigierten", haben ihre Texte den Vorzug, aus erster Hand, d. h. auf Gesprächen basierend über das Leben der Freiheitskämpferin zu berichten. Tubman äußerte Ednah Cheney gegenüber die Absicht, ihr Leben gern selbst aufschreiben zu wollen, doch es ist nie dazu gekommen.

1871 publiziert William Still, selbst einer der berühmtesten farbigen Untergrund-Agenten seiner Zeit und Mitglied sowohl eines (ungesetzlichen) Ausschusses zu politischer und rechtlicher Selbsthilfe („vigilance committee") in Philadelphia als auch der Antisklaverei-Gesellschaft in Pennsylvania, eine Dokumentation über die „Untergrundbahn", die Tubmans bedeutende Rolle in dieser Geheimorganisation gebührend hervorhob.[22]

Earl Conrad veröffentlichte in den 40er Jahren – trotz enormer Widerstände in der Verlagswelt - mehrere Texte und Skizzen über Tubman und 1943 eine dickleibige Biographie, die mehrere Auflagen erfuhr.[23] Fachleuten gilt er lange Zeit als *die* Autorität der Tubman-Biographik und beeinflußte maßgeblich die nach ihm folgenden Arbeiten; sein Buch ist immer noch lesenswert. Conrad wuchs in Auburn auf, wo er als kleiner Junge Tubman persönlich begegnete.

Etliche Biographien der Freiheitskämpferin wurden speziell für Kinder und Jugendliche geschrieben; die heute noch bekanntesten (und immer noch lesenswerten, da eingängig geschrieben, wenngleich voller sachlicher Fehler) sind diejenigen von Ann Petry.[24] Der Biograph Thomas Garretts, James A. McGowan, gesteht, daß es die Biographie Petrys war, die ihn auf die Fährte ihres Freundes und Mentors geführt hat. Vor allem aber war für ihn Petrys Buch „wirklich die Einführung in ernsthafte Geschichte der Schwarzen."[25] Tubman ist eine der bedeutendsten Führungspersönlichkeiten der Schwarzen im Kampf um Freiheit und gleichberechtigte Teinahme am gesellschaftlichen Leben der USA – 100 Jahre vor Martin Luther King.

In den 60er und 70er Jahren des 20. Jahrhunderts wird sie für eine Generation schwarzer US-Bürger/INNEN – die zwar endlich frei, aber immer noch Menschen zweiter Klasse sind – eine beispielhafte Gestalt weiblicher Würde und militanten Widerstands gegenüber rassistischer Tyrannei, voller Kraft, Mut und Selbstermächtigung:

Für Autor/INNen wie z. B. die schwarze Feministin Angela Davis ist Harriet Tubman darum eine „außergewöhnliche Persönlichkeit." Zugleich betont Davis, daß das, was Tubman besonders auszeichnete – „Kraft und Ausdauer" – etwas ist, das „so viele andere Frauen ihrer Rasse ebenfalls erworben hatten." Tubman ist als Schwarze und als Frau gleichermaßen Vorbild: „Die schwarzen Frauen waren in der erlittenen Unterdrückung ihren Männern gleich; sie waren innerhalb der Sklavengesellschaft ihren Männern gesellschaftlich gleich, und sie widersetzten sich der Sklaverei ebenso leidenschaftlich wie ihre Männer. Dies ist eine der größten Ironien des Sklavensystems: Durch die Unterwerfung der Frauen unter die schlimmste Ausbeutung, die vorstellbar ist, eine Ausbeutung, die sich nicht um geschlechtliche Unterschiede scherte, wurde die Grundlage geschaffen, auf der sich die schwarzen Frauen nicht nur ihrer gesellschaftlichen Gleichheit gewiß werden, sondern sie auch durch Widerstandshandlungen zum Ausdruck bringen konnten."[26]

Das Interesse an Tubmans beispielhaftem Weg und ihrem Freiheitskampf erlosch auch in jüngster Zeit nicht; im Gegenteil: Sarah Bradfords „The Moses of Her People" wurde 1993 neu aufgelegt und auch die Wissenschaft hat sie immer wieder zum Thema der Forschung gemacht. Gleichfalls 1993 wird ihr in der zweibändigen Enzyklopädie „Black Women in America" ein umfangreicher Artikel gewidmet.[27] 1991 publiziert M. W. Taylor eine informative und reichillustrierte Biographie Harriet Tubmans in der Serie „Black Americans of Achievement". Die schmale Monographie ist sowohl für Jugendliche geeignet – als auch für diejenigen deutschen Leser/INNEN, deren Englischkurse nicht allzu weit zurückliegen. Die beiden jüngsten Biographien sind diejenigen von Humez und Larson.[28] Im deutschsprachigen Raum dagegen ist sie nicht bekannt; es existiert lediglich eine knappe biographische Skizze in einer von der feministischen Linguistin Luise F. Pusch betreuten Buchreihe.[29] Das ist eigentlich nicht verwunderlich, denn nirgendwo sonst in der Sphäre der lateinischen Christenheit spielen Sklaverei und sklavereiartige Formen als historische Erfahrung eine geringere Rolle als in Deutschland, dem einzigen großen Land ohne frühneuzeitliche Kolonialvergangenheit. Folglich fehlt heute der Stachel von Gedächtnis und Erinnerung, der immer mehr das öffentliche Geschichtsinteresse und zum Teil auch die Aufmerksamkeit der Historiker leitet. Andernorts gewinnt gerade aus diesem Grunde das Thema Sklaverei an politischer Bedeutung.

„Im April 1997 entschuldigte sich der amerikanische Präsident Bill Clinton in Uganda für das Unrecht des Sklavenhandels. Die französische Nationalversammlung beschloß im Frühjahr 1999 ein Gesetz, das einen Gedenktag an die Sklaverei vorsieht und diese zum Pflichtpensum des Geschichtsunterrichts erhebt."[30] Der nigerianische Nobelpreisträger Wole Soyinka erinnerte an „eine bis heute ungesühnte Vergangenheit" und beklagte „das Scheitern des europäischen Humanismus schon Jahrhunderte vor dem Holocaust" und verlangte als Wiedergutmachung und „Beweis für eine innere moralische Reinigung" der Europäer zumindest die Rückgabe eines Großteils der einst in Afrika erbeuteten Kunstschätze, wenn nicht sogar weitergehende Reparationen.[31] Sollte die Menschenrechtskommission der UN den wiederholten Anträgen Israels, Kubas und Senegals folgen und die Sklaverei zum Verbrechen gegen die Menschlichkeit erklären, wird mit Reparationsklagen gegen ehemalige Händler- und Sklavenhalternationen zu rechnen sein. Deutschland betrifft dies alles nicht. Es hat für andere Untaten zu büßen und zu haften. Überseeische Sklaven hat es nicht gehalten. Das Thema „Geschichte der Sklaverei" wird mit der Geschichte der beiden Amerika – USA und Brasilien – in Verbindung gebracht, - auch wenn Sklaverei – einschließlich Zwangsprostitution - nach wie vor existiert und ein weltweites Problem ist, wie die Studie von Kevin Bales[32] in erschreckender Weise belegt. Und: auch wenn die Sklaverei im atlantischen Raum und in Rußland im 19. Jahrhundert eine Tatsache war, so bedeuten die Gewaltregime des 20. Jahrhunderts nichts anderes als gigantische Systeme von Staatssklaverei. Auch deshalb geht uns Deutsche das Thema „Sklaverei" etwas an – und eine Frau wie Harriet Tubman, die die Sklavokratie zehn Jahre lang bekämpfte. Ihre geheimen Fahrten in die Südstaaten, um Menschen zu befreien und in ein freies Amerika oder nach Kanada zu bringen, machen sie seit 130 Jahren unsterblich im Gedächtnis nicht nur der schwarzen US-Bürger. Zugleich wurde sie zu einem Mythos, hinter dem die reale Harriet Tubman zu verschwinden droht, wie Larson fürchtet.[33] Zeit also für uns, ihr Leben neu zu erzählen. Auch im 21. Jahrhundert sind wir immer noch von der „berühmtesten afroamerikanischen Heldin inspiriert", schreibt Humez. Das Bild, das schwarze Frauen heute von ihr haben, mag Tubmans Absichten und Persönlichkeit noch am ehesten entsprechen: Militante und entschlossene Widerständigkeit gegen jede Form von Unterdrückung und ein Wissen um weibliche Würde, Kraft und Autorität.

Ihre Lebensgeschichte wurde sowohl von weißen als auch von schwarzen Biograph/INNen erzählt, und zwar verstanden als Teil der Anstrengung, eine Geschichte vom Bewußtsein schwarzen Widerstands gegen weiße Unterdrückung zu schaffen. Tubmans heutiger Ruhm in den USA reflektiert auch ihren Widerstand gegen soziale Geschlechterrollen und –normen. Tubman war eine der wenigen Frauen, deren Entkommen aus der Sklaverei in weiten Kreisen der Anti-Sklaverei-Aktivisten bekannt wurde, und sie war die einzige Frau, die als „Conductor", als Führerin von Flüchtlingen, bekannt wurde. Auch wenn wir wissen, daß außer ihr noch etliche weitere schwarze Frauen in den Reihen der Anti-Sklaverei kämpften und Sklaven befreiten, so ist Tubman insofern einzigartig, weil niemand so erfolgreich war wie sie, und das Jahre hindurch. Hinzu kommen ihre Verdienste als Soldatin und Spionin im Bürgerkrieg.

Ihr Ruhm bereits zu Lebzeiten basiert sowohl auf ihrem ungewöhnlichen Lebensweg selbst als auch auf ihrer Fähigkeit, Verbindung zu gut organisierten weißen Anti-Sklaverei-Aktivisten im Norden zu halten, von denen sie Unterstützung für ihre Unternehmungen bekam, und die Möglichkeit, von ihren Erfolgen öffentlich zu erzählen. Ihre drei ersten Biograph/INNen, Franklin B. Sanborn, Ednah Cheney und Sarah Hopkins Bradford gehörten zum Kreis der Helfer im Norden der USA; alle drei unterstützten sie bis zum Ende ihres Lebens.

Harriet Tubmans Freiheitskampf verkörpert einen historischen Übergang in der Entwicklung des schwarzen Amerika: Aus den Jahrhunderten der Deportation, der Folter, Knechtschaft und Entrechtung in ein Zeitalter der Freiheit – den Weg zu gehen von Freiheit zu bürgerlichen Gleichberechtigung blieb kommenden Generationen bis weit ins 20. Jahrhundert vorbehalten. Und in vielen Ländern ist dieser Kampf noch keineswegs beendet.

Die Opfer des Sklavenhandels. Eine Bilanz

Im Juli 2009 wurde in Ghana der Besuch von US-Präsident Barack Obama wie die Heimkehr eines lange vermißten Sohnes herbeigesehnt: Der erste schwarze Präsident im Weißen Haus, Sohn eines Kenianers, gilt auf dem Kontinent als Hoffnungsträger. Sein Wahlkampfslogan „Yes, we can!", der „in Afrika zum geflügelten Wort des Glaubens an die eigene Kraft und die Hoffnung für eine bessere Zukunft geworden ist",[34] prangte auch von einem Banner in dem mit ghanaischen und US-Flaggen geschmückten Kongreßzentrum in Accra, wo Obama vor den Abgeordneten des Parlaments sprach.

Barack Obama ist ein Mann, der sich ausdrücklich zu seinen afrikanischen Wurzeln bekennt. Er sprach von dem notwendigen „Wandel", der das „Potential" Afrikas erschließen könne. „Und das ist die Veantwortung, die nur die Afrikaner übernehmen können."

Auf Worte der Kritik an Stammesdenken und Korruption, an Langzeitpräsidenten und Menschenrechtsverletzungen, haben nicht nur in Ghana viele Menschen gewartet. Daß Obama von vielen Afrikanern wegen seines kenianischen Vaters als einer der Ihren gesehen wird, verleiht seiner Botschaft zusätzliche Glaubwürdigkeit. In seiner Rede erteilte er den „starken Männern" des Kontinents eine klare Absage, forderte vielmehr starke demokratische Strukturen.

„Ich habe das Blut Afrikas in mir", sagte Obama, der später beim Besuch eines ehemaligen Sklavenforts auch eines der bittersten Kapitel afroamerikanischer Geschichte würdigen wollte. Denn die schwarzen Bewohner der USA legten einen weiten Weg zurück bis zur Wahl eines schwarzen Präsidenten. Seine Wahl bedeutet im Bewußtsein Vieler den „Schleier der Unmöglichkeit (zu) lüften, der uns und unsere Kinder niederhält", wie Michelle Obama erklärt. Eine „historische Zäsur hat stattgefunden, die nie mehr auszulöschen ist",[35] nicht einmal dann, wenn das mit soviel Emphase versprochene Projekt „Change" scheitern sollte. Obamas Wahl, so Sonia Mikich weiter, „hat einen Schlußstrich gezogen unter 400 Jahre Kränkung und Ausbeutung."

Amerika ist auf einer Sklavengesellschaft aufgebaut und die Welt wurde wieder daran erinnert. Und auch wenn es den Wissenschaftlern bislang nicht möglich ist, eine genaue Anzahl der innerhalb von vier Jahrhunderten Sklavenhandel aus Afrika verschleppten Menschen anzugeben, so ist man sich doch über den ungeheuren demographischen Aderlaß eines Kontinents einig; das Gleiche gilt für das

Ausmaß der wirtschaftlichen und politischen Erschütterungen, das den Aufschwung der afrikanischen Zivilisation zunichte machte und ihre Entwicklung bis in die Gegenwart hemmte.

Es wurden nicht nur die Entwicklungschancen eines ganzen Kontinents vertan – zugleich trug er zum Aufschwung zweier anderer bei, indem er einen entscheidenden Anteil der eigenen Arbeitskräfte dorthin lieferte. Über 400 Jahre hinweg wurde Afrika ausgeplündert, vom Sklavenhandel dezimiert, es wurde wirtschaftlich ausgeblutet, politisch desorganisiert und instabil und ideologisch erschüttert; es ist das Opfer der im 16. Jahrhundert einsetzenden europäischen Expansion, unter deren Folge es heute noch leidet.

Zählungen und Forschungen ergaben für Afrika innerhalb von vierhundert Jahren einen Verlust von 20 Millionen Menschen (andere Historiker/INNEN sprechen von 9,5 Millionen, 10 Millionen, 11 Millionen, 13 Millionen oder neun Millionen, ja sogar von 60 oder 300 Millionen[36]); sieben bis acht Millionen (nach anderen Angaben 1,5 Millionen[37]) starben wahrscheinlich bereits bei den Menschenjagden und während des Transports zur Küste, weitere zwölf bis dreizehn Millionen wären eingeschifft worden, aber das bedeutet nicht, daß auch dieselbe Anzahl Menschen in der Neuen Welt ankam: Massenselbstmorde, Epidemien und gescheiterte Aufstände auf den Sklavenschiffen forderten weitere Todesopfer. Für die Jahre zwischen 1700 bis 1850 belegen Studien, daß 15 Prozent der schwarzafrikanischen Bevölkerung durch den europäischen Sklavenhandel deportiert wurden. „Diese Zahlen stehen für die Ursachen des Niedergangs eines Kontinents.“[38]

Dieser Handel brachte Europa und seinen Kolonien eine Bereicherung, wirtschaftlichen Aufschwung und die Erschließung neuer Gebiete; für Afrika trug er zu einer wirtschaftlichen und demographischen Auszehrung bei: Pro Jahr wurden je nach den entsprechenden Zeitabschnitten zwischen 15.000 und 150.000 Gefangene deportiert, vor allem kräftige, arbeitsfähige junge Männer und Frauen. Die westeuropäischen Mächte in Verbindung mit der Macht- und Profitgier afrikanischer Könige und Stammesfürsten haben dadurch zu einem kollektiven Verlust menschlicher Ressourcen geführt, der die Weichen für den wirtschaftlichen Rückstand des Kontinents stellte. Dabei brachte der Verkauf von Menschen den afrikanischen Königen nur kurzfristig Reichtum ein: Durch den Kauf von Gewehren von den

Weißen konnten sie zwar weitere Völker unterwerfen und verkaufen, schwächten aber langfristig den Fortschritt und die Entwicklung des eigenen Landes. Der Menschenhandel als Wirtschaftsgrundlage zehrte das Land aus. Und im 19. Jahrhundert fielen die europäischen Mächte unter dem Vorwand, dem Sklavenhandel ein Ende setzen zu müssen, in Afrika ein und machten gerade diejenigen Gebiete zu Kolonien, aus denen sie vorher Millionen von Zwangsarbeitern bezogen hatten.

Durch dieses demographische Ausbluten war die Bevölkerung im Jahre 1850 auf die Hälfte des Standes zurückgefallen, der normalerweise erreicht worden wäre. Sie belief sich auf 45 Millionen statt auf 90 Millionen, während andere Kontinente einen starken Bevölkerungszuwachs zu verzeichnen hatten. In der zweiten Hälfte des 19. Jahrhunderts hat sich ein Bevölkerungsschwund bemerkbar gemacht, der alle Gebiete der Westküste erfaßte und sich bis in die Savannen und die Sahelzone, ja sogar bis in die Wälder Zentralafrikas hinzog.

Alle Gebiete, in denen Menschen gejagt wurden, weisen eine hohe Sterblichkeitsrate auf, die damit zusammenhängt, daß bei den Überfällen vor allem die jungen Männer verschleppt wurden, übrig blieben Alte und kleine Kinder. Afrikas Anteil an der Weltbevölkerung hat sich während der gesamten Dauer des Sklavenhandels ständig verringert: „Im Jahr 1600 betrug er 30 Prozent; zweihundert Jahre später waren es im Verhältnis noch 20 Prozent, und 1900 lebten nur noch 10 Prozent der Erdbewohner in Schwarzafrika."[39] Afrika gab die kräftigsten seiner Kinder, um einem anderen Teil der Welt auf die Beine zu helfen; es hat wesentlich zur Erschließung und Entwicklung Nord- und Südamerika beigetragen.

Die wirtschaftlichen und politischen Konsequenzen waren dramatisch – in Senegambia etwa, wo im Verhältnis zur ursprünglich vorhandenen Bevölkerung 20 Prozent der Bewohner deportiert wurden, oder an der Küste von Guinea, wo im 17. und 18. Jahrhundert die Bevölkerung aufgrund des Menschenhandels in manchen Jahren um ein Prozent schrumpfte, oder in Angola, deren Bewohner vor allem nach Brasilien verschleppt wurden und der Sklavenhandel die Wälder der Küstenregion buchstäblich menschenleer machte. Im Ackerbau bedeutete das qualitative und quantitative Einbußen: Die Bauern trauten sich nicht mehr in die Savanne oder in den Wald, um nach alter Tradition das Land zu bestellen. Die Felder blieben brach liegen.

Es wurde nur noch in Dorfnähe ein wenig Ackerbau betrieben. In dieser Zeit mußte Afrika die schlimmsten Hungersnöte auch deshalb durchmachen, weil die Truppen der mit dem Sklavenhandel befaßten Könige und die Händler die Ernten und Wälder abbrannten, um die Dorfbewohner leichter einzufangen.

Der Sklavenhandel führte auch dazu, daß Arbeit gering geachtet wurde: Es brachte mehr ein, den Nachbarn zu verkaufen als ein Stück Land zu bearbeiten. Seit dem 10. Jahrhundert war Afrika wirtschaftlich und kulturell aufgestiegen, nun aber fiel es in weiten Teilen – vom Senegal bis in den Süden Angolas, in den Savannen des Sahel und den Wäldern an der Küste und im Landesinneren – in ein Stadium zurück, das vor dem Aufschwung lag. Nationen, die sich einer gemeinsamen Ordnung unterworfen und in kleinem Maßstab mit ihren landwirtschaftlichen, handwerklichen und kunsthandwerklichen Erzeugnissen Handel getrieben hatten, zerfielen wieder in nomadisierende Stämme. In Gegenden, wo sich Familienclans zu machtvollen Gruppierungen zusammengeschlossen hatten, gab es nur noch provisorische Lagerplätze von Dorfbewohnern, die durch ständige Razzien terrorisiert wurden. Andere zogen sich ins tiefste Waldesinnere zurück oder wanderten in Gebiete ab, wo sie wieder bei Stämmen landeten, die ebenfalls Sklavenhandel betrieben.

Das durch den Sklavenhandel geplünderte Afrika wurde im 19. Jahrhundert durch die Invasion der Kolonialmächte noch weiter geschwächt. Der Kontinent ist heute von inneren Kämpfen und ethnischen Auseinandersetzungen geprägt, die teilweise auf jene Zeit der großen Menschenjagden zurückgehen. In Afrika gibt es die meisten armen Länder, die meisten unterernährten Kinder, Bürgerkriege und Hungersnöte; militärische Staatsstreiche fordern weitere Todesopfer.

Es ist heute die Rede von den Schulden der „Dritte-Welt-Ländern" gegenüber westlichen Banken. Eher müßte gefragt werden, wie die reichen Länder des Nordens ihr Kapital und ihre Gewinne einer historischen Schuld wieder an Afrika abgeben. Afrika hätte allen Grund, die Rückerstattung einer Schuld zu verlangen, die aus dem 16. Jahrhundert datiert. Schwarze Amerikaner sehen in der Leidensgeschichte ihrer Vorfahren das „Verbrechen des Jahrtausends" und drängen die Regierungen in Washington und London, sich für das historische Unrecht und die Greueltaten zu entschuldigen.

Afrikaner, wie der 1998 inhaftierte nigerianische Demokrat Moshood Abiola, aber auch Nachkommen von Verschleppten in der Diaspora, so der schwarze britische Labour-Abgeordnete Bernie Grant, fordern darüber hinaus vom Westen materielle Wiedergutmachung für die historische Schuld. Ihr „African Reparations Movement" würdigt die Zahlungen der deutschen Bundesregierung an den Staat Israel als Beispiel für helfende Sühne.

Zu den ideologischen und gesellschaftlichen Folgen des Sklavenhandels zählt die Verbreitung der Polygamie in Schwarzafrika: Weit mehr als der Islam hat der Menschenhandel zu dieser für die Frau fatalen Entwicklung beigetragen. Die Frau fiel auf einen niedrigeren Status, unter dem sie heute noch in der afrikanischen Gesellschaft zu leiden hat. Ursache ist, daß die Sklavenhändler bis zum Ende des 17. Jahrhunderts den afrikanischen Vermittlern fast nur Männer abgekauft haben. Bei den Razzien in den Wald- und Savannendörfern wurden auch junge Frauen gefangen genommen, die aber nur zum geringen Teil an Weiße weiterverkauft wurden; die meisten Mädchen und Frauen landeten in den Harems der afrikanischen Könige.

In den vom Sklavenhandel betroffenen Gebieten wurden junge arbeitsfähige Männer Mangelware. Sie vor allem waren die Zielscheibe der Menschenjagden. Die Polygamie fand allgemein Verbreitung, was zugleich der Zwangsheirat und dem gewerbsmäßigen Austausch und Verkauf junger Mädchen Vorschub leistete. Die Frau wurde als Gegenstand betrachtet, den man beliebig verkaufen und austauschen konnte. Im heutigen Afrika wird Polygamie als Zeichen von Reichtum angesehen; wenn Frauen und Mädchen in einem Zustand der Unterwerfung gehalten werden, so geht das de facto auf die Lektion zurück, die Europäer vor mehr als dreihundert Jahren den Afrikanern erteilt haben.

Auch der Rassismus ist als direkte Folge des Menschenhandels anzusehen, der den „schwarzen Mann" zum grausamen Wilden abstempelte, ihn als tierähnlich darstellte. Die Befürworter der Sklaverei, schreibt Loth, versuchten sich zu rechtfertigen, „indem sie ihre Opfer als 'Halbwilde', 'Halbmenschen', 'Fetischanbeter', die in einer primitiven Gesellschaftsordnung vegetierten, diskriminierten. Erst durch Sklavenarbeit würden sie einem sinnvollen Dasein zugeführt."[40] „Als Bodensatz (der Menschheit)", schreibt der Bürgermeister von Nantes, „neigen die Schwarzen von Natur aus zu Diebstahl, Raub, Faulheit und Verrat." Eignen würde sie sich daher „ausschließlich zu einem Leben in Knechtschaft und zur Landarbeit in unseren Kolonien."[41] Den mörderischen Weg über den Atlantik stellte man als segensreichen Weg in eine humane Zukunft dar. Wegen dieser angeblich minderwertigen Veranlagung haben zuerst die Sklavenhändler und –besitzer, dann die Kolonialsysteme den Schwarzen nur körperliche Fähigkeiten zugestanden – die perfekte Rechtfertigung für den Handel mit Menschen. Noch heute existiert diese Art der Diskriminierung in vielen Köpfen.

Tatsache jedoch ist, daß Afrika in der Zeit vor dem großen Menschenhandel, der das Land auf Generationen lahmlegte, kulturell und zivilisatorisch bereits ein Niveau erreicht hatte, das an die europäische Antike und bei einigen Königreichen sogar an das Spätere Mittelalter heranreichte.[42] Mehr noch: gerade die vom Sklavenhandel am härtesten betroffenen Regionen wiesen zur Zeit der ersten Kontaktaufnahme mit portugiesischen Seeleuten eine Entwicklungsstufe auf, „die sich mit den europäischen Ländern durchaus messen konnte."[43] Die Menschen lebten in festgefügten sozialen Gemeinwesen und in engen familiären Bindungen, gingen ihren Arbeiten nach und übten vielfältige kulturelle Tätigkeiten aus: Afrikanische Bildhauer besaßen große Fertigkeit in der Kunst der Bronzeverarbeitung; das Volk der Ashanti hat sich durch kunstvolle Holzskulpturen einen Namen gemacht. Noch heute werden die Puppen mit Flachkopf von afrikanischen Handwerkern hergestellt. Die Menschen jener Zeit kannten auch Kriege, Gefangennahme, feudale Ausbeutung – wie sie in Europa gleichfalls vorkamen; auch Fälle von rituellem Kannibalismus sind bekannt, der aber bei weitem nicht mit den Auswirkungen mittelalterlicher Hexenverfolgung (zur Erinnerung: die letzte „Hexe" wurde um 1770 verbrannt) zu vergleichen ist.

Ein eindrucksvolles Beispiel für die Höhe der Kultur ist das Königreich Kongo: Aus den Berichten der Seefahrer um 1480/85 geht hervor, daß dieses Reich damals in voller Blüte stand. „Alle seine Einrichtungen schienen denen der europäischen Staaten so ähnlich, daß die Portugiesen sie mit den ihnen aus Europa geläufigen Begriffen bezeichnen konnten."[44] Zur Zeit seiner größten Ausdehnung reichte das Gebiet des Kongoreiches an der atlantischen Küste etwa von Cap Lopez bis weit nach Süden in die Gegend von Benguela. Die Grenze nach dem Inneren hin war häufigen Veränderungen unterworfen. Die Hauptstadt hieß Mbadji (Ambassi) und wurde von den Portugiesen in

San Salvador umbenannt. In ihrer Blütezeit hatte sie 40.000 Einwohner, mit den umliegenden Ortschaften sogar 100.000. Zum Vergleich: Die größte deutsche Stadt im Spätmittelalter war Köln mit rund 30.000 Einwohnern. Ein so großes Reich benötigt natürlich die entsprechende Infrastruktur: Das Kernland war – ähnlich der feudalen Organisation im europäischen Mittelalter – in Provinzen und Distrikte gegliedert, an deren Spitze durch den König ernannte Würdenträger standen, seine Vasallen. Jährlich mußten diese Lehensträger dem König Tribut liefern. Aus diesen Anfängen entwickelte sich langsam ein erbliches Lehensfürstentum. Die Großfürsten waren in ihrem Gebiet selbst kleine Könige. Die Dorfhäuptlinge bildeten den Adel. Eine besondere Stellung nahmen die Priester ein. Der König war Eigentümer über den gesamten Grund und Boden, besaß also ungeheuren Reichtum und ökonomische Macht. Seine Einnahmen bestanden aus Steuern auf Handel, Jagd und Fischfang, aus Abgaben in Form von Bodenerzeugnissen und aus Arbeitsleistung seiner Untertanen, etwa beim Bau des königlichen Palastes oder beim Straßenbau. Von durchziehenden Karawanen erhob der König Zoll.

Neben den bäuerlichen Anbauflächen nahm das „Königsland" einen bestimmten Teil der Dorfflur ein. Es wurde von den Bauern gemeinsam bestellt; seine Erträge dienten dem Unterhalt der Lehensleute der Fürsten. Diese Art „Fronarbeit" überwachten die Dorfhäuptlinge als unterste Instanz. „Die ausgebeutete Klasse der Bauern setzte sich aus persönlich freien Bauern und aus leibeigenen Produzenten (dinglich und persönlich abhängigen Bauern) zusammen, die in den Quellen als Sklaven bezeichnet werden, deren Los jedoch keinesfalls dem der antiken Sklaven, sondern tatsächlich dem der Leibeigenen des europäischen Mittelalters entsprach."[45] Die Härte der Sklaverei der Völker, „die sich stolz als Träger der Kultur bezeichnen, (...) war und ist den Afrikanern unbekannt."[46] Deshalb sprechen die Quellen auch häufig vom Sklaven als mwana (Kind). Das bedeutet: der „Besitzer" übernahm die Verantwortung für das Wohl seines Leibeigenen.

Im Kongogebiet gelangten die Afrikaner völlig selbständig zur Eisengewinnung und –verarbeitung. Schon lange bevor der erste Portugiese in der Kongomündung auftauchte, wurde Eisenerz abgebaut. Manche Wissenschaftler behaupten, Afrikaner seien die Erfinder der Eisenverarbeitung. „Der Anthropologe Franz Boas behauptete (...), daß man in Afrika bereits Eisen verarbeitet habe, als in Europa noch die Steinzeit herrschte."[47] Neben Eisen wurde auch Kupfer verarbeitet. Die Technik der Metallverarbeitung läßt sich mit den Verfahren vergleichen, die in Deutschland bis zum 16. Jahrhundert gebräuchlich waren. Man kann sagen, daß sich das Metallhandwerk im Kongo vom 15. bis zum 17. Jahrhundert durchaus mit dem in der damaligen Zeit in Europa ausgeübten messen kann. Und das gilt nicht nur für den Kongo, sondern auch für andere später vom Sklavenhandel heimgesuchte Gebiete.

Doch auch in ihrem sozialen Leben, in ihren Sitten und Gebräuchen, standen die Völker des alten Kongogebietes auf einem hohen Niveau. „Die Jugend wurde streng erzogen. Achtung vor dem Älteren, Gastfreundschaft und Zurückhaltung, Ehrlichkeit und Gerechtigkeitssinn waren die Tugenden, zu denen die Kinder angehalten wurden."[48] Grausamkeiten, von denen einige Quellen berichten, waren erst das Ergebnis der Sklavenausfuhr durch die europäischen Kolonialmächte. So berichtet 1874 der Afrikaforscher A. Bastian, daß alles, was man über das tyrannische Verhalten afrikanischer Herrscher wüßte, „fast sanft und milde ist, verglichen mit den raffinierten Qualen, wie sie damals gleichzeitig in den europäischen Hexenverfolgungen an der Tagesordnung waren."[49]

Am Beispiel der Königreiche im Kongogebiet wird deutlich, in welch geordneten und relativ friedlichen Verhältnissen die Völker dieses Gebietes lebten, bevor die überseeischen Sklavenhändler auftauchten. Sie lebten damals weit besser als in den folgenden Zeiten, als die Abgesandten christlicher Nationen darangingen, sie zu „zivilisieren." Die „militärisch überlegenen Europäer trafen nicht auf 'heidnische Horden', sondern auf zivilisierte menschliche Gemeinschaften mit geschichtlich gewachsenen Traditionen und eigenständiger Kultur."[50] Portugiesische, aber auch spätere Quellen geben Auskunft über das kulturelle Niveau und den Entwicklungsstand der afrikanischen Völker, als über sie der europäische Sklavenhandel hereinbrach.

Zur Zeit der Ankunft der ersten Weißen war die Wirtschaft vieler afrikanischer Reiche in ein vorindustrielles Stadium eingetreten: Der Tauschhandel trat zurück zugunsten von Währungen (in Form von Eisenstäben, Kupfer- und Stahlscheiben, Muscheln oder Salzblöcken). Die afrikanischen Könige und Kaiser besaßen schriftliche niedergelegte Genealogien ihrer Dynastien. Einige Völker waren mit der arabischen Schrift vertraut.

Erschwert war der Handel durch geographische und klimatische Umstände wie auch durch die Tatsache, daß die verschiedenen afrikanischen Völker unterschiedliche kulturelle Entwicklungen durchliefen. Manche in egalitärer Gemeinschaft lebende Völker wanderten auf der Suche nach guten Jagdgründen oder Weideland für ihr Vieh umher; andere Völker waren durch ertragreichen Ackerbau oder den Fischfang im Meer seßhaft geworden und hatten halbindustrielle Formen des Handwerks entwickelt: In der Eisenverarbeitung oder im Bauwesen hatten sie Kollektivwerkstätten entwickelt (die organisatorisch ähnlich aufgebaut waren wie die ersten englischen Manufakturen), die wesentlich zur Prachtentfaltung in den großen afrikanischen Kaiserstädten beitrugen. Europäische Besucher waren Zeugen der Hochkulturen von Djenné, Timbuktu und Gao.

Unter der Herrschaft von König Ewaré erlebte das Reich von Benin seine Blütezeit: So gab es nach geometrischen Mustern angelegte Städte, und über die durch Wälder und Savannen trassierten Straßen wurden Erzeugnisse aus ganz Afrika nach Benin und Oyo befördert, den beiden großen Städten der Region. Die Könige von Mali, von Benin oder Dahomey waren unangefochtene Herrscher, und wenn Gesandte der europäischen Staaten bei ihnen vorsprachen, wurde den Königen die gleiche Ehrerbietung entgegengebracht wie einem europäischen Monarchen. Es wurden Geschenke ausgetauscht und Verträge unterschrieben.

„Das Mali-Kaiserreich, die Zusammenschlüsse der Fulbe-Völker und die Ashanti-Föderation, die Großfamilienreiche der Mandingo, die Königreiche Dahomey, Benin und Kongo“[51] lernten nach und nach, mit den Europäern Handel zu treiben. Allerdings: indem sie sich bereit erklärten, Menschen zu verkaufen, trugen sie zum Untergang ihrer Reiche bei.

Ab dem 16. Jahrhundert nehmen die Rivalitäten verschiedener Ethnien West- und Zentralafrikas zu, um den Bedarf der europäischen Sklavenhändler an Arbeitskräften zu decken. Es kommt immer häufiger zu Razzien, Kriegen und Überfällen. Bis zu Beginn des 16. Jahrhunderts – d. h. der Zeit, in der der systematischer Aufbau des Menschenhandels einsetzte – war Afrika nur in Teilgebieten betroffen gewesen. Man hat errechnet, daß West- und Zentralafrika „von 1500 bis 1700 zwischen 15.000 und 40.000 Sklaven pro Jahr an die Europäer geliefert haben“; von 1750 bis 1850 sind jährlich zwischen 80.000 und 150.000 Gefangene an die Sklavenhändler Europas verkauft worden.[52]

An den Küsten Westafrikas entstanden zahlreiche befestigte Plätze der Kolonialmächte, deren Aufgaben durch den Menschenhandel bestimmt wurden. „Schriften damaliger Afrikareisender, die fast ausschließlich wegen des Sklavenhandels unterwegs waren, nennen die Gegenden und Küstenplätze, von welchen die Sklaven geholt wurden, und schildern ungeschminkt die Praktiken der Sklavenhändler."[53] Hauptgebiete für die Ausfuhr der Sklaven nach den Antillen, nach Nord- und Südamerika sind die Gebiete in Oberguinea und die Königreiche Kongo, Loango, Angola und Benguela. Unter Oberguinea verstand man damals einen Küstenstrich, der heute das Territorium der Staaten Guinea-Bissau, Guinea, Sierra Leone, Liberia, die Elfenbeinküste, Ghana, Togo, Dahome (Benin) und Nigeria umfaßt.[54] Das Netz der Sklavenjäger reicht sogar bis zum Kap der Guten Hoffnung bis zur Ostküste Afrikas und Moçambique. Bald treten neben den Portugiesen auch Spanier, Briten, Holländer, Franzosen, Dänen, Nordamerikaner und Deutsche als Sklavenhändler auf. Jenseits Guineas, im Kongo und in Angola, dominieren portugiesischen Händler.

Die „Dreiecksfahrt" Westafrika- Westindien – Westeuropa dauert ungefähr anderthalb Jahre und kurbelte den Welthandel gewaltig an. Zuerst fährt man, beladen mit Kattun, Seidenstoffen, Pulver, Schußwaffen, Werkzeuge und Schnaps, nach Afrika. Diese Waren werden gegen Menschen umgetauscht, die wiederum in Westindien und Amerika an die Plantagenbesitzer verkauft werden; auf der Rückfahrt bringen die Schiffe Gold, Silber und Perlen, später Zucker, Tabak, Kakao, Kaffee, Baumwolle, Indigo und andere Produkte der tropischen und amerikanischen Plantagenwirtschaft (d. h. die Erzeugnisse der Sklavenarbeit) nach Europa, vor allem England. Dieses Handelsgeschäft ist so lukrativ, daß es den Kolonialhandel über Jahrhunderte prägt. Ihm verdanken Städte wie Nantes und Liverpool ihren Aufstieg. Selbst Geistesgrößen der Zeit – der Philosoph John Locke und der Mathematiker Isaac Newton – mischen im Sklavenhandel mit, indem sie Anteile von Unternehmen wie der „Royal African Company" (RAC) kaufen.

Unter kapitalistischen Bedingungen nimmt der Sklavenhandel bald die Ausmaße eines permanenten Ausrottungskrieges an, dem weite Landstriche zum Opfer fallen. Der protestantische Missionswissenschafter G. Warneck schreibt 1889: „... der eigentlich organisierte Sklavenhandel mit den organisierten Sklavenjagden, Sklavenfaktoreien und Sklavenmärkten ist ein erst durch europäische Kolonialwirtschaft eingeschlepptes Übel. Wohl sind auch vor der Entdeckung und Kolonialisierung Amerikas Kriege geführt worden, um Menschen für die Sklaverei zu erbeuten, aber die systematischen Sklavenjagden sind erst Regel geworden, nachdem die europäische Kolonialära Menschen zu einem Handelsobjekt gemacht hat."[55]

Zuerst kidnappten portugiesische Entdecker zur Zeit Heinrich des Seefahrers an Westafrikas Küste Menschen, um sie zu Hause zu verkaufen. Um 1460 leisten sich Haushalte in Lissabon schwarze Sklaven; einige Frauen der besseren Gesellschaft gönnen sich exotische Domestiken als Liebhaber. Schwarze müssen in Portugal und Spanien in Häfen, auf Baustellen und auf den Feldern schuften.

In großem Stil beginnen die Deportationen der Afrikaner mit dem Zuckerrohranbau auf Madeira. Die Plantagen auf der portugiesischen Atlantikinsel benötigen Arbeitskräfte. Um den Nachschub zu sichern, errichten die Portugiesen um 1482 im heutigen Ghana die Küstenfestung Elmina; sie wird die erste Bastion in einer Kette europäischer Stützpunkte, die als Umschlagplätze für Handelsschiffe und Zwischenlager für die menschliche Fracht dienen.

In „Verliesen mit 'Toren ohne Wiederkehr' warteten verängstigte Schwarze auf ihren Abtransport."[56] Die schreckens- und gefahrvolle Reise geht anfangs nur nach Europa, Madeira und zu den Kanarischen Inseln. Nachdem 1492 Kolumbus Amerika entdeckt und die erste Globalisierung des Welthandels eingesetzt hat, folgt die „Middle Passage" in die Neue Welt.

Der amerikanische Historiker Hugh Thomas hat errechnet, daß rund 6,5 Millionen Afrikaner in die Karibik und nach Mittelamerika und vier Millionen nach Brasilien verschifft wurden. Direkt nach Nordamerika schafften die Frachter nur rund 500.000 Sklaven, „die sich bis zur Abschaffung der Sklaverei am Ende des Bürgerkriegs 1865 (Anm. d. Verf. in: nicht am Ende, sondern bereits 1863) auf etwa 4 Millionen Menschen vermehrten."[57]

Die Bedeutung dieser „größten erzwungenen Migration" erhellt ein Vergleich: zwischen 1492 und 1820 brachten Schiffe fünfmal so viele Afrikaner wie Auswanderer aus Europa in die Neue Welt.

In Amerika müssen die Zwangsarbeiter auf Plantagen und in Bergwerken schuften; die Indianer erwiesen sich als physisch und psychisch ungeeignet; viele starben an Epidemien oder einfach an Erschöpfung. Die meisten großen Unternehmungen der ersten 400 Jahre

Kolonisierung verdanken ihren Erfolg den afrikanischen Sklaven: die Goldminen in Brasilien, die karibische Zuckerindustrie, die Baumwollplantagen in Guyana und später in den südlichen US-Staaten.

„Das nackte Überleben der Plantagen", schreibt der Vorsitzende der „Royal African Company dem britischen König, „hängt an ihrer Belieferung mit Neger-Arbeitskräften." Europas Herrscherhäuser vergeben Lizenzen für den Sklavenhandel und erheben Umsatzsteuern. Den Päpsten erzählen die Fürsten, daß sie mit dem Erlös aus dem Geschäft mit den Afrikanern Krieg gegen Muslime finanzieren könnten. So gestatten Politik und Geistlichkeit die Sklaverei; die Ethik der Kirche läßt sie noch bis weit ins 19. Jahrhundert hinein zu; auch der Reformator Martin Luther fand daran nichts Anstößiges.

Dank ihrer überlegenen Logistik verdienten die Weißen sogar am innerafrikanischen Sklavenhandel: Kapitäne erwarben von den Häuptlingen in Angola preiswert Sklaven und schafften sie nach Elmina. Dort verkauften sie ihre Fracht für Gold an die örtlichen Ashanti-Herrscher. Später beklagt ein holländischer Händler den Niedergang der afrikanischen Goldförderung: Die „Eingeborenen" führten nur noch „Kriege gegeneinander, um Sklaven zu erwerben."

Durch die massenhafte Nachfrage nach Sklaven werden die gewachsenen afrikanischen Wirtschaftsstrukturen zerstört: Billige Tauschware aus Europa macht traditionelle Handwerker wie Schmiede und Weber arbeitslos. Ackerland liegt brach, weil ganze Regionen entvölkert wurden. Historiker wie der britische Experte Basil Davidson schätzen darum die Gesamtzahl der Opfer der Sklavokratie auf über 50 Millionen. Anders als Hugh Thomas zählen sie nicht nur die Verschleppten, sondern auch die Toten aus Kriegen und Hungersnöten, die - direkt und indirekt – von den Menschenjägern verursacht wurden.

Hatten die Verschleppten die Wanderung zu den Sammelplätzen überlebt, folgt die „Reise durch die Hölle": Die Überfahrt in die Neue Welt, eine nicht nur ungewohnte und daher äußerst beängstigende Situation, sondern physisch qualvoll auch wegen der Enge im Schiffsbauch. „Der Gestank im Laderaum ließ sich kaum aushalten", erzählte der Sklave Olaudah Equiano, umbenannt in Gustavo Vassa, der später Autor und Abolitionist wurde und in seiner 1789 publizierten Autobiographie ausführlich über sein Leben als Versklavter berichtete.[58] „Die Enge und die Hitze erstickten uns fast. Die Schürfwunden durch die

Ketten schmerzten unerträglich. Schreie von Frauen und das Stöhnen der Sterbenden schufen eine Szenerie unvorstellbaren Schreckens." Equiano berichtet auch von Selbstmordversuchen Verzweifelter, die über Bord sprangen. Zweien gelang die Flucht in den Tod; der Dritte wurde gerettet und für seinen Versuch, den Tod der Sklaverei vorzuziehen, grausam bestraft.[59] Grauenvoll war auch die Bestrafung eines „Aufwieglers" auf dem dänischen Schiff *Fridericius Quartus* im Jahre 1709: zuerst hackte ihm die Schiffsmannschaft die rechte Hand ab und zeigte sie allen Sklaven. Am Tag darauf wurde dem Unglücklichen die linke Hand abgeschlagen, am übernächsten Tag der Kopf. „Den Rumpf ließ der Kapitän zur Abschreckung tagelang von der Großrah baumeln."[60]

Die Sterbequote auf der Mittelpassage betrug, schreibt Everett, „durchschnittlich über die 360 Jahre währende Periode des Sklavenhandels 12,5 Prozent, was auf dem Höhepunkt des Sklavenhandels 40.000 Toten jährlich entspricht."[61] Und obwohl die Versklavten im 19. Jahrhundert sogar geimpft wurden, blieb die Sterberate hoch.

Genauere Zahlenangaben aus Nantes aus den Jahren zwischen 1716 und 1775 ergeben, daß von 240.000 Versklavten, die auf 762 Schiffen verschleppt wurden, 35.000 starben, was 14,5 Prozent entspricht. Die menschliche Realität freilich ist hinter den bloßen Statistiken unsichtbar: Sowohl Sklaven als auch Seeleute kamen durch Seuchen ums Leben – Ausfluß, Pest oder die Blattern, die mehr als die Hälfte einer Schiffsladung von Sklaven töten konnten. Der Kapitän der *Hero* verlor auf diese Weise 360 Sklaven.

Bisweilen kam es vor, daß Kapitäne aus Panik Leichterkrankte über Bord werfen ließen, um „die Nichtinfizierten zu schützen und Ansprüche auf Schadensersatz gegen die Versicherung geltend zu machen."

Eine der entsetzlichsten Greueltaten auf See trug sich im Jahre 1781 auf der *Zong* zu, als das Schiff in eine Flaute geriet; anderen Versionen zufolge hatte es sich auf seinem Weg von Liverpool in die Karibik verirrt; Verpflegung und Wasser gingen angeblich zur Neige. Dann brach die Ruhr aus, an der 60 Schwarze und sieben Seeleute starben. Der Kapitän entschied nun, den Schiffseignern „den unnötigen Verlust zu ersparen" und warf von insgesamt 440 (oder 442) Sklaven 132 ins Meer. Der Kapitän behauptete später, sie hätten gemeutert und das Schiff in Gefahr gebracht; einer anderen Version zufolge wollte er die „nutzlosen Sklaven" rechtlich als Ballast deklarieren, dessen

Abwurf von der Versicherung gedeckt gewesen wäre. Doch als das Schiff zurück nach England kam und die Eigner die Versicherungssumme einstreichen wollten, lehnte die Versicherung die Auszahlung ab. Vor Gericht unterstützten die Geschworenen die Eigner, indem sie erklärten: „Sie hatten keinen Zweifel (...), daß es sich im Fall von Sklaven ebenso verhält, wie bei Pferden, die man über Bord wirft." Eine höhere Instanz, die von der Versicherung angerufen wurde, widerrief diese Entscheidung. „Damit wurden Sklaven von der Rechtsprechung erstmals als menschliche Wesen anerkannt."[62] Das Verbrechen hatte die Gegner der Sklaverei in aller Welt mobilisiert. Als erste Großmacht verbietet Britannien 1807 den Sklavenhandel, es folgt 1815 ein europäischer Beschluß gegen die Sklaverei. Auch in den jungen USA erläßt der Kongreß 1807 ein Verbot – seitdem gibt es keine legalen Einfuhren mehr aus Afrika oder der Karibik.

Die Sache hat noch ein gespenstisches Nachspiel: der stärkste Protest gegen die Abschaffung des Sklavenhandels kommt – aus den Lieferländern. So beschwert sich der König von Bonny (im heutigen Nigeria) bei einem englischen Kapitän: „Dieser Handel muß weitergehen, das ist das Urteil unserer Orakel und Priester. Euer Land, und sei es noch so mächtig, kann nicht ein Gewerbe stoppen, das Gott selbst gesegnet hat." Ein Herrscher in Dahomey hält den Briten vor, er müsse seine Kriegsgefangenen töten, wenn er sie nicht mehr verkaufen dürfe, und das sei doch „sicher nicht im Sinne der Engländer."

Es kommt zu einem Sinneswandel der Briten: Britische Kaufleute waren im 18. Jahrhundert die bedeutendsten Sklavenhändler; im 19. Jahrhundert unternimmt ausgerechnet ihre Regierung einen Kreuzzug mit dem Ziel, dieses Geschäft zu zerstören. Kriegsschiffe unter britischer Flagge jagen Sklaventransporter.

Doch es ist nicht nur ein Sieg der Moral über die Profitsucht. Thomas zitiert den Zeitzeugen Goethe, der Eckermann über die „Engländer mit ihrem großen praktischen Verstande" schreiben läßt: „An der westlichen Küste von Afrika gebrauchen sie die Schwarzen selbst in ihren großen Besitzungen, und es ist gegen ihr Interesse, daß man sie dort ausführe." Die Engländer „predigen daher gegen den inhumanen Handel."[63]

Die Wahrheit jedoch ist, daß der Menschenhandel nicht mehr Maximalprofite abwirft. Nach der industriellen Revolution benötigt England zu Beginn des 19. Jahrhunderts für seine Maschinen vor allem

Schmieröl. Palmöl, der Grundstoff hierfür, kommt aus Afrika. Deshalb laden die Schiffe aus Calabar (heute Nigeria) nicht mehr Sklaven für die Neue Welt, sondern Palmöl für England.

Afrika, das zu Beginn des 15. Jahrhunderts kulturell in einem meßbaren Abstand zu Europa befunden hatte, erlebte unter diesen widrigen Umständen eine Phase allgemeinen Niedergangs; mit der imperialistischen Versklavung im 19. Jahrhundert erhielt der Kontinent den Gnadenstoß.

Wie lebendig das Leid der Versklavten, der Entwurzelten und Ermordeten immer noch im Bewußtsein der folgenden Generationen von Schwarzen ist, schildert Toni Morrison in ihrem Roman „Menschenkind" (1987; dt. 1988), der von einer Frau handelt, die angesichts der drohenden Versklavung ihrer Familie in rasender Verzweiflung beginnt, ihre Töchter zu töten; bei einer gelingt es ihr. Der Geist dieser toten Tochter sucht sie ihr ganzes Leben hindurch heim. In einem Interview erklärte Morrison: „Es gab breite Flüsse in Afrika, über die man mühelos zu Fuß gehen konnte, die 'Balken' waren die Leichen der ermordeten Schwarzen." Und: „Ich bin keine amerikanische Schriftstellerin. Schwarze haben keine Nationalität in diesem Land."[64] Die Wunden, vor über vierhundert Jahren geschlagen, schmerzen unvermindert.

Die Sümpfe von Maryland

„Ich wuchs auf wie ein vernachlässigtes wertloses Tier – unwissend über Freiheit, ich hatte keine Erfahrung damit. (...) Jedes Mal, wenn ich einen weißen Mann sah, fürchtete ich mich davor, fortgebracht zu werden. Ich hatte zwei Schwestern, die in Ketten fortgebracht wurden – eine von ihr hatte zwei Kinder." So erklärt es rückblickend die „fünfunddreißigjährige"[65] Harriet Tubman im Sommer 1855 dem Bostoner Journalisten und Schulrektor Benjamin Drew. „Nun bin ich frei", ergänzt sie, „ich weiß, wie schrecklich die Sklaverei ist."

Er machte „wörtliche Änderungen" in seinem Bericht, weil Harriet in „gebrochenem Englisch" sprach, aber es gelang ihm, so Benjamin Quarles in seiner biographischen Skizze, „den „mitreißenden Geist einzufangen",[66] die Bedeutung und das Ziel einer langen Laufbahn, von den Anfängen an. Tubman hatte bereits zehn Jahre nach ihrer eigenen Flucht einen geradezu „mythischen Status" als Befreierin der Sklav/INNen erlangt. Der Autor und Reformer Thomas Wentworth Higgins bezeichnet sie (in einem Brief vom 17. Juni 1859 an seine Mutter) als die „größte Heldin ihres Zeitalters", und ergänzt: „Ihre Abenteuergeschichten sind in jeder Weise jenseits bloßer Erfindung und ihr Mut und ihre Begabung zur Menschenführung sind außergewöhnlich. Ich kenne sie seit langer Zeit – die Sklaven nennen sie Moses."[67]

Nichts in ihrer Kindheit hat sie auf diesen außergewöhnlichen Weg vorbereiten können; es sah im Gegenteil lange Zeit so aus, als würde sich ihr Weg nicht von dem anderer Zwangsarbeiter/INNEN auf der Farm von „Master" Edward Brodess (Petry und Conrad schreiben „Brodas") in Dorchester County, Maryland, unterscheiden.

Maryland ist ein „altes und reiches Land", so Conrad in seiner Tubman-Biographie, „bereit für Könige und für Sklaven. In der Tat war es Charles I. gewesen, der diese Region nach seiner Frau, Königin Henrietta Marie, benannte; und von da an, 1632, bis zu der Zeit, in der Harriet lebt, wurde der der üppige Reichtum des Landes von geradezu königlich Reichen in Besitz genommen"[68] – und von anderen Menschen bearbeitet. Mehr als anderthalb Jahrhunderte lebten Tabakpflanzer durch die Arbeit ihrer Sklaven bequem und in großem Reichtum; der Boden der Tabakpflanzer war auch das Arbeitsfeld von Harriets Großeltern gewesen. Nach der Revolution von 1776 fällt der Preis für Tabak ins Bodenlose. Es folgt der Anbau von Getreide; große Landstriche schimmern goldgelb von Weizen; außerdem wird Roggen angebaut; für ein pastorales Ambiente sorgen Kühe und Schafe. All dies, neben dem Fällen von Bäumen und Verschiffen des Holzes, ist Arbeit der Sklaven.

Das Eastern Shore, das Ostufer Marylands, ist eine Halbinsel, die von Delaware und Teilen Marylands und Virginias geteilt wird. Im Osten ist es vom Atlantischen Ozean und im Westen von der seichten Chesapeake Bay begrenzt. Das flache, fruchtbare Gebiet wird auch Tidewater (Gezeitengewässer) genannt, weil seine zahlreichen Flußarme, Moore und kleinen Flüsse mit den Gezeiten der nahen See steigen und fallen. Die Gezeitenmarschen, die regelmäßig von der Flut überschwemmt werden und von salzwasserresistenten Gräsern bewachsen sind, bieten Nahrung und Schutz für zahlreiche Vogelarten, Säugetiere, Fische und Reptilien. „Ohne dieses nährstoffreiche Feuchtgebiet wären zudem Flundern, Barsche, Austern oder andere Wasserbewohner zum Untergang veurteilt."[69] In den Buchten leben wilde Enten und Schnepfen. Ungefähr in der Mitte der Halbinsel, wo sich Delaware und Maryland treffen, befindet sich das nördlichste Zypressenmoor der Nation. Obwohl das Ostufer nur wenige Meilen entfernt von den Industriestädten Baltimore und Philadelphia entfernt liegt, erinnert seine Atmosphäre eher an den tiefen Süden.

Auf der Hälfte des Weges von der Chesapeake Bay aufwärts, Richtung Baltimore, liegt Dorchester County, wo Harriet Tubman ein Drittel ihres Lebens verbrachte. Im Zentrum des County liegt das kleine Dorf Bucktown. Dorchester County liegt zwischen zwei Flüssen, den Choptank, der nach Norden führt, und den Nanticoke, der nach Süden und Osten führt, und erstreckt sich von der Chesapeake Bay zur Grenze des Staates Delaware, und umgibt fast 400.000 Morgen dichten Waldes mit Eichen, Hickorynuß, Kiefern und Tupelogummibäumen, mit Marschland, Sümpfen, Wasserläufen und ausgedehntem Ackerland.

Doch die riesigen Wälder mit den Tupelogummibäumen zu durchqueren, etwa auf der Flucht, kann für Nichtbesitzer von Schuhen verhängnisvoll werden: Der Waldboden ist bisweilen etliche Zoll tief und läßt sich am ehesten mit einem Nagelbrett vergleichen. Die Sämlinge sind mit Dornen versehen. Diese durchbohren die schwieligen und darum gefühllos gewordenen und oft ungeschützten Füße der fliehenden Sklaven. Sie versuchen den Impuls, angesichts des Schmerzes zurückzuzucken, zu unterdrücken, denn sie wissen, daß ein Moment des Innehaltens oder Zögerns oder ein unwillkürlicher Aufschrei ihre Träume von der Freiheit für immer beenden kann. Die wenigsten Flüchtlinge besitzen Schuhe. Kinder jedoch haben nie welche, darum leiden sie am meisten. Viele Versklavte hat der Gummibaum seit ihrer Geburt begleitet. Ein ausgehöhlter Stamm kann als Wiege dienen. Die hellgrünen, sternförmigen Blätter, die sich im Herbst wunderschön scharlachrot färben, verströmen einen Duft: ein subtiler Hinweis auf die therapeutischen Kräfte des Baumes. Ein Schnitt in die Borke bringt ein gelbliches Harz hervor, das bei Hautirritationen, Wunden und Ruhr als Medizin benutzt wird. Für die Flüchtlinge jedoch sind die Sämlinge nur die ersten vieler weiterer noch folgender Hindernisse auf ihrem Weg in die Freiheit. Die Schwächsten würden entmutigt aufgeben und umkehren. Doch nicht alle Wege auf der „Untergrundbahn" sind weich.

Im County gibt es außerdem zahlreiche und einander durchkreuzende Flüsse und Flüßchen, was einen Zugang zu Handelswegen und geeigneten Plätzen für den Schiffsbau bedeutet. Das offene Terrain ermöglicht reichlich zu bearbeitendes Land, so daß der Anbau von Tabak, Weizen und anderem Getreide, von Obst und weiteren landwirtschaftlichen Produkten möglich ist.

Der Choptank River fließt neben der Grenze von Delaware und strömt südlich zwischen den Counties Caroline und Talbot und weiter bis zum Dorchester County, zuletzt ergießt er sich in den Chesapeake. Im 19. Jahrhundert ist der Fluß von der Chesapeake Bay an nahezu vierzig Meilen stromaufwärts befahrbar. Die Südgrenze von Dorchester, der Nanticoke, ist gänzlich befahrbar, von Seaford in Delaware an, bis zum Chesapeake; die Siedlung Vienna dient als sein Eingangshafen und wurde im frühen 19. Jahrhundert zum größten Handelszentrum.

Der Name des Flusses Nanticoke leitet sich von dem eines Indianervolks ab, das ursprünglich das Ostufer bevölkerte, bevor im frühen 17. Jahrhundert die ersten Weißen kamen. Im 18. Jahrhundert waren die Nanticoke-Indianer aufgrund ansteckender Krankheiten von den weißen Siedlern ausgestorben; die wenigen Überlebenden verließen ihr Land oder wurden verkauft und kamen nach Westen. Einige Nanticoke-Indianer und Schwarze – frei oder versklavt – heirateten untereinander und schufen so eine marginalisierte, doch kreative kreolische Gemeinde im Dorchester County, die bis ins 19. Jahrhundert hinein fortbestand. Örtliche Namen wie „Menoke“, „Manokey“, „Clash“ und andere Begriffe der Nanticoke-Sprache existieren heute noch im Dorchester County.[70]

In dieses Gebiet wurden Harriet Tubmans afrikanische Vorfahren gewaltsam verschleppt, um für ihre weißen Besitzer zu arbeiten. Die Versklavung von Afrikanern und mit ihr die Gesetze, Vorschriften und Regelungen, die die Existenz eines Sklaven festlegen, entwickelten sich langsam innerhalb eines Jahrhunderts. Bis zum frühen 18. Jahrhundert waren Vertragsarbeiter üblich, vor allem am Ostufer. Einige Plantagenbesitzer haben beides: Sklaven *und* Vertragsarbeiter. Zwischen 1730 und 1740 jedoch nimmt die Verschiffung schwarzer Gefangener von Afrika nach Amerika dramatisch zu. Zahlreiche Gesetze, die die Besitzverhältnisse betreffen, werden erlassen, so auch ein Gesetz, das festlegt, daß jedes Kind, das von einer versklavten Frau geboren wird, den Status der Mutter erbt; das Eigentumsrecht verbleibt dem Besitzer der Sklavin, „selbst wenn der Vater ein freier Schwarzer oder ein weißer Mann ist.“[71]

Die Geschichte von Harriet Tubman beginnt mit der Geschichte einiger weißer Familien, die Besitzansprüche an sie und ihre Familie stellen. Detaillierte Aufzeichnungen der Familien, die Harriet ebenso wie ihre Familie und ihre Freunde versklavten, belegen den scharfen Kontrast zwischen dem Leben weißer und schwarzer Menschen: Leben, die unversöhnlich miteinander verbunden sind. Die Pattisons, die Thompsons, die Stewarts und die Brodesses spielen Schlüsselrollen im Leben der Familien von Ben Ross und Rit Green und ihren Kindern und Enkeln. Am Ostufer Marylands bewegen sich die meisten Schwarzen, freie wie versklavte, in von den Weißen vorgegebenen Lebensmustern. Insgeheim halten viele Schwarze ihre familiären und freundschaftlichen Bindungen trotz weiter Distanzen aufrecht. Trennungen von Familienmitgliedern werden nicht nur durch Verkauf verursacht; einige Weiße besitzen (oder pachten) weit voneinander entfernte Ländereien und Farmhäuser und fordern von ihren Zwangsarbeitern eine entsprechende Mobilität. Sie mieten schwarze Arbeitskräfte zu verschiedenen Zeitabschnitten eines Jahres oder in Abständen von Jahren, wenn neues Land erworben wurde und der Boden bearbeitet werden und ein Haus gebaut werden muß. Diese Muster von Wanderungen innerhalb einer Region zwingt Familien und Freunde (Weiße und Schwarze gleichermaßen), Kommunikationsnetze aufzubauen, um familiäre Bindungen aufrechterhalten zu können. Diese Kommunikationsnetze werden es später Harriet Tubman ermöglichen, planvoll und erfolgreich zahlreichen Menschen zur Freiheit zu verhelfen.

Ein verheerender Brand des Rathauses von Dorchester County im Mai 1852 zerstörte eine Menge dort aufbewahrter Aufzeichnungen. Weil nur wenige Dokumente von der Zeit vor 1852 erhalten geblieben sind, kann die Geschichte der Beziehung zwischen Weißen und Schwarzen in Dorchester County nur begrenzt rekonstruiert werden. Zum Beispiel kennen wir weder die Namen aller Sklaven, die Edward Brodess besaß (und der auch Tubmans Master war), noch die Namen derjenigen, die Anthony Thompson besaß, der Besitzer von Tubmans Vater.

Einige Dokumente überstanden den Brand. Es wurden Unterlagen, die die Jahre 1847 bis 1852 betreffen, gerettet, weil der Angestellte die Journale übers Wochenende mit sich nach Hause genommen hatte. Diese Tatsache bewahrte fünf Jahre der Geschichte von Dorchester County und damit auch Details der Lebensgeschichte von Harriet Tubman und anderen schwarzen Mitgliedern der Gemeinde. Noch weitere Dokumente blieben erhalten: Freilassungslisten, Bestätigungen über Freilassungen und einige Vermögenslisten (worin auch der Verlauf von Sklaven dokumentiert ist), die uns Informationen sowohl über die schwarze Gemeinde als auch über Stammbäume etlicher Familien des Gebiets liefern. Im nahegelegenen Talbot County dagegen blieben Unterlagen erhalten, die bis in die Kolonialzeit und die Ära der frühen Republik zurückreichen. Diese Unterlagen aber enthalten einige der dramatischsten Dokumente über Harriets Leben in der Sklaverei.

Das Vermächtnis eines Patriarchen

Im Jahre 1791 denkt Atthow Pattison, der Gründer einer angesehenen Familie am Ostufer von Maryland, über das Erbe für seine Kinder und Enkel nach. Ein Veteran des Revolutionskrieges, ein anständiger Farmer und noch anständigerer Sklavenbesitzer (wie er sich selbst sieht), kann er seine Wurzeln in Dorchestrer County mindestens hundert Jahre zurückverfolgen. Durch Heiraten untereinander festigten die Pattisons und andere angesehene Familien Generationen hindurch ihre Herrschaft über weite Gebiete nutzbaren Waldlands, reichen Marschlands und produktive Farmen.

Wenn Pattison aus der Tür seines Hauses tritt, überblickt er ein Farmgebiet von 265 Morgen, das an der Ostseite des Little Blackwater River liegt, nahe an der Stelle, wo er sich mit dem großen Buckwater River vereinigt. Vom Pier vor seinem Haus verschifft Pattison Tabak, Holz und Getreide nach den Märkten von England und anderen Orten, und erhält Waren von den Westindischen Inseln und England, wie andere Händler in New England und entlang der Chesapeake Bay.

Nach dem Aufteilen der Ländereien, einschließlich seiner eigenen Plantage, und der Festsetzung des Erbes für seine Nachkommen, vererbt Atthow seine verbliebenen Sklaven und „lebendes Inventar" seiner Tochter Elizabeth und deren Kindern Gourney Grow, James, Elizabeth, Achsah und Mary Pattison und seinem Schwiegersohn Ezekiel Keene, und dessen Kindern Samuel und Anna. Elizabeth, der stillschweigenden Forderung des Vaters bewußt, daß „man innerhalb der Familie heiratet", hatte ihren Cousin William Pattison geehelicht; das Paar lebt auf einer nahegelegenen Plantage. Der Journalist Edward Ball, der über die Geschichte seiner sklavenhaltenden Vorfahren in South Carolina recherchierte, charakterisiert die familiären Verhältnisse der Epoche so: „Das traditionelle patriarchalische Eherecht regelte (...) nicht nur die Eigentumsverhältnisse, sondern auch das Geschlechtsleben, um den Namen und das Vermögen zu schützen."[72] Atthows zweite Tochter, Mary, hatte ihren Cousin Ezekiel Keene geheiratet und zog auf eine Farm südlich von den Ländereien ihres Vaters, aber als das Testament geschrieben wurde, war sie bereits tot.

Als Atthow im Januar 1797 stirbt, erbt seine Enkelin Mary Pattison ein Sklavenmädchen namens „Rittia und ihre Nachkommenschaft, bis sie und die Kinder das Alter von 45 Jahren erreichen",[73] wie es das Testament festlegt. Diese Formulierung – daß Rits Versklavung und die ihrer Nachkommen begrenzt sein soll – bedeutete eine Zusage für ihre Freilassung. In Maryland hatte man bereits in den ersten Tagen der Sklaverei Menschen freigelassen. Solche Freilassungen wurden so ernst genommen, daß man sie des öfteren für jedes County schriftlich dokumentierte. Einige Sklaven waren imstande, genug Geld zu verdienen, um sich freizukaufen, andere klagten vor Gericht, bisweilen erfolgreich. Im Jahre 1752 erläßt Maryland ein Gesetzt, das Freilassungen aufgrund des Wunsches des Versklavten einschränkt. Dies betrifft vor allem die Gesunden und Arbeitsfähigen und diejenigen, die jünger als fünfzig Jahre sind: Das bedeutet, daß die Sklavenhalter und Gemeinden keine Verantwortung übernehmen müssen für die „Unfähigen und Alten." Die Freilassung von Sklaven ist nunmehr illegal, wenn die Bewilligung zur Freilassung „während der tödlichen Erkrankung des Masters geschrieben wurde" oder wenn die Freilassung von Sklaven die Möglichkeit von Gläubigern behindert, ihre Forderungen gegenüber dem Verstorbenen durchzusetzen, wenn dieser verschuldet ist.[74] Mit anderen Worten: der Sklave haftet mit seiner Freiheit für die Schulden seines Besitzers. Diese Gesetzgebung, so hoffte man, würde die hohe Anzahl von Freilassungen in der Sterbestunde der Sklavenbesitzer verringern.

Die zeitliche Begrenzung von Rits Versklavung würde ihren Marktwert für Pattisons Erben verringern, wenn sie geneigt wären, sie zu verkaufen. Zweifellos war Pattison sich dieser Tatsache bewußt, doch war auch er vom Geist der Zeit beeinflußt. Am Ostufer – wie überall in der jungen Nation – tauchte zu dieser Zeit eine komplexe und vielschichtige neue geistige Bewegung auf, die sowohl religiös als auch weltlich war und die verantwortlich war für die wachsende Zahl von Freilassungen um 1790. Noch erhält die weiße Elite die Kontrolle aufrecht, Reiche können Erfolg haben mit der wachsenden Produktion von Weizen und anderem Getreide für den Export, was wiederum die Möglichkeit wachsenden Reichtums für unternehmende Familien in Dorchester und die umliegenden Counties bedeutet. Die starke Zunahme von Getreideanbau und Holznutzung verändert die Arbeitsverhältnisse am Ostufer einschneidend. Amerikanisches „Nutz- und Schiffsbauholz wurde im abgeholzten England dringend gebraucht."[75] Tabakanbau erfordert ganzjährige intensive Arbeit, Getreideanbau dagegen nicht. Und Waldarbeit, um Holz zu gewinnen, kann zwar das ganze Jahr durchgeführt werden, erfordert aber auch den ständigen Erwerb von weiteren Waldflächen, da gedankenlos gerodet und keine jungen Setzlinge gepflanzt wurden. Waldarbeit erfordert den überwiegenden Einsatz männlicher Arbeitskräfte. Diese Faktoren führen um 1800 zu einer Veränderung der Situation der Schwarzen am Ostufer: Einerseits wird die Arbeit freier Schwarzer eine attraktive Alternative zum Besitz von Sklaven, während es andererseits einige Sklavenbesitzer es als lukrativer ansehen, ihre überschüssigen Sklaven zu verkaufen.[76]

Die Sklavenfrage und die Religionen

Eine wachsende religiöse Erweckungsbewegung – eingeleitet durch die „Gesellschaft der Freunde" (auch Quäker genant) und die Methodisten – und das geistige Vermächtnis der Freiheitsidee der Amerikanischen Revolution führen zu leidenschaftlichen Debatten über die moralische, politische und ökonomische Gültigkeit und Glaubwürdigkeit der Sklaverei. Die Zunahme von Freilassungen und Petitionen für Freiheit unmittelbar nach der Amerikanischen Revolution war zum Teil der Rhetorik der Revolution verpflichtet, zum Teil lag es aber auch an den einschneidenden ökonomischen Veränderungen, die ihrerseits wiederum mit der weniger intensiven landwirtschaftlichen Arbeit und einer ökonomisch lebensfähigen freien afroamerikanischen Bevölkerung zusammenhingen. All diese Faktoren machten eine zeitliche Begrenzung der Sklaverei und die schließliche Freilassung von Sklaven zu einer durchaus denkbaren Möglichkeit.

Die Ablehnung der Sklaverei in England beeinflußte ebenso die Überlegungen der jungen Nation. Im Jahre 1785 fordern in Maryland Bürger vom Ostufer und den Counties Talbot, Dorchester und Caroline in einer Petition an das Abgeordnetenhaus die Abschaffung der Sklaverei. Die Abolitionisten, d. h. die Befürworter der Abschaffung der Sklaverei, haben um diese Zeit großen Einfluß; etliche Sklaven prozessieren erfolgreich gegen ihre Besitzer, um die Freiheit zu erlangen. Dadurch herausgefordert, verlangen um 1795 die Sklavenhalter von der staatlichen gesetzgebenden Körperschaft von Maryland, den Abolitionisten Sanktionen aufzuerlegen und sie zu entmachten.[77]

Um 1780 lassen Quäker am Ostufer Hunderte von Sklaven frei. Die Bewegung der Methodisten entwickelt sich anfangs langsam, aber zwischen 1790 und 1800 verbreitet sie sich innerhalb von Dorchester und in den benachbarten Counties sprunghaft. Obwohl die meisten Familien der weißen Elite sich der Anglikanischen Kirche verbunden fühlen, wächst der Einfluß der Methodisten, dies zeigt sich vor allem an der wachsenden Zahl von Freilassungen.

Doch einflußreiche Sklavenhalter sind vor allem über die erstarkende ökonomische, politische und soziale Macht einer wachsenden freien schwarzen Bevölkerung besorgt. Diese soziale Dynamik wird zu einem Gegenpart der abolitionistischen Bewegung. Während die Emanzipation einigen methodistischen Sklavenhaltern (und einigen nicht-methodistischen) die Wahl läßt, scheint es zugleich so, daß die

Mehrheit, die die Freilassung ihrer Sklaven erwägt, einer Politik der Verzögerung huldigt, die die Ausführung der Tat - die Freilassung - auf eine ungewisse Zukunft vertagt. Auf diese Weise versichert sich der Sklavenhalter weiterhin der produktivsten Arbeitsjahre seiner Sklaven. Andere vermieten ihre Zwangsarbeiter/INNEN für eine begrenzte Zeit, um so das Geld in die eigene Tasche stecken zu können, während sie zugleich ihr Gewissen beruhigen, indem sie eine eventuelle Freilassung erwägen, was in jedem Fall „den strengsten Schutz des Geldbeutel des Masters bedeutet, während zugleich das aufgeregte Gewissen beruhigt werden muß."[78]

Die „Abolition Society" argumentiert um 1780, daß Einschränkungen der Möglichkeit eines Sklavenhalters, seine Sklaven freizulassen (wie es im Gesetz von 1752 festgelegt worden war) in einem direkten Konflikt mit den Rechten des freien Individuums stünden, seinen Besitz zu kontrollieren, gleichgültig, ob es sich um einen Sklaven oder ein Stück Land handele. Die Frage nach einer Einschränkung der Freilassungen wird in den jährlichen Treffen der Quäker diskutiert und zuletzt vor dem Abgeordnetenhaus in Maryland. Nach diversen Niederlagen vor dem Senat von Maryland wird im Jahre 1790 ein verbessertes Gesetz verabschiedet, das die Freilassung erlaubt, allerdings muß das Recht des Gläubigers gewahrt bleiben, und es ist vorgesehen, daß „der Sklave zu dem Zeitpunkt, in dem er freigelassen werden soll, nicht über fünfzig Jahre alt und arbeitsfähig" sein muß. Im Jahre 1796 wird das Gesetz dahingehend ergänzt, daß Freilassungen gegenüber solchen Sklaven, die jünger sind als 45 Jahre, einzuschränken sind, was damals als ziemlich fortgeschrittenes Alter gilt.[79] Atthow Pattisons Absicht war es, wie das Testament beweist, Sklaven freizulassen, wenn sie 45 Jahre alt werden, also fünf Jahre früher als es im Gesetz von 1790 festgelegt war.

Das Versprechen einer Begrenzung der Dienstzeit ist eine Methode, sich der Loyalität und des Gehorsams des Sklaven zu versichern. Die Möglichkeit einer begrenzten Arbeitszeit erleichtert außerdem das Gewissen des Sklavenhalters im Kontext der neuen Ideen von Demokratie und Christentum in der jungen Nation. Diese Haltung ist nicht unvereinbar mit der Überzeugung, daß die Sklaverei weiterhin bestehen könne.

Irgendwann zwischen 1785 und 1789 geboren, wächst Rit im Haushalt der Pattisons auf, wahrscheinlich zusammen mit ihrer Mutter, Modesty, und anderen Verwandten. Laut eines Zensus aus dem Jahre 1776 besaß Atthow Pattison fünf Sklaven. In Zählungen werden die Namen von Sklaven selten überliefert, weil sie als „Chattel" („bewegliche Habe") angesehen werden, wie Schafe, Kühe oder Pferde. Um 1790 besteht Pattisons Haushalt „aus zwölf Personen, fünf Weiße und sieben Sklaven."[80] Die höhere Anzahl könnte die Geburt von Sklavenkindern bedeuten. Während Modesty in Pattisons Testament von 1791 nicht erwähnt wird, ist sie in der Sklavenliste von 1790 aufgeführt. Eine andere Sklavin namens Minty wurde Pattisons Enkel Samuel Keene vererbt. Pattison vererbte zwei Sklavinnen, Bess und Suke, an seine Tochter Elizabeth Pattison. Alle wurden freigelassen, als sie das Alter von 45 Jahren erreichten. Diese versklavten Frauen waren mehr eine Familie für sich. Als Kind wird Harriet Tubman Araminta genannt und Minty gerufen; erst nach ihrer Heirat wird sie sich Harriet nennen. Es ist denkbar, daß Rit ihre Tochter nach einer Tante benannte, vielleicht die Schwester ihrer Mutter, oder nach einer Frau, der sie sich verbunden fühlte. Später verkaufte Samuel Keene die ältere Minty und ein Kind namens Ritty an seinen Cousin, der gleichfalls Samuel Keene heißt.

Atthow Pattisons Enkelin Mary Pattison heiratet im Jahre 1800 Joseph Brodess, einen Farmer aus Bucktown in Dorchester County. Joseph und Mary siedeln sich in der Nähe der Plantage von Marys Mutter Elizabeth an, südlich von Little Blackwater Bridge. Das Paar hat fünf Sklaven. Elizabeth, die um 1800 bereits Witwe ist, führt einen großen Haushalt, der aus fünfzehn weißen und farbigen Personen besteht, davon sieben Versklavte. Brodess unterstützt wahrscheinlich seine Schwiegermutter bei der Organisation ihrer Plantage. Bei einem derart großen Haushalt, der zwar aus sechs kleinen weißen Kindern besteht, aber keinen weißen Mann hat, benötigt Elizabeth Josephs Hilfe. Sein eigener Besitz, nordöstlich vom Haushalt der Schwiegermutter gelegen, wird zu dieser Zeit möglicherweise von seinen Angehörigen verwaltet. Brodess und seine Geschwister, Edward und Elizabeth, haben von ihrem Vater, Edward Brodess Sr. (er stirbt im Jahre 1796), mehrere Hundert Morgen Land in Bucktown geerbt.

Mary Pattison Brodess bekommt im Juni 1801 einen Sohn namens Edward. Irgendwann im Juni darauf stirbt Joseph Brodess. Im Jahre 1803 heiratet Mary ein zweites Mal: Anthony Thompson, einen erfolgreichen Landbesitzer mit Geschäftsverbindungen zum Ostufer. Marys rasche Wiederheirat ist Teil der weiblichen Lebensrealität dieser Zeit, weil sie Unterstützung braucht und nur wenig eigene Mittel besitzt und zudem das Erbe ihres minderjährigen Sohnes verwalten muß. Die einzige Möglichkeit, die nötige Hilfe zu bekommen und zugleich die eigene Zukunft zu sichern, ist wieder zu heiraten, und zwar einen Mann aus derselben oder sogar einer besseren sozialen Klasse. Die Möglichkeit einer Frau, ihr eigenes Erbe oder das ihres verstorbenen Mannes zu verwalten, ist durch Gesetze eingeschränkt. Obwohl Mary vielleicht die Ehe mit dem Erbe ihres Großvaters begann, hatte sie nicht die Möglichkeit, sich selbst und ihren Sohn allein zu ernähren.

Anthony Thompson ist gleichfalls verwitwet und bringt drei Kinder in die neue Ehe mit: Edward, Anthony C. und Absalom, alle drei jünger als fünfzehn Jahre. Seinen Besitz, der sich in der Nähe des Buckwater River befindet, erbte er um 1780. Im Lauf der Jahre mehrte er ihn. Er besitzt neun Sklaven.

In diesen Haushalt wird von Marys Seite auch Rittia gebracht, die Marys Sohn Edward gehört; außerdem vier männliche Sklaven, die Marys erstem Ehemann gehört hatten. Einer von Thompsons Sklaven ist Ben Ross, der als erfahrener Waldarbeiter gilt und die Aufsicht über Thompsons Wälder innehat. Durch die Eheschließung ihrer Besitzer gehören Ben und Rittia nunmehr demselben Haushalt an und heiraten einander „wahrscheinlich um 1808.“[81]

Der Handel mit schwarzen Körpern

Obwohl man die Umstände, wie Anthony Thompson der Besitzer von Ben Ross wurde, nicht genau kennt, hat Ben Verwandte sowohl unter freien als auch versklavten Schwarzen. Um 1810 besitzt Thompson fünfzehn Sklaven, darunter Rittia, vier junge Männer und vielleicht auch eine erste Tochter Rittias, Linah, die vermutlich um 1808 geboren wurde. Wo Thompson und die Pattisons ihre Sklaven bekamen, scheint klar, doch erhalten gebliebene Urkunden belegen einen intensiven Sklavenhandel zwischen Afrika und der Chesapeake Bay in der Mitte des 18. Jahrhunderts: Mehr als 18.000 Menschen wurden nach Maryland verschleppt.[82] Maryland ist neben Virginia das größte Sklavenhandelszentrum.[83] Franklin Sanborn, der erste Biograph Harriet Tubmans, zitiert, daß Harriet „die Enkelin eines Sklaven" sei, „der aus Afrika kam, und er hatte nicht einen Tropfen weißen Blutes in seinen Adern."[84] Später berichtet sie Sanborn, daß ihr Großvater aus der Familie eines Häuptlings stammte. Anderen Interviewern erzählt sie, daß sie „Shantee" sei. Von den Ashantees ist bekannt, daß sie als Plantagenarbeiter „ungeeignet" sind aufgrund ihrer Widerständigkeit, so daß nur wenige Menschen dieses Volks in die Sklaverei verkauft werden. Es wird allgemein angenommen, daß zumindest der Großvater Harriets aus Afrika deportiert wurde; wahrscheinlich wurde auch die Großmutter Modesty aus Afrika verschleppt. In einem anderen Interview erklärte Harriet, daß ihre Mutter die Tochter „eines weißen Mannes, eines Amerikaners" sei und der Vater Ben ein „Vollblutneger."[85]

Modesty ist die einzige Person, die in Dokumenten als Großmutter Harriets erwähnt wird. Die Vorfahren von Ben Ross sind unbekannt.

Der Sklavenhandel beeinflußte die Infrastruktur der Chesapeake Bay das gesamte 18. Jahrhundert hindurch und ermöglicht uns so einige Hinweise auf Tubmans afrikanisches Erbe. Modesty - oder ein anderer von Harriets Ahnen - ist möglicherweise bereits als Kind um 1750 von der westafrikanischen Goldküste verschleppt worden, genauer: aus einem Gebiet, das wir unter dem Namen Ghana kennen, das vor allem von den Asante bewohnt wurde. Obwohl „empfänglich für Revolten", sind die Asante bei den Sklavenhändlern begehrt, weil die Asante als außergewöhnlich stark gelten und die verschiedensten Aufgaben ausführen können.[86] Es gibt durchaus Versuche, Sklaven dort einzusetzen, wo sie sich als besonders geschickt oder begabt erweisen. Edward Ball berichtet, daß in einigen amerikanischen Staaten (so in

South Carolina, das lange Zeit für den Anbau von Reis bekannt war) darauf geachtet wird, daß Sklaven dieselbe Arbeit verrichten, die sie in ihren Heimatländern kennen, so z. B. den Anbau von Reis: In „Teilen Westafrikas gehörte Reis von alters her zur Grundversorgung und wurde zum Beispiel an den Ufern des Gambia-Flusses und in Sierra Leone angebaut. Bald erkannten die Pflanzer, daß einige ihrer Sklaven über ein Wissen verfügten, aus dem sie Profit schlagen konnten."[87] Die Methode der Bodenbearbeitung, der Bewässerung, aber auch die des Reissäuberns stammen aus Westafrika, ebenso wie die Tradition des Korbflechtens. Die Verschleppten brachten also Fertigkeiten und ein Know How mit, die in South Carolina dringend benötigt wurden, denn in den USA war der Reisanbau unbekannt; in South Carolina begann er um 1695. „Fünf Jahre später lieferte die Kolonie jährlich dreihundert Tonnen nach England plus dreißig in die Karibik." Dieses winzige Korn bescherte den Vorfahren des Autors „sechs Generationen lang ein Leben in Saus und Braus."

Meistens wurden die Sklaven direkt auf dem Schiff, das irgendwo an der Chesapeake Bay ankerte, verkauft, oder aber auf dem im 18. Jahrhundert bekannten Sklavenmarkt in Oxford, Maryland. Diese Sklaven gelangten zu den Plantagenbesitzern, die in der Umgebung von Dorchester County Wälder rodeten.

Das Reich der Asante (Conrad schreibt „Ashanti"[88]) verteidigte sich länger als andere afrikanische Staaten gegen das Kolonialgesetz; es unterlag im Jahre 1896 den Briten. Doch die Asante hatten keinen Erfolg, sich gegen das Gefangen- und Verschlepptwerden durch die Amerikaner zu schützen. Stammesfehden zwischen den Asante und benachbarten Völkern führte zum Verkauf von Kriegsgefangenen; betroffen waren neben den Asante die Fante und andere Bewohner der Goldküste, die als Sklaven auf den Märkten der Neuen Welt verkauft wurden.[89] Die meisten Gefangenen sprachen eine Sprache, die der Sprachfamilie der Akan-Untergruppe angehört.[90]

Die Kultur der Asante basierte vor allem auf Landwirtschaft, obwohl Gold ein bedeutsamer Handelsartikel war. Die Asante waren ein spirituell orientiertes und begabtes Volk. Land und Wasser waren ihnen heilig. Die Wirksamkeit gesellschaftlicher Kräfte, der Zusammenhalt, wurden im Bewußtsein der Asante durch die Macht großer Ahninnen[91] ermöglicht, darum waren die Frauen angesehen als Führerinnen und Ratgeberinnen. Die Vorfahrinnen der Asante „kamen sowohl vom Himmel als auch aus der Erde zu den Wäldern", und befähigten die Asante dazu, sich von einer Gesellschaft von Jägern zu einer Ackerbaugesellschaft zu entwickeln. Sie lebten in Siedlungen und Dörfern. Die Asante entwickelten sich zu Fachleuten der Bodenbearbeitung, angefangen beim Roden von Wäldern, um Siedlungen und Häuser zu bauen. Die Menschen wußten genau, wann es gut ist, den Boden brach liegen zu lassen und wann man ihn bearbeiten kann; und sie wußten auch, wie man den Boden vor den desaströsen Folgen von Erosion schützen kann, vor allem in der Nähe von Flüssen: Dieses Wissen machte sie den Weißen überlegen, deren „Kultur der Bodenbearbeitung" vor allem Zerstören bedeutete: Denn die ersten weißen Kolonisten bebauten ihr Land äußerst unbedacht. An die „ärmlichen Möglichkeiten der Alten Welt gewöhnt, blendete sie die Fülle der natürlichen Hilfsquellen des neuen Kontinents. Warum die Bäume schonen, wenn die Wälder endlos schienen? Warum sich mit sorgfältiger Bebauung abmühen, wenn es soviel billiges Land gab, wohin man weiterziehen konnte? So wurde die Verschwendung der natürlichen Hilfsquellen den Amerikanern zur Gewohnheit." Anderen Siedlern waren die Bäume im Wege, „und sie vernichten ganze Wälder, um Raum für Farmen zu schaffen."[92] Die Europäer plünderten die Natur; die Asante kultivierten sie.

Europäischen Beobachtern fielen die sorgfältig gebauten und umzäunten Farmen der Asante auf. Es wurde in großen Mengen Jamswurzel, Getreide, Nüsse, Maniok und Mehlbananen produziert. Es waren vielleicht diese Kenntnisse über Waldrodung und Landwirtschaft, die die Asante und die mit ihnen verwandten Völker zu begehrten Sklaven für das Ostufer Marylands machten.[93] Die Asante entwickelten soziale und kulturelle Forderungen, die sich auch auf die Landwirtschaft bezogen; Werte wie „Fruchtbarkeit, Wachstum, Vermehrung und Reichtum." Die Farmer und Plantagengründer der Neuen Welt übernahmen diese Prinzipien.

Wie andere westafrikanische Völker glaubten die Asante an eine Vielfalt von Gottheiten, die sowohl der natürlichen als auch der spirituellen Welt angehören können. Die mächtigsten von ihnen waren mit dem Wasser verbunden, aber es ist das Land, das die Verbindung zwischen den Lebenden und den Toten herstellt, von denen alle individuellen und kollektiven Werte der Asante abhängen. Nach dem physischen Tod leben die Ahnen in einer Art Parallelwelt und können in Zeiten der Bedrängnis um Rat gefragt werden. Dies bedingte eine enge Bindung an den Lebensraum, was eine Deportation zu einem traumatischen und die Persönlichkeit zerstörenden Erlebnis machte, besonders wenn der Verschleppte zu den Zuckerplantagen oder Tabakfeldern auf der anderen Seite des Erdballs gebracht wurde.[94]

Die kulturellen Traditionen der deportierten westafrikanischen Völker bestanden in der Neuen Welt länger, als man bis vor kurzem geglaubt hat. Versklavte von der Goldküste brachten ein tiefes Verständnis für die Bedeutung des Bodens mit in die Neue Welt. Sie besaßen ein Wissen von der Beziehung zwischen der berührbaren und der spirituellen Welt. Historiker glaubten lange, daß die Bewahrung von Kultur aufgrund der Völkermischung bereits während der Middle Passage nahezu unmöglich gerwesen sei; und eine Bewahrung der ethnischen und kulturellen Identität sei auch auf der Plantage nicht möglich gewesen. Neuere Forschungsergebnisse zeigen uns jedoch, daß die Verschleppten nicht irgendwohin auf gut Glück verteilt wurden. Es wurde im Gegenteil oft dafür gesorgt, daß miteinander verwandte Ethnien auf den Plantagen ihre eigenen Gemeinschaften gründen konnten. Londoner Händler brachten die Mehrheit der afrikanischen Sklaven nach Maryland; von diesen kamen die meisten von der Goldküste im oberen Teil Guineas.[95] Dies erleichterte auch die Arbeit der Sklavenhalter. Pflanzer wünschten Sklaven mit verwandtem ethnischen und kulturellem Hintergrund, weil dies die Eingewöhnung der Neuankömmlinge erleichterte und sowohl Aggression als auch Apathie aus Angst und Verzweiflung minderte. Seit der erste Sklavenhändler an der Chesapeake Bay erschienen war, hatte man versucht, Angehörige eines Volkes oder Personen mit ähnlichem kulturellem Hintergrund, wenn nicht auf derselben Plantage, so doch in der Nähe, d. h. auf einer anderen Pflanzung unterzubringen, offenbar, um die Folgen des Schocks der Ankunft in einer unbekannten Welt zu mindern.

Als die Anzahl der Plantagen im 18. Jahrhundert zunahm, erweiterten die Schiffe ihren Handel mit der menschlichen Ware auf beide Seiten des Chesapeake: in Häfen wie Cambridge, Oxford und St. Michael. Außerdem verkauften die Händler an die Plantagenbesitzer an ihren Piers an den Flüssen und Buchten. Seit 1740 wurden versklavte Afrikaner die wichtigste menschliche Ressource für die wachsende Land- und Holzwirtschaft des Chesapeake. Zwischen 1720 und 1770 wuchs der Bedarf an Arbeitskräften, besonders in den Jahren vor der Amerikanischen Revolution. Nach dem Verbot des Sklavenimports im

Jahre 1783 baute Maryland auf Handel innerhalb des Landes oder auf Schmuggel. Die kulturellen und religiösen Bräuche der Versklavten bestanden weiterhin; Hinweise finden wir z. B. in den Namen, die man den Kindern gab: Namen wie Ibo, Mingo, Winnebar, Sinta, Suke und Binah finden wir im Zensus; Beschreibungen in Freilassungsurkunden verraten uns Details kulturell bedingter Vorlieben wie z. B. „hat Löcher in den Ohren für Gewichte" oder „tätowierte Muster am Kiefer." Noch um 1840 waren Namen wie Winnibar, Sinta und Mingo gebräuchlich. Nachkommen erinnerten sich, daß der afrikanische Großvater Suck hieß und daß dieser Großvater von einem „Schiff von der Chesapeake Bay" kam. Als der Enkel ein Kind war, hatte ihm Suck erklärt, daß er Mitglied eines afrikanischen Stammes gewesen sei, „der von einem anderen Stamm besiegt wurde und zahlreiche Gefangene machte" und diese an einen weißen Sklavenhändler, der an der afrikanischen Küste ankerte, verkaufte.[96]

Inzwischen war der Anteil der freien schwarzen Bevölkerung von 1800 im Jahre 1755 und über 8000 im Jahre 1790 auf fast 34.000 im Jahre 1810 angewachsen.[97] In Dorchester County leben um 1790 5337 versklavte und 528 freie Schwarze; um 1800 wächst der Anteil freier Schwarzer auf 2365, während der Anteil der Versklavten auf 4566 fällt.[98] In derselben Zeit stagniert der Anteil der weißen Bevölkerung in Dorchester County: Rund 10.000 Weiße leben hier. Die jüngeren Leute wandern ab nach North Carolina, Georgia oder noch weiter fort nach Westen oder Süden, auf der Suche nach besseren beruflichen Möglichkeiten.

Der Status der freien Schwarzen verbessert sich nicht, weil sich ihre Anzahl erhöht. Tatsache ist, daß sich aufgrund der Zunahme der freien Schwarzen die Weißen alarmiert fühlen; also erlassen sie schnell neue Gesetze und Vorschriften, um die Freiheit der Farbigen einzugrenzen: Das betrifft sowohl ihre politischen Rechte als auch ihre sozialen und ökonomischen Freiheiten. Ab 1796 dürfen freie Schwarze nicht mehr vor Gericht als Zeuge aussagen. Obwohl einige das Recht zu wählen haben, wenn sie vor 1783 frei kamen und über eigenen Besitz verfügen, werden im Jahre 1802 alle ihres Wahlrechts beraubt - in dem Augenblick, als vermögenslose Weiße Zugang zum Wahlrecht erhalten. Die Methodisten, um 1790 noch die große Hoffnung für viele Sklaven, werden zunehmend konservativer, weil sie Zulauf von der konvertierten weißen Elite bekommen, und das bedeutet: von den Sklavenhaltern.

Unzufriedenheit und Verzweiflung nehmen zu. Im Sommer 1800 haben die Versklavten in und um Richmond, Virginia, ein geheimes Netzwerk geschaffen. Geplant ist ein bewaffneter Aufstand. Der Anführer der Rebellen, Gabriel (nach seinem Besitzer Prosser genannt), wird in der Nacht vor dem geplanten Aufstand verraten. Alex Haley, der in seinem weltberühmten Roman „Roots" die Geschichte von sechs Generationen seiner schwarzen Vorfahren in Amerika schildert, beschreibt, welche Folgen die Aufdeckung des geplanten Aufstands für die Versklavten bedeutet, - auch für solche, die mit dem Aufstand gar nichts zu tun hatten. „Die gefangenen schwarzen Anführer waren gefoltert worden, damit sie die Behörden auf die Spur der anderen Beteiligten halfen, und einer hatte unter der Tortur gestanden, der Kopf der Revolte sei ein freier schwarzer Schmied namens Gabriel Prosser, der etwa zweihundert ausgewählt tüchtige Schwarze – Hausdiener, Gärtner, Pförtner, Kellner, Eisenarbeiter, Seiler, Bergleute, Schiffer, ja sogar Prediger – auf seine Seite gebracht und über ein Jahr auf den Kampf vorbereitet hatte." Die Miliz kämmt die Umgebung durch; „arme weiße Schlucker 'patrollierten' auf eigene Faust und terrorisierten die Straßen, und es ging das Gerücht, daß manche Massers ihre Sklaven wegen jeder Kleinigkeit prügelten, in einzelnen Fällen sogar totschlugen."[99]

Obwohl später auch Gabriel, zusammen mit 27 weiteren Personen, gefangen und hingerichtet wird, bekommt es die weiße Elite mit der Angst zu tun. Ihr ist klar: die Versklavten sind ein unsicherer Besitz, nicht wie Pferde oder Schafe. Im Jahre 1805 wird in Dorchester County ein Sklave gefangen und später gehängt, weil er „eine Revolte plante, um die Weißen zu töten", was weitere Hoffnungen der Schwarzen auf Freiheit zunichte macht.[100]

Während des Krieges von 1812 gründen die Briten an Tangier Island an der Mündung des Chesapeake eine Basis, von wo aus sie zahlreiche – und erfolgreiche – Versuche unternehmen, die Sklaven dazu zu verleiten, ihre Besitzer zu verlassen, um in die britische Armee, die „Colonial Marines", einzutreten. Die Vorstellung, ihren bewaffneten ehemaligen Sklaven zu begegnen, ist für ihre ehemaligen Besitzer natürlich nicht allzu beruhigend.

Während der Jahre ab 1810 ist die ökonomische Situation des Ostufers unsicher. Während die Nachfrage nach Produkten wie Getreide und Holz weiterhin anwächst, öffnet der Frieden die Möglichkeit, Produkte aus Europa in Amerika einzuführen. Daraufhin brechen die Preise für Getreide und Holz ein. Die Händler von der Chesapeake Bay sind zudem mit Einschränkungen im Freihandelswettbewerb konfrontiert: Erhöhten Zollgebühren und Steuersätzen auf beiden Seiten des Atlantiks. Das Glück etlicher Mitglieder der weißen Elite von Dorchester County schwindet. Anthony Thompson etwa, einer der größten Land- und Sklavenbesitzer des County und „eine Säule der Gemeinde", wird im Jahre 1817 wegen Schulden inhaftiert. Trotz seiner massiven wirtschaftlichen Probleme bleibt Thompson im County und produziert weiterhin Nutzholz für die Werften in Baltimore.

Als man sich im Gebiet des Ostufers von Maryland zunehmend vom Tabakanbau zu Getreide- und Holzexport hin orientiert, reduzieren etliche Sklavenhalter die Anzahl ihrer Arbeitskräfte, weil Tabakanbau ganzjährige Arbeit erfordert, Getreide aber nicht. Eine weitere dramatische ökonomische Veränderung bedeutet der intensivierte Anbau von Baumwolle im tiefen Süden nach 1815. Im Jahre 1792 hatte Eli Whitney, ein Lehrer aus Massachusetts, eine Maschine zum Entkörnen von Baumwolle erfunden, die zwei Jahre darauf patentiert wurde. Vorher hatte sich Baumwolle nicht halten können, besonders die gröbere „kurzfaserige" Sorte, deren Säuberung äußerst mühsam und arbeitsintensiv war, weil die Samen fest in der Kapsel sitzen. Eli Whitneys Apparat zog mit seinem gezahnten, rotierenden Zylinder den Samen aus der Rohfaser. Das Prinzip ist ebenso simpel wie einleuchtend: In einem „hölzernen Kasten dreht sich eine Holztrommel, die durch eine Kurbel bewegt wird; die Trommel wiederum ist gleichmäßig mit Metallnägeln besetzt, welche die beigegebene Rohbaumwolle erfassen, so daß die Samen sich lösen und herausfallen, worauf das reine Material entnommen werden kann."[101] Die Erfindung dieser Egreniermaschine „veränderte die Wirtschaftsstruktur der Südstaaten von Grund auf, ja, es veränderte vielleicht sogar den Verlauf der amerikanischen Geschichte. Baumwolle wurde nun sehr rasch zum Hauptprodukt der Landwirtschaft des Südens, und damit erlebte die Sklaverei, von der man schon gehofft hatte, sie werde von selbst aussterben, einen ungeahnten Aufschwung. Ganz selbstverständlich war dies nicht, denn die Maschine ersetzte 40 Sklaven." Man könnte meinen, es wären nicht mehr so viele Arbeitskräfte benötigt worden. Das Gegenteil ist der Fall: Der wirtschaftliche Mechanismus führte dazu, daß die Anbauflächen erweitert werden, um die Entkörnungsmaschine voll ausnutzen zu können. „Immer mehr Land wurde mit

Baumwolle bepflanzt; immer größer wurden die Plantagen." [102] Bald sollte „König Baumwolle" die Wirtschaft des Südens von Grund auf verändern, den Einfluß der Reispflanzer schwächen und den Bedarf an Arbeitskräften erheblich steigern. Die Baumwollproduktion steigt von zwei Millionen auf zwei Billionen Ballen im Jahr; der Preis für einen Sklaven klettert „gleichzeitig von 20 auf 2000 Dollar."[103] Die Baumwolle wurde zu einer „Kultur des Raubbaus." Die Lebensspanne eines Feldsklaven sank in dieser Zeit ziemlich genau in dem Verhältnis, in dem die Baumwollproduktion stieg.

Doch der Süden liefert die Baumwolle zu günstigen Bedingungen und kann daher seine Produktion rasch vergrößern. Während er im Jahre 1805 60 Millionen Pfund absetzte, werden es 1845 400 Millionen Pfund sein. In Louisiana breitet sich der Zuckerrohranbau aus und in Tennessee und Kentucky der Tabakanbau. Um mit diesem wirtschaftlichen Aufschwung Schritt halten zu können, sind die Pflanzer wieder mehr denn je auf Sklavenarbeit angewiesen. „Die Abschaffung der Sklaverei hätte für sie den Ruin bedeutet."[104]

1787 war die Mason-Dixon-Linie als Grenze zwischen dem Norden und dem Süden und damit zwischen den „sklavenhaltenden" und „freien" Staaten festgelegt worden. Mit jedem neu hinzukommenden Staat der Union stellt sich erneut das Problem des Gleichgewichts zwischen diesen beiden Alternativen. 1812 war Louisiana als sklavenhaltender Staat in die Union aufgenommen worden. Missouri, das 1819 unter den gleichen Bedingungen Einlaß wünscht, liegt zur Hälfte nördlich dieser Linie. So gibt es Stimmen gegen seine Aufnahme in die Union. Im folgenden Jahr findet man dann einen Kompromiß, der unter dem Namen „Missouri-Kompromiß" bekannt wird: Westlich des Mississippi und nördlich von 36° 30′ nördlicher Breite soll – mit Ausnahme von Missouri – die Sklaverei verboten werden. Zugleich wird der sklavenfreie Staat Maine im Nordosten von Massachusetts getrennt, um wieder das Gleichgewicht zwischen Norden und Süden herzustellen. Der Konflikt ist also noch einmal aufgeschoben. Zur gleichen Zeit entwickelt sich der Westen als dritter Partner, der mit seinen Pionieren „weder mit den Industriellen des Nordens noch mit den Pflanzern des Südens gemeinsame Sache machen" will. Auch er sucht seinen „Anteil an der Politik des Landes, das inzwischen zehn Millionen Einwohner" hat.

Im Jahr der Festlegung der Mason-Dixon-Linie war der Sklavenhandel vorübergehend eingestellt worden, jetzt aber brauchten die Baumwollpflanzer neue Ware. In Maryland ist die Situation anders: Die Pflanzer beginnen, ihren Überschuß an Sklaven – statt die Menschen wie früher freizulassen - an die Händler des Chesapeake zu verkaufen, die nach frischen Kräften für die wachsende Wirtschaft von Alabama, Mississippi, Louisiana, Florida und Texas suchen. Diese Situation bedeutet die größte Gefahr für die schwarzen Familien, auseinandergerissen zu werden. Wer im „tiefen Süden" verschwindet, ist für seine Angehörigen für immer unerreichbar.

Kurz vor dem Zensus im Jahre 1810 stirbt Mary Pattison Brodess Thompson, die Verantwortung für ihren jüngeren Sohn und ihre Sklaven übernimmt der zweite Ehemann, Anthony Thompson.[105] Rit arbeitet zu dieser Zeit vermutlich für Thompson oder sie wird vermietet, um das Erbe des jungen Edward Brodess zu mehren, was konkret eine Stabilisierung der jungen Familie von Ben und Rit bedeutet. Mittlerweile sind fünf Kinder da: Nach Linah, die 1808 geboren wurde, folgte Mariah Ritty um 1811, Soph 1813, Robert 1815 und Minty vermutlich 1822.[106] Für Ben und Rit wird die Drohung der Trennung akut, als Edward 1822 mit 21 Jahren volljährig wird und sein Erbe beanspruchen kann. Das bis dahin stabile Familienleben der Ross-Familie ändert sich nun dramatisch.

Eine Kindheit

Die Plantage von Edward Brodess liegt ziemlich isoliert im Dorchester County, was typisch für diesen Landstrich Marylands ist. Eine seiner Grenzen ist ein Fluß: der Big Blackwater River (Petry schreibt „Buckwater River"). Die nächste Siedlung, Bucktown, ist nur wenig mehr als ein Dorf „mit nicht mehr als hundert Einwohnern",[107] das aus einer Post, einer Kirche, einem Ladengeschäft und acht oder zehn Wohnhäusern besteht.

Das Haus, in dem Edward Brodess lebt, ist sehr groß. Dort gibt es zahlreiche Zimmer: für Besucher ebenso wie für seine Angehörigen und seine Familie. Besucher kommen oft aus weiter Entfernung und bleiben daher meistens ein oder zwei Monate, bevor sie wieder den weiten Heimweg antreten. Es gibt im Haus Zimmer für Reisende, die wichtige Post weitervermitteln, denn die üblichen Tavernen sind oft nicht sicher genug zum Übernachten.

Edward Brodess ist Herr über viele Sklaven; sie nennen ihn „Master", die übliche Anrede für einen Sklaven- und Plantagenbesitzer. Sein Herrenhaus, das in der Nähe einer Landstraße steht, ist für sie nur das „Große Haus." Die Küche, Kochhaus genannt, ist ein kleines abgesondertes Gebäude an der Rückseite des Hauses. Nicht weit entfernt vom „Großen Haus" befinden sich die Ställe, wo Reit- und Wagenpferde untergebracht sind, außerdem die Stallburschen und die Pferdeknechte. In unmittelbarer Nähe der Ställe sind Küchen- und Gemüsegärten angelegt. Jenseits davon gibt es Obstgärten und Scheunen für die Arbeitspferde, Kühe und Maultiere.

Das Herrenhaus, das Küchenhaus, die Ställe bilden eine Einheit. Jenseits davon sind die Felder; das kultivierte Land wird von Wald begrenzt.

Außerhalb des Sichtfeldes vom Herrenhaus, aber durchaus hörbar, sind die Unterkünfte der Sklaven.

Diese Unterkünfte sind nichts weiter als etliche fensterlose Hütten mit nur einem Raum. Sie sind aus Blöcken von den Stämmen gebaut, die man aus dem Wald geholt hatte. Die Ritzen dazwischen wurden mit Schlamm abgedichtet. Diese grob zugeschlagenen Blöcke waren noch jung und saftig gefällt worden, so daß es nicht ausbleibt, daß das Holz, besonders bei unterschiedlichen Temperaturen, zu arbeiten beginnt; das Dach hängt durch, die Wände verziehen sich. Die engen, aus Lehmziegeln gefertigten Kamine stehen schief, als ob sie von einer unsichtbaren Kraft niedergedrückt werden. Von weitem erhält man den Eindruck, als ob diese schwankenden, haltlosen Hütten sich zusammenkauerten, um sich gegenseitig zu beschützen. Die Tatsache, daß sie alle gleich aussehen und daß sie von der gleichen kärglichen festgestampften Erde umgeben sind, verstärkt diesen Eindruck noch.

Auch innen sind die Hütten der Sklaven alle gleich. Es gibt eine einfache Feuerstelle mit ein oder zwei eisernen Kochtöpfen davor. Der Herd ist kaum mehr als eine Fortsetzung des schmutzigen Fußbodens. Wenn der Wind stark bläst, kommt Rauch vom Schornstein in den Raum, und zwar mit jedem Windstoß, so daß der Raum nach und nach vom Rauch geschwärzt wird. Selbst im Sommer riecht es in den Hütten nach Rauch.

Die Feuerstelle liefert nicht nur die nötige Wärme im Winter, sie ist auch einzige Lichtquelle. Reste alter Decken dienen als Bett. Denn den Sklaven werden „keine Betten gegeben." Nur die erwachsenen Männer und Frauen besitzen „eine grobe Decke." Das „betrachtete man allerdings als nicht so besonders schlimmen Mangel. Ein Bett zu haben ist ihnen nicht so dringend wie Zeit, um überhaupt schlafen zu können; nach dem Tagewerk auf dem Feld müssen nämlich die meisten noch waschen und flicken und sich etwas zu essen kochen, und da sie für diese Arbeiten wenige oder gar keine der normalen Einrichtungsgegenstände haben, verbrauchen sie einen großen Teil der Schlafenszeit, um sich auf den nächsten Tag vorzubereiten; und wenn das getan ist, fallen alle, alt und jung, Männer und Frauen, Eheleute und Ledige nebeneinander auf das eine gemeinsame Bett – den kalten, feuchten Fußboden – und decken sich mit ihren armseligen Decken zu; und hier schlafen sie, bis das Horn des Aufsehers sie aufs Feld ruft."[108] Es gibt auch keine Stühle, darum sitzen die Bewohner der Hütten entweder vor der Feuerstelle oder irgendwo auf dem Boden. In der Mitte des Raums befindet sich ein großes, tiefes Loch, bedeckt mit lockeren Brettern: das „Kartoffel-Loch", worin Süßkartoffeln im Winter aufbewahrt werden, um sie vor Frost zu schützen.

Wenn morgens das Horn des Aufsehers ertönt, müssen die Sklaven sofort aufstehen und aufs Feld gehen. Sie dürfen nicht zögern oder Zeit verlieren; „jeder muß auf seinem Posten sein; und weh denen, die diesen morgendlichen Ruf zum Feld nicht hören; werden sie nämlich nicht vom ihrem Hörsinn geweckt, dann vom Fühlen: das gilt ohne Rücksicht auf Alter oder Geschlecht." Wer nicht rechtzeitig auf dem Feld erscheint, riskiert es, ausgepeitscht zu werden.

Harriet Green, die meistens einfach nur Old Rit genannt wird, und ihr Mann, Ben Ross, leben in einer der fensterlosen Hütten der Sklavenunterkunft, die zur Plantage gehört. Das Paar hat neun Kinder; Harriet ist das fünfte.[109] Einige Kinder leben noch bei den Eltern. Die älteren Kinder sind von ihrem Besitzer an Farmer vermietet, die es sich nicht leisten können, Sklaven zu kaufen.

Irgendwann zwischen 1820,[110] 1821,[111] 1822[112] oder 1823[113] (wie bei vielen Sklavinnen und Sklaven ist das genaue Geburtsdatum nicht bekannt, und weder Ben noch seine Frau können lesen oder schreiben) bekommt Old Rit eine Tochter (die später unter dem Namen Harriet bekannt werden soll), vermutlich im Februar oder Anfang März. Wie viele Menschen, die in engem Kontakt mit der Natur leben und die weder eine Uhr noch einen Kalender besitzen, messen die Eltern Harriets die Zeit anhand des Sonnenstands. Für sie ist das Jahr nicht in Monate eingeteilt, sondern in „Saatzeit", „Baumwoll-Blütezeit", „Ernte" und „Weihnachten." Ein Jahr wiederum wird von anderen durch besondere Ereignisse unterschieden, durch bemerkenswerte Geschehnisse – das „Jahr des großen Sturms" – das „Jahr des frühen Frostes" oder der „langen Dürre" – das „Jahr, in dem der alte Herr starb" – das „Jahr, in dem der junge Herr geboren wurde." Das Jahr, in dem Harriet zur Welt kommt, unterscheiden die Eltern von den anderen Jahren als „das Jahr, in dem Minty geboren wurde." Das Jahr 1822 scheint – aufgrund der Aktenfunde, die Larson vorstellt, am wahrscheinlichsten. Harriet selbst – wie die meisten Sklavinnen und Sklaven – ist unsicher hinsichtlich ihres genauen Geburtsdatums - was sie von anderen keineswegs unterscheidet. Frederick Douglass, der berühmte Freiheitskämpfer, Freund Tubmans und gleichfalls ein entflohener Sklave, der sich seine Bildung mühselig autodidaktisch erarbeiten mußte, beklagt bitter die Unwissenheit hinsichtlich seines Geburtsdatums: „Ich weiß nicht, wie alt ich genau bin, ich habe nämlich nie eine Geburtsurkunde gesehen, aus der mein Alter hätte hervorgehen können. Die allermeisten Sklaven kennen ihr Alter genausowenig wie die Pferde, und soweit ich weiß, belassen die meisten Herren sie auch absichtlich in dieser Unwissenheit. Ich kann mich nicht entsinnen, jemals einen Sklaven getroffen zu haben, der seinen Geburtstag hätte nennen können. Selten kommen sie ihm näher als bis zu Aussaat, Erntezeit, Kirschenzeit, Frühlingszeit, Herbstzeit. Der Wunsch, meinen eigenen zu kennen, quälte mich schon als Kind. Die weißen Kinder konnten sagen, wie alt sie sind. Ich wußte nicht, warum ich dieses Vorrechts beraubt sein sollte. Ich durfte meinem Herrn darüber keinerlei Fragen stellen. Er hielt jede derartige Frage seitens eines Sklaven für ungebührlich und unverschämt und für den Beweis eines aufrührerischen Geistes" – übrigens ebenso wie Lesen- und Schreibenkönnen. Douglass fährt fort: „Nach der genauesten Schätzung, die mir möglich ist, müßte ich jetzt 27 oder 28 Jahre alt sein. Ich komme zu diesem Ergebnis, weil ich irgendwann im Jahre 1835 meinen Herrn habe sagen hören, ich sei ungefähr 17 Jahre alt."[114]

Dieser „Herr" ist zugleich der Vater Fredericks. Aber die Möglichkeiten, über diesen Aspekt seiner Identität – seine Herkunft – Konkretes zu erfahren, sind Douglass gleichfalls verwehrt. Er ist – wie alle Sklaven – ohne persönliche Rechte; das Wissen über wesentliche Elemente der persönlichen Identität wird ihnen vorenthalten; sie werden aufgezogen wie Vieh.

In der Zeit, in der Tubman geboren wird, hat ihre Mutter bereits mehrere Generationen von Atthow Pattisons Familie erlebt; sie war ein Teil der Erbmasse gewesen, wie ein Koffer voller Kleider oder ein Schmuckstück, um schließlich mit ihren Kindern in den Besitz von Edward Brodess zu gelangen.

Seit dem Tod seiner zweiten Frau, Mary Pattison Brodess Thompson, war Anthony Thompson Vormund von Marys Sohn Edward gewesen. Das Mündel Edward war auf Rat und Unterstützung des Stiefvaters hinsichtlich der geschickten Verwaltung seiner Vermögenswerte angewiesen. Diese Vermögenswerte bestehen aus über zweihundert Morgen Land in Bucktown, Sklaven, Bargeld, Kapitaleinlagen und weiterem Besitz, der im Juni 1822 Edward gehören würde. Thompson ist gesetzlich gebunden; er darf das Erbe seines Mündels nur für dessen Erziehung und Unterstützung ausgeben, bis dieser volljährig ist.

Im Juni 1820 erhält Thompson von den Behörden von Dorchester County die Erlaubnis, mit dem Bau seines Hauses fortzufahren. Es soll zwei Zimmer bekommen, einen Holzfußboden und einen Schornstein, alles aus gutem Material. Brodess' Onkel Gourney Crow Pattison beaufsichtigt das Vorhaben. Bei der Höhe von 1300 Dollar ist die Höhe des Erbteils von Edward Brodess überschritten. Da Thompson nicht fähig oder willens ist, das für den Hausbau verbrauchte Kapital zurückzuzahlen, ist Brodess mit der Tatsache konfrontiert, einige seiner Grundstücke oder Sklaven verkaufen zu müssen. Es kommt zu einem Rechtsstreit der beiden Männer, der sich etliche Jahre hinzieht und in dem Thompson die Sache so darzustellen versucht, daß nicht er das Erbteil von Brodess angegriffen habe, sondern im Gegenteil er, Brodess, ihm Geld schulde, weil Thompson durch ihn zusätzliche Ausgaben gehabt hätte.

Zuletzt beendet eine Jury zugunsten Thompsons das juristische Gezerre, und Brodess wird aufgefordert, auf der Stelle zu zahlen. Doch unterstützt von seinen Verwandten aus der Pattison-Sippe, verweist dieser den Fall ans Distrikt-Gericht für dingende Fälle in Easton, Talbot County. Mit dem Argument, die Behörden des Countys hätten im Jahre 1820 nicht die Autorität besessen, um Thompson den Bau eines Hauses zu erlauben, unternimmt Brodess einen letzten Versuch, seinen Stiefvater nicht auszahlen zu müssen. Das angerufene Gericht stimmt zu, daß die Behörden des Countys ihre Autorität überschritten und so das Erbe von Brodess gefährdet hätten. Thompson verliert den Rechtsstreit, was ein bitteres Gefühl zurückläßt und die Beziehung der beiden Männer vergiftet.

Irgendwann zwischen 1823 und Anfang 1824 zieht Brodess in sein neues Haus in Bucktown und verläßt damit die Umgebung von Thompsons Plantage in Peters Neck. Thompson hatte den Besitz seines Stiefsohns in Bucktown verpachtet. Es ist denkbar ist, daß Rit und ihre Kinder Brodess zu seiner neuen Besitzung begleiten und daß sie vorher eine Zeitlang auf der Plantage von Thompson gelebt hatten. Im Jahre 1822 ist Thompson noch der Vormund von Edward Brodess, und er ist darum verantwortlich für Pflege und Unterkunft der Sklaven und die Erhaltung des übrigen Besitzes von seinem Stiefsohn. In der Zeit, in der Harriet geboren wird, arbeitet ihre Mutter wahrscheinlich auf den Gütern Thompsons. Unterlagen dokumentieren, daß Thompson im November 1822 finanzielle Aufwendungen für zwei Kinder hat, wahrscheinlich Soph und Robert, die zu dieser Zeit jünger als zehn Jahre sind und nicht auswärts vermietet wurden, aber wahrscheinlich auf seiner Farm arbeiten. Mariah Ritty, zehn oder elf Jahre alt, ist möglicherweise für Essen und Kleidung vermietet worden. Die vierzehn oder fünfzehn Jahre alte Linah ist zwischen 1821 und 1822 vermietet worden; und Samuel, Shadrach und Frederick, drei von vier Männern, die Mary Pattison von ihrem ersten Mann, Joseph Brodess, bekommen hatte, sind ebenfalls vermietet. Aus den erhalten gebliebenen Unterlagen geht ebenfalls hervor, daß Rit durch ihre Schwangerschaften Kosten verursachte; außerdem wurde notiert, daß Sam und Frederick aufgrund einer Erkrankung nicht arbeiten können. Rit arbeitet 1822 im Haushalt.

Es ist denkbar, daß die Geburtshelferin, die Thompson im Jahre

1822 bezahlte, Rit unterstützte. Harriet Tubman erinnert sich: „Ich wurde am Ostufer von Maryland, im Dorchester County geboren. Das erste, woran ich mich erinnere, war, wie ich in der Wiege lag. Du kennst diese großen Bäume. Nimm einen großen Baum, fälle ihn, mache eine Vertiefung an jedes Ende, mach eine Wiege daraus. (...) Ich lag in dieser Wiege, als die jungen Herrinnen vom großen Haus, wo meine Mutter arbeitete, kamen und mich hochhoben; das war, bevor ich laufen konnte."[115]

Tatsächlich leben laut eines Zensus vom Dorchester County aus dem Jahre 1820 im Haushalt von Thompson zwei weibliche Personen zwischen zehn und zwanzig Jahren. Eine ist wahrscheinlich seine Nichte, Barsheba, und die andere seine Schwiegertochter Anne Gurney, die Frau seines Sohnes Absalom Thompson. Vielleicht sind dies „die jungen Herrinnen vom großen Haus."

Im März 1824 heiratet Edward Brodess Eliza Ann Keene. Während das junge Paar seinen Haushalt gründet, bekommt Rit ihr sechstes Kind, Ben, und möglicherweise ein siebtes, Rachel. Es wäre ungewöhnlich, wenn sie in dieser Zeit gearbeitet hätte. Sam, Frederick und Shadrach arbeiten auf der Farm von Brodess. Obwohl keine Unterlagen über seine Sklavenunterkünfte existieren, hat Edward zweifellos für seine Sklaven gesonderte Unterkünfte bauen lassen. Rit hat vielleicht eine Zeitlang im Küchenhaus gelebt, und die Tatsache, daß sich um 1830 die Brodess-Familie stark vergrößerte, legt die Vermutung nahe, daß es für die Sklaven gesonderte Quartiere gab.

Neuigkeiten, gleich welcher Art, reisen schnell durch die Sklavenunterkünfte. Auch die Geburt der kleinen Araminta wird in kurzer Zeit allen Sklaven bekannt. Nachts verlassen sie heimlich ihre Unterkünfte, um nicht von den Patrouillen erwischt zu werden, die ständig auf der Suche nach Flüchtlingen sind. Man schlägt der Mutter vor, das Mädchen als Köchin, Kindermädchen, Näherin oder Weberin arbeiten zu lassen. So müßte sie keine Feldarbeiterin werden und wäre weder der Hitze noch den Schlägen eines Aufsehers ausgeliefert.

Das Kind wird von allen geliebt. Oft schleichen sich die Sklaven unter irgendeinem Vorwand in Rits Unterkunft, um das Kind betrachten zu können. Hauptgesprächsthemen sind jedoch bald der neue Aufseher und die Getreideernte; dann gehen die Gespräche zu einem Thema über, das allen auf den Nägeln brennt: die Freiheit. Die jungen

Leute erklären, daß im Norden Freiheit möglich ist; man könne sie erlangen, wenn man von der Plantage fortginge.

Der Gedanke läßt kaum einen mehr los. Andere bekommen Angst. Sie denken an die zerlumpten und erschöpften Männer und Frauen, die in Ketten zurückgebracht wurden, gebrandmarkt, die Ohren abgeschnitten. Wenig später wurden die Gefangenen in den Süden weiterverkauft. Und ein anderes Wort hört man in den Sklavenquartieren: Manumission. Freilassung. Ein Wort, das der Herr benutzt. Es ist ein Versprechen, das er ihnen gab. Wenn sie gehorsam wären und hart arbeiteten, würde der Herr sie im Fall seines Todes freilassen.

Man weiß, daß Freilassungen vorgenommen werden. Auch die Kinder solcher Freigelassenen wären automatisch frei.

Die zornigen jungen Leute lassen sich durch solche vagen Versprechungen nicht beschwichtigen: Sie wollen frei sein, und zwar sofort. Sie wollen in den Norden gehen. Sie wissen, daß überall von anderen Farmen und Plantagen Menschen verschwinden. Zwar träfe es zu, daß einige von ihnen wieder eingefangen und in den Süden verkauft werden, doch viele andere bleiben unauffindbar. Oft kehren Sklavenjäger und Aufseher ohne Beute zurück. Sie sagen dann, die Gefangenen wären weiterverkauft worden, doch die Sklaven wissen, daß dies nicht wahr ist. Einige Flüchtlinge, besonders jungen Leute, müssen den Norden erreicht haben.

Bisweilen verschwinden etliche Sklaven auf eine andere Art und Weise: Edward Brodess verkauft sie. Ein Händler kommt nach Maryland und Cambridge, und der Herr verkauft sie an ihn. Den Zurückbleibenden kommt es so vor, als zöge er eigens Sklaven auf, um sie zu verkaufen. Wie man Kühe oder Schafe aufzieht. Auch andere Plantagenbesitzer in Dorchester County – die Stewarts – die Ross – sie alle verkaufen Sklaven, wenn aufgrund von Schulden oder wegen einer schlecht ausgefallenen Ernte Geld benötigt wird; und der Händler aus Georgia zahlt hohe Preise.

Manche Sklaven, die erfahren, daß sie verkauft werden sollen, versuchen zu fliehen. Irgendwie erfahren sie es immer, wenn man sie verkaufen will. Sie fürchten sich vor dem lebendigen Tod, der sie möglicherweise in den Reisfeldern South Carolinas erwartet, auf den großen Baumwollfeldern oder den Zuckerplantagen des Südens.

Diese Worte – „verkauft in den Süden, flußabwärts“ – klingen für die Versklavten wie die Ankündigung des Jüngsten Gerichts. Der Herr benutzt diese Worte oft als Drohung gegenüber „renitenten“

Sklaven. Ein Teufelskreis: der Herr fährt fort, Sklaven zu verkaufen, wenn er Geld braucht. Die Sklaven, die davon hören, fliehen. Die Anzahl der Flüchtlinge aus Maryland nimmt zu. Besonders vom Ostufer, wo die Flüsse eine direkte Verbindung zum Norden herstellen, wo der Choptank River sich entlangzieht und durch die gesamte Länge des Staates eine nordöstliche Richtung einschlägt, Richtung Delaware. Nahezu jede Plantage liegt in der Nähe eines Flusses oder einer Bucht, wo auch Boote liegen. Die Sklaven wissen, was man in Washington diskutiert, in Boston oder New York, in Norfolk oder in Baltimore. Oft wissen sie es sogar von ihren Besitzern.

Die Sklaven von Edward Brodess wissen sogar von ihrem Herrn, wann der Händler aus Georgia kommt und in Cambridge, der nächstliegenden Stadt, ankommt und ein Hotelzimmer mietet. Er schickt Nachrichten an Brodess; und obwohl den Sklaven verboten ist, lesen und schreiben zu lernen, haben sich einige doch heimlich Kenntnisse darin beigebracht und erzählen ihren Leidensgefährten die Neuigkeiten.

Einige Dokumente – die freilich nicht die Dimensionen menschlichen Leids übermitteln können, sondern lediglich die Fakten von Kauf und Verkauf - sind erhalten geblieben. 1825 verkauft Edward Brodess einen sechzehnjährigen Jungen namens Rhody an einen Sklavenhändler aus Mississippi. Der Name „Rhody" erinnert klanglich an „Mariah Ritty"; es ist denkbar, daß die Unterlagen über den Verkauf irrtümlich den Namen „Rhody" statt „Ritty" festhielten. Am selben Tag wird auch ein fünfzehnjähriger Junge namens James verkauft. Wahrscheinlich hatte Eliza Ann Keene ihre eigenen Sklaven mitgebracht, und James war einer von ihnen.

Wenn wir die Feindseligkeit zwischen Thompson und Edward Brodess seit dem Rechtsstreit der beiden Männer bedenken, erscheint es wenig wahrscheinlich, daß Rit danach weiterhin in Thompsons Haushalt blieb. Während Brodess seinen Hausstand gründete, hat er Rit und ihre Kinder wahrscheinlich vermietet, bis er ihre Arbeitskraft selbst benötigte. 1827 hat Brodess eine eigene Familie und Eliza braucht die Hilfe einer erfahrenen Haussklavin.

Die Vermietung nach auswärts – eine verbreitete Praxis – macht das Leben für Rits Familie nicht leichter. Harriet erinnert sich später, daß sie bereits im Alter von fünf Jahren mit der Verantwortung für verschiedene jüngere Angehörige betraut wurde, etwa für Ben, vermutlich um 1823 oder 1824 geboren, für Rachel, um 1826 geboren, und für Henry, der um 1829 oder 1830 geboren wurde,[116] zu sorgen.

„Als ich vier oder fünf Jahre alt war, kochte meine Mutter für das große Haus und ließ mich zurück, um auf das Baby, meinen kleinen Bruder, aufzupassen. (...) Ich spiele, daß das Baby ein Schweinchen in einer Tasche ist und ich halte es an der Mitte seiner Kleider fest. Ich hatte Spaß mit dem Baby, ich schwang es umher, wobei sein Kopf und seine Arme den Boden berührten, weil ich zu klein war, es höher zu halten. Es war spät nachts, als meine Mutter zurückkam, und als das Baby unruhig wurde, schnitt ich ein Stück Schweinefleisch für es ab und röstete es und steckte es in den Mund des Babies. Eines Nachts schlief es damit ein, und es hing aus seinem Mund, und als meine Mutter kam, dachte sie, ich hätte es damit umgebracht."[117]

Minty wächst wie alle Kinder der Sklaven auf. Wie die meisten Kinder ihres Alters ist sie nackt; Stoffe für Kleidung bekommen erst die älteren Sklaven. Vielleicht wird das Mädchen, zusammen mit den anderen Kindern, von einem nur wenig älteren Mädchen oder einer alten, nicht mehr arbeitsfähigen Sklavin beaufsichtigt oder von den Geschwistern, während die Eltern von Sonnenaufgang bis Sonnenuntergang auf den Feldern arbeiten müssen, die Mutter zudem im Herrenhaus. Eine alte Sklavin hat den Kindern vielleicht von der sog. „Middle Passage" erzählt, aber die Kinder sind noch zu jung, um alles zu verstehen. Für sie ist das einfach nur eine aufregende Geschichte, wie über die Helden aus der Bibel, von denen man ihnen auch erzählt. Die Sechsjährige wird nicht sagen können, wann und wie es ihr bewußt geworden ist, daß sie eine Sklavin ist und was das bedeutet. Sie weiß, daß ihre Geschwister, ihre Eltern und all die anderen Menschen, die in den ärmlichen Hütten leben, Sklaven sind. Sie merkt es an ihrem eilfertigen Gehorsam, wenn Weiße etwas von ihnen verlangen. Das Kind erlebt früh Furcht und Unbehagen. Das Hemd, das Minty trägt, reibt ihre Haut wund, und weil sie keine Schuhe besitzt, sind ihre Füße voller Schwielen. Frederick Douglass berichtet Ähnliches über seine Kindheit: „Meine Füße waren vom Frost so rissig geworden, daß ich die Feder, mit der ich jetzt schreibe, in die Risse hätte legen können."[118] Trotzdem läßt sich das Mädchen die Lebensfreude nicht nehmen, es ist oft in den Wäldern, wo es den Rufen der Vögel lauscht und Tiere beobachtet. Vieles lernt es auch vom Vater, der in den Wäldern arbeitet und sich genauestens in den Vorzeichen für eine Wetterveränderung auskennt. Vieles von dem, was das Kind fast spielerisch lernt, wird es eines Tages als Fluchthelferin brauchen können.

Weil die Eltern sich nicht um die Kinder kümmern können, essen die Kinder meistens allein, die älteren aus dem großen eisernen Topf, in dem das Essen gekocht wurde, die jüngeren haben kleine Teller. Gegessen wird mit der Hand. Die Kinder werden nachlässig ernährt – da gibt es ein Stück Brot, da ein Stück Schweinefleisch, gelegentlich eine Schale Milch, bisweilen einen Brei aus Getreidemehl in einem Trog. Im Winter essen die Kinder diesen Brei im Kochhaus, im Sommer draußen auf dem bloßen Boden. „Wir bekamen keine regelmäßigen Zuteilungen", schreibt Frederick Douglass über seine Kindheit. „Unsere Nahrung bestand aus aufgekochtem grobem Maismehl. Man nannte das Maisbrei. Er wurde in große Kübel oder Holztröge getan und dann auf den Fußboden gestellt. Dann wurden die Kinder gerufen, so wie man Schweine ruft, und wie die Schweine kamen sie und verschlangen den Brei; einige mit Hilfe von Austernschalen, andere mit Ziegelstückchen, wieder andere mit den bloßen Händen, aber keins mit Löffeln. Wer am schnellsten aß, bekam am meisten ab, wer am stärksten war, eroberte sich den besten Platz, und nur wenige waren satt, wenn sie vom Trog aufstanden."[119]

Minty lernt rasch, die erste und schnellste beim Essen zu sein, so bekommt sie die meisten Bissen. Trotzdem hat sie ständig Hunger.

Schon früh muß sie lernen, Verantwortung zu übernehmen. Für die Kinder von Sklaven gibt es keine behütete Kindheit. Kleine Kinder tragen Wasser, übernehmen kleine Botengänge. Mit zwölf Jahren müssen sie auf dem Feld arbeiten, wie die Erwachsenen. Minty paßt auf die jüngeren Geschwister auf. Während sie mit dem kleinen Bruder spielt und dabei vielleicht Spaß hat, ängstigt sich Rit, weil sie ihre Kinder sich selbst überlassen muß: ein tägliches Unrecht und eine Grausamkeit, die den Sklaven auferlegt wird.

Weiße Unternehmer, schwarze Zwangsarbeit und schnelles Geld

Während der ersten drei Jahrzehnte des 19. Jahrhunderts vergrößerte Anthony Thompson seine Gutbesitzungen, indem er umfangreiche Waldgebiete aufkaufte, so daß seine Sklaven - darunter Ben Ross - beschäftigt waren, Bäume zu fällen und das Holz zu den Werften Baltimores zu transportieren. Ross beaufsichtigte das Fällen und den Transport des Holzes. Talbot County hat lange Zeit den Schiffsbau des Ostufers dominiert, doch im 19. Jahrhundert sind seine Waldvorräte erschöpft. Nun sehen die Schiffbauer auf das benachbarte Dorchester County, mit seinen Tausenden Morgen dichter Wälder, und sie unternehmen Anstrengungen, an das Holz zu gelangen. Thompson unterhält familiäre und wirtschaftliche Verbindungen mit etlichen dieser Schiffbauer-Familien, den Richardsons, Stewarts und Linthicums. Seine Holzlieferungen sind entscheidend für andere Schiffbauer am Ufer, besonders Church Creek, Tobacco Stick, Cambridge und Baltimore. Die Schiffbauer von Dorchester County sind auch erfolgreiche Gründer von Handelsgesellschaften; ihre Westindienfahrer, Küstenschooner und Briggs für Postbeförderung pendeln zwischen New England und New Orleans und bringen zusätzlichen Gewinn. Während des Krieges von 1812 baut man schnelle Schooner (das sind Zweimaster mit nur einem rahgetakelten Mast), was den Händlern guten Gewinn einbringt. Gegen Ende des Krieges jedoch kommt man auf eine andere Idee: die Schnelligkeit und Wendigkeit der Schiffe legt es nahe, sie als - illegale - Sklavenschiffe einzusetzen. Bereits im Jahre 1793 für gesetzwidrig erklärt, wird der Sklavenhandel zu einer Geheimoperation; und es werden noch 25 Jahre vergehen, bis die Strafen so schwer sind, „daß die meisten Amerikaner von der direkten Teilhabe an diesem Handel abgehalten"[120] werden. Noch aber scheint die Gefahr gering zu sein, was den Anreiz verstärkt, diese Schiffe zu bauen. Zwischen 1835 und 1855 riskieren die Schiffbauer der Chesapeake Bay – auch diejenigen in Dorchester County - Kapitalstrafen, wenn sie ihre schnellen Schooner und Briggs (Schiffe mit zwei rahgetakelten Masten) für den Sklavenhandel nutzen.

Einigen Landbesitzern und Unternehmern des Ostufers erschließen die veränderten ökonomischen Gegebenheiten des Holzhandels neue Möglichkeiten; darum lassen sie neue Kanäle ziehen, Straßen bauen und Sägemühlen errichten, außerdem kleine Werften, um die

Verschiffung des Holzes nach Baltimore zu erleichtern. Mit seinen reichen Buchten, Flüssen und dem befahrbaren Marschland ist Dorchester County der ideale Platz sowohl für ausgedehnte Landwirtschaft und Holzgewinn als auch für Schiffahrt und Handel. Die Flüsse, Buchten und Strände ermöglichen gleichfalls den Bau von Schiffen. Wachsender Bedarf an Getreide und anderen landwirtschaftlichen Produkten, aber auch Holz bedeuten Aussichten auf Gewinn für das County. Es werden Kanäle benötigt, um die zahlreichen kleinen Flüsse und Ströme miteinander zu verbinden und so den Zugang zu erleichtern. Die „Blackwater and Parsons Creek-Gesellschaft" baut um 1830 den Stewart-Kanal. Die Arbeiten dauerten zwanzig Jahre und erforderten einen enormen Aufwand an manueller Arbeit. Der Kanal durchschneidet das Marschland von Parsons Creek nach Süden bis zum Blackwater River, und führt dann nach Nordosten und trifft die Tobacco Stick Bay. Der Kanal war von freien und versklavten Schwarzen fertiggestellt worden. Er existiert heute noch, er wird Courseys Creek genannt.

Die Holzfällerarbeiten ermöglichten zusätzlichen Boden für Landwirtschaft. Windmühlen sprenkeln die Ebene. Sie pumpen das Wasser vom Marschland und drehen gewaltige Steine für das Zermahlen des Getreides: Weizen und Hafer. Der eigentlich nicht sehr begehrte Boden hält große Versprechungen für die Zukunft bereit, der Zugang zur Chesapeake Bay ermöglicht Handel und damit Kapitalgewinn.

Anthony Thompson kann nicht warten, bis der Kanal fertiggestellt ist. Er reicht eine Petition ein, um eine Straße vom Baptistischen Versammlungshaus in Woolforth südlich bis zum „indianischen Landungssteg des Blackwater River" und zu seinen Besitzungen zu bauen. Sie wird lange Zeit den Namen „Thompsons neue Straße" tragen und ermöglicht den Zugang zum Wasser an jeder Stelle, sei es nun Tobacco Stick Bay oder Little Choptank River im Norden oder zum Big Blackwater River und Fisching Bay im Süden. Bevor die Kanäle gebaut wurden, war der Einsatz zahlreicher Ochsengespanne und Menschen notwendig gewesen, um das schwere Holz der Weißeichen und anderer Bäume aus den Wäldern zu schaffen. Es war eine harte und anstrengende Arbeit, und nur die stärksten Männer hatten sie leisten können. Doch selbst mit Hilfe der neuen Kanäle muß das Holz über weite Distanzen vom Landesinneren bis zu den Werften geleitet werden.

Nicht alle Landbesitzer und Unternehmer sind so ambitioniert wie Thompson oder andere „führende Persönlichkeiten" des Ostufers. Zwischen 1820 und 1830 sind die Plantagenbesitzer des Ostufers einerseits mit einer eher schwachen Basis für Landwirtschaft konfrontiert, bedingt durch expandierenden Wettbewerb mit dem Südwesten, andererseits mit einer wachsenden Anzahl freier Schwarzer, die völlig anders leben als die gleichfalls wachsende Anzahl Versklavter. Aufgrund des wirtschaftlichen Drucks verkaufen etliche Pflanzer ihre überzähligen Sklaven an die Händler am Chesapeake. Als der Import von Sklaven in die USA im Jahre 1808 verboten wird, kommen Händler vom Süden und Südwesten des Landes, um ihren Bedarf an frischen Arbeitskräften zu decken und den Südwesten zu erschließen. Auch Familien vom Ostufer Marylands ziehen in diese neuen Gebiete, begierig, in kurzer Zeit und mit geringem finanziellen Einsatz große Landgewinne zu machen, neue Plantagen zu gründen und ihr eigener Herr zu sein. William und Thomas Hayward etwa ziehen mit ihren Familien und all ihren Sklaven nach Florida: Als einige der ersten Siedler haben sie Zugang zu wirtschaftlicher und politischer Macht. Als sie Jahre später nach Dorchester County zurückkehren, gehören sie zur Elite des Ostufers.

Ihren Sklaven ergeht es weitaus schlechter: Sie sind ständig von ihren Familien getrennt, denn sie müssen auf der Plantage der Haywards in Talahasse bleiben.

Um 1810 herum nimmt die Anzahl der Freilassungen ab. Weitaus mehr Sklavenhalter ziehen es vor, ihre „Ware" zu verkaufen. Die Argumente der Quäker und anderer Abolitionisten treffen auf taube Ohren; die Bemühungen, die zwischen 1820 und 1830 unternommen werden, ein Gesetz einzuführen, das die Emanzipation der Schwarzen fördern soll, schlagen fehl. Eine andere Initiative jedoch gewinnt Boden: Die American Colonization Society, die 1817 sowohl von herausragenden Sklavenhaltern als auch Aktivisten gegen die Sklaverei gegründet wurde, will eine Kolonie in Afrika gründen, um dort freie Schwarze siedeln zu lassen. Maryland, das von allen sklavenhaltenden Staaten die größte Anzahl freier Schwarzer hat, gründet eine eigene Gesellschaft für das Projekt einer Besiedelung in Cape Palmas in Liberia. Die weiße sklavenhaltende Elite in Dorchester County stellt etliche Führungskräfte der American Colonization Society, und einer der ersten Siedler der Kolonie ist ein freier Schwarzer namens James Benson aus Cambridge. Doch die Mehrzahl der Schwarzen in

Maryland ist von dem Projekt wenig begeistert. Vor allem, wenn sie versklavte Angehörige haben, sehen sie sich außerstande, Maryland zu verlassen.

Die Transformation einer agrarischen Gesellschaft in eine zunehmend gewinnorientierte zu Beginn des 19. Jahrhunderts hat dramatische Folgen für die Art und Weise der Sklavenhaltung. Ausbeutung des Bodens bis zu dessen Erschöpfung, die Expansion im Süden, die Produktion von Getreide und die Ausbeutung und Zerstörung der Wälder für den steigenden Bedarf der Schiffbauindustrie in Baltimore reduzieren in Maryland drastisch den Bedarf an ständiger Sklavenarbeit. Zugleich jedoch entsteht ein wachsender Bedarf an Arbeitskräften in den expandierenden Baumwoll- und Zuckerplantagen von Georgia und South Carolina und später Alabama, Mississippi, Louisiana und Texas. Während sich früher etliche Plantagenbesitzer bemüht hatten, Familien nicht auseinanderzureißen, nimmt jetzt die Versuchung des schnellen Geldes derart zu (besonders bei verschuldeten Landbesitzern), daß man den gut bezahlenden Sklavenhändlern Sklaven überläßt: Die Pflanzer des „tiefen Südens" bezahlen weitaus besser als die ortsansässigen. Ganze Gruppen von Schwarzen werden nun in den Süden verkauft: eine Schockwelle für die übrigen Versklavten, aber auch die freie schwarze Gemeinde.

Es ist auch deshalb ein traumatisches Erlebnis, weil etliche Bindungen - auch zwischen Weißen und Schwarzen - Generationen hindurch bestanden hatten; dies hat Folgen für die Versklavten. Feudale Familienstrukturen und Traditionen im 17. und 18. Jahrhundert hatten dazu geführt, daß durch Eheschließungen und Erbschaften Vermögenswerte verbunden wurden und darum auch Gruppen von Sklaven zusammen blieben, oft auch Familien. Diese Tatsache ermöglichte während langer Zeit eine Stabilität der schwarzen Familien. Der Import neuer Sklaven während des 19. Jahrhunderts ist wechselhaft, während die Anzahl freier Schwarzer zunimmt; der Handel mit Schwarzen innerhalb Marylands ermöglicht weiterhin familiäre Bindungen; die Familie von Harriet Tubmans Mutter ist hierbei keine Ausnahme.

Die Pattisons, die Thompsons und die Stewarts praktizieren unterschiedliche Formen von Freilassung, d. h. sofortige Freiheit, zeitweilige Versklavung oder Freilassung aufgrund des Todes des Besitzers. Im Juli 1817 zum Beispiel läßt Levin Stewart seine Sklaven frei. Beurkundet durch James Pattison, der im darauffolgenden September seine Sklaven freilassen würde, erklärt Levin, daß er „aus guten Gründen und aufgrund mancherlei Überlegungen" seine Sklaven „freiläßt und befreit, alle Neger, die ich besaß." Levin berechnet die genaue Anzahl von Jahren, die ihm jeder Sklave gedient hat und noch dienen muß. Der sechs Monate alte Dick Bowley muß noch 31 Jahre versklavt bleiben, während seine Mutter, Binah, 28 Jahre alt, in zehn Jahren ihre Freiheit erlangen würde.[121] Binah wurde in Afrika geboren, wie Modesty, Harriets Großmutter.[122] Larson meint, der Name komme an der Westküste Afrikas vor und sei muslimischen Ursprungs.[123] Edward Ball, der sich gleichfalls mit der Bedeutung der Namen von Sklaven befaßt (weil sie uns bisweilen etwas über die Herkunft der Menschen verraten), erklärt, daß der Name Binah (wie auch Tenah) die „englische Version" eines Mädchennamens sei, „der im Landesinneren Guineas und Sierra Leones sehr verbreitet war."[124] Binah, die möglicherweise mit einem freien Schwarzen verheiratet ist, hat fünf Kinder, die auch versklavt sind, da laut Gesetz die Kinder automatisch den gesellschaftlichen Status der Mutter erben.[125] Ihre zwei anderen Jungen, Major und John Bowley, profitieren von der Freilassungsakte; zwei Töchter, Harriet und Terry, werden wenig später geboren. Stewart läßt sie später frei, ihr Status als Versklavte wird auf 26 Jahre festgesetzt. Die Bowley-Kinder haben später engen Kontakte zu Harriet Tubmans Familie. Sie leben und arbeiten im selben Gebiet von Dorchester County und werden später Teil der freien schwarzen Gemeinde um Harrisville Road südlich von Woolforth und den Werften in Tobacco Stick, Madison, Church Creek und Cambridge.

Indem Stewart seine Sklaven nicht verkaufte, sondern freiließ, verzichtete er auf hohe Summen, die ihm Händler aus Baltimore oder New Orleans für gesunde junge Arbeitskräfte gegeben hätten; und er handelte im offenen Gegensatz zu den Bräuchen, die zu jener Zeit am Ostufer vorherrschten. Er zieht nach Georgetown, um sich zusammen mit seinem Halbbruder Zachariah Skinner dem Schiffbau und dem Handel zu widmen, wofür er keine große Anzahl von Sklaven benötigt. Er verkauft oder übergibt etliche von ihnen an seinen Bruder Joseph und seinen Sohn, John T. Stewart. Ausgebildet als Schiffbauer und Zimmermann, Schmied und Segelmacher, sind Stewarts Sklaven eine Gruppe gut ausgebildeter Kräfte. Sie sind auch außerordentlich mobil, was ihnen Freiräume ermöglicht. Als Levin Stewart im Jahre 1825 stirbt, lösen sein Bruder und sein Sohn die Freilassungsliste ein.

Levins Freund James Pattison folgt seinem Brauch im September desselben Jahres. Reverend John Seward, ein angesehener methodistischer Geistlicher, hatte wahrscheinlich beide Männer in ihrem Entschluß beeinflußt. Seward besaß mehr als dreißig Sklaven. Im Januar 1817 hatte er sie nach und nach alle freigelassen. Die Freigelassenen repräsentierten zugleich einen Teil derer, die die nächsten vier Jahrzehnte folgen würden.

Anthony Thompsons Besitz an Sklaven wächst die drei Jahrzehnte bis zu seinem Tod dramatisch an: Von 15 Sklaven im Jahre 1810 zu 39 im Jahre 1820; dazu gehören vierzehn weibliche Sklaven, die jünger als vierzehn Jahre sind. Der Zensus aus dem Jahre 1830 verzeichnet zweiunddreißig Personen auf Thompsons Besitz in Harrisville Road. Als Thompson sechs Jahre später stirbt, sind mehr als vierzig Personen seiner Besitzung Versklavte. Er hatte wahrscheinlich vor seinem Tod etliche freigelassen, und er hatte ein Testament vorbereitet, um auch die Mehrheit freizulassen. Ross, der für seine Ehrlichkeit bekannt war, sollte nach Thompsons Willen im Jahre 1840 freigelassen werden. Ben und Jerry Manokey gehörten zu den Lieblingssklaven Thompsons. Nach Thompsons Tod erhalten beide Männer zehn Morgen Ackerland; Jerry erhält sofort seine Freiheit.[126]

In seinem Testament hatte Thompson den Modus der Freilassung genau festgelegt, von sofortiger Freilassung bis hin zu den festgelegten vierundvierzig Jahren Zwangsarbeit für Kinder. Thompson sah sich selbst als wohltätigen Menschen, indem er die zukünftige Freiheit als Belohnung für Fleiß und Loyalität versprach. Indem er seine Sklaven erst nach einer mehr oder weniger langen Dienstzeit freiließ, garantierte Thompson die Vorteile ihrer Arbeit für seine Söhne Anthony C. und Absalom Thomson. Zudem bedeutete die schrittweise Freilassung, daß man nicht für Alte und arbeitsunfähig Gewordene sorgen mußte.

Die Mehrzahl der von Thompson versklavten Frauen ist nicht mit den gleichfalls versklavten Männern verheiratet. Die Eheschließungen Versklavter sind nicht juristisch gültig; Familien können jederzeit auseinandergerissen werden. Einige Sklavinnen sind mit freien Männern verheiratet; andere mit Sklaven, die in Church Creek, Tobacco Stick oder Cambridge leben. Trotz der räumlichen Entfernung ist die Bindung stabil, weil man sich an den Wochenenden besuchen kann. In manchen Fällen werden solche Beziehungen auch unterstützt, indem der Partner vom Besitzer der Sklavin gekauft wird. Die Logik dieser Praxis ist simpel und nicht allein von Menschenfreundlichkeit bestimmt: Ein zufriedener Sklave arbeitet besser, er ist an den Ort, wo seine Angehörigen leben, gebunden und läuft darum nicht fort.

Für einige Sklavenhalter, etwa Edward Brodess, sind die Kinder der Sklaven störender Ballast, denn sie arbeiten noch nicht, kosten aber Geld und hindern die Mütter an der Arbeit. Indem er sie auswärts vermietet, kann Brodess seinen sozialen Status wahren und zugleich seine eigene wachsende Familie ernähren, ohne die Kinder der Sklaven hungern zu lassen.

Allerdings: Brodess wählte nicht immer diesen Weg, sondern er verkaufte auch „überzählige" Sklaven. Harriet Tubman hat in ihrer Kindheit die Geschichten über ihre älteren Geschwister gehört, die man verkauft hatte, bevor sie geboren wurde; und sie erinnert sich an die von Schmerz erstarrten Gesichter ihrer beiden älteren Schwestern, als sie fortgebracht wurden und den hoffnungslosen Schmerz der Eltern. Sie erinnert sich, daß sie „viele Jahre hindurch" nur die Augen zu schließen brauchte, um sich genau an die Reiter zu erinnern und die Schreie der Frauen und Kinder zu hören; die Klage der Eltern: „Gott, hab Erbarmen!", die trotzdem wissen, daß sie ihre Kinder niemals wiedersehen würden.[127] Für Edward Brodess hingegen bedeutet der Verkauf der Kinder die Möglichkeit, zusätzliches Land zu kaufen und seine wachsende Familie zu ernähren. Obwohl er von Rit möglicherweise selbst als Kind gefüttert und behütet wurde, hindert ihn dies nicht, seiner Ersatz-Mutter die eigenen Kinder fortzunehmen und zu verkaufen.

Es ist um diese Zeit üblich, Sklaven an die expandierenden Plantagen des Südens und des Südwestens zu verkaufen. Das Gerichtsgebäude in Cambridge, Dorchester County, ist das Zentrum des größten Sklavenmarkts am Ostufer. Die Brüder Woolfolk, erfolgreiche Sklavenhändler aus Baltimore, unterhalten eine Zweigstelle in Baltimore und lassen Anzeigen in die Zeitungen von Cambridge einrücken. Sie treffen sich mit Konkurrenten wie Thomas Overlay, der Anzeigen aufsetzen läßt wie diese: „Fünfzig bis hundert Neger, von zehn bis fünfundzwanzig Jahren, beide Geschlechter, für die der höchste Marktpreis angesetzt ist."[128] Andere Händler, wie Hope Slatter aus Baltimore oder Henry Boyce aus Louisiana, sind bereit, „den besten Preis für (Sklaven) zwischen 12 und 25 Jahren"[129] zu zahlen; und James Cox aus Scott County,

Kentucky, kauft bei einer günstigen Gelegenheit für insgesamt 6610 US-Dollar 38 Sklaven, Männer, Frauen und Kinder, vom Alter von sechs Monaten bis 31 Jahre. Austin Woolfolk, einer der erfolgreichsten Sklavenhändler von Baltimore,[130] versichert seiner Kundschaft vom Ostufer, daß er ihr „immer den höchsten Preis für Ihre Neger"[131] geben werde. Die meiste Handelsware der Brüder Woolfolk landet früher oder später auf dem Sklavenmarkt von New Orleans.

Oft arbeiten örtliche Händler als Zwischenhändler oder Stellvertreter der mächtigeren Händler außerhalb Marylands. Charles LeCompte verkaufte während des Jahres 1827 über hundert Sklaven für Händler von Mississippi und Kentucky. Die Verkauften sind oft Teenager oder junge Erwachsene, aber auch Kinder, die man ihren Eltern entrissen hatte.[132] Sklavenhändler verlassen sich oft auf solche örtlichen Zwischenhändler, die großes Geschick im Liefern „guter Ware" beweisen. Peter Lowber, der später Polizeidirektor von East New Market wird, ist ein weiterer örtlicher Händler. Im November 1829 verkauft Lowber für 1210 US-Dollar zehn Sklaven an James Baldock aus Scott County, Kentucky, die meisten sind jünger als zehn Jahre.

Die Händler verkaufen ihre „Ware" auch an einzelne Plantagenbesitzer, die eigens aus dem Süden nach Maryland reisen. Diese jungen Unternehmer verkaufen direkt, d. h. ohne einen Zwischenhändler, und machen auf diese Weise einen entsprechend größeren Gewinn. Ein Sklave, der für 400 Dollar in Cambridge gekauft wurde, kann in Mississippi oder Louisiana leicht für den doppelten Betrag verkauft werden.

Etliche Sklavenhalter sind derlei Geschäften gegenüber eher abgeneigt, selbst wenn sie die Möglichkeit hätten, größere Gewinne zu machen. Es sind oft örtliche Traditionen, die den Sklavenhalter dazu bewegen, sich gegenüber seinem „Besitz" wohlwollend zu verhalten. Hinzu kommt, daß die Sklaven angesichts des Verlustes von Angehörigen „in Verwirrung geraten und darum weniger produktiv sind." Manche Pflanzer wiederum sind bestürzt von den großen Gruppen Gefesselter, die Baltimore via Land- oder Wasserweg verlassen; einige bringen es sogar fertig, ihre Schützlinge heimlich an einem weiter entfernten Ort zurückzukaufen, und behaupten dann, die Betreffenden wären fortgelaufen.

Die schlimmsten Händler sind diejenigen, die keine Skrupel haben, sogar freie Schwarze zu kidnappen und als Sklaven zu verkaufen;

einer von ihnen, Joe Johnson, ist sogar als Mörder gefürchtet. Seine Sklaven verkauft er in solchen Städten, wo Abolitionisten die öffentliche Meinung beeinflussen, heimlich; ebenso geschieht heimlich der Weiterverkauf in den Süden.

Für Harriet Tubman und ihre Familie bedeutet der Verkauf der Geschwister Mariah Ritty (Rhody) und James erst der Beginn einer zunehmenden Bedrohung. Ben Ross, der nahezu ständig von seiner Familie getrennt ist, muß jedesmal große Strecken zurücklegen, um sie wenigstens kurze Zeit sehen zu können. Andere Freunde und Verwandte werden bei Auktionen in Cambridge oder in privaten Übereinkünften zwischen zwei Sklavenbesitzern verkauft. Auf Edward Brodess nimmt der Druck aufgrund des Anwachsens seiner Familie zu. Aus Angst vor sozialem Abstieg – oder auch, weil er sich aufgrund seiner wirtschaftlich und sozial weitaus erfolgreicheren Stiefbrüder Anthony C. und Absalom Thompson in Druck gesetzt fühlt – vermietet er etliche seiner Sklaven gegen schnelles Geld. Aufgewachsen in auskömmlichen Verhältnissen und lange Zeit vom Stiefvater unterstützt, hatte Edward bis zu seiner Eheschließung das sorglose Leben eines Junggesellen der Mittelklasse geführt; aufgrund mangelnder Erfahrung ist er vielleicht auch nicht sonderlich begierig, die Verantwortung für eine Plantage und seine Sklaven zu übernehmen. Tatsache ist, daß die zwei Jahre hindurch, bevor Brodess aus der Vormundschaft seines Stiefvaters entlassen wurde, seine Ausgaben keine solche für die Ausrüstung einer Farm mitenthalten und auch keine für die Kleidung eines kleinen Grundbesitzers. Lieber gab er Geld für kostbare Stoffe aus, ebenso für elegante Schuhe, Hosen, Westen, Mäntel, Handschuhe, Tücher und feine Strümpfe: Dinge, die mit dem Leben eines Farmers nicht zu vereinbaren sind, eher mit dem eines vornehmen Müßiggängers in einer Stadt.

Irgendwann zwischen 1830 und 1841 verkaufte er Harriets Schwestern Linah und Soph. Die beiden Mädchen werden in einen anderen Staat verkauft. Polish Mills, ein Nachbar Edwards und Farmer, der Rit und Linah zeitweilig gemietet hatte, erinnert sich, daß Brodess Linah und später Soph für 400 Dollar verkauft hätte, um weitere Grundstücke erwerben zu können. Mills erinnert sich auch, daß die beiden Mädchen nach außerhalb verkauft wurden, weil man in einem anderen Staat rund ein Drittel mehr Geld bekommen kann.

Es existieren keine Unterlagen über den Verkauf der Mädchen, obwohl die meisten Käufer einen Beleg fordern, um ihren Besitz als legal zu dokumentieren. Brodess hatte dieses Prozedere vermieden und einen gleichfalls weniger skrupulösen Käufer gefunden, der den Geschäftsvorgang nicht vor dem Gericht von Dorchester County registrieren ließ, um keine Steuern zahlen zu müssen.

Es existiert ein Bericht über eine Schwester Harriets, die ein Kind im Alter von zwei oder drei Monaten hatte. Ihr Besitzer wollte sie nach Georgia verkaufen. Ihr Ehemann vertraute einem „Gentleman (...), der nahm meine Schwester mit sich und verbarg sie vor ihrem Master. Er sagte ihm: 'Bring deine Frau zu mir, ich werde auf sie achtgeben'." Zur selben Zeit lenkte „der alte Master" (Brodess) ihn offenbar ab und nahm Harriets Schwester mit, nachdem ihm das Versteck verraten worden war. Brodess verkaufte die Frau „nach Georgia, und das Kind blieb zurück."[133]

Von Brodess hintergangen und außerstande, ihre eigenen Kinder zu beschützen, erleidet Rit zuerst einen Schock. Zu einem nicht näher bekannten späteren Zeitpunkt versucht Edward ein weiteres Kind, Rits jüngsten Sohn Moses, zu verkaufen. Dieses Unternehmen jedoch schlägt fehl. Tubmans Bruder Henry berichtet: „Ein Mann aus Georgia kam und kaufte meinen Bruder; und nachdem er ihn gekauft hatte, rief ihn der Master zum Haus, um das Pferd des Händlers zu halten. (...) Meine Mutter, die auf dem Feld arbeitete, wußte jedoch, was der Master vorhatte, und kam herbei. Sie hatte den Verdacht, daß der Junge verkauft werden sollte, und ging zur Rückseite des Hauses und dort hörte sie den Master das Geld zählen; und danach sagt er: 'Ich müßte eigentlich fünfzig Dollar mehr haben'; (...) die Mutter kam, sie sagte: 'Was willst du mit dem Jungen machen?' Er wollte es ihr nicht sagen, aber er erklärt ihr: 'Geh und bring eine Kanne Wasser'; und nachdem sie das Wasser gebracht hatte, geht sie wieder arbeiten. Er sagt eine weitere Entschuldigung und ruft nach dem Jungen, er solle kommen, und spannt das Pferd vor den Wagen. Aber die Mutter kommt wieder zurück. Da sagt er: 'Warum bist du gekommen? Ich rief nach dem Jungen'. Und sie (sprang) auf und fluchte, er wolle das Kind für den Mann aus Georgia. Er rief zweimal, aber der Junge kam nicht, und ein drittes Mal; er kam und suchte den Jungen, doch die Mutter hatte ihn versteckt und hielt ihn weiterhin verborgen, ich glaube, einen Monat lang."

Rit hatte dieselbe List benutzt, mit der bisher Brodess Erfolg hatte:

Sie lenkte ihn ab, so daß das Kind unbemerkt verschwinden konnte. Und obwohl er das Geld hat und Sklavenhändler oft etliche Monate am Ort bleiben, um noch weitere Sklaven zu kaufen, bleibt das Kind weiterhin verschwunden.

Edward versichert sich der Hilfe eines ergebenen Dieners, der das Kind verborgen im Wald entdeckt. Zweifellos sind die Wälder des südlichen und zentralen Dorchester County ein idealer Platz für Verstecke flüchtiger Sklaven. Allerdings: die Greenbriar-Sümpfe, südlich von Edwards Besitz gelegen, sind ein tückischer und ungastlicher Ort für Menschen.

Rit bleibt mißtrauisch, als ihr der Diener anbietet, dem Jungen etwas zu essen zu bringen. Sie läßt ihn im Ungewissen, ob sie seinen Betrug durchschaute; sie warnt ihren Sohn und läßt den Diener mit dem Essen in den Wald gehen. „Mittags" geht der Diener in den Wald zu einem Busch und erwartet den Jungen vorzufinden, „aber er war nicht dort." Spätabends kommt er mit einem weißen Nachbarn namens John Scott zu Rits Quartier. Er steht an der Tür und bittet eingelassen zu werden, „doch sie blieb argwöhnisch; und sie sagt: 'Was willst du?'" Der Diener erfindet irgendeinen Vorwand, damit Mr. Scott in die Hütte kann, um das Kind zu suchen, doch Rit durchschaut dies. Sie flucht und droht: „'Du bist hinter meinem Sohn her; aber dem ersten Mann, der in meine Hütte kommt, spalte ich den Schädel.' Das ängstigte die Männer und sie wagten sich nicht zu ihr hinein. So hielt sie den Jungen weiterhin verborgen, bis der Mann aus Georgia fortging, und dann ließ sie das Kind herauskommen. Dann kam der Master zur Mutter und erklärte ihr, daß er stolz auf sie sei, daß sie den Jungen versteckt gehalten hatte, so daß er ihn nicht verkaufen konnte."[134]

Rit hatte hoch gepokert - und gewonnen. Ihr kämpferisches Verhalten gegenüber Besitzer und Sklavenhändler zeigt das Ausmaß ihrer Verzweiflung angesichts der Drohung, noch ein weiteres Kind zu verlieren. Um ihren Sohn zu beschützen, riskierte sie ihre eigene Sicherheit; vielleicht auch, weil sie davon ausging, daß Edward Brodess es nicht wagen würde, ihr das Kind gleichsam aus den Armen zu reißen. Sie hatte den Verkauf ihrer Töchter nicht verhindern können, diesmal aber war es anders.

Ständig bedroht, auseinandergerissen und in alle Windrichtungen verstreut zu werden, versucht die Familie zu überleben. Rit begreift, daß sie ihre Kinder nur beschützen kann, wenn sie in ihrer Nähe ist.

Brodess seinerseits versucht den erlittenen finanziellen Verlust auszugleichen, indem er die Kinder an in der Nähe wohnende Plantagenbesitzer und Farmer vermietet. Vermietet und fortgeschickt aus Bucktown, wird Harriet Schläge und Mißhandlungen ebenso wie extreme Vernachlässigung und Hunger ertragen: Narben auf Leib und Seele.

Leben unter der Peitsche

Harriet Tubman hat später über einige Vorkommnisse ihrer Kindheit und Jugend berichtet: Über Edward Brodess, aber auch über die Männer und Frauen, an die sie vermietet wurde, und sie wurde fast dreißig Jahre hindurch vermietet. Ednah Cheney erzählt sie, daß sie selten bei Edward Brodess und seiner Frau Eliza Ann lebte.[135] Edward war nie „unnötig grausam, doch wie es üblich war bei den Sklavenhalten, vermietete er oft seine Sklaven an andere Farmer, einige von ihnen waren maßlos tyrannisch und brutal."[136] Harriets Brüder Ben und Robert jedoch erinnern sich an besonders brutale Behandlung durch die Brodesses; vor allem Eliza Ann „war sehr teuflisch." Ben erklärt, daß er und seine Angehörigen „sehr hart arbeiteten und dürftig lebten" und die Brodesses in ihrer „Nutzlosigkeit und im Luxus" unterstützten. Er bringt es auf den Punkt: „Wo ich herkomme, kriecht dein Fleisch, es ist haarsträubend, was sie mit den Sklaven tun."[137] Aus diesen Äußerungen geht noch nicht direkt hervor, ob es zu exzessiven Mißhandlungen, Folterungen oder Schlimmerem kam. Der Besitz des Sklaven ist absolut, jede Form von Willkür bleibt ungeahndet. Frederick Douglass berichtet in seinen Erinnerungen von mehreren Beispielen schwerster Mißhandlung, z. B. stundenlangen Auspeitschungen (Douglass mußte als Kind miterleben, wie seine Tante ausgepeitscht wurde), aber auch von einem eiskalten Mord, der natürlich nie vor Gericht verhandelt wurde: „Mr. Gore ging einmal daran, einen von Cononel Lloyds Sklaven, Demby mit Namen, auszupeitschen. Er hatte Demby erst wenige Hiebe versetzt, als dieser wegrannte, um die Geißel loszuwerden, sich in einen kleinen Bach stürzte, dort bis zu den Schultern im Wasser stand und sich weigerte, wieder herauszukommen. Mr. Gore warnte, wenn er auf den dritten Anruf nicht herauskäme, würde er schießen. Der erste Anruf erfolgte. Demby antwortete nicht, sondern blieb wie angewurzelt stehen. Der zweite und der dritte Anruf erfolgten, mit demselben Ergebnis. Mr. Gore zögerte nicht lange, gab keine zusätzliche Warnung mehr, hob die Flinte an die Wange und gab den tödlichen Schuß auf das vor ihm stehende Opfer ab, und von einem Augenblick zum nächsten war Dembys Leben ausgelöscht." Mr. Gore argumentiert später, daß ungehorsame Sklaven, die nicht bestraft werden, „zur völligen Zerstörung von Gesetz und Ordnung auf der Farm geführt hätten."[138] Hätte er Demby nicht bestraft, würden die anderen Sklaven dessen Beispiel nachfolgen, lautet die Argumentation des Mörders.

Daß derartige Mißhandlungen – bis hin zum Tod des Opfers – keine Einzelfälle darstellen, ist mehrfach belegt; am bekanntesten ist der bewegende Bericht vom Leiden und Tod des treuen Sklaven „Onkel Tom" durch den Roman Harriet Beecher-Stowes; ihr Buch, erstmals 1852 publiziert, wurde neben dem Lebensbericht von Frederick Douglass zum bekanntesten Text der Antisklaverei-Bewegung.[139]

Auch Harriet Tubman wurden schwerste Mißhandlung nicht erspart, die beinahe mit ihrem Tod geendet hätten und sie mit lebenslangen und schweren gesundheitlichen Beeinträchtigungen zurückließen.

Die Praxis, Sklaven für schwerste körperliche Arbeit zu vermieten ist am Ostufer durchaus üblich. Dies ermöglicht den Besitzern schnelles Geld, auch wenn sie ihre Sklaven nicht alle selbst verwenden können, während ärmere Farmer, die es sich nicht leisten können, Sklaven zu kaufen, die schwere Arbeit nicht selbst verrichten müssen. Für die Zwangsarbeiter hingegen bedeutet die Situation oft längere Trennung von ihren Familien. Für Kinder ist es besonders schwer: Sie werden, wie Harriet, oft krank vor Heimweh. In den meisten Mietkontrakten wird vereinbart, daß der Sklave gekleidet und beschützt wird und regelmäßig zu essen erhält, aber daran hält man sich nicht immer. William Still, der berühmte schwarze „Maschinist" der „Untergrundbahn", befragte etliche entflohene Sklaven, die von teilweise schweren Mißhandlungen durch ihre Mietmaster berichteten, einschließlich Schlägen; außerdem bekamen sie nie genug zu essen. Oft wurden sie vernachlässigt.[140]

Für manche Sklavenhalter ist das Mieten von Arbeitskräften - auch von Kindern - eine attraktive Alternative für den Kauf von Sklaven. Das Vermieten eines jungen Feldarbeiters z. B. kann pro Jahr bis zu 120 Dollar einbringen, - das ist weit mehr als der Gewinn, den man durch den Verkauf eines Sklaven machen würde, weil man die finanzielle Investition, die man davor für ihn geleistet hatte, abziehen muß. Edward Brodess, mit seiner eher kleinen Farm und einem geringen finanziellem Polster, hat nicht genug Arbeitsmöglichkeiten für alle seine Sklaven, so vermietet er sie häufig an benachbarte Farmer und spart sich so zusätzliche wirtschaftliche Opfer für die Lebenshaltungskosten seiner Arbeiter; für das so eingesparte Geld kann er später Land kaufen – was wiederum den Einsatz seiner Sklaven benötigen würde.

Minty wird zuerst an einen gewissen James Cook vermietet, einen Pflanzer mit schwachen finanziellen Möglichkeiten. Er wohnt nur zwei oder drei Meilen von der Brodess-Plantage entfernt, in der Nähe von Brodess' Cousin und Onkel. Hier soll das Mädchen das Weben lernen. Obwohl sie zu dieser Zeit erst sechs oder sieben Jahre alt ist, weiß sie noch, daß ein Reiter kam, um sie abzuholen. In Unwissenheit über das gelassen, was sie erwartet, ist sie begierig zu gehen; aber vielleicht auch unruhig, denn dies würde die erste Trennung von ihren Eltern bedeuten. Sie hat keine Kleidung, also näht ihr Eliza ein Kleid. Gewohnt, mit den Eltern und den anderen Sklaven zusammen zu sein, mag sie zuerst gegen die ihr fremde Umgebung und die ungewohnten Menschen Widerwillen empfunden haben. Neu ist es auch für sie, zusammen mit ihren neuen Herren zu essen. „Ich habe nie in dem Haus gegessen, wo die Weißen essen, und ich schämte mich und stand auf und aß vor ihnen."[141] Ihre neue Mistress bietet ihr ein Glas Milch an, das Harriet verweigert; sie ist derart verängstigt, direkt vor dieser fremden weißen Familie stehen zu müssen, daß selbst Hunger und Durst nicht imstande sind, die Angst zu besiegen. „Ich mochte das Glas Milch, wie alle Kinder, aber die ganze Zeit, die ich dort verbrachte, behauptete ich, daß ich keine süße Milch trinken würde."[142] Sie bleibt bei den Cooks nicht weniger als zwei Jahre: Eine lange Zeit, besonders für ein Kind. Cook und seine Frau sind grausam, der Aufenthalt bei ihnen traumatisiert das Kind körperlich und seelisch.

Die erste Aufgabe, die Minty erhält, lautet: ins nahegelegene Marschland zu gehen und die Fallen für die Bisamratten zu prüfen. Die wasserreichen Gebiete des Dorchester County, mit ihrer reichen Vegetation, dem weichen torfigen Boden, in das sich Erdlöcher graben lassen, und dem seichten Wasser sind ein idealer Lebensraum für Bisamratten, die sowohl im Wasser als auch auf dem Land leben. Um sie zu fangen, sind Fallen nötig. Sie werden in die Nähe der Behausungen der Bisamratten, kleinen Kugelbauten, aufgestellt. Eine derartige Aufgabe ist eigentlich zu schwer für ein Kind, doch im Winter, wenn der Pelz der Bisamratte besonders dicht wächst und darum kostbar ist, ist die Arbeit natürlich noch schwerer.

Eines Tages bekommt Minty die Masern, doch man nimmt keine Rücksicht, sondern zwingt das Mädchen, weiter zu arbeiten. Es wird schwer krank. Die Mutter überzeugt Brodess davon, daß es besser ist, das Kind zurückzuholen.

Begebenheiten wie diese sind nicht ungewöhnlich. Frederick Douglass schreibt, daß er 1833 – er ist zu dieser Zeit ungefähr 16 Jahre alt

– bei einem „Negerbrecher" und Aufseher, einem brutalen Kerl, Korn dreschen muß. „Hughes war dabei, den gemahlenen Weizen von der Getreidemühle wegzuschaffen, Eli (ein anderer Sklave; d. Verf. in) drehte das Schwungrad, Smith schüttete neuen Weizen nach, und ich schaffte den Weizen zur Maschine. Die Arbeit war einfach, erforderte eher Muskelkraft als geistige Anstrengung; war man solche Arbeit aber nicht gewöhnt, dann konnte sie einem schon zu schaffen machen. Um ungefähr drei Uhr nachmittags brach ich zusammen; die Kräfte verließen mich; ich bekam heftige Kopfschmerzen, die von starken Schwindelgefühlen begleitet waren; ich zitterte am ganzen Körper. Da mir klar war, was mich erwartete, riß ich mich zusammen, wohl wissend, daß ich es mir auf keinen Fall erlauben durfte, die Arbeit zu unterbrechen." Er versucht weiterhin zu arbeiten, doch dies gelingt nicht: Er fällt um. Da jeder die eigene Arbeit tun muß, kommt es zur Unterbrechung, was natürlich Mr. Covey bemerkt. Er fragt Frederick, warum er nicht arbeite, was dieser ihm trotz seiner Schwäche zu erklären versucht. Der von einem Hitzschlag Getroffene wird heftig getreten und mißhandelt, bis er zur Arbeit taumelt – wo er prompt ein zweites Mal umfällt. Mr. Covey verpaßt dem angeblichen Simulanten daraufhin einen so heftigen Schlag auf den Kopf, daß dieser aus einer klaffenden Wunde heftig blutet. „In diesem Augenblick entschloß ich mich zum ersten Mal, zu meinem Herrn zu gehen, um mich zu beschweren und ihn um Schutz zu bitten." Trotz seiner offensichtlichen Schwäche geht er den sieben Meilen langen Weg und flieht sogar, als Mr. Covey ihn einzufangen versucht. Nach fünf Stunden kommt Frederick bei seinem Herrn an, der von seinem furchtbarem Anblick zwar ehrlich entsetzt ist, ihm aber auch vorhält, daß er nun durch seine Schuld die Mieteinnahmen für ein ganzes Jahr verlöre. Also muß Frederick schon am nächsten Tag zurück zu Mr. Covey, der ihm mit der Peitsche droht. Frederick verbirgt sich im Maisfeld. Die Alternativen: „Nach Hause zu gehen und mich dort zu Tode peitschen zu lassen oder im Wald bleiben und Hungers sterben." Frederick kehrt nach einiger Zeit zu dem berüchtigten „Brecher" zurück - und wehrt sich heftig und erfolgreich gegen diesen Peiniger, schlägt ihn sogar nieder. Mr. Covey, um nicht das Gesicht zu verlieren, schweigt über den „peinlichen Vorfall" und läßt Frederick von nun an in Ruhe.[143]

Und wenn Frederick Douglass nicht so wehrhaft und stark gewesen wäre?

Rit darf ihr krankes Kind gesund pflegen – damit es danach wieder und wieder vermietet wird. Harriet berichtet 70 Jahre später, daß sie auf dem kalten Boden lag „und weinte und weinte. Ich dachte die ganze Zeit, wenn ich doch nur nach Hause könnte und in das Bett meiner Mutter, und das Verrückte war, sie hatte nie in ihrem Leben ein Bett besessen. Nichts als eine Planke mit Stroh drauf."[144] Das Mädchen wird zu den verhaßten Cooks zurückgeschickt, aber es weigert sich, weben zu lernen, indem es sich absichtlich ungeschickt anstellt. Das Heimweh quält es, wird zu einer Art Seelenkrankheit. „Wann immer du ein Kind sahst, das noch heimwehkranker war als ich, dann sahst du ein Kind in einer sehr schlechten Verfassung."

Minty arbeitet außerdem als Kindermädchen und Hausdienerin für eine jung verheiratete Herrin, Miss Susan. Susan gibt dem Kind genug Kleidung und Essen, doch man hatte sie indoktriniert, daß Sklaven grundsätzlich faul seien und nur „unter dem Schlag der Peitsche" arbeiten würden. Minty, klein und ungeübt in Hausarbeit, bekommt die Aufgabe, Böden und Möbel zu entstauben. Das Kind kämpft darum, seine Arbeit möglichst gut zu verrichten. Sie „wischte mit allen Kräften und erzeugte gewaltigen Staub. In dem Moment, als sie das Wischen beendete, nahm sie ihr Staubtuch, und wischte alles so gut, ′daß du dein Gesicht darin spiegeln konntest′, in großer Eile, um dann das Tablett für das Frühstück zusammen zu stellen und die andere Arbeit zu verrichten. Der Staub, den sie nur aufgewirbelt hatte, setzte sich wieder auf Stühle, Tische und das Piano."[145] Als Susan den Staub sieht, glaubt sie, daß Minty ihre Arbeit nicht getan hätte. Sie nimmt die Peitsche vomKamin und schlägt das Kind mehrere Male auf den Kopf, ins Gesicht und auf den Rücken.

Beim fünften Schlag erfährt das Kind eine kurze Gnadenfrist: Susans Schwester Emily erscheint an der Tür. „Außerstande, die verzweifelten Schreie des Kindes länger zu ertragen", tadelt Emily ihre Schwester wegen ihrer Grausamkeit und Ungeduld. Bradford berichtet, daß Emily dem Kind in Ruhe erklärte, wie man Staub wischt, ohne daß er sich wieder auf die Möbel niederläßt. Diese ein wenig moralisierende Szene „zeigte den Lesern des 19. Jahrhunderts zwei Arten von Mistresses des Südens, eine teuflisch und grausam, die andere heiligmäßig sanft und geduldig, ganz offensichtlich ohne eigene Sklaven, um das Bild nicht zu verdunkeln."[146] Jedenfalls wird Minty zumindest an jenem Tag davor bewahrt, geschlagen zu werden.

Später, so erinnert sie sich, mußte sie auf das Baby von Miss Susan aufpassen. Das Kind ist ständig bei ihr, außer wenn es gefüttert wird.

Konkret bedeutet das für ein kleines Kind einen 24-Stunden-Arbeitstag, denn auch nachts muß Minty sich um das Baby kümmern und seine Wiege schaukeln, damit es einschläft; sobald sie aufhört, beginnt das Baby zu schreien. Dann setzt es wieder Schläge. Samuel Hopkins Adams, der Großneffe von Sarah Bradford, erinnert sich, daß Tubman einmal ihr Kleid auszog, so daß man die Striemen der Peitschenschläge auf ihrem Rücken erkennen konnte.[147]

Sie kam noch vergleichsweise glimpflich davon: Frederick Douglass berichtet, daß die 15jährige Cousine seiner Frau von ihrer Herrin totgeschlagen wurde, weil die von den ständigen Nachtwachen Erschöpfte einmal neben dem zu beaufsichtigenden Baby eingeschlafen war und nicht sofort aufwachte. Die Herrin ergriff einen Eichenholzprügel vom Kamin und brach dem Mädchen Nase und Brustbein, worauf es einige Stunden später starb. Es erging Haftbefehl gegen Mrs. Hicks, „der aber nie vollstreckt wurde. Sie wurde also nie bestraft."[148]

Ebenso oft wie gegen das Kind richtet sich das jähzornige Temperament Susans gegen ihren Ehemann. Während einer dieser Streitereien nimmt das Mächen heimlich ein Stückchen Zucker aus der Zuckerdose. Doch Susan hat den kleinen Mundraub bemerkt; sie greift nach der Peitsche, Minty ist jedoch schneller und rennt aus dem Haus. „Ich floh, und sie konnten mich nicht fangen. Ich lief und lief und lief, ich kam an vielen Häusern vorbei, aber ich hielt nicht an, weil sie alle die Missus kannten, und sie würden mich zurückschicken."[149] Hilfe ist also von niemandem zu erwarten.

Das Kind läuft zu einer benachbarten Farm und versteckt sich in einem Schweinestall. Zu erschöpft, um klettern zu können, fällt es und landet inmitten einer Schweineherde mit Ferkeln. Es bleibt erschöpft liegen. So hält es sich vom Freitag bis zum folgenden Dienstag verborgen, voller Angst vor der Muttersau, wenn sie um das Futter kämpft, das den Schweinen hingeworfen wird. „Ich war so erschöpft, ich wußte, ich mußte zur Missus zurück, aber ich wußte nicht, was passieren würde."[150] Als Minty zurückkehrt, wird sie geschlagen.

„Sklaverei ist das Schlimmste, nach der Hölle":[151] Harkless Bowley, Harriet Tubmans Großneffe, erinnert sich 1939, daß Tubman ihm berichtet hätte, sie wäre „fürchterlich geschlagen" worden. „Sie zeigte mir einen Knoten an der Seite, wo sie von einem Mann mit einem Tau geschlagen wurde (...), wegen eines banalen kleinen Verstoßes. Die

Frau versuchte sie zu schlagen", doch sie habe sich geweigert, zu ihr zu kommen. Als der Master heimkam, beschwerte sich seine Frau, doch er entschied sich, „sie (Minty) zu diesem Zeitpunkt nicht anzugreifen, sondern er schickte sie in den Keller, um sie einige Teppiche einrollen zu lassen. Als sie damit beschäftigt war, kam er hinter ihr her und verpaßte ihr einen furchtbaren Schlag."[152] Der Schlag bricht ihre Rippen und verletzt möglicherweise auch innere Organe, jedenfalls kann Minty nicht mehr arbeiten. Sie wird zur Brodess-Farm zurückgebracht, mit Verletzungen, die sie ihr weiteres Leben hindurch beeinträchtigen werden.

Diese Begebenheiten sind offenbar nur zwei Beispielen von vielen; das Kind wird geschlagen, mißhandelt und schwer verletzt; noch vierzig Jahre später werden die Spuren der Schläge auf ihrem Rücken zu sehen sein.

Um 1833 vermietet Edward Brodess Rit und die Tochter Linah an einen benachbarten Farmer namens Polish Mills, was eine weitere Trennung für die Familie bedeutet. Mills gibt nur Essen und Kleidung an die Mietsklaven. Rit muß sich um diese Zeit um ihr jüngstes Kind, Moses, und ein anderes Kind, Henry, kümmern, das zweieinhalb oder drei Jahre alt ist. Linah ist möglicherweise krank, denn sie kann nicht richtig arbeiten, und so wird sie als „wertlose Sklavin" bezeichnet. Minty ist zu dieser Zeit entweder auf der Brodess-Farm oder gleichfalls, und zwar als Feldarbeiterin, an einen anderen Farmer vermietet. Sie riskiert es, die Befehle ihres Mietherrn zu mißachten, indem sie abends heimlich zur Mills-Plantage läuft, um ihre Mutter zu sehen. In den Jahren nach der sog. Turner-Rebellion haben die Einschränkungen hinsichtlich der Bewegungsfreiheit sowohl für Sklaven als auch für freie Schwarze zugenommen, besonders nachts ist es verboten, draußen umherzugehen. Einer von Harriets Brüdern steht darum immer an der Tür des Quartiers der Mutter und beobachtet die Straße, um vor den Patrouillen des Masters warnen zu können.

Eine „schreckliche Revolte" – aus der Sicht der Weißen – wurde 1831 von einem Mann in Virginia angeführt, der am 2. Oktober 1800 als Sohn einer Sklavin von Benjamin Turner geboren wurde „Sein Vater war dem Herrn davongelaufen, und man hatte nie mehr etwas von ihm gehört. Von der Mutter erzählte man, sie habe das Kind umbringen wollen, um ihm das Elend der Sklaverei zu ersparen."[153] Möglicherweise aber war Turner – die Tatsache, daß er als „Mulatte" beschrieben wurde, legt die Vermutung nahe – der Sohn Benjamin Turners.

Die Großmutter beeinflußte das Kind mit ihrer religiösen Schwärmerei und erzeugte in ihm vielleicht das starke Sendungsbewußtsein, das es als Mann so entschlossen und selbstsicher auftreten ließ. Das Kind soll sich mit Leichtigkeit heimlich das Alphabet angeeignet haben. Seine Spielgefährten erstaunte es, weil es behauptete, sich an Ereignisse vor seiner Geburt erinnern zu können. Die logische Erklärung könnte sein, daß die Mutter oder Großmutter von diesen Ereignissen erzählt hat. „Aber Sklaven neigten dazu, derlei wunderbar und geheimnisvoll zu finden." Man raunte sich zu, es habe mit diesem Kinde eine besondere Bewandtnis, und die Mutter hatte derlei Gerüchte wohl bewußt genährt. Turner erzählt: „Nachdem ich bald entdeckt hatte, daß ich groß sein würde, mußte ich freilich auch so scheinen und wirken, also mied ich es, mich mit anderen einzulassen, umgab mich mit Geheimnis und widmete meine Zeit dem Fasten und Beten."[154]

Hetmann bezeichnet diese Worte als „bombastisch" und nach „Hochstapelei" klingend. Es ist allerdings die Frage, ob Nat Turners Aussage überhaupt authentisch ist, denn die Sätze wurden von dem Rechtsanwalt Thomas Gray nach mündlichen Aussagen Turners im Gefängnis niedergeschrieben, „und der weiße Mann mag ihnen ganz bewußt diesen Anstrich gegeben haben, sollten sie aber wirklich wörtlich von Turner übernommen sein, so lassen sie sich auch so deuten, daß er früh von einem gewissen Sendungsbewußtsein erfüllt war, eine Eigenschaft, die ihn schließlich in die Katastrophe führte." Das klingt moralisierend; ebenso wie Everetts Behauptung, er sei ein „religiöser Fanatiker",[155] doch hatte Turner nichts mehr zu verlieren. Seine Religiosität war echt, und seine persönliche Ausstrahlung, in Verbindung mit seiner Beredsamkeit, muß überwältigend gewesen sein. Seine Religiosität führte bis zu Halluzinationen (etwas, das auch Harriet Tubman erleben wird). Nat sah Erscheinungen, hörte Stimmen. Im Southhampton Cunty galt er als Persönlichkeit; mit seinen Predigten soll er sogar einen weißen Aufseher bekehrt haben. „Die Herrschaftsverhältnisse gerieten ins Wanken. Man jagte den Aufseher über die Grenzen des Staates davon."[156]

Nat merkte, daß er Macht über die Menschen besaß. Immer stärker wurde in ihm das Bewußtsein, ein Werkzeug Gottes zu sein, um sein Volk aus der Knechtschaft zu führen. Er sah über sich im Himmel einen schwarzen und einen weißen „Geist" miteinander kämpfen. Die

Sonne verdunkelte sich dabei und aus den Wolken brachen Ströme von Blut. Einmal versteckte er sich einen ganzen Monat lang im Wald, um auf die „Stimmen" zu hören. Während er auf dem Feld pflügte, sah er Blutstropfen an den Maisblättern hängen. „Der Geist", erklärte er später, „befahl mir, beim Erscheinen eines bestimmten Zeichens aufzustehen, mich bereitzumachen und meine Feinde zu schlagen." Das „Zeichen" war eine von ihm vorausgesehene Sonnenfinsternis im Februar 1831.

In seinem mystischen Glauben war er möglicherweise auch durch das Schicksal seiner Besitzer bestärkt worden. Sein erster Besitzer, Benjamin Turner, ein Müller und Holzhändler, wurde von einer Zypresse erschlagen. Samuel Turner, der den Besitz erbte, ging Bankrott. Daraufhin wurden Nat Turner und andere Sklaven an einen gewissen Mr. Moore verkauft, der bei der Geburt eines Kalbes so unglücklich stürzte, daß er starb. Mrs. Moore heiratete einen Witwer, Joseph Travis, einen Wagenmacher. Bei ihm ging es Nat besser als zuvor. Er konnte sich relativ frei bewegen und durfte predigen. Bei diesem milden Herrn faßte Turner den Entschluß, mit vier Getreuen gen Jerusalem zu ziehen, so heißt die Bezirkshauptstadt des County Southhampton – eine Parallele, die den mystischen Sklaven tief beeindruckte. In seinen „Konfessionen", die er seinem Verteidiger Thomas Gray diktiert haben soll, bekennt er: „Am 12. Mai 1828 hörte ich eine laute Stimme am Himmel, und der Geist erschien mir und sagte, die Schlange sei los, und Christus habe das Joch, das er um der Menschen Sünden trage, abgelegt, und ich solle es auf mich nehmen und gegen die Schlange kämpfen, denn die Zeit werde bald herankommen, daß die Ersten die Letzten und die Letzten die Ersten sein werden."[157] Der Zug gegen Jerusalem sollte am 4. Juli stattfinden, doch Nat erkrankte. Am 13. August erkannte er ein neues Zeichen. Der 21. August wurde als neues Datum festgesetzt. Nat versammelte seine Rekruten um sich, darunter einen Sklaven namens Will, der von seinem Herrn besonders grausam behandelt wurde. In der Nacht arbeiteten sie ihre Rachepläne aus. Die Familie Travis wurde zuerst umgebracht. Dabei war es nicht Nat gewesen, der sie tötete, sondern der robustere Will, der der Familie den Todesstreich versetzte. Dann wurden überall auf den Plantagen, zu denen man kam, die Weißen im Schlaf getötet. Immer mehr Sklaven schlossen sich den „Racheengeln" an. Nur eine arme weiße Familie, die keine Sklaven hielt, wurde verschont. Innerhalb von nur 24 Stunden waren 58 Weiße getötet. Dann aber rieben Miliz und Armee die kleine Truppe auf. 55 Schwarze wurden exekutiert, 200 weitere von der aufgebrachten Menge gelyncht. Turner konnte sich noch zwei Monate verstecken, dann wurde auch er aufgespürt und am 11. November gehängt.

Wie Jesus hatte er in Southhampton einziehen wollen. Doch anders als sein großes Vorbild war er bereit gewesen, mit Feuer und Schwert gegen das Unrecht und die Unmenschlichkeit des Sklavereisystems zu kämpfen. Zunächst war die von ihm angeführte Erhebung erfolgreich. Sie brachte den Staat Virginia an den Rand des Chaos. Die Panikstimmung griff auch auf North Carolina und Maryland über. In ein kleines Landstädtchen kam ein Junge geritten und berichtete fälschlicherweise, die Anhänger Turners stünden nur noch acht Meilen entfernt. Die Stadt verfiel in Hysterie. Ein alter Mann brach vor Angst tot zusammen. Zwei weitere Weiße starben an Herzschlag.

Als man Nat gefangen hatte, wurden in ganz Southhampton Kanonen abgefeuert. Frauen schlossen daraus, daß Nat abermals eine Streitmacht um sich gesammelt hätte. Sie flohen entsetzt.

Doch bei etlichen Sklavenbesitzern soll sich auch das schlechte Gewissen geregt haben. Im Grunde fürchtete man genau das, was auch Turner gewollt hatte und was nur mit knapper Not verhindert worden war: das große Strafgericht. Das läßt sich belegen durch die Äußerung eines Bürgers gegenüber einem Journalisten: „Man mußte ja eigentlich immer auf eine solche Katastrophe vorbereitet sein. Oft habe ich im stillen gefürchtet, daß einmal ein solches Unglück geschehen könnte, und ich bin sicher, so wie mir ist es vielen Weißen ergangen. Aber niemand wagte freilich, laut davon zu reden. Man wäre sich lächerlich vorgekommen... sich vor Sklaven zu fürchten."[158]

Die direkten Folgen der Revolte bestanden zunächst darin, daß die Weißen die Daumenschrauben der Unterdrückung fester drehten. Der Sklave Charity Bowery erzählt: „Zu der Zeit nach dem Tod des alten Propheten Nat fürchteten sich die Schwarzen laut zu beten, denn die Weißen drohten sie fürchterlich zu bestrafen, sobald auch nur der geringste Ton zu vernehmen war.

Die Patrouillen waren meist betrunken, und wenn sie in Nats Zeiten Schwarze irgendwo singen hörten, fielen sie über sie her und töteten sie, ehe der Herr oder die Herrin eingreifen konnten. Die Klügsten und Besten wurden in Nats Zeiten getötet. Gerade sie verdächtigten die Weißen. Sie töteten viele an einem Ort, der Duplon heißt. Sie töteten Antonio, einen Sklaven von Mr. J. Stenley. (...) Sie richteten ihre

Gewehre auf ihn und sagten, er müsse über die Erhebung aussagen. Sie schossen mehrere Kugeln in seinen Körper und steckten seinen Kopf auf einen Pfahl an der Wegkreuzung der Straße, die zum Gericht führt. Er blieb dort, wenn auch nur kurze Zeit. Dieser Mann wurde ohne Gerichtsverfahren umgebracht. So war es immer. In Nats Zeiten pflegten sie uns Schwarze zu binden. Sie prügelten uns und wollten uns zwingen, Lügen zu erzählen und oft töteten sie uns auch, ehe sich jemand, der Mitleid hatte, einmischen konnte."[159] Zum ersten Mal wütete das, was man später allgemein „white backlash", das „weiße Zurückschlagen" nennen konnte. Dennoch blieben die Sehnsucht und die Hoffnung nach Freiheit lebendig. Von Nat Turners Aufstand führt eine direkte Verbindungslinie zum weißen Widerstandskämpfer John Brown 15 Jahre später, „mit dessen Tat der Bürgerkrieg eigentlich begann."[160]

Doch es gab auch andere Kräfte, nicht nur zerstörerische; darum bedeutet das Jahr 1831 in mehrfacher Hinsicht eine Zäsur: Nach Jahrzehnten bloß vereinzelter Proteste begannen sich die Abolitionisten im Norden allmählich zu formieren. Acht Monate nach dem Turner-Aufstand gründete der sechsundzwanzigjährige Journalist William Lloyd Garrison in Boston die Zeitung *Liberator* mit dem Ziel, Eigentum an Menschen nicht länger zuzulassen, worauf Georgia eine Belohnung von 5000 Dollar für seine Festnahme wegen „Volksverhetzung" festsetzte. In den Augen der Südstaatler führte ein direkter Weg vom *Liberator* zu Nat Turner. „Sogar im Norden hatte Garrison nicht viele Anhänger, und 1835 ergriff ihn eine Meute, die ihn an einem Seil durch die Straßen Bostons zerrte."[161] Doch er führte das Blatt unverdrossen weiter. Theodore Dwight predigte in den Kreisen des Westens, die sonst vor allem Erweckungsbewegungen auf sich zogen, gegen die Sklaverei. Er war mit Angelina Grimké (1805-1879) verheiratet, einer Tochter des John F. Grimké, des Vorsitzenden Richters am Obersten Gerichtshof von South Carolina. Angelina und ihre ältere Schwester Sarah (1792-1873) hatten aus Protest ihre Sklavenhalterfamilie verlassen und waren in den Norden gezogen, wo beide sich der Aufgabe widmeten, die Brutalität des Systems anzuprangern.[162] Im Dezember 1833 gründen William Garrison, Theodore Weld und eine Handvoll anderer die American Anti-Slavery Society. Drei Jahre später entkommt Frederick Douglass in Maryland aus der Sklaverei und schließt sich der Gruppe an.

Als Antwort auf die Abolitionistenpresse prägen die Weißen des Südens eigens ein neues Genre – das Plädoyer für die Sklaverei. Der Charlstoner Edmund Holland schreibt ein Pamphlet, betitelt „Widerlegung der Verleumdung... gegen die Sklaverei... des Südens", worin er hervorhebt, daß sogar die Bibel Zwangsarbeit rechtfertige und daß die Sklaverei für die Landwirtschaft des Südens unabdingbar sei. Edward Brown erklärt in seinen „Bemerkungen über den Ursprung und die Notwendigkeit der Sklaverei", diese sei „schon immer die Trittleiter gewesen, auf der zivilisierte Staaten von der Barbarei zur Zivilisation aufstiegen", und schließt mit der Behauptung, daß „allgemeine Gleichheit nichts anderes bedeutet als Barbarei."[163] Die Sklavenhalter sind nicht bereit, auf ihre Privilegien zu verzichten und Menschenrechte als unteilbar anzuerkennen.

Eine Mißhandlung und ihre Folgen

Von diesen Diskussionen und ihren Kontrahenten weiß das Kind nichts, doch es weiß, daß es unfrei ist, wie seine Eltern, Freunde und Geschwister. An einem Abend, als Harriets Bruder wieder aufpaßt, um vor Patrouillen zu warnen, ruft er Minty herbei, um ihr ein besonderes Naturereignis zu zeigen. Es ist der 12. November 1833. An diesem Abend und am folgenden Morgen kann man Tausende Sternschnuppen sehen. Ein Zeuge schreibt, daß das Licht des Leonid-Meteors so intensiv sei, als wäre es Tag, und die Sternschnuppen seien wie Schnee gefallen. Ein anderer Beobachter in Boston berichtet von der „Erscheinung eines dichten Feuers."[164] Ein Beobachter vom Ostufer vergleicht den Schauer von Sternschnuppen mit Schneeflocken – „so groß und zahlreich waren sie."[165] Die Erscheinung ist im ganzen Land zu sehen. Der Meteoritenschauer, normalerweise alle dreißig Jahre zu sehen, ist diesmal besonders prachtvoll, da er die Erde sehr nahe passiert. Einige Sklaven halten ihn für einen Vorboten kommenden Unheils. Da sie über ihr eigenes Leben so gut wie keine Kontrolle haben, ist es nicht verwunderlich, daß sie an „Zeichen" glauben.

Kurze Zeit nach diesem Ereignis wird Minty ein weiteres Mal an eine benachbarte Plantage vermietet, und dort wird sie eine so schwere Kopfverletzung erleiden, daß sie mit den Folgen dieses beinahe tödlichen Schlags für den Rest ihres Lebens zu tun haben wird. Der Schlag beeinträchtigt sie nicht nur physisch – sie kann oft nicht arbeiten; – die Folgen der Verletzung beeinflussen auch Mintys Sicht auf die Welt.

Sie war wie üblich gegen Essen und Kleidung vermietet worden. Es war im Herbst, eine sehr arbeitsintensive Zeit; das Mädchen bekam die Aufgabe, Flachs zu brechen. Eines Nachts gingen sie und der Koch der Plantage in ein nahegelegenes Geschäft, um einige Dinge zu kaufen. Währenddessen hatte ein Sklave, der einem gewissen Mr. Barnett gehörte, dessen Farm ohne Erlaubnis verlassen und war vom Aufseher bis zum Geschäft verfolgt worden. Als der Aufseher den Sklaven sah, befahl er Minty, ihm zu helfen und den Sklaven an der weiteren Flucht zu hindern. Das Mächen weigerte sich. Da „ergriff der Aufseher ein Zwei-Pfund-Gewicht vom Zahltisch des Ladens und warf es in Richtung des Flüchtlings, doch der Wurf war zu kurz und traf statt dessen Harriet mit einem betäubenden Schlag auf den Kopf."[166]

Dies war das letzte, woran das Mädchen sich später erinnert: Wie der Aufseher den Arm hebt, um das Eisengewicht gegen einen Sklaven zu werfen. Sie fühlte, „wie das Gewicht meinen Schädel zerbrach und wie es ein Stück meines Kopftuchs hineindrückte. Sie trugen mich blutend und kraftlos zum Haus. Ich hatte kein Bett, keinen Platz zum Hinlegen, und sie legten mich auf den Sitz vom Webstuhl, und dort blieb ich mehrere Tage."

Ohne jede medizinische Versorgung wird das Mädchen aufs Feld zurückgeschickt. „Ich ging wieder arbeiten und ich arbeitete, während Blut und Schweiß mein Gesicht herunterliefen, bis ich nichts mehr sehen konnte."[167]

„Unfähig und krank, völlig heruntergekommen und abgemagert" war sie zur Brodess-Farm gebracht worden. Brodess versuchte sie zu verkaufen, aber natürlich war niemand an einem kranken Sklaven interessiert. „Sie erklärten, sie würden kein Sixpencestück für mich geben",[168] erinnert sich Tubman.

Es dauert lange, bis sich das Mädchen ein wenig erholt. Eine sichtbare Narbe bleibt zurück. Doch das ist nicht alles. Der Unfall bedeutet eine Zäsur: Minty erlebt immer wieder Episoden, die sie völlig unerwartet, etwa mitten in einem Gespräch oder während der Arbeit, überfallen können. Sie fällt dabei in eine Art „tiefen Schlaf, aus dem sie sofort wieder erwachen wird, um mit ihrem Gespräch oder der Arbeit fort zu fahren",[169] als wäre nichts geschehen. Doch sie ist außerstande, diese Zustände zu verhindern oder zu kontrollieren. Bisweilen ist es unmöglich, sie zu wecken. Ihre Schlaf-Episoden mitten im Gespräch oder während der Arbeit geschehen oft und völlig unerwartet. Der *Freedmen's Record* berichtet im Jahre 1865, daß die Verletzung Tubman „immer noch sehr lethargisch" mache. „Es vergehen keine fünfzehn Minuten, ohne daß sie in Schlaf fällt. Doch es ist kein erholsamer Schlummer, sondern ein Vorgang, der sie erschöpft zurückläßt."[170] Wilbur Siebert interviewt Tubman Mitte der 1890er Jahre und stellt dabei überrascht fest, daß ihre Verletzung „zu kurzen Intervallen (vielleicht eine halbe Stunde) von Bewußtseinverlusten führt, die drei oder vier Minuten andauern. Harriet erklärte, daß sie dann nicht reden könne, aber ich fühlte mich nicht alarmiert; sie würde erwachen und das Gespräch fortführen, ohne das Thema aus den Augen zu verlieren."[171]

Die schwere Kopfverletzung deckt sich zeitlich mit einer „Explosion religiöser Begeisterung und lebendiger Vorstellungskraft."[172] Tubman bricht oft unerwartet in lautes Predigen aus. Wenn die Verwundung Ursache großen Leides ist, so bedeutet sie paradoxerweise zugleich eine Art Initialzündung gewaltiger Träume und Visionen;

mehr noch: Tubman behauptet, die Zukunft vorhersagen zu können. Und es trifft zu, daß einige ihrer Träume in ihrem Leben eine bedeutende Rolle spielen werden.

Larson stellt die Symptome von Tubmans Erkrankung zusammen und meint, daß sie an Temporallappen-Epilepsie (temporal lobe epilepsy: TLE) gelitten habe. Harriets Schlaf-Episoden, ihre Visionen - so die Autorin - seien „typisch für TLE, die durch schwere Kopfverletzungen zustande kamen." Das Phänomen ist bekannt und wurde intensiv erforscht. Außerdem erwähnt die Autorin Tubmans Erlebnisse mit Licht-Erscheinungen, sie sah eine farbige Aura, hörte körperlose Stimmen, erfuhr Momente großer Angst, abwechselnd mit Augenblicken von Hyperaktivität und völliger Furchtlosigkeit, dann wieder Trancen und Absenzen, worauf überwältigende Müdigkeit folgte. Temporallappen-Epilepsie ist oft von religiösen Erscheinungen begleitet, wie es Tubman ihr Leben hindurch erfahren hat. Larson erwähnt auch Geräusche von Musik, rauschendem Wasser, Schreien und Lärm, die Tubman überwältigten. Oft erfuhr sie Visionen während ihrer Arbeit. Einmal hört sie Musik und ist außerstande, der anderen Sklavin, mit der sie zusammen auf dem Feld arbeitet, davon zu berichten. Sie hört die Stimmen der Propheten. Erst heftiges Schütteln durch die anderen Sklaven reißt sie aus dieser Welt, doch sie besteht darauf, nicht geschlafen zu haben.

Ihre häufigen Absenzen in Verbindung mit der Unfähigkeit zu sprechen, die paranormalen Erscheinungen und häufigen Albträume werden zu einem Teil der Persönlichkeit Tubmans, doch „im Gegensatz zu anderen Formen der Epilepsie gibt es bei Temporallappen-Epilepsie keine Konvulsionen. Die Temporallappen sind verbunden mit den Regionen, die für Sinneswahrnehmungen (Geschmack, Geruch, Sehen und Hören), Erinnerungen und Gefühle zuständig sind; deswegen betreffen die Episoden oft sensorische Bereiche. Tubmans Religiosität wurzelte zweifellos in der methodistischen Lehre und bedeutete ein tiefes spirituelles Erlebnis. Aber sie mag verstärkt sein durch die Erscheinungen, deren Ursache die Temporallappen-Epilepsie ist."[173] Einige von Tubmans Träumen entsprechen den Erlebnissen von Patienten, die an Temporallappen-Epilepsie leiden, vor allem das Gefühl, den eigenen Körper verlassen zu haben. Derartige Erlebnisse verstärken Tubmans Vorstellungen von einer Macht, die sie durchs Leben führt, um sie zu beschützen und zu beraten. Sie „träumte oft davon, über die Felder und Siedlungen zu fliegen, über Flüsse und

Berge, um 'wie ein Vogel' herabzusehen."[174] Sie erklärt, daß sie diese Fähigkeit von ihrem Vater geerbt habe, „der immer das Wetter voraussagen konnte, und der den Mexiko-Krieg vorhersagte."[175]

Die Visionen, die Tubman heimsuchen, erlebt sie als Teil ihrer Spiritualität – und sind zugleich Teil ihres afrikanischen Erbes und ihrer religiösen Erziehung. Manchmal besucht sie die Lesungen von Dr. Anthony C. Thompson. Sein Sohn ist seit 1828 ein methodistischer Prediger. Indem er veranlaßt, daß seine Sklaven zu den Predigten gehen, hält sich Dr. Thompson zweifellos für einen guten Menschen, der für das spirituelle Wohlergehen seiner Sklaven zuständig ist. Ben und Rit sagen von ihm, daß er lediglich vorgebe, zu predigen und daß er in Wahrheit nichts weiter sei als „ein Wolf im Schafspelz."[176] Über derlei Heuchler – denen er öfters begegnete – schreibt Frederick Douglass, daß Sklavenhalter zwar öfter Vertrauen in das Erbarmen ihrer Sklaven haben mögen, doch daß Sklaven selten Vertrauen in das Erbarmen ihrer Master haben können;[177] er berichtet von Beispielen religiöser Heuchelei seiner diversen Besitzer. Captain Thomas Auld z. B., ursprünglich ein armer Mann und durch Eheschließung zum Sklavenbesitzer geworden, besucht eine methodistische Erweckungsversammlung und hat „ein Erweckungserlebnis." Douglass hegte „eine schwache Hoffnung", daß er nach der Bekehrung vielleicht seine Sklaven freiließe oder zumindest freundlicher sein würde, doch nichts dergleichen geschah. „In beiden Hoffnungen wurde ich enttäuscht." Die einzige Veränderung von Aulds Charakter bestand darin, daß er noch schlimmer und grausamer wurde; „meiner Meinung nach war er nämlich nach seiner Bekehrung ein noch viel schlechterer Mensch als vorher." Nun fand er „kirchlich-religiöse Bestätigung und Unterstützung für die Grausamkeiten, die er als Sklavenhalter beging. Er wurde anmaßend fromm. Sein Haus war ein Haus des Gebets. Er betete morgens, mittags und abends." Bald wurde er Laienprediger. Er ging zu den Erweckungsversammlungen und wurde ein „nützliches Werkzeug für die Bekehrung vieler Seelen. Sein Haus wurde zur Bleibe für die Prediger." Ein Schläger und Menschinder blieb er trotzdem: Einmal peitschte er eine Frau aus, „daß ihr das warme rote Blut heraustropfte; und zur Rechtfertigung für seine Tat führte er den Bibelspruch an: 'Wer seines Herrn Willen kennt und tut ihn nicht, der soll mit vielen Hieben geschlagen werden'."[178] Douglass ist froh, wenn er zu einem Herrn kommt, der sein Verhalten „nicht religiös verbrämt. (...) Ohne zu zögern, behaupte ich, daß die Religion der Südstaaten als bloßer Deckmantel für die abscheulichsten Verbrechen herhalten muß, zur Rechtfertigung der entsetzlichsten Barbarei, als Heiligmacherin der widerlichsten Betrügereien und als dunkles Versteck, als sicherster Schirm noch für die finstersten, verkommensten, rohesten und teuflischsten Taten der Sklavenhalter. Sollte ich noch einmal in die Ketten der Sklaverei gezwungen werden, dann könnte ich mir, nach der Versklavung als solcher, kein größeres Unglück vorstellen, als Sklave eines frommen Herrn zu werden. Von allen Sklavenhaltern, die ich je gekannt habe, sind die frommen Sklavenhalter nämlich die schlimmsten."[179] Douglass hatte jedoch nicht nur das Pech, frommen Leuten zu gehören, sondern auch noch in einer frommen Gemeinde zu leben, deren Heuchelei er eingehend beschreibt; und er ist geneigt, zornig und verzweifelt zu fragen: „Regiert ein gerechter Gott die Welt? Und wozu hält er den Donner in der rechten Hand, wenn nicht, um den Unterdrücker niederzuwerfen und den Ausgeraubten aus der Hand des Räubers zu befreien?"[180] In einem Kapitel, „Nachtrag" betitelt, rechnet Douglass mit der Verlogenheit des Systems und seiner *Sklavenhalter-Religion* ab. In dieser Art Religion erkennt er den „Gipfel falscher Namensgebung, den frechsten Schwindel und die gröbste Verleumdung." Er fährt fort: „Wir haben Menschenräuber als Pfarrer, Frauen-Auspeitscher als Missionare und Kinderräuber als Kirchenmitglieder. Der Mann, der wochentags die blutverkrustete Lederpeitsche schwingt, steht sonntags auf der Kanzel und behauptet, ein Diener des demütigen und bescheidenen Jesus zu sein. Der Mann, der mir am Ende jeder Woche meinen Verdienst raubt, tritt mir am Sonntagmorgen als Gemeindeältester entgegen, um mir den Weg zum Leben und zum Heil zu zeigen. Der, der meine Schwester in die Prostitution verkauft, stellt sich als frommer Anwalt der Reinheit hin. (...) Der, der so inbrünstig die Heiligkeit der Familienbande verteidigt, reißt ganze Familien auseinander, trennt Ehemänner von ihren Frauen, Eltern von ihren Kindern, Schwestern von ihren Brüdern, und läßt dann die Hütte leer und den Herd verlassen zurück. Wir sehen den Dieb gegen Diebstahl predigen und den Ehebrecher gegen Ehebruch. Man verkauft Männer, um Kirchen zu bauen, Frauen, um das Wort Gottes zu verbreiten, und Babys, um Bibeln für die *armen Heiden* zu erwerben (...). Das Läuten zur Sklavenauktion und das Läuten zum Kirchgang klingen ineinander, und die bitteren Schreie des gramgebeugten Sklaven werden im religiösen Jauchzen seines frommen Herrn erstickt. Religiöse Erweckung und die Wiederbelebung des Sklavenhandels gehen Hand in Hand. Das Sklavengefängnis und die Kirche stehen nebeneinander." Für Douglass sind darum „Religion und Räuberei Bundesgenossen."[181]

Bens Familie besucht nicht nur die Predigten von Thompson, sondern möglicherweise auch baptistische und katholische Predigten. Die Familie integriert offenbar verschiedene religiöse Lehren und Praktiken in ihr Leben. Die Pattisons, die Thompsons und die Brodesses sind zuerst Anglikaner gewesen, später wurden sie Methodisten; einige der weißen Keenes, Tubmans und Rosses (Sklaven werden nach ihren ersten Besitzern benannt) sind Katholiken.

Das Anwachsen spiritueller Erweckungsbewegungen seit der Mitte des 19. Jahrhunderts kann durchaus problematische Konsequenzen für Sklavenbesitzer haben, meint Larson.[182] Der Zugang der Sklaven zu religiösen Praktiken und Institutionen hängt von der Erlaubnis ihrer Herren ab, doch am Ostufer Marylands ist es grundsätzlich erlaubt. Während des 19. Jahrhunderts beginnen freie Schwarze ihre eigenen Kirchen methodistischer Tradition zu bauen, z. B. in Philadelphia und Baltimore.

Die Sklavenhalter begreifen durchaus den subversiven Hintersinn in den Predigten mancher schwarzer Geistlicher, darum sind viele Sklaven – wie Mintys Familie – gezwungen, die Kirchen zu besuchen, in die auch ihre Besitzer gehen. In Bucktown, sagt man, daß Harriet und ihre Familie – wie viele andere freie und versklavte Schwarze – noch zwei andere Gebetsstätten besucht hätten. Die eine ist die Bazzels methodistische bischöfliche Kirche an der Bucktown Road, nur eine halbe Meile südöstlich von den Brodess-Besitzungen entfernt. Die Kirche wurde im Jahre 1876 gebaut, doch in der Nähe dieser Stelle, im Wald, wurden bereits vorher Gottesdienste abgehalten.

Die Scott-Kapelle nördlich der Bucktown Road ist eine weitere Kirche der afro-amerikanischen Gemeinde und wahrscheinlich die am eifrigsten besuchte Gebetsstätte der Versklavten. Im Jahre 1812 als methodistische Kirche gegründet, erfuhr das Gebäude im Jahre 1891 tiefgreifende Veränderungen; das Grundstück war 1858 von John Scott gestiftet worden.

Tubmans spirituelle Kräfte werden vom Protestantismus gespeist, der das Leben vieler Versklavter beeinflußt. Religion ist ein tragendes und stützendes Element im Leben der schwarzen Gemeinden, die einzige Möglichkeit geistiger und spiritueller Freiheit, ein Schutzraum; noch zu Zeiten eines Martin Luther King, 130 Jahre später, ist das so. Die Gemeinde ist der einzige stabile Faktor im Leben der Versklavten; täglich sind sie und ihre Angehörigen bedroht. Die Bedeutung des Protestantismus und religiöser Erweckungsbewegungen ist fundamental für jede Untersuchung der vielschichtigen kulturellen und menschlichen Beziehungen freier und versklavter Gemeinden; und sie ist entscheidend für das Verständnis der Persönlichkeit Harriet Tubmans.

In dem menschenverachtenden System, dem sie unterworfen sind, finden Harriet und ihre Familie Möglichkeiten, die Grausamkeiten der Sklaverei seelisch zu bewältigen, indem sie Stunden geringerer Kontrolle über ihr Leben für eigene Freiräume nutzen. Die Erweckungsbewegung des protestantischen Methodismus ist eine Quelle der Kraft, die sich mit den kulturellen und religiösen Traditionen, die die Middle Passage überlebt haben, harmonisch verbindet. Die ersten Afrikaner, wie Harriets Großmutter Modesty, verkörpern eine lebendige Verbindung zum Land des Ursprungs. Tubmans spirituelle Kraft und religiöse Überzeugungen sind Teil dieser lebendigen Tradition: der Überzeugung, die Verbindung zu den Ahnen nicht verloren zu haben.

In mancher Hinsicht bedeutet der Protestantismus ein Paradox im Süden der Vorkriegsära: Einerseits sind viele Weiße an die spirituelle Führung des Protestantismus gebunden; zugleich aber glauben sie an die Notwendigkeit der Sklaverei und akzeptieren diese als kulturelle und wirtschaftliche Voraussetzung ihrer Lebensweise. Auf der anderen Seite bedeutet der Protestantismus eine seelische Stütze für Generationen versklavter Schwarzer – auch wenn weiße Prediger ihnen sagen, sie sollen ihrem Herrn gehorchen. Für die Versklavten enthalten die biblischen Texte eine Vieldeutigkeit, die es möglich macht, unterschiedliche spirituelle Bewegungen und Anregungen nutzbar zu machen. Die Spirituals z. B. reflektieren eine Überzeugung individueller Deutungsmöglichkeiten heiliger Texte, wie es sich in der Rezeption der Geschichte vom Auszug des Volkes Israel aus der Knechtschaft in Ägypten zeigt.

Schwarze Prediger weigern sich, weiße Deutungsmuster der Bibel kritiklos zu übernehmen; sie glauben, daß Gott im Gegenteil geplant hat, sie freizulassen, und zwar nicht in irgendeiner abstrakten Zukunft, sondern „in dieser Welt."[183]

Spirituals betonen die Geschichten von Gottes auserwähltem Volk, mit dem sich die Schwarzen identifizieren. Auch Tubman leuchtet diese Verbindung ein, auch wenn einige ihrer Biograph/INNen darüber verblüfft zu sein scheinen. Sarah Bradford z. B. schreibt: „Ich weiß kaum, wie ich mich dem Thema der spirituellen Erlebnisse meiner Heldin nähern soll. Sie scheinen sich der Sphäre des Übernatürlichen zu nähern (...). Hätte ich (...) nicht bemerkenswerte Beispiele ihres direkten Umgangs mit dem Himmel gesehen, würde ich es nicht riskieren, meine Aufrichtigkeit in Frage stellen zu lassen, indem ich diese Dinge öffentlich mache."[184]

Die wachsende Aufmerksamkeit gegenüber dem moralischen Aspekt der sog. „Sklavenfrage" in den Jahren zwischen 1830 bis 1850 fällt nicht zufällig mit einer Explosion religiöser Erneuerungsbewegungen zusammen, die die spirituelle Freiheit des Individuums betonen. Große schwarze Predigerinnen wie Jarena Lee (um 1783 geboren),[185] Maria Stewart (1803-1879),[186] Zilpha Elaw (um 1790 geboren)[187] und – als ungewöhnlichste und eigenwilligste von allen – Sojourner Truth[188] (ihr wird Tubman später persönlich begegnen) - gehen eigene Wege, abseits der etablierten methodistischen Kirchen der Weißen; und sie gehen auch und gerade als schwarze Frauen eigene Wege: Sie sehen sich als „Instrumente" oder „Werkzeuge" Gottes, wie Tubman, die überzeugt ist, Gott habe ihr die Worte in den Mund gelegt; „und wenn er mich nicht mehr braucht, bin ich bereit, zu gehen."[189]

Zilpha Elaw und Jarena Lee predigen bei Zeltmissionen am Ostufer und haben regen Zulauf, unter den wachsamen Augen der Weißen. Da die Worte aus dem Mund von schwarzen Frauen kommen, fühlt sich die weiße Elite offenbar nicht sonderlich bedroht. Dabei sind diese Frauen imstande, subversive Predigten über Erlösung und Befreiung zu halten, und gehen straffrei aus – im Gegensatz zu ihren Brüdern, die oft mit Drohungen und Gewalt zum Verstummen gebracht werden.[190] Die Predigten sind mächtige Werkzeuge eines widerständigen Geistes und bringen Harriet und ihre Familie durchaus dazu, sich innerlich von Thompsons Haltung „geduldig zu sein und dem Master zu gehorchen" zu distanzieren.

Maria Stewart, eine frühe schwarze Theoretikerin, wird Anfang

1830 zu einer bedeutenden Predigerin in der methodistischen Kirche, und wahrscheinlich ist sie die erste Frau, die vor einer Gemeinde aus Männern und Frauen spricht. Ihre Botschaften über weibliche Kraft und ihre spirituelle Autorität stimmen überein mit der Haltung vieler freier schwarzer Frauen des Nordens, die über die mangelnden Möglichkeiten der Einflußnahme auf das Leben ihrer Gemeinden enttäuscht sind. Stewart erklärt, daß „Gott manchmal Gebrauch macht von unseren schwachen Mitteln, um seine erhabensten Vorhaben in die Tat umzusetzen."[191] Auch Tubman ist überzeugt, daß Gott besondere Absichten mit ihr hat: Die Sklaven zu befreien und die Sklavenbesitzer zu verwirren mit ihrer unheimlichen Fähigkeit, aus der Gefangenschaft zu entkommen. Die Botschaften der Afrikanisch-Methodistischen Episkopalkirche bedeuten eine sehr persönliche Ideologie für Tubman und werfen ein Licht auf die Intensität ihres Glaubens und ihrer Überzeugung, daß Gott sie beschützen werde.

Frauen wie Stewart fordern heraus, sich über die Rolle der Frau in Gesellschaft und Kirche Gedanken zu machen ebenso wie über die Rechte der schwarzen Frau im öffentlichen Diskurs. Das Recht auf weibliche Selbstbestimmung wird zu einem wichtigen Thema und zu einer Herausforderung der Spiritualität der Schwarzen. Zilpha Elaw und Jarena Lee predigen zwischen 1820 und 1850 bei den Zeltmissionen entlang des Ostufers von Maryland und in Baltimore. Es ist denkbar, daß Tubman, ihre Familie und weitere Personen ihrer Gemeinde die Predigten der beiden Frauen gehört haben, und vielleicht hat Tubman hier zum ersten Mal von den Möglichkeiten eines „spirituellen Geburtsrechts" erfahren.

Elaw und Lee riskieren beide, eingesperrt, in die Sklaverei verkauft und sogar zum Tode verurteilt zu werden. Elaw, eine freie Schwarze aus Philadelphia, ist im Jahre 1819 davon überzeugt, daß sie predigen müsse. Sie erklärt, daß die ersten Zeugen der Auferstehung Christi Frauen waren. Im Jahre 1828 verläßt Elaw Philadelphia, um in Maryland, Delaware und Virginia zu predigen. Obwohl sie es riskiert, versklavt zu werden, wird sie nie bedroht. Die Sklavenhalter, schreibt sie, „hielten es für äußerst ungewöhnlich, daß eine Person (und eine weibliche), die zum selben Familienstammbaum wie ihre armen Erniedrigten gehört, den ungebildeten, schwarzen Sklaven, in ihr Gebiet kommt und den aufgeklärten Eigentümern die Kenntnis von Gott predigt."[192] Elaw zweifelt nicht daran, daß „Gott die Schwachen der Welt ausgewählt hat, um die Mächtigen zu beschämen."

Zwischen 1820 und 1840 predigt Jarena Lee in Zeltmissionen in Cape May, New Jersey, im Süden Marylands, Philadelphia und Baltimore und besonders oft am Ostufer Marylands. Im Jahre 1824 predigt sie in Concord und Easton, dann in Denton, Maryland, weniger als dreißig Meilen von Bucktown entfernt. Es folgt der Süden: Salisbury und Snow Hill; sie predigt zu „Sklaven und Sklavenhaltern" in den Kirchen der Schwarzen; die Menschen legen mehrere Meilen zurück, um sie predigen zu hören. Lee weiß, daß manche Sklaven dreißig bis vierzig Meilen zurücklegen, um sie hören zu können; danach müssen sie diese Strecke wieder zurücklegen. Wiederholt schreibt Lee über die Kraft und den Trost, den ihr die heiligen Texte vermitteln: „Es ist so viel Leben und Freiheit im Wort."[193] Es ist auch eine Freiheit, die der/die Farbige im realen täglichen Leben oft nicht hat.

Auch Lee bekommt es mit der Obrigkeit zu tun: In Greenesboro, Caroline County, will man sie ins Gefängnis stecken. Da man annimmt, daß sie keine Papiere über ihren Status als freie Farbige besitzt (nur so kann mensch auch in Gebieten mit Sklavenhaltung reisen), wartet man eifrig darauf, daß sie etwas sagt oder tut, wodurch sie sich in Schwierigkeiten bringen könnte. Der örtliche Friedensrichter jedoch beschützt sie und erlaubt ihr, weiterhin zu predigen. Sie bittet Gott um die Abschaffung der Sklaverei, denn alle Menschen sind „Kinder eines Vaters, keiner ist berechtigt, Sklaven zu halten."[194]

Die Zeltmissionen in Talbot, Dorchester und Caroline Counties am Ostufer werden sowohl von Weißen als auch Schwarzen besucht. In Ennals Springs, drei Meilen von East New Market und zehn Meilen nordöstlich von Bucktown, ist eine bekannte Zeltmission, idyllisch gelegen, mit frischen Quellen und von schattigen Bäumen umgeben. Die Zeitungen künden die jeweils nächsten Zeltmissionen an, manche werden von den örtlichen methodistischen Plantagenbesitzern gesponsert. Eine dieser Zeltmissionen in der Nähe der Brodess-Plantage können Harriet und ihre Familie besucht haben. William Cornish, ein Sklave, der später nach Kanada fliehen kann, bekommt von seinem Besitzer die Erlaubnis, nach Baltimore zu reisen und dort „ein oder zwei Wochen eine Zeltmission zu besuchen."[195] Jacob Johnson erhält von seinem Master die Erlaubnis, mit einem Kanu den Chesapeake zu befahren, um eine Zeltmission bei Taylors Island in Dorchester County zu besuchen. Johnson kehrt allerdings nicht zurück. Viele Weiße sind besorgt, daß ihre Sklaven dies auch tun werden und fordern daher von den Behörden, daß die Missionen am Sonntag geschlossen werden.

Die Beziehungen zwischen Weißen und Schwarzen verschärfen sich – wie nicht anders zu erwarten – weiter nach der Turner-Rebellion. Für die Bewohner von Dorchester County ändert sich indes wenig, denn bereits im Februar 1831 hatte eine junge Schwarze namens Henny ihre Herrin umgebracht. Nachdem sie sich geweigert hatte, Wurst zum Frühstück zu bringen, so die Zeitungen, hatte Henny einen „leichten Schlag" vom Master erhalten. Nachdem der Master das Haus verlassen hatte, goß Henny Lauge in das Gesicht ihrer Herrin, erschlug sie mit einer Axt und versteckte den Körper in der Toilette. Im Juni des folgenden Jahres wurde Henny in Cambridge gehängt.

Offenbar findet bei einigen Weißen ein Umdenken statt, jedenfalls werden etliche Versklavte freigelassen. Andere Sklavenhalter befreien sich von ihren Ängsten, indem sie ihre Sklaven in den Süden verkaufen.

In dieser ohnehin angespannten Situation folgen bald weitere Restriktionen: Es ergehen Verbote, sich zu religiösen oder sonstigen Versammlungen zu treffen, die nicht von einem weißen Geistlichen geleitet werden. Allerdings finden freie und versklavte Schwarze Mittel und Wege, dieses Verbot zu ignorieren. Die wenigen schwarzen Geistlichen, die die Erlaubnis zu predigen haben, wie Samuel Green (möglicherweise ein Verwandter von Harriets Mutter), William und Joseph Cornish und andere finden Wege, sich Nachrichten über Selbstbefreiungen mitzuteilen, ohne daß die Weißen sie verstehen. Bill Cornish, ein von der Ostküste Entflohener, wird ein geschätzter Geistlicher. Seine Lebensgeschichte ist zweifellos eine der dramatischsten in einem Land mit zahlreichen dramatischen Biographien schwarzer Freiheitskämpfer/INNEN. Cornish hatte sein Versteck in Calais, Maine, verlassen und war an die Ostküste zurückgekehrt. Seine einzige Chance, nicht in den Süden verkauft zu werden, bestand nun darin, den Reuigen zu spielen. Bei einer passenden Gelegenheit und besser informiert, gelang ihm die Flucht in den sicheren Norden.[196]

Die Weißen vom Ostufer waren von schwarzen Geistlichen nie allzu begeistert gewesen. Sie fürchten, daß diese Prediger zu einer Rebellion anstacheln könnten. Im Juli 1830 berichten örtliche Zeitungen von einer „Revolte", von zwei schwarzen Geistlichen provoziert, obwohl in Wirklichkeit nichts geschah.[197] Der *Cambridge Chronicle* vermutet „Geheimagenten unter dem Deckmantel der Religion; und als Prediger verbreiten sie zwischen uns die Saat der Aufwiegelung und stacheln die Schwarzen zur Rebellion an, doch diese irregeführten, infamen Wichte haben wenige Schüler und machen noch weniger Proselyten."[198] Einige Schwarze werden inhaftiert, dann wird die Sache vergessen. Ein Geistlicher aus Baltimore gerät in den Verdacht, in Cambridge „verschiedene Mädchen und Frauen" ermordet zu haben. Obwohl sein Aussehen mit der Täterbeschreibung nicht übereinstimmt, wird er verhaftet. In Wahrheit war „der Stein des Anstoßes" sein Predigeramt.

Während schwarze männliche Prediger oft an der Ausübung ihres Berufs gehindert werden, indem man sie z. B. ungerechtfertigten Verdächtigungen aussetzt oder willkürlich inhaftiert, finden schwarze weibliche Prediger sogar weiße Zuhörer; die Behörden finden sie offenbar nicht „verdächtig." Die Predigten von Jarena Lee, Zilpha Elaw und Maria Stewart zeigen uns, wie Harriet Tubman Christentum erfuhr, und werfen ein Licht auf ihre seelische und moralische Kraft. Tubman, meint Larson, muß nicht unbedingt die Predigten dieser Frauen gehört haben, um hinsichtlich ihrer religiösen Gedanken mit ihnen übereinzustimmen. Entscheidend ist, was diese Predigerinnen für das intellektuelle und spirituelle Selbstverständnis von Frauen bedeuten können. Wir wissen nicht genau, wie und von wem Tubman religiös inspiriert wurde und wie sie zur Kenntnis der Heiligen Schriften gelangte. Aber wir können annehmen, daß sie in ihrer Jugend eine Art Erweckungserlebnis hatte, vielleicht durch weiße Methodisten, vielleicht durch die Zeltmissionen, vielleicht in den Wäldern, in Scotts Kapelle in Bucktown, oder in den Sklavenhütten. Religiöser Selbstausdruck ist für Tubman auf jeden Fall ein persönliches Erlebnis, das sich nur schwer vermitteln läßt. Als sie einmal zusammen mit der Familie ihres Masters eingeladen wird, zieht sie es vor, auf der Stufe des Hauses stehenzubleiben und für sich zu predigen. Sie erfährt, daß Predigen sie stark macht, für sich zu kämpfen. Ihre Bittgebete werden sogar zu einer „eigenen privaten Rebellion."[199] Später wird sie zu der Überzeugung gelangen, daß ihre wiederholten Versuche, Versklavte zu befreien, ein Kreuzzug ist und daß ihr Gott derselbe Gott ist wie der von Elaw, Lee und Stewart.

Der Einfluß dieser Verbindung zwischen afrikanischer Kultur und Spiritualität und weißem Protestantismus, vor allem seiner weiblichen Stimmen, ist bei den Nacherzählungen von Tubmans Leben oft übersehen worden. Harriets Mut und ihre völlige Gleichgültigkeit gegenüber den möglichen Folgen ihres Tuns verliehen ihr den Ruf eines Moses. William Still charakterisiert sie als „völlig furchtlos" und ordnet sie ein in eine lange Tradition von Widerstand, eine Tradition, die zumindest einen Teil ihrer Sicht auf die Welt erklären kann.[200]

Jenseits ihrer religiösen Schulung ist das tägliche Überleben die größte Herausforderung für Harriet. Ihr Glaube und die Unterstützung durch Familie und Freunde helfen ihr in den dunkelsten Stunden. Geschwächt durch die schwere Kopfverletzung (sie lag mehrere Wochen hindurch in einer Art Koma. Sie berichtet: „Ich lag krank auf meinem Bett, von Weihnachten bis März"[201]) und jahrelange Mißhandlung und Vernachlässigung, zudem oft durch starke Kopfschmerzen beeinträchtigt, nimmt ihre Arbeitsleistung oft rapide ab. In den Augen von Brodess verliert sie dadurch an Wert; er versucht mehrfach – allerdings vergeblich – sie zu verkaufen. Dr. Anthony C. Thompson hält 1853 in seinen Unterlagen fest, daß Minty nicht viel wert gewesen sei, weil sie „ständig kränklich" war. Trotzdem, so erzählt Tubman später einem Interviewer, hatte sie ständig Angst, verkauft zu werden. Das Erstaunliche ist jedoch, daß es ihr offenbar später nicht nur gelingt, ihre Kräfte wiederzuerlangen und eine erfolgreiche Arbeiterin zu werden, sondern sogar, sich selbst zu vermieten und einen Teil ihres Lohns Brodess zu geben und so die Voraussetzung zu schaffen, um sich selbst zu befreien.

Ein Rechtsstreit

Harriet brauchte Monate, um sich von ihrer Verletzung zu erholen. Sie erhielt Pflege durch ihre Mutter und möglicherweise auch von Dr. Anthony C. Thompson. Langsam schloß sich die schwere Wunde. Tubmans Arbeitsfähigkeit schwankt anfangs; es wechseln periodisch Kopfschmerzen mit Absenzen, so daß termingebundene Aufgaben nicht bewältigt werden können, was ihr den Ruf einer unzuverlässigen Sklavin einträgt. Darum findet sich auch kein Käufer für sie.

Irgendwann zwischen 1835 und 1836 ist sie zumindest wieder soweit wiederhergestellt, daß Brodess sie an einen gewissen John T. Stewart vermietet, bei dem sie fünf oder sechs Jahre bleibt. Bei „John T. Stewart" handelt es sich möglicherweise um John Trevalian Stewart, den Sohn von Joseph Stewart, einem bekannten Schiffbauer, Geschäftsmann und Sklavenbesitzer in der Umgebung von Tobacco Stick in Dorchester County. Joseph ist der Bruder von Lewin Stuart, der Vorsorge für die Freilassung all seiner Sklaven einschließlich der Bowley-Familie getroffen hatte, bevor er im Jahre 1820 nach Georgetown gezogen war. Als er sechs Jahre darauf starb, übernahm Joseph die Kontrolle über die meisten von Lewins Sklaven, und gewährte ihre Freilassung, die Lewin ab dem Jahre 1810 angeordnet hatte: Er wollte, daß die Menschen nach und nach frei wurden.

Wahrscheinlich hat Tubman auf der Stewart-Plantage unterschiedliche Arbeiten verrichtet. Die Plantage von Stewart Sen. erstreckt sich in einem 225 Morgen großen Gebiet nördlich der Tobacco Stick Bay, westlich von Church Creek und Cambridge. Sie umfaßt große Äcker für Weizen und anderes Getreide, eine Werft, ein Geschäft, eine Windmühle, ein sog. „Arbeitshaus" (worin „renitente" Sklaven eingesperrt werden), zwei Schmieden und etliche weitere Gebäude rund um das „große Haus." Stewarts zahlreiche und weitreichende Unternehmen einschließlich der Holzverarbeitung erfordern eine große Anzahl von Arbeitskräften einschließlich Sklaven und freie Schwarze mit den unterschiedlichsten Fähigkeiten und beruflichen Qualifikationen; für Stewart arbeiten hochspezialisierte Kenner der Holzverarbeitung und Schiffszimmermänner, außerdem Segelmacher, Säger und Waldinspektoren, Stauer und Fahrer ebenso wie Farmarbeiter. John T. Stewart leitet wahrscheinlich das Geschäft und beaufsichtigt um 1830 bis 1840 die Arbeiten im Wald, zuerst für seinen Vater, nach dessen Tod für den eigenen Besitz. Tubman arbeitet in diesem riesigen Anwesen zuerst als Haussklavin. Sie erzählt später einem Freund, daß sie die Betten der Herrschaften gerichtet habe – um sich danach mit Aplomb ins Bett zu werfen. Vielleicht hat sie auch in Stewarts Geschäft gearbeitet, sie muß Waren zu den Werften bringen oder Getreide zur Windmühle. Sie trägt große Säcke mit verschiedenen Waren zum Markt und rudert schwerbeladene Boote durch die Kanäle; sie arbeitet „wie ein Ochse."[202] Sie ist der Stolz des Masters, der seinen Freunden von ihrer Kraft und ihren Leistungen berichtet.

Arbeit auf den Feldern und im Wald ist Tubman weitaus lieber als Hausarbeit: Sie hält sich gern im Freien auf und vor allem: sie ist draußen nicht unter der ständigen Kontrolle einer Mistress. Sie hat die Mißhandlungen in ihrer frühen Kindheit keineswegs vergessen. Auch andere Sklavinnen sehen Hausarbeit keineswegs in einem rosigen Licht: Der prüfende Blick der Hausfrau, ihre ständige Nähe, der Mangel an Rückzugsmöglichkeiten, aber auch sexuelle Belästigungen oder Schlimmeres durch den Hausherrn lassen die eine oder andere Haussklavin neiderfüllt auf die Feldarbeiter/INNEN schauen. In kleineren Plantagen oder Farmen verrichten die Sklavinnen beides: Haus- und Feldarbeit. Die Besitzer der größeren Plantagen (vor allem in der Baumwollproduktion), denen es um wirtschaftlichen Erfolg geht, lassen ihre Sklaven, Männer wie Frauen, auf den Feldern arbeiten.

Im Haushalt von Eliza und Edward Brodess ist die Art der Arbeit weniger klar definiert. Harriets Mutter hat oft für Eliza gearbeitet, aber die Tatsache, daß Rit und ihre Tochter Linah um 1833 vermietet wurden, legt die Frage nahe, wer Eliza bei der Hausarbeit unterstützte. Rit arbeitete möglicherweise als Köchin und Hausdienerin, aber zeitweilig auch im Feld, sei es für Brodess oder für andere Weiße. Mit vier kleinen Kindern im Haus benötigte Eliza die Hilfe einer geschickten Dienerin. Harriets 21jährige Schwester Soph hat möglicherweise diese Arbeit verrichtet, denn für die Feldarbeit hat Edward genügend männliche Sklaven. Andererseits kann er zusätzlichen Gewinn machen, indem er Sklaven vermietet, und durch die Vermietung von Männern verdient er das Doppelte.

Die Arbeit für Stewart ermöglicht es Harriet, mit ihrem Vater zusammen zu sein, der südlich von Woolford und Tobacco Stick, in der Nähe des Big Blackwater River, arbeitet. Sie betont später, daß sie körperliche Arbeit bevorzugt habe und erzählt, daß der Wert einer Sklavin fünfzig oder sechzig Dollar betragen habe – die Hälfte dessen, was ein Mann wert war. Sie aber brachte mit ihrer Arbeit ihrem Master soviel Geld ein wie ein Mann.

Im Jahre 1840 kommt Ben Ross frei und kann nun für Lohn arbeiten.[203] Wahrscheinlich hat er noch eine Zeitlang für die Thompsons gearbeitet, aber dann vermietet er sich an die Stewarts. In Dorchester County werden immer noch Wälder gerodet, und das Holz gelangt über den Stewart-Kanal nach Tobacco Stick. Joseph Stewart besitzt große Gebiete in dieser Region, die er um 1837 aus dem Thompson-Erbe aufgekauft hatte. Die Arbeit in den Wäldern erfordert eine ständige Verfügbarkeit von Arbeitskräften – was für die Versklavten eine größere ökonomische und soziale Stabilität bedeutet.

Ben als Waldarbeiter zu mieten war eine einleuchtende Entscheidung: Er gilt als eine äußerst erfahrene Arbeitskraft, er kennt die umliegenden Wälder wie seine Westentasche. Joseph Stewarts Werften und der Verkauf von Holz erfordern einen erfahrenen Holzfäller und Waldarbeiter. Ben Ross verdient durch seine qualifizierte Arbeit bis zu fünf Dollar täglich.

In der Zeit vor dem Bürgerkrieg expandieren Cambridge und Dorchester County wirtschaftlich, weil sie sich den Marktbedingungen der Fischerei, der Holzverwertung und Landwirtschaft anpassen können. Viele der reichsten weißen Städter besitzen Land in verschiedenen Counties und reisen zwischen ihren Ländereien umher. Diese Situation ermöglicht es den Versklavten, miteinander in Verbindung zu treten, denn sie werden an verschiedene Orte verbracht, je nach Jahreszeit und Arbeitsanforderung. Eine weitere Möglichkeit der Gründung geheimer Netzwerke ist der Wasserweg. Aufgrund des zunehmenden Schiffsverkehrs werden auch hier geschulte Kräfte benötigt, vom Fährmann bis hin zu Navigatoren, vom Bootsmann bis zu Matrosen für die zahlreichen Schooner, die an der Chesapeake Bay kreuzen, von Stauern und Dockarbeitern bis hin zu Schiffszimmermännern. All diese Arbeitskräfte, die zu Handel und Geschäften ihrer Besitzer oder Arbeitgeber beitragen, unterhalten auch untereinander und zu ihren Angehörigen eine enge Verbindung, um leichter Nachrichten übermitteln zu können. Selbst in weiter entfernten Gegenden von Dorchester County erfordern die neuen wirtschaftlichen Verbindungen ein ständiges Zirkulieren von Schiffen und Booten, und Seeleute verschiedener ethnischer Zugehörigkeit nutzen das neu entstandene Netzwerk, um ihre Waren in nahe und ferne Märkte zu liefern.

Die Städte und Siedlungen in dieser Umgebung haben in irgendeiner Weise alle mit Schiffbau und Seeverkehr zu tun, von hier werden die Märkte mit Nutzholz, Dachschindeln, Planken, Brettern und anderen Gegenständen aus Holz beliefert. In der Umgebung vom Little Choptank River und Big Blackwater River gibt es immer noch große dichte Wälder. Im Laufe des 18. Jahrhunderts gelangt das Holz dieser Wälder bis zum Nanticoke. Einer der erfolgreichsten Unternehmer war Joseph Stewart. Der später nach ihm benannte Kanal verbindet die Flüsse Big Blackwater mit Parsons Creek im Nordwesten und die Tobacco Stick Bay im Nordosten und erleichtert so den Holztransport von der Blackwater-Region zu den Häfen und dortigen Händlern beträchtlich. Das Holz kann nun auf dem Wasserweg bis zu den Schiffbauern transportiert werden oder zu den Händlern, die mit Nutzholz für die Herstellung verschiedener Gegenstände zu tun haben. Auf diese Weise gelangt das Holz bis nach Baltimore, Annapolis, Norfolk und sogar Neu England, wo die Schiffbauer und andere holzverarbeitende Industrie das starke und widerstandsfähige Holz der Weißeiche oft für den Kiel der Schiffe benötigen. Stewart benötigt und lernt zahlreiche Sklaven und freie Schwarze, aber auch weiße Mitarbeiter auf seiner eigenen Schiffswerft an. Ochsengespanne und starke Männer ziehen die gewaltigen Baumstämme zu den eigens vorbereiteten Straßen. Diese Arbeit erfordert ein Höchstmaß an Kraft, aber auch große Vorsicht: Im Winter sind die Wege eisig und rutschig, im Sommer matschig. Aber der Kanal bedeutet eine Erleichterung beim Holzabbau und –transport, was wiederum den Schiffbau und den Handel von Nutzholz fördert. Auch die Farmer haben durch den Kanal Vorteile, weil sie jetzt ihre landwirtschaftlichen Produkte leichter und gefahrloser transportieren können.

Zweifellos hat der Bau des Stewart-Kanals eine enorme Zahl an Arbeitskräften benötigt. Viele schwarze Zwangsarbeiter, die von Gebieten wie Slaughter Creek, Parsons Creek, Tobacco Stick und Church Creek geholt wurden, gruben ihn. Es muß mit den damaligen technischen Mitteln eine ungeheuer schwere Arbeit gewesen sein: Die Arbeiter standen den ganzen Tag im Wasser, während sie gruben und Hunderte Morgen Wälder entfernten und Sümpfe und Marschland trockenlegten. Es gab zahlreiche Krankheitsfälle und die Todesrate war hoch. Im Gegensatz zu den freien, oft zugewanderten Arbeitern, die die nördlichen Kanäle bauten, besteht die Mehrheit der Arbeiter an den südlichen Kanalteilen aus Sklaven. Freie weiße und schwarze Arbeiter werden wohl kaum geneigt sein, eine Beschäftigung auszuüben, die mit dem Risiko schwerer Verwundungen und tödlicher Erkrankungen verbunden ist. Auch einige Sklavenbesitzer sind nicht geneigt, ihre Sklaven für eine Arbeit herzugeben, die ihren Verlust oder ihre dauernde Arbeitsunfähigkeit zur Folge haben könnte.

Eine Gruppe von Investoren ist begierig, Teile des Great Dismal Swamp in North Carolina trockenzulegen: Zu diesem Zweck lassen sie für Kanalarbeiten eine ganze Schiffsladung von Sklaven direkt von der afrikanischen Küste holen. In diesem isolierten und entlegenen Gebiet, das für eine Ansiedlung völlig ungeeignet ist, ist auch menschliche Arbeit nicht möglich. Geleitet von der Überlegung, daß unerfahrene Sklaven, eben gerade aus Afrika importiert, die beste Investition für die Zukunft darstellen würde, bemerken die Investoren der Lake Company, daß die Sklaven „unerläßlich" seien für „dieses ungesunde und anstrengende Land; für diese Kanäle sind alle wichtig, um unsere Moore und Sümpfe in wertvollen Boden umzuwandeln."[204] Zahlreiche Sklaven sterben durch Krankheiten, an Verletzungen oder durch Mißhandlungen; man zwingt sie, vom Morgengrauen bis zum Anbruch der Dunkelheit zu arbeiten. Einige begehen Selbstmord, um der grausamen Behandlung zu entgehen.

Der Stewart-Kanal ist eher bescheiden, wenn man sich die Dimensionen des Great Dismal Swamp vergegenwärtigt. Er ist sechs oder sieben Meilen lang und sein Bau dauerte rund 20 Jahre. Weil der Kanal neue Gebiete des Parsons-Creek-Gebiets erschloß, investierten die dortigen Bewohner in seine Entwicklung. Außer den Versklavten gab es auch etliche freie Schwarze aus dem Dorchester County, die bereit waren, das Risiko dieser schweren und gefährlichen Arbeit auf sich zu nehmen; für andere gab es beruflich keine Alternative.

Die weiten Marschgebiete des Dorchester County sind Brutstätten unzähliger Moskitos und anderer gefährlicher Insekten. Sklaven, die nicht schwimmen können, sind rettungslos verloren, wenn sie ausrutschen und ins Wasser fallen, noch mehr aber im Winter, wenn das eisige Wasser selbst einen geübten Schwimmer rasch schwächt. Hinzu kommt, daß die ungenügend gekleideten Zwangsarbeiter leicht einer Lungenentzündung zum Opfer fallen. Die extreme Sommerhitze schwächt die Arbeiter zusätzlich.

Trotzdem bleiben die freien Schwarzen auch in diesem Gebiet, nachdem der Kanal fertiggestellt ist. Sie finden jetzt im Wald oder in Farmgebieten neue Arbeit und haben die Möglichkeit, in der Nähe ihrer versklavten Angehörigen und Freunde zu bleiben und gründen eigene Gemeinden in der Nähe des Kanals. Auch etliche von Stewarts ehemaligen Sklaven siedeln hier. Viele Sklaven Stewarts heiraten freie Schwarze, die in den Gebieten um Peters Neck, Tobacco Stick, Church Creek oder Woolford arbeiten. Die Bowley-Brüder etwa, die von Levin Stewart freigelassen worden waren, werden als Schiffszimmermänner und Schmiede ausgebildet (John Bowley heiratete möglicherweise Harriet Tubmans Nichte Kessiah Jolley). Während diese jungen Männer in einer wachsenden und erfolgreichen maritimen Gemeinde arbeiteten, leben etliche ihrer Angehörigen auf Plantagen in der Nähe oder in den Wäldern im Inneren des County, und sie versuchen miteinander in Verbindung zu bleiben. Das dicht gewobene Kommunikationsnetz funktioniert durchaus – vor der Erfindung von email, sms und Internet.

Ungefähr seit 1836 arbeitet auch Harriet in der Nähe dieser Gemeinde, obwohl sie bereits seit einiger Zeit auf der Stewart-Plantage in Tobacco Stick gearbeitet hatte. Möglicherweise lebt sie auch wieder in der Nähe ihrer Eltern in Peters Neck. In dieser großen und blühenden Gemeinde lernt Minty Ross auch John Tubman kennen, einen freien Mulatten, Sohn freier Eltern, den sie im Jahre 1844 heiratet; seitdem trägt sie den Namen Harriet, möglicherweise, um ihre Mutter zu ehren, oder im Zusammenhang mit einem spirituellen Erlebnis, das sie durch einen neuen Namen für sich kenntlich machen wollte.[205]

Zweifellos liebte John Harriet tief, denn er verliert durch diese Eheschließung manche der Rechte, die ein freies Paar hat. Aufgrund der Gesetze Marylands und anderer sklavenhaltender Staaten sind die Kinder dieser Ehe automatisch Sklaven, weil die Mutter unfrei ist. Ihr Besitzer wäre Edward Brodess. John Tubman hingegen hätte keinerlei Rechte an seinen Kindern, er könnte nicht einmal mit Harriet zusammenleben, wenn Brodess seine Zustimmung dazu verweigert. Vielleicht hoffte das junge Paar, es wäre möglich, Harriet von Brodess freizukaufen.

In den Biographien Harriets kommt John Tubman ziemlich schlecht weg. Über seine Familie ist bis heute nur wenig bekannt. Als Harriet irgendwann Ende 1849 flieht, wendet sich John einer anderen Frau zu. Es wird sogar berichtet, daß er Harriet an der Flucht zu hindern versucht habe, indem er ihr drohte, er würde sie verraten. Der am meisten geliebte Mensch wurde so zu Harriets größtem Feind.[206] 1851 heiratet John erneut, und diese Untreue wird von den Biograph/INNen als Zeichen seiner Charakterschwäche angesehen. Offenbar war er mit den Bedingungen seines Lebens zufrieden; das Freiheitsbedürfnis seiner Frau konnte er weder teilen noch verstehen. Seine Gefühle für Harriet mögen zwar stark gewesen sein, aber offenbar nicht sehr dauerhaft.

John Tubman arbeitet im Gebiet um Peters Neck, in der Nähe von Harriets Vater. Als freier Mann hat John größere Bewegungsfreiheit als Harriet. Er arbeitet auf verschiedenen Farmen oder für andere Arbeitgeber. Um 1830 hatte das Ostufer sehr unter einer Bankkrise aufgrund eines wirtschaftlichen Niedergangs gelitten. Als sich die wirtschaftliche Situation langsam wieder erholte, wurden wieder mehr Arbeitskräfte gesucht, was freien Schwarzen wie John Tubman die Suche nach Jobs erleichterte. Das Vermieten freier und versklavter Schwarzer ist ein wichtiger Wirtschaftsfaktor am Ostufer Marylands. Die Möglichkeit, rasch an Arbeitskräfte zu gelangen, erleichtert es den Farmern, Fabrikanten, Waldbesitzern und anderen Unternehmern, immer dann Arbeitskräfte einzustellen, wenn sie gerade benötigt werden, ohne eigens in Zwangsarbeit investieren zu müssen.

Nach 1840 vermietet sich Harriet regelmäßig an Arbeitgeber ihrer Wahl und gibt Brodess für dieses Privileg einen Teil ihres Lohns.[207] Aufgrund der Tatsache, daß Harriet gelegentlich wegen der Folgen ihrer schweren Kopfverletzung ausfällt, mag dieses Arrangement Brodess verlockend erscheinen, vor allem, seit Dr. Anthony C. Thompson, eine wichtige Instanz im Leben von Ben Ross und seiner Familie, für Harriet einsteht und eine jährliche Zahlung von 50 bis 60 Dollar garantiert. Harriet wiederum gibt ihr Geld an Thompson und behält zusätzliches Einkommen für sich. Sie verdient soviel Geld, daß sie sich ein Paar junger Ochsen im Wert von 40 Dollar leisten kann.[208] Mit diesem Ochsengespann hat Harriet noch bessere Arbeitsmöglichkeiten. Sie pflügt, fällt Bäume im Wald und steigert so ihre Verdienstmöglichkeiten weiter. Die Möglichkeit eines Freikaufs von Harriet scheint in sichtbare Nähe gerückt.

Und doch muß sie hilflos das Schicksal ihrer Schwestern Linah, Mariah Ritty und Soph mit ansehen: Brodess ist kein sonderlich erfolgreicher Farmer, sein Besitz in Bucktown wirft nicht genug Gewinn ab. Wegen seiner wachsenden Familie benötigt er ein regelmäßiges Einkommen, - seine Farm ist jedoch zu klein dafür. Er würde also – das ist ihm bald klar – immer nur ein kleiner Farmer sein, der sich nach zusätzlichen Einkommensquellen umsehen muß.

Statt dessen macht er etwas anderes: Er verwandelt seine Sklaven in Geld. Irgendwann zwischen 1830 und 1840 verkauft er Linah und Soph. Beiden Frauen war die Freiheit versprochen worden, wenn sie das Alter von 45 Jahren erreicht hätten, doch Brodess interessiert das nicht: Er verkauft sie illegal, und zwar an Händler in einem anderen Staat. Soph wurde möglicherweise zusammen mit einem Kind verkauft, obwohl die erhalten geblieben Dokumente darüber nicht völlige Klarheit geben. Linah wurde von ihren beiden Kindern Kessiah und Harriet getrennt. Harriet Tubmans Bruder erinnert sich Jahre später, als er aufgrund von Schulden, die Brodess gemacht hatte, im Gefängnis sitzt, daß seine Schwester (sehr wahrscheinlich Linah), von „ihren Kindern fortgenommen wurde, in Handschellen, und ins Gefängnis gesteckt wurde, wo ich war. Dort wurden ihre Eisen gelöst; sie war völlig verzweifelt und weinte die ganze Zeit. 'Oh, meine Kinder! Meine armen Kinder!', bis ich erfuhr, daß sie sich vor Schmerz umbringen wollte."[209]

Durch den illegalen Verkauf Linahs in „lebenslange Sklaverei" bekommt Brodess 400 Dollar, wie kürzlich aufgefundene Dokumente belegen.

Die „unfähige" Harriet arbeitet als einzige Frau mit einer Gruppe Waldarbeitern zusammen und erlangt so umfangreiche Kenntnisse und technische Fertigkeiten. Sie erfährt auch von dem geheimen „Kommunikationsnetzwerk", das die schwarzen Fährleute und andere freie und versklavte Schwarze miteinander verbindet. Wie ihr Vater treibt Harriet Ochsengespanne, fällt Bäume und transportiert die Stämme und „arbeitet wie ein Mann." Sie arbeitet für Landbesitzer wie Joseph und John Stewart, John D. Parker und andere. Harriet wird Teil einer exklusiv männlichen Arbeitswelt. Hier im Wald – jenseits der wachsamen Blicke der Herrin – haben die Sklaven die Möglichkeit, mit den freien schwarzen Fährleuten in Verbindung zu treten, die am Big Blackwater, am Parsons Creek, an Tobacco Stick, in Woolford und Church Creek arbeiten. Sie sprechen mit den schwarzen Seeleuten, die mit ihren Schiffen das Holz bis zu den Werften von Baltimore transportieren. Die freien Schwarzen, die sich in unmittelbarer Nähe ihrer versklavten Angehörigen abrackern, können sich völlig frei bewegen und von einer Gemeinde zu anderen gehen und fungieren so als eine Art Bindeglied zwischen den unterschiedlichen Gruppen. Sie verkörpern eine andere Welt, eine freie Welt, jenseits der Plantagen, jenseits der Wälder, sie erreichen Städte jenseits des Chesapeake – Orte wie Delaware, Pennsylvania und New Jersey. Sie kennen die sicheren Plätze, sie kennen solidarische Weiße – und sie kennen die Gefahr. Sie schaffen insgeheim eine schwarze Parallelwelt zu der Welt der weißen Herren.

Während sie für John Stewart in Tobacco Stick arbeitet, besichtigt Harriet die Werften, sei es, daß sie für Schiffe benötigte Waren für Stewarts Geschäft holt oder Waren für den Transport zu entfernten Märkten vorbereitet. Harriets einzigartige Fähigkeit, das geheime Netzwerk effektiv für ihre Zwecke zu nutzen, in Verbindung mit ihrer Begabung der Irreführung und Verstellung, unterscheidet sie von anderen Frauen und Männern in ihrer Gemeinde, in der geheime Verbindungen eine bedeutende Rolle spielen. In einer Welt, in der sie von mißtrauischen Weißen umgeben ist, könnte ein Brief sie sofort verraten; das Netzwerk funktioniert ausschließlich nichtschriftlich. Wie die von geheimen Bedeutungen unterlegten Spirituals würde Harriet später bei der Befreiung von Versklavten eine Art Geheimsprache benutzen; ein Blick, eine Bewegung, ein Zeichen der Hand, unbemerkt oder unverstanden von dem weißen Master, sind eine deutlichere Sprache als jeder Ruf, vor allem wenn es darum geht, die Flüchtlinge effektiv und ohne verräterischen Lärm vor drohender Gefahr zu warnen.

Ben Ross kennt wahrscheinlich gleichfalls etliche Fährleute und Matrosen, die in der Umgebung arbeiten. Diese Männer haben Verbindungen, die vom Big Blackwater bis zum Choptank und weiter bis nach Baltimore, Washington, Norfolk und sogar bis nach New York, Massachusetts und Maine reichen. Anthony Thompson und später John Stuart erlauben Ben, das Holz nach Baltimore zu bringen, um eine gute Verbindung zu den Marktplätzen und Werften sicherzustellen. In mancher Hinsicht ist Ben in genau der richtigen Position - auch als Sklave - um am lokalen Netzwerk der Schwarzen mitzuarbeiten. Einmal frei, könnte sich Ben sicherer bewegen, weil er seinen Besitzer nicht mehr erst um Erlaubnis bitten muß.

Schwarze Seeleute bilden den Mittelpunkt eines großen Kommunikationsnetzes und geben Neuigkeiten an die schwarzen Gemeinden am gesamten Atlantikufer. So übermitteln sie Nachrichten über Angelegenheiten, die die Schwarzen unmittelbar betreffen, etwa die Revolution in Haiti, Informationen über die Abolitionisten und die Arbeit der Kolonisten und andere politische Neuigkeiten, auch übermitteln sie Nachrichten an voneinander getrennte Familienmitglieder. Wahrscheinlich geben sie auch Informationen über Freiheit im Norden weiter und den sichersten Weg dorthin.

Freilich hat das System auch Schwachstellen: Seine Wirksamkeit hängt davon ab, welche Bewegungsfreiheit z. B. die Sklaven haben, ob sie sich frei bewegen können oder streng beaufsichtigt werden. Es gibt einige Gelegenheiten auch für Haussklaven, Informationen einzuholen: z. B. auf Marktplätzen, bei Pferderennen, bei der Zeltmission und anderen Möglichkeiten geselligen Beisammenseins. Für Harriet Tubman und ihre Familie sind die sozialen und ökonomischen Verbindungen zwischen den Pattisons, Stewarts, Thompsons, den Brodesses und anderen eine Möglichkeit, an Informationen heranzukommen.

Während die Thompsons und andere Sklavenhalter zwar Kenntnis über die Familien ihrer Zwangsarbeiter haben, so sind sie völlig unwissend hinsichtlich des weitgespannten Netzwerkes, das wie eine Parallelwelt zur Welt der weißen Handels- und Kommunikationswelt existiert. Thomas Dail aus Dorchester County z. B. erlaubt seinem Sklaven William Cornish, nach Baltimore zu reisen und dort verschiedene Feldmissionen zu besuchen. Manchmal vergehen bis zu zwei Wochen, doch Cornish kehrt jedes Mal zurück. So gewinnt sein Master mehr und mehr den Eindruck eines absolut loyalen Sklaven – während dieser insgeheim Pläne macht, wie er seine Freiheit erlangen kann. Anthony Thompson mag ebenso Vertrauen in Ben Ross haben, in Jerry Manokey oder andere. Natürlich gibt es zahlreiche Sklaven, die aus verschiedenen Gründen durch verschiedene Counties reisen. Vom Netzwerk der freien schwarzen Gemeinden profitieren auch die Versklavten, die unter ständiger Kontrolle ihrer Besitzer leben.

Die rasche Weitervermittlung von Informationen über geographische, soziale und kulturelle Begrenzungen oder Veränderungen ist enorm wichtig für das Überleben der afroamerikanischen Gemeinden und entscheidend auch für Tubman und ihre Angehörigen, um sich jenseits der prüfenden Blicke ihrer Master frei bewegen zu können. Trotzdem kann das Netzwerk durch die Launen eines Sklavenbesitzers ernsthafte Störungen erfahren.

Im November 1836 war der ältere Anthony Thompson im Alter von 74 Jahren gestorben. Für Ben Ross und andere leitet diese Zäsur eine Zeit persönlicher Verunsicherung ein. Der Tod eines Sklavenhalters kann unter Umständen eine katastrophale Veränderung im Leben der Versklavten bedeuten, etwa wenn Erben Ansprüche erheben oder Schulden zu bezahlen sind. Frederick Douglass berichtet, daß nach dem Tod eines seiner Besitzer dessen gesamte Habe – Pferde, Schafe, Schweine und Sklaven – unter den übrigen Familienmitgliedern aufgeteilt wurde, was oft eine Trennung der schwarzen Familien bedeutete. Doch haben sie so wenig Entscheidungsfreiheit über ihr weiteres Schicksal wie die Tiere.[210]

Thompson hatte nie einen seiner Sklaven verkauft, auch wenn er sie nach auswärts vermietete, so daß sie von ihren Familien für längere Zeit getrennt waren. Doch erfuhren sie ein wenig Stabilität dadurch, daß sie trotz weiter Entfernungen die Verbindung zu ihren Angehörigen aufrechterhalten konnten. Etliche seiner Sklaven waren bereits vor Thompsons Tod freigelassen worden, und es war sein Wunsch gewesen, daß auch die anderen nach und nach freigelassen werden sollten: Die Kinder, sobald sie das Alter von 24, 30 oder 35 Jahren erreicht hätten.[211] Es ist denkbar, daß Thompson diese Liste zeitlich versetzter Freilassungen deshalb gewünscht hatte, damit seine Sklaven weiterhin hart arbeiten und gehorchen und so seiner Familie noch eine Weile zur Verfügung stehen. Jedenfalls folgte Dr. Thompson mit diesem Testament dem Beispiel seines Vaters, der seine Sklaven auch erst nach und nach freiließ und die Zeit der Zwangsarbeit verkürzte, wenn jemand gut arbeitete, und für denjenigen, der schlecht arbeitete, verlängerte.

Obwohl keiner seiner Sklaven verkauft werden sollte, sind sie bei der Nachricht seines Ablebens doch ängstlich und besorgt. Die meisten von ihnen sind mit freien oder versklavten Schwarzen im County verheiratet und haben so die Möglichkeit, ihre Kinder bis ins Erwachsenenalter aufzuziehen. Obwohl die Paare selten in einem Zweipersonen-Haushalt zusammenleben (das Ideal der Weißen), haben sie nun Sorge, für immer voneinander getrennt zu werden, wenn einer der Ehepartner in ein weiter entferntes County oder gar in den „tiefen Süden" fortgeschickt werden sollte. Immerhin besteht nun die Hoffnung auf Freiheit in der Zukunft. Die Versklavten wissen vom Versprechen Thompsons, - sie wissen allerdings auch, daß dieses Versprechen in der Vergangenheit nicht immer erfüllt wurde.

Vor seinem Tod besaß Thompson wahrscheinlich 43 Sklaven: Zehn Männer, acht Frauen und 25 Kinder. Thompson gab als Freilassungsalter 45 Jahre an, obwohl einige Menschen bereits früher freikamen. Menschen im höheren Alter freizulassen, ist in Maryland verboten, doch um die Arbeitskraft ihrer Sklaven möglichst lange auszunutzen, fälschen etliche Sklavenbesitzer ohne Zögern die Altersangabe ihrer Zwangsarbeiter in den Papieren; Strafen für dieses Vergehen wurden selten ausgesprochen, so wird diese Praxis bis zu Beginn des Bürgerkriegs weitergeführt. Ben Ross z. B. wurde wahrscheinlich um 1780 geboren, und Anthony Thompson traf Vorsorge für Bens Freilassung im Jahre 1841. Das würde bedeuten, daß er weitaus älter war als das Alterslimit, das die Gesetze Marylands vorsahen. Eine derart späte Freilassung ist wenig ermutigend für die anderen Sklaven, und die Kommunen wollen keine alten, hilflosen und abgearbeiteten Ex-Sklaven, die in der Umgebung herumirren. Es gibt Beispiele mangelnder Fürsorge gegenüber alten Sklaven durch ihre Besitzer, auch wenn diese Sklaven ihr ganzes Leben hindurch ihren Besitzern aufopfernd gedient hatten. Frederick Douglass schreibt, wie seine gebrechliche alte Großmutter, die nicht mehr arbeiten konnte, „freigelassen" wurde, indem man sie mitten im Wald in einer Hütte aussetzte und ihr „zu dem Glück gratulierte, sich in völliger Einsamkeit selbst versorgen zu dürfen";[212] sie wurde auf diese Weise dem Tod überantwortet. Diese alte Frau, die den Verkauf ihrer eigenen Kinder und Enkel mitansehen mußte, hatte ihren Herrn und die meisten seiner Kinder gepflegt; im Augenblick der größten Not wurde sie sich selbst überlassen.

Etliche Weiße des Ostufers, Sklavenbesitzer und Farmer ohne Sklaven, fühlen sich moralisch verpflichtet, sich um alte Sklaven zu kümmern; sie sind der Meinung, daß das System gegenüber Alten und Hilflosen verpflichtet sei.

Noch zu weiteren fünf Jahren Arbeit verpflichtet, bekommt Ben Ross zehn Morgen Land, das er auf Lebenszeit nutzen darf. Außerdem erhält er das Privileg, für den eigenen Gebrauch Holz schlagen zu dürfen. Larson nennt dieses Arrangement „ungewöhnlich": Ben erhält durch den Landbesitz und das Nutzungsrecht des Waldes eine Unterstützung.[213] Es sind auch einige Fälle von Sklavinnen bekannt, die von ihren Besitzern (und heimlichen Liebhabern) freigelassen wurden und oft noch Geld und Bodenbesitz bekamen. Aber auch dies geschah äußerst selten.

Ben Ross ist trotzdem nicht der einzige Empfänger einer solchen Wohltat. Thompson bestimmte außerdem, daß Jerry Manokey und seine Frau Polly nach seinem Tod freigelassen werden sollten; die Kinder John, Aaron, Moses , Eliza und Mathilda müssen indes noch zwischen 18 und 33 weiteren Jahren Zwangsarbeit verrichten, doch dürfen sie in der Nähe der Eltern bleiben. Larson bezeichnet dieses

Arrangement im Zusammenhang mit den Bräuchen vor der Bürgerkriegsära als ungewöhnlich.

Diese Fürsorge dokumentiert (zumindest von Thompsons Seite aus) eine enge Bindung. Wahrscheinlich hatte Thompson Jerry und Polly von ihrer Kindheit an versklavt. Beide spielen in der ökonomischen Entwicklung der Besitzungen von Thompson wahrscheinlich eine herausragende Rolle; sie hatten mitgearbeitet an der Erschließung von Land, beim Transport der gewaltigen Baumstämme, bei der Umwandlung von Waldgebieten in fruchtbares Ackerland und bei den Bauarbeiten des für die Wirtschaft der Blackwater-Region so bedeutsamen Kanals. Die Zuwendungen Thompsons zeigen, daß er sich für „seine" Sklaven verantwortlich fühlt.

Jerry und Polly Manokey bleiben weiterhin in der Gemeinde von Peters Neck. Sie können ihre Kinder heranwachsen sehen und kümmern sich um sie. Jerry – wie Ben Ross – wird für den jüngeren Anthony Thompson weiterhin gearbeitet haben; vielleicht vermietetet er sich auch an Joseph Stewart oder John D. Parker, die beide gleichfalls Wälder abholzen lassen und mit der Umwandlung der Böden in Ackerland Gewinn machen. Auch Ben Ross arbeitet nach seiner Freilassung für John Stewart und seine Söhne als Inspektor, d. h. als eine Art Aufseher in deren Wäldern.

Bens Welt kreist um die von Thompson versklavten Familien. Einen anderen Aspekt von Bens Leben verkörpern die freien Schwarzen, die um Harrisville, Indian Landing und in anderen Gemeinden leben. Er wohnt, zusammen mit Rit, im Besitz von Brodess in Bucktown. Im Jahre 1843 kauft er für die kleine Sume von zehn Dollar zwei Sklaven von Thompson frei: Maria Bailey und Aaron Manokey, der in den Unterlagen als „Krüppel" bezeichnet wird, also kein sonderlich „produktiver" Arbeiter gewesen war. Maria wird als „schwach" oder „zart" bezeichnet, was „unproduktiv" bedeuten könnte – oder daß sie schwanger war, als sie verkauft wurde.

Dr. Anthony C. Thompson ist nicht an einer Weiterentwicklung der Landwirtschaft in der Blackwater- und Peters-Neck-Region interessiert, wie es sein Vater gewesen war. Um 1847 beginnt er mit dem Ankauf umfangreicher Waldgebiete (insgesamt mehr als zweitausend Morgen) in der Umgebung von Caroline County, d. h. rund 30 Meilen nordöstlich von Peters Neck. Thompson hofft auf diese Weise zum größten Holzlieferanten der Region aufzusteigen. Er versichert sich der Hilfe seiner Söhne Anthony, Edward und vielleicht auch John; auch die Mehrheit seiner Sklaven muß mitarbeiten. Wieder werden große Mengen Baumstämme zu den Schiffsbauern in Dorchester County und anderen Werften geliefert. Thompson verläßt Dorchester County und hofft, bei Poplar Neck in Caroline County für sich und seine Söhne eine neue Existenz aufzubauen. Er kauft für seine Frau und seine Sklaven ein Haus in Cambridge, während er weiter umherreist, um den Fortgang der Waldarbeiten zu beaufsichtigen.

Zwischen 1840 und 1850 besitzt Thompson ein Haus in Bellefield und vierzehneinhalb Morgen Boden; er engagiert sich für die Belange der Gemeinde und spielt eine bedeutende Rolle im dortigen öffentlichen Leben. Er befürwortet z. B. die Kolonisierung und Besiedelung Liberias durch freie Schwarze.

Harriet hatte sich bis 1847 an verschiedene Arbeitgeber vermietet, bis sie Arbei bei Dr. Anthony C. Thompson fand. Ob sie auch in Cambridge gearbeitet hat, wissen wir nicht. Im Winter 1848/49 erkrankt Harriet und kann nur unregelmäßig arbeiten.Thompson benötigt die Hilfe von Ben, der auf den Besitzungen von Poplar Neck arbeitet. Brodess, der sich immer noch mit finanziellen Problemen herumschlägt, möchte Harriet verkaufen. Zwar bringt sie ihm jährlich 50 bis 60 Dollar ein, aber das ist ihm nicht genug. Thompson kann sie zu dieser Zeit nicht freikaufen, trotz seiner Wertschätzung ihres Vaters, denn er befindet sich selbst in einer schwierigen finanziellen Situation und hatte sogar Schulden gemacht, um den Bodenbesitz um Caroline County kaufen zu können. Tubman erinnert sich später, daß sie soviel gearbeitet hätte, wie sie konnte; „und ich betete jede Nacht – ich seufzte und betete für den alten Master: ′Oh, Gott, bekehre den Master! Oh Gott, ändere das Herz dieses Mannes!′"[214] Harriets Gebete würden erhört werden, doch in ganz anderer Weise, als sie es sich vorgestellt hatte.

Ihre Gebete werden im Winter und Frühjahr 1849 flehentlicher, als sie immer noch geschwächt und überarbeitet ist, hilflos nach mehreren epileptischen Absenzen. Sie berichtet später ihrer Biographin Bradford, wie sie ihr Gesicht gewaschen und Gott um spirituelle Reinigung angefleht habe. Im März 1849 wird ihr klar, daß sie verkauft werden soll. Sie fürchtet sich davor, zu den Reis- und Baumwollfeldern des Südens gebracht zu werden. Sie ändert ihre Gebete; hatte sie vorher um eine Änderung der Gesinnung des Masters gebetet, fleht sie Gott nun an, Brodess zu töten.[215]

Er stirbt tatsächlich! Es ist der 7. März. Aber Harriet konnte nicht wissen, daß Brodess bereits seit längerem krank war. Sie ist fassungslos. Trotz ihrer Erleichterung hat sie ein Schuldgefühl, weil ihre Gebete erhört wurden, wenn auch nicht im ursprünglich gewünschten Sinne. Sie erinnert sich im Gespräch mit Bradford: „Das Nächste, was ich hörte, war, daß der alte Master tot war, und er starb so, wie er gelebt hatte. Oh, ich hätte alles Silber und Gold der Welt hergegeben, um die arme Seele zurückzubringen, ich hätte mich selbst hergegeben, ich hätte alles hergegeben! Aber er war gegangen, und ich konnte nicht länger für ihn beten."[216]

Während der Tod von Brodess für seine Frau und unmündigen Kinder mehr als ein Jahrzehnt Ängste und finanzielle Sorgen bedeuten würde, so ist doch niemand besorgter als die Sklaven, die Teil der Erbmasse sind. Brodess' Tod bedeutet genau das, wovor Harriet sich die ganze Zeit gefürchtet hatte. Drei Monate nach dem Tod ihres Mannes entschließt sich Eliza Brodess, eine Petition bei der Gemeinde einzureichen, die Sklaven verkaufen zu dürfen, um die Schulden ihres Mannes tilgen zu können.

Ein oder zwei Tage vor seinem Tod hatte Edward Brodess seinem Anwalt sein Testament diktiert, in dem er seine Frau Eliza als Erbin einsetzte. Doch er schloß seine Sklaven aus dem Erbe aus und bestimmte, daß Eliza sie nur „nutzen und vermieten" dürfe, und zwar „mit dem Ziel, seine Kinder aufzuziehen, und nach seinem Tod soll sein Erbe seinen Kindern gehören." Etliche von Harriets Angehörigen waren davon ausgegangen, daß Brodess ihnen die Freiheit geben würde.[217] Harriets Bruder Henry (der später den Namen Stewart annimmt) erklärt, daß „er uns versprach, wenn wir nur loyal und treu wären, daß er uns alle freilassen würde (...), doch ließ er uns Sklaven bleiben."[218] Harriet wußte es besser. Brodess hatte oft genug bewiesen, daß er unehrlich war und man ihm nicht vertrauen konnte.

Irgendwann Ende der 40er Jahre beauftragt Harriet Tubman einen Anwalt, die Unterlagen vom ersten Besitzer ihrer Mutter, Atthow Pattison, zu überprüfen. Sie erfährt, daß Pattison bereits im Jahre 1791 testamentarisch verfügt hatte, ihre Mutter vor seinem Tod (im Jahre 1797) freizulassen. Außerdem erfährt Harriet, fassungslos vor Zorn, daß Atthow Pattison festgelegt hatte, daß seine Sklavinnen ihm bzw. seinen Erben nur bis zum Alter von 45 Jahren dienen sollten. Rit, die Atthows Enkelin Mary Pattison vererbt worden war, hatte irgendwann um 1830 das Anrecht auf Freiheit erhalten. Sie war jetzt über 60 Jahre alt. Edward Brodess, Atthows Urenkel, hatte nicht dessen letzten Wunsch erfüllt. Es ist nicht bekannt, ob Brodess Atthows Wunsch gekannt hatte, doch er hatte in den vergangenen 25 Jahren gegen den Wunsch Atthows gehandelt, als er Rits Kinder in andere Staaten verkaufte, was eindeutig illegal war.

Ob Tubman zuerst durch ihre Mutter oder durch Mitglieder der freien schwarzen Gemeinde oder gar von den Pattison-Erben selbst von Pattisons Vorsorge erfuhr, ist unklar. Doch im Juli 1849, vier Monate nach dem Tod von Edward Brodess, strengt Gourney Crow Pattison, Atthow Pattisons Enkel und Edward Brodess′ Onkel, einen Prozeß gegen Eliza Brodess und John Mills, den Verwalter des Brodess-Erbes, an und fordert das Besitzrecht an Rit und ihre Kinder, die das Alter von 45 Jahren überschritten haben. Gourney Crow Pattison argumentiert, Atthows Tetament habe festgelegt, daß die Erben ein Recht auf die Arbeitskraft von Rit und ihren Kindern nur bis zum Alter von 45 Jahren hätten. Weil Atthow nicht genau festgelegt hätte, was danach geschehen sollte (er hatte zweifellos vor, der Familie die Freiheit zu geben), argumentiert Gourney Crow Pattison, daß Rit und ihre Nachkommen wieder an das Pattison-Erbe fallen sollten. Atthow Pattison hatte angeordnet, daß seine Tochter, Elizabeth Pattison, den Rest der Erbmasse erhalten solle, nach Abzahlen aller Schulden.

Basierend auf dieser engen Interpretation des Testaments fordern Gournew Crow Pattison, seine Geschwister und ihre Kinder das Besitzrecht über Rit. Rit, argumentiert Gourney Crow, gehöre ihm, weil sie bereits weit über das Alter von 45 Jahren hinaus ist, und alle Arbeitslöhne von ihr, die Edward durch ihr Vermieten nach ihrem 45. Lebensjahr gewonnen und einbehalten hatte, gehörten von Rechts wegen zum Erbe Atthow Pattisons. Inhalt des Rechtsstreits ist auch die Forderung der Pattisons nach Schadensersatz für entgangene Arbeitskräfte, weil Brodess illegal Rits Töchter Linah und Soph an einen anderen Bundesstaat verkauft hatte.

Es scheint, daß Harriets Erkundigungen nach dem Status ihrer Mutter das juristische Prozedere entweder in Gang gesetzt oder beschleunigt hatten. Gourney Crow Pattison bestand auf seinem Recht. Es vergingen Wochen, bis die Unterlagen herbeigeschafft waren. Der Rechtsstreit fand seinen Höhepunkt in der Zurückweisung der Forderung am 6. August 1849. Pattison und sein Anwalt, James A. Stewart, gehen in Berufung.

In der Zwischenzeit wird Eliza Brodess von Haushaltssorgen und wachsenden Schulden förmlich aufgefressen. Mit der Sorge für etliche Kleinkinder belastet, ist sie zudem mit finanziellen Forderungen konfrontiert, denen sie nicht nachkommen kann. Einen Monat nach Edwards Tod ordnet das Gericht den Verkauf seines gesamten Besitzes an – „mit Ausnahme der Neger."[219]

In den meisten Rechtsfällen dieser Art kaufen die Erben den Besitz des Verstorbenen, sofern Geld vorhanden ist, um die Schulden des Erblassers zu bezahlen. Eliza hat kein Geld. Sie bittet ihren Nachbarn John Mills, den Mitverwalter des Brodess-Erbes, ihr Geld zu leihen. Bald schuldet sie ihm über tausend Dollar und wird auf baldige Rückzahlung gedrängt. Einen Vermögensposten jedoch hat sie noch, und den will sie nun in Bargeld umwandeln: ihre Sklaven.

Am 27. Juni lassen Eliza Brodess und Mills eine Anzeige in der Zeitung einrücken, in der die 21 Jahre alte Harriet (wahrscheinlich handelt es sich um die Tochter von Harriet Tubmans Schwester Linah) zum Verkauf angeboten wird, außerdem ihre zwei Jahre alte Tochter Mary Jane. Die Auktion, für den 16. Juli angekündigt, findet jedoch aus unbekannten Gründen nicht statt. Vielleicht hatte der Ehemann des Mädchens versucht, den Verkauf zu verhindern oder der Rechtsstreit blockierte den Verkauf. Am 29. August jedoch erscheint eine Anzeige im *Cambridge Democrat*, worin der öffentliche Verkauf von einer Frau namens Kizziah (Kessiah) angekündigt wird, der 25 Jahre alten Schwester Harriets und Linahs andere Tochter. Eliza Brodess wirbt für Kessiah als lebenslang Versklavte, was eine klare Verletzung des letzten Wunsches von Pattison bedeutet. Doch auch dieser Verkauf, für den 10. September angekündet, findet nicht statt. Die Pattisons ziehen den Prozeß mit der Ablehnung des Gerichtsbescheids in die Länge und hindern wahrscheinlich Eliza Brodess so daran, ihre Sklaven zu verkaufen. Eliza Brodess und Mills wenden sich am 17. September an das Gericht und bitten um die Erlaubnis, Kessiah und alle ihre Kinder, die jünger als 45 Jahre sind, verkaufen zu dürfen. Die beiden minderjährigen Kinder Kessiahs sind James Alfred (6 Jahre) und Araminta, von der nur bekannt ist, daß sie „ein Kind" ist.

Der Schrecken fährt in die Familie. Das Gericht ordnet an, daß Kessiah an den Meistbietenden verkauft werden soll. Sechs Wochen später jedoch annuliert das Gericht seine Anordnung. Möglicherweise hatte Kessiahs Ehemann, John Bowley, versucht, diesen Privatverkauf zu verhindern. Als freier Schwarzer und auf einer Werft in Cambridge beschäftigt, hofft er, daß er seine Familie freikaufen kann. John Bowley und seine Brüder sind Schiffbauer und Schmiede, Mit-Eigner eines Schooners, den sie auf der Werft von John T. Stewart, dem Bruder von James A. Stewart, gebaut hatten. John Bowley und sein Bruder hofften wohl, ihrer beider Einkommen könne ausreichen, um Kessiah und ihre Kinder freizukaufen.

Die Gnadenfrist für Kessiah erhöhte jedoch ihren Verkaufspreis. Indem das Gericht seine zweite Anordnung widerruft, autorisiert es nunmehr für den 24. Oktober den Verkauf von Kessiahs Schwester Harriet und ihres Kindes Mary Ann (Mary Jane). Ob die Auktion jedoch wirklich stattfand, ist nicht klar; am 17. Juni 1850 verkaufen Eliza Brodess und John Mills Harriet und ihre Tochter für 375 Dollar an einen Händler. Fünf Monate später verkauft Eliza einen anderen Sklaven namens Dawes Keene.

Larson bezeichnet diese quälenden Erlebnisse als „turning point", als Wendepunkt von Tubmans Verwandlung einer Sklavin „in eine Befreierin."[220] Auf jeden Fall ist der Verlust eines Teiles ihrer Familie traumatisch für Harriet. Hinzu kommt die eigene Bedrohung durch die Schuldner von Eliza Brodess: Harriet hat Angst, gleichfalls verkauft zu werden. Gegen den Willen ihres Mannes plant sie die Flucht.

Ein beschwerlicher Besitz

Harriet Tubmans Fluchtpläne, die (nach einem Fehlschlag) schließlich zum erhofften Erfolg führten, stellen keineswegs die Ausnahme dar. Der hemmungslose Import und Gebrauch von Sklaven ist ein riesiges Geschäft. Er hat jedoch auch Gefahren. Die Gesellschaften der Neuen Welt, die auf der Verwendung von Sklavenarbeit fußen, sind notorisch unsicher. Sklavenhalter sind z. B. ständig damit konfrontiert, ihre physische Sicherheit gegen „widersetzliche und rebellische Sklaven" schützen zu müssen, ganz zu schweigen von den zahlreichen Fluchtversuchen. Die Unterdrückung der Versklavten, die das System hervorrief, trägt den Kern gewaltsamen Widerstands in sich. Da die Sklaven in einigen Gesellschaften ihre Herren an Zahl übertreffen, erzeugt die zahlenmäßige Unterlegenheit der Weißen „eine neue Dimension der Angst."[221] Die Sklavenhalter wissen um die in dieser Situation lauernden Gefahren. Sklavenrevolten oder -fluchten haben immer schon Sklavenbesitzer um den Schlaf gebracht. „So viele Sklaven, so viele Feinde" – bereits Kardinal Ximénez, der den noch unmündigen König Karl, den späteren Kaiser Karl V., in den Regierungsgeschäften vertrat, hat vielleicht an diesen Ausspruch Senecas gedacht, als er 1517 auf die Nachricht von der Vergabe der ersten Einfuhrlizenz für den Handel mit schwarzen Körpern mit Westindien an den flämischen Höfling Marquis de la Bresa mit der Warnung reagierte, es sei „nicht ratsam, die so furchtbare und unternehmende afrikanische Rasse nach den Kolonien einzuführen; denn da es ihr weder an kriegerischem Geist noch an Geschicklichkeit fehle, so werden sie die erste Gelegenheit ergreifen, um das spanische Joch abzuschütteln und sich der Herrschaft zu bemächtigen."[222] Der Kardinal gehörte zu den am besten informierten Männern seiner Zeit, auch was die Beurteilung der Afrikaner betraf. Bestätigt – wenn auch mit anderem Vorzeichen – wurde er z. B. durch den Chronisten João de Barros, der in seiner Jugend als Leiter der portugiesischen Faktorei Elmina an der afrikanischen Westküste fungiert hatte, und der 1552 über die Einwohner Guineas schrieb, daß er, wäre er in der Kriegskunst ausgebildet, eher nach Guinea ginge, um dort Soldaten anzuwerben als im „Land der Schweizer."[223]

Wer solche Menschen in größerer Zahl versklavte, mußte auf der Hut sein. In Neu-Spanien (Mexiko) ersuchte Vizekönig Don Antonio de Mendoza den spanischen Monarchen dringend, nicht länger zuzulassen, daß Schwarze dorthin geschickt würden. 1553 wiederholte

Mendozas Nachfolger, Luis de Velasco, diese Bitte. Er schrieb: „Dieses Land ist so voller Neger und Mestizen, die die Spanier in großer Zahl übertreffen, und alle sehnen sich danach, ihre Freiheit mit dem Leben ihrer Herren zu erkaufen.“[224] Die Sicherheit der Kolonie im Auge, machte er seinem Souverän 1554 den Vorschlag, Mestizen und Schwarze nach Spanien zurückzuschicken, weil sie nicht zu bändigen wären und daher eine Gefahr für die Kolonie darstellten.

Vorstöße wie dieser - im Interesse der Staatsräson unternommene - scheiterten jedoch angesichts der steigenden Nachfrage nach billigen Arbeitskräften. Der Import von Sklaven hielt trotz aller Bedenken an. Die „Gefahren“, die von den Afrikanern ausgingen, blieben. 1599 meldete der spanische Reisende Gómez de Cervantes an den Hof: „Wir sind von Feinden umgeben, die uns an Zahl übertreffen; die Gefahr ist groß, weil Indios, Neger, Mulatten (und) Mestizen in viel größerer Zahl vorhanden sind als wir.“[225] Ein halbes Jahrhundert später war die Lage unverändert.

Die Beurteilung der Afrikaner durch die Sklavenhalter sollte sich bis zur Abschaffung der Sklaverei nicht ändern. Der Abgeordnete Barnave aus Grenoble erklärte noch am 24. September 1791 – wenige Wochen, bevor die Sklaven der französischen Kolonie Saint Domingue (Haiti) unter Führung des ehemaligen Kutschers und Sklaven Toussaint L'Ouvertures die Kolonialmacht besiegten und die erste freie schwarze Republik der Welt errichteten – vor der Pariser Nationalversammlung: „Die innere Ordnung der Kolonien, ja ihre gesamte Existenz, beruht auf einer höchst unsicheren Grundlage, denn materielle Machtmittel reichen nicht aus, um die Ruhe dort aufrecht zu erhalten. St. Domingue ist nicht nur die reichste und fruchtbarste Kolonie der Welt, sondern auch diejenige, wo der Anteil der freien Bevölkerung im ungünstigsten Verhältnis zu dem der unfreien steht. In St. Domingue werden fast 450.000 Sklaven von ungefähr 30.000 Weißen in Schach gehalten, und diese Sklaven sind keineswegs unbewaffnet, denn Menschen, die die Erde bearbeiten und ständig Werkzeuge in den Händen halten, haben auch Waffen; es wäre daher für die kleine Zahl von Weißen rein physisch unmöglich, eine so beträchtliche Sklavenbevölkerung zu beherrschen, wenn nicht moralische Machtmittel den materiellen zu Hilfe kommen würden. (...) Im Augenblick, wo der unaufgeklärte Neger, der nur durch greifbare Vorurteile gelenkt werden kann, durch Gründe, die seinen Sinnen einleuchten und seinen Gewohnheiten entsprechen, glaubt er, daß er den Weißen ebenbürtig ist oder daß derjenige, der zwischen ihm und dem Weißen steht, diesem ebenbürtig ist – in diesem Augenblick wird es unmöglich, die Folgen eines solchen Meinungsumschwungs zu berechnen. Man muß sich deshalb klarmachen, daß es keine Ruhe, keine gesicherte Existenz mehr in den Kolonien gibt, wenn man diese moralischen Machtmittel antastet, die Vorurteile, auf denen ihre Existenz beruht."[226] Es kam zum Aufstand auf Haiti; und nicht ein „Vorurteil" führte ihn, sondern die leitenden Ideen der Französischen Revolution – Ideen wie Freiheit, Gleichheit und Brüderlichkeit.

„Wenn auch der Eigennutz die Völker und ihre Gebieter beherrscht, so gibt es doch noch eine andere Macht. Die Natur spricht lauter als Eigennutz und Philosophie. Heute schon gibt es zwei Kolonien von flüchtigen Negern, die durch Verträge und Macht vor Angriffen geschützt sind", bemerkt Abbé Raynal und fährt fort: „Diese Blitze sind Vorboten des Donners. Es ist nur ein mutiger Anführer nötig. Wo ist der Mann, den die Natur ihren verwirrten, unterdrückten und gequälten Kindern schuldet? Er wird erscheinen, daran ist nicht zu zweifeln; er wird kommen und die heilige Fahne der Freiheit aufrichten. Dieses ehrwürdige Zeichen wird die Gefährten seines Unglücks um ihn versammeln. (...) Überall werden die Menschen den Namen des Helden segnen, der die Rechte des Menschengeschlechts wiederhergestellt hat; überall wird man Siegeszeichen zu seinen Ehren errichten."[227]

Warum eigentlich ein Mann? Es ist daran zu erinnern, daß der Aufstand auf Jamaica um 1720 von einer Frau geführt wurde, deren Mut und militärisches Geschick heute noch legendär sind: Queen Nanny (oder Granny Nanny oder Grandy Nanny oder Nanny of the Maroons; um 1680-um 1750[228]) und ihre fünf Brüder, die aus dem heutigen Ghana verschleppt wurden, flohen aufgrund der brutalen Mißhandlungem, die sie durch die Plantagenbesitzer ertragen mußten. Nanny soll an der Befreiung von mehr als 800 Sklaven beteiligt gewesen sein.[229]

Der Freiheitskampf der Schwarzen in den Vereinigten Staaten – „Afroamerikaner" genannt – dauert bis heute an. 1969 schreibt Herbert Aptheker (in der vierten Auflage seiner Untersuchung „American Negro Slave Revolts"), daß er sich mehr als Reporter denn als Historiker fühle. So erwähnt er den „kalifornischen Staatsmann" Ronald Reagan (1981 wurde er Präsident der Vereinigten Staaten), der die Rebellen in den Schwarzengettos „verrückte Hunde" nannte – und stellt diese Äußerung derjenigen eines Staatsmannes aus dem South Carolina des Jahres 1823 gegenüber, der die Rebellen auf seiner Plantage als „Monster in menschlicher Gestalt" bezeichnete. Und der Autor kommentiert: „Welche Menschen Hunde oder Monster sind, hängt von der gesellschaftlichen Klasse ab, von der Hautfarbe und der Nationalität. Im Sommer 1831 überschlug sich die US-Presse in ihrem Lobpreis der polnischen Rebellen gegen die Unterdrückung durch das Zarenreich; und keiner lobte eifriger als die Presse der Südstaaten. Aber dann, Ende August, kamen Nachrichten von einem von Nat Turner angeführten Sklavenaufstand; während eine Woche zuvor die Polen als „Adelssöhne" gefeiert wurden, waren die Rebellen in Virginia Banditen, blutdürstige Wölfe und irregeführte Dummköpfe." Wie soll jemand den außergewöhnlichen Meinungsumschwung erklären, wenn er beobachtet, daß die Rebellen vor der Haustür „Monster" sind, diejenigen aber, die sechstausend Meilen entfernt sind, für eine edle Sache kämpfen?

Wie jeder Mensch, der außer den Ketten der Zwangsarbeit nichts zu verlieren hat, hatten auch die Versklavten von Haiti nach einem Ausweg aus ihrer Situation gesucht. Denn solange es Gefangenschaft und Zwangsarbeit gibt, gibt es auch Ausbruchsversuche. Dies wurde auch deutlich während der Debatten um die Verfassung der Vereinigten Staaten. Das Thema waren Steuern und Steuerpolitik. Ein Abgeordneter aus Maryland schlug vor, daß jeder Besitz in dieser Weise behandelt werden sollte – er meinte, setzte er hinzu, daß auch Besitz von Sklaven unter diese Gesetze fallen sollte. Es geschah nicht oft, daß der achtzigjährige Benjamin Franklin an derartigen Debatten teilnahm, doch die Bemerkung des Abgeordneten, der Menschen zu Besitz rechnete, provozierte ihn, so daß er Washington um das Wort bat. Als ihm dies erlaubt wurde, fragte Franklin den Abgeordneten „eine der schwerwiegendsten Fragen": Nachdem er bemerkt hatte, daß der Abgeordnete aus Maryland den Besitz von Sklaven mit allen anderen Formen von Besitz gleichsetzte, fragte er: „Will der Herr aus Maryland etwas über einen Aufstand von Schafen andeuten?"[230]

Von den Historiker/INNEN konnten über 300 Aufstände aufgelistet werden, bei denen es zu Todesfällen kam (es bleibt eine Dunkelziffer bewußt unter den Teppich gekehrter Fälle). Aptheker spricht von „Wellen" von Aufständen, d. h. die Versuche von Gruppen, ihre Freiheit zu gewinnen und zugleich das Sklavensystem zu bekämpfen, geschahen in bestimmten Zeitabschnitten; nach der Niederwerfung eines Aufstands verging eine gewisse Zeit, bis neue Flüchtlinge zu den Partisanen stießen oder sich neue Gruppen gebildet hatten. Diese „Wellen" geschahen zwischen 1710-1722, 1730-1740, 1790-1802, 1819-1823, 1829-1832, 1850-1860.[231] Diese Aufstände, so Aptheker, wurden von Sklaven unternommen; daß freie Schwarze daran teilnahmen, war eher selten, ebenso die Teilnahme von Weißen (John Brown war eine Ausnahme). Es gab sowohl Pläne hinsichtlich der Gewinnung von Landbesitz als auch für die Bekämpfung der Sklaverei. Dennoch waren diese Aufstände aufgrund der geographischen Gegebenheiten zum Scheitern verurteilt; die einzige Gruppe, der es gelang, sich aus dem Status der „beweglichen Habe" zu befreien, waren die Schwarzen auf Haiti – sie machten 90 Prozent der dortigen Population aus; und der größte Teil der Freien war nicht weiß. Der Aufstand war auch deshalb erfolgreich, weil die französische Kolonialherrschaft aufgrund der Revolution geschwächt war. Trotzdem zeigen die zahlreichen Aufstände und Versuche von Aufständen in den Vereinigten Staaten eines: die Unzufriedenheit der Schwarzen mit ihrer Situation. Die Aufstände lenkten die Aufmerksamkeit auf vergangene Kämpfe – selbst wenn sie in einer rassistischen Gesellschaft verschwiegen wurden. Doch sie führten dazu, daß die Nation ein Bewußtsein zu entwickeln begann für die Grausamkeit der Sklavokratie. Und zweifellos beeinflußten sie manchen Abolitionisten – vom pazifistischen Garrison bis hin zum militanten John Brown.

Sie setzten ein Zeichen, denn die Aufstände dokumentieren das menschliche Freiheitsbedürfnis. Sie bewiesen, daß eine Gesellschaft, die Menschen opfert, nicht bloß einfach Opfer erzeugt; sie produziert ebenso Helden/Heldinnen.

Die Aufstände widerlegen gründlich das chauvinistische Stereotyp von dem schwachen, unfähigen und passiven Schwarzen, der immer ein „großes Kind" bleibt und zwecks „Zivilisierung vom Stand des Wilden" der Sklaverei bedürfe. Denn die Sklaverei, die die zentralen religiösen Fragen und die gründenden Prinzipien der Vereinigten Staaten verletzte, verlangte eine genaue Rationalisierung und Selbstrechtfertigung. Der Rassismus lieferte dies; das neuzeitliche System der Sklaverei leitet sich ab und unterstützt zugleich ein System, das im 16. Jahrhundert geschaffen wurde, und als Teil der weltumfassenden kapitalistischen Entwicklung als Ergänzung zum Feudalismus.

Das Fundament dieser Selbstrechtfertigung war vor allem die

Idee vom „Untermenschentum" der Schwarzen; eine solche Einstellung macht es unmöglich, an der Situation der Schwarzen etwas zu ändern.

Die Selbstrechtfertigung machte die Sklaverei nicht nur zu etwas Zweckdienlichem; die „Herrenmenschen" dieses Systems fühlten sich gar als Menschenfreunde, wenn sie als Sklavenhalter ihre „Verantwortung" wahrnahmen – und von ihren Vorteilen profitierten. Das Fundament ihrer Mythologie bestand in der Ansicht, daß die Versklavten ihre Situation nicht verabscheuten; mancher behauptete gar, daß die Schwarzen ihre Unfreiheit mögen würden. Selbstverständlich hat eine derartige Sklavenhaltermythologie auch ihre Widersprüche; denn während man grundsätzlich darauf bestand, daß „der Neger" von Natur aus sanftmütig und fügsam wäre, behauptete man zugleich, daß brutal und „wild" wäre. Die Wichtigkeit dieser Behauptungen – auch die von der Idylle des Sklavenlebens auf den Plantagen – für die Sklavenhalterklasse und ihrer Verteidiger ist einleuchtend. Ein Verteidiger dieser Haltung in der Geschichtsschreibung ist Ulrich Bonnell Phillips, dessen Buch „American Negro Slavery" aus dem Jahre 1918 als die „Bibel der weißen Vorherrschaft in der Geschichtsschreibung" galt, wie in derselben Zeit Beans Arbeit auf dem Gebiet der Anatomie, die Arbeit von Burgess auf dem Gebiet der Ökonomie und diejenige Fergusons auf dem der Psychologie. Es geht also um ein selbstreferierendes System, das keine Korrektur zuläßt – ähnlich der „wissenschaftlich belegten" Überzeugung von der Minderwertigkeit der Frau.

Aptheker fährt fort: „Bean war ein Schwindler, Burgess ein Mittelalter-Spezialist, Ferguson ein Scharlatan und Phillips ein eifriger Vertreter von der Überlegenheit der weißen Rasse, der völlig unfähig war, zu beschreiben, was es wirklich bedeutete, ein Negersklave in den Vereinigten Staaten zu sein – so wie Joseph Goebbels außerstande gewesen wäre, wahrhaftig zu erklären, was es bedeutete, ein Jude in Deutschland nach dem Ersten Weltkrieg zu sein."[232]

Zeitgenössische Dokumente – Zeitungsartikel – Gerichtsakten – Aufzeichnungen wie Tagebücher, Briefe oder Reden – machen es für jeden, der Schwarze als Menschen ansieht, klar, daß die Sklaverei ein „monströses und grausames System der Ausbeutung ist und daß ihre Opfer es verachten und es in jeder denkbaren Weise bekämpfen." Viele meinten natürlich, daß es bereits eine Form des Kampfes wäre, zu überleben. Doch alles – Lieder und Erzählungen, sowohl von

Schurken wie auch von Helden – Religion und Musik – belegt, daß die wichtigste Idee und ein nie endender Traum der war, die Sklaverei zu beenden, frei zu sein.

Das Verlangen nach Freiheit erzeugte unterschiedliche Formen des Widerstands im sklavenhaltenden Süden der Vorkriegs-Ära: „Von der Vortäuschung einer Erkrankung bis hin zum Zerstören von Werkzeug; vom Vergiften des Masters und der Ermordung der Aufseher bis hin zur Selbstverstümmelung und Selbstmord; von Flucht und Partisanenkrieg, Verschwörung und Aufstand, zu Sich-Anwerben-Lassen durch Armee und Marine der Bundesstaaten und Regierung, wenn es möglich ist und die Freiheit die Belohnung war; bis hin zur Zerstörung einzelner Gebäude und ganzer Gemeinden durch Feuer, und zum Freikauf des eigenen Körpers: Man kaufte sich frei."[233]

In seiner Monographie „American Slave Revolts" erwähnt Aptheker auch den verzweifelten Akt des Widerstands von Müttern: den Infantizid, d. h. Kindsmord oder Abtreibung, um dem Kind die Torturen eines Sklavenlebens zu ersparen. Der Autor unterscheidet zwischen individuellen und kollektiven Formen des Widerstands: „Faulheit", „Hang zum Stehlen", „Verantwortungslosigkeit", Flucht, Brandstiftung, Sabotage, Selbstverstümmelung und Infantizid sind individuelle, Flucht in Gruppen, Planung eines Aufstands, das Leben als Maroons (d. h. als Flüchtlinge) und „Gesetzlose" sind kollektive Formen des Widerstands.[234] Es leuchtet in diesem Zusammenhang ein, daß sich unter den Pionieren und herausragenden Persönlichkeiten der organisierten Befreiungsbewegung sowohl freie Schwarze befanden (500.000 im Jahre 1860) als auch flüchtige Sklaven.

Lange Zeit wurde dieser Teil der afroamerikanischen Geschichte vernachlässigt, nicht zuletzt deshalb, weil er den zentralen Mythos Amerikas – den vom idyllischen Charakter der Sklaverei auf den Plantagen – radikal widerlegt; denn er zeigt den „Neger" als handelndes Subjekt, nicht als bloße „bewegliche Habe", ohne Verstand, ohne Willen, ohne eine eigene Kultur und Identität. Dieser Aspekt der Geschichte der Schwarzen in den USA wurde „verdunkelt durch Verzerrung, Weglassung und, bisweilen, durch Scheinheiligkeit, durch gönnerhafte Sentimentalität. Diese Methodenlehre spiegelte und bedeutete zugleich einen Schutzdamm für die massenhafte Ausbeutung der amerikanischen Schwarzen. Die Weigerung, ihre Geschichte zum Thema ernsthafter Studien zu machen, kommt einer Schwächung ihres Kampfes für Gleichheit und Freiheit gleich."[235]

Eine Möglichkeit, die Freiheit zu erlangen, wurde im Partisanenkampf gesehen. Andere Sklaven flohen und versteckten sich in Mooren, Sümpfen, dichten Wäldern oder anderen schwer zugänglichen Gebieten; bisweilen verbündeten sich die Flüchtlinge mit indigenen Völkern. Die kleineren oder größeren Gruppen flüchtiger Sklaven (auf den Westindischen Inseln wurden sie „Maroons" genannt, d. h. „entlaufene, flüchtige Negersklaven") nannte man „Outlaws" (d. h. Geächtete, Vogelfreie). Diese frei Umherschweifenden waren durchaus präsent im Bewußtsein der Sklavenhalterkaste. Sie bedeuteten nicht nur einen „ernsthaften finanziellen Verlust für die Sklavenhalterklasse, sondern auch eine Quelle der Auflehnung."[236]

Das Leben in Gruppen hatte vor allem Vorteile: Es ermöglichte den Flüchtlingen die Schaffung einer Basis für die Plünderung von Plantagen; bisweilen wurden die Gruppen Widerstandszellen für Aufstände, denen sich dann weitere Menschen anschlossen.

Öffentlich Notiz genommen wurde von diesen Maroon-Gemeinden nur dann, wenn sie zufällig entdeckt wurden – oder wenn ihre Aktivitäten so gefährlich wurden, daß sie das System der Slavokratie unmittelbar bedrohten. Es gibt zwischen 1672 und 1864 zahlreiche Beweise für die Existenz solcher Gemeinden des Widerstands. Die „bergigen, bewaldeten oder moorigen Regionen von South Carolina, North Carolina, Virginia, Louisiana, Florida, Georgia, Mississippi und Alabama (in der Reihenfolge ihrer Wichtigkeit) scheinen die wichtigsten Orte für diese schwarzen Robin Hoods gewesen zu sein."[237] Bisweilen führten sie eher ein seßhaftes Leben statt Krieg zu führen oder umher zu ziehen, was daran ersichtlich ist, daß sie Häuser bauten, Familien gründeten, Vieh züchteten und Landwirtschaft betrieben.

Die bekanntesten dieser Gemeinden existierten im Dismal Swamp zwischen Virginia und North Carolina. In diesem Gebiet lebten über zweitausend Schwarze, und zwar sowohl Flüchtlinge als auch deren Nachkommen. Sie betrieben illegal Handel mit den Weißen, die an den Grenzen des Gebietes lebten.[238] Derartige Siedlungen könnten mit weniger Aufregungen und Gefahren verbunden gewesen sein als das Leben der „gesetzlosen" Partisanen.

Die Aktivitäten der Maroons im Jahre 1672 in Virginia näherten sich einer solchen Stärke, daß man Gesetze erließ, die demjenigen eine Belohnung versprachen, der die Rebellen fing und tötete. Ein Artikel vom 9. November 1691 berichtet über die Plünderungen durch einen

Sklaven namens Mingoe in Middlesex County, Virginia, und einer Anzahl seiner Anhänger in Rappahannock County. Diese Männer stahlen nicht nur Rinder und Schweine, sondern auch – und das wurde eigens angemerkt – „zwei Gewehre und andere Gegenstände."[239]

Im Juni 1711 wurden die Bewohner der Kolonie von South Carolina in „großer Angst und Schrecken" durch die „Aktivitäten verschiedener Neger" gehalten, „(die) bewaffnet herauskamen und Häuser und Plantagen ausraubten und plünderten." Diese Männer wurden von einem Sklaven namens Sebastian angeführt, der zuletzt von einem indianischen Jäger getötet wurde.[240] Im Jahr darauf hatte eine Gruppe von Sklaven in New York eine Reihe von Gebäuden in Brand gesteckt und zehn Weiße umgebracht. „Daraufhin wurden 21 Sklaven verbrannt, gehängt oder gerädert. Beim Stono-Aufstand von 1739 in South Carolina starben etwa 20 Weiße und 40 Neger",[241] berichtet Susanne Everett in ihrer illustrierten „Geschichte der Sklaverei."

Im Juni 1729 ist von einigen „davongelaufenen Negern" die Rede, die in den Bergen Virginias siedeln und von ihren Besitzern zurückgefordert würden. Miliz wurde eingesetzt, um weitere Siedlungen „in Zukunft zu verhindern."

Im September 1733 setzte der Gouverneur von South Carolina eine Belohnung von 20 Pfund (lebend) oder 10 Pfund (tot) aus für die Ergreifung „verschiedener fortgelaufener Neger, die in der Nähe der Congerees leben und mehrere der dortigen Einwohner ausgeraubt haben." Die Notchee-Indianer boten im April 1744 an, die Regierung von South Carolina zu unterstützen. Drei Monate später, im Juli 1744, bittet der Gouverneur James Glen, um die „Unterstützung einiger Notchee-Indianer, einige fortgelaufene Neger festzunehmen, die sich in die Wälder zurückzogen, bewaffnet sind und für Chaos sorgten."[242]

Die Anzahl der Flüchtigen in Georgia und South Carolina war um 1765 ziemlich groß. Diese Tatsache führte bei der Sklavenhalterklasse zu Ängsten vor Aufständen. Mindestens eine der Siedlungen der Maroons wurde durch Militär zerstört. Briefe aus Charleston berichten im August 1768 von einem Kampf mit freien und versklavten Schwarzen.

Gouverneur James Habersham von Georgia erfuhr im Dezember 1771, daß „eine große Anzahl flüchtiger Neger viele Raubzüge unternahmen und für Zwischenfälle in dieser Stadt (d. i. Savannah) sorgen, und daß ihre Anzahl täglich wächst." Es wurden eigens Indianer und Miliz eingesetzt, um diese Drohung zu beseitigen. Im Sommer 1772 drohte in Georgia dieselbe Gefahr. Die Miliz versuchte einzugreifen. Im August des Sommers 1782 ist von „Ärger“ in Virginia die Rede. Dann stellt sich heraus, daß ein „notorischer Räuber“, ein weißer Mann, rund fünfzig Männer, weiße und schwarze, um sich gesammelt hatte und die Gemeinde terrorisierte.

Die Briten bekämpften die Belagerung Savannahs durch die Revolutionäre mit Hilfe einer großen Anzahl schwarzer Sklaven, die sich als Belohnung die Freiheit erhofften. Die Niederlage der Briten zerstörte diese Hoffnung. Die Schwarzen flohen bewaffnet, und nannten sich selbst „Soldaten des König von England“ und führten ihren Partisanenkrieg an den Ufern des Savannah River weiter fort. Miliz von South Carolina und Georgia und indianische Verbündete griffen im Mai 1786 erfolgreich einige Siedlungen der Schwarzen an. Aber die Gefahr war damit keineswegs abgewendet. Im März 1787 benachrichtigt ein Sklavenhalter in Purrysburgh die Behörden über wiederholte Angriffe durch Partisanen. Sie hatten, so erklärt er, seine Plantage geplündert und seinen Aufseher verwundet. Die Behörden sind überzeugt, daß sofort etwas unternommen werden müsse; selbst in den eigenen Hausdienern begann man bald eine Gefahr zu sehen. So folgt man bald den Beispielen anderer Gemeinden und setzt ein Kopfgeld für die Ergreifung der Partisanen aus. Es wurden zudem Rufe laut nach einer „wirkungsvollen Vernichtung der fortgelaufenen Neger, die Plünderungen im südlichen Teil dieses Staates begehen.“ Also wird der Gouverneur autorisiert, eine Belohnung von zehn Pfund Sterling für jeden ergriffenen Partisan auszusetzen, gleichgültig, ob tot oder lebend.

Es existiert eine „Rechnung über Geldausgaben für die Verjagung der flüchtigen Sklaven nahe Purrysburg“ von der staatlichen Miliz unter Oberstleutnant Thomas Hutson, die von Catawba-Indianern unterstützt wurde und für die Ausübung ihres „Geschäfts“ 240 Pfund Sterling erhielten; 40 Pfund Sterling gingen eigens an „Capt. Patton für die Skalps, die die Catawbas unter seinem Kommando errangen“, während 20 Pfund an Jacob Winkler und Nathaniel Tetter gingen „für dieselben geschmackvollen Trophäen.“[243]

Auch im folgenden Jahr wurden in Georgia Gelder eingesetzt, um der Freiheitskämpfer habhaft zu werden, und es gibt Belege für weiteres Vorgehen in dieser Art bis zum Jahre 1793. Hauptmann William Harley und achtzehn Mann wurden „auf Wunsch des Gouverneurs eingestellt, um die Negerflüchtlinge zu bekämpfen.“ Die Männer hatten 15 Tage für die Erledigung ihrer Arbeit gefordert; und der Hauptmann bekam seine Belohnung. Es existiert auch ein Beleg über die Auszahlung von 40 Pfund Sterling an 22 andere Männer für einen „Feldzug gegen fortgelaufene Neger."

Hauptmann Harley war offenbar ein vielbeschäftigter Mann, denn es existieren noch weitere Belege über Auszahlungen an ihn und seine Männer.

Die Orte Chesterfiel und Charles City Counties in Virginia wurden im November 1792 durch Maroons heimgesucht. Ein Weißer wurde getötet, während man die Partisanen verfolgte. Zuletzt jedoch wurden zehn Partisanen durch den Einsatz von Hunden gefangengenommen.[244] Die Bewohner von Wilmington, North Carolina, wurden im Juni und Juli 1795 durch eine „Anzahl flüchtiger Neger, die sich tagsüber in den Mooren und Wäldern verstecken (...), bei Nacht zahlreiche Raubzüge in den benachbarten Plantagen unternehmen", aufgeschreckt. Sie töteten einen Weißen, einen Aufseher, und verletzten einen zweiten schwer. Doch auch die Partisanen erlitten Verluste: Fünf von ihnen, darunter ihr Anführer, bekannt unter dem Namen „General der Moore", wurden getötet. Man gab der Hoffnung Ausdruck, daß „diese Nester von Schurken völlig zerstört" werden würden. Es werden eigens Bürgerwehren aufgestellt, die auch nachts patrouillieren. Zwei Wochen später, am 3. Juli, wurde über die Gefangennahme und Exekution von vier weiteren Flüchtlingen berichtet, und am 17. Juli ging man davon aus, daß nur noch ein Anführer „und wenige irregeführte Anhänger" auf freiem Fuß wären.[245]

Die Existenz einer Siedlung der Maroons in der Umgebung von Elizabeth City, North Carolina, im Mai 1802 ist belegt durch die Tatsache, daß in dieser Zeit die „Widersetzlichkeiten" und Verschwörungen unter den Schwarzen zunahmen. Bekannt und von den Versklavten verehrt wurde ein Mann namens Tom Cooper, „der in einem der Sümpfe ein Lager hat." Im März 1811 wurde ein Flüchtlingslager in den Sümpfen von Cabarrus County, North Carolina, völlig vernichtet. Die Maroons „hatten gegen alles und jeden Widerstand geleistet und waren entschlossen, sich zu verteidigen." In den Kämpfen wurden zwei Frauen gefangengenommen, zwei Männer getötet und andere verwundet.[246]

Die Nähe des unfähig regierten spanischen Territoriums von Ost-Florida störte öfters den Gleichmut der amerikanischen Sklavenbesitzer. Etliche Siedler dieser Gegend jedoch waren Amerikaner, und, unterstützt durch Freiwillige von den Vereinigten Staaten, ermöglichten sie um 1810 einen Aufstand mit dem Ziel einer Annexion des Gebiets. In den Korrespondenzen von Offizieren der US-Armee finden sich immer wieder Hinweise auf amerikanische Schwarze, die nach Florida geflohen waren, wo sie die Indianer im Kampf gegen die Amerikaner und die „Patrioten" unterstützten. So berichtet Oberstleutnant Thomas Smith General Pinckney am 30. Juli 1812 von den jüngsten Raubzügen durch Indianer und der Flucht von rund 80 Sklaven. Er plante, Truppen zu senden, um die Situation in den Griff zu bekommen. Für die „Sicherheit unserer Grenze gedenke ich diesen Kurs beizubehalten. Sie haben, wie ich informiert wurde, gegenwärtig mehrere hundert Flüchtlinge aus Carolina und Georgia in ihrer Siedlung, und wenn sie nicht bald zum Stillstand gebracht werden, werden sie durch Fluchten aus Georgia und Florida so sehr erstarken, daß es problematisch sein wird, sie zu schwächen." Und es wurde in der Tat problematisch. In einem Brief an Gouverneur Mitchell vom 21. August 1812 erklärte Smith, daß die Schwarzen, die von den Indianern unterstützt würden, „sehr tollkühn geworden" wären. Im September flohen weitere Versklavte aus Georgia. Am 11. September wurde ein Gepäckwagen, der von Hauptmann Williams und zwanzig Soldaten bewacht wurde und für Smith bestimmt war, geplündert, Williams wurde getötet. Januar 1813 wird von weiteren Fluchten und Ausbrüchen berichtet; im Februar ist von Kämpfen mit „Negern und Indianern" die Rede und von der Zerstörung einer Siedlung der Maroons. Ein Teilnehmer dieser Kämpfe aus Georgia, Oberst Daniel Newman, erklärte, daß die Maroons, die Verbündeten der Indianer, die „besten Soldaten"[247] wären.

Die Weigerung des Senats der Vereinigten Staaten, der Besetzung Ost-Floridas Gesetzeskraft zu verleihen, führte schließlich zu einer Unterbrechung der Kämpfe. Im Jahre 1816 jedoch dienten der Verdruß und die Gefahr, die weitere schwarze Flüchtlinge bedeuteten, wieder als Rechtfertigung für eine amerikanische Intervention. Die Klagen der Südstaaten in den Ohren, sendeten die Behörden im Juli US-Truppen mit indianischen Verbündeten und unter der Führung von Oberst Duncan Clinch gegen den gefährlichsten Widersacher, eine gut ausgerüstete Festung der Schwarzen an der Appalachicola Bay. Nach einer Belagerung und zehn Tagen Beschießung durch Kanonen wurde das Fort völlig zerstört und 270 Männer, Frauen und Kinder getötet; vierzig Personen überlebten.[248]

Ein weiterer größerer Feldzug gegen eine Gemeinde der Maroons wurde im Jahre 1816 unternommen. Der Vorfall ereignete sich in der Nähe von Ashepoo, South Carolina. Gouverneur David R. William schreibt im Dezember 1816: „Einige flüchtige Neger, die sich in den Sümpfen und im Marschland versteckten (...), formten den harten Kern, um den sich all die Übelgesinnten und Frechen scharten, bis ihre Raubzüge so schlimm wurden, daß sie nicht länger straffrei ertragen werden konnten. Es wurden Versuche unternommen, sie zu verjagen, die – entweder wegen ungenügender Anzahl oder schlechter Planung – durch ihr Scheitern dazu führten, daß das Verlangen nach Zerstörung von Eigentum zunahm. Ihre Zunahme an weiteren Kräften ist alarmierend geworden, weniger durch ihre Anzahl an Personen als vielmehr durch Waffen und Munition, die ihnen geliefert wurden. Die besondere Lage des ganzen Abschnitts dieser Küste erschwert den Zugang zu ihnen, während die zahlreichen Flüßchen und Quellen, die durch das Marschland bis zu den Inseln führen, den Flüchtlingen gute Möglichkeiten zum Plündern geben, und zwar nicht nur mitten am Tag, sondern auch der Handel an der Küste gibt ihnen die Möglichkeit zu Aktionen, ohne eine Spur zu hinterlassen, so daß sie schwer verfolgt werden können. (...) Ich befahl darum Generalmajor Youngblood, Maßnahmen gegen diese Leute zu ergreifen, und autorisierte ihn, die nötigen Gelder für einen derartigen Feldzug zu beschaffen. Dies wurde sofort ausgeführt. Bei einer klugen Einstellung und Beschäftigung der Miliz unter seinem Kommando wurde er entweder gefangen oder er zerstörte die ganze Siedlung."[249]

Der *Norfolk Herald* vom 29. Juni 1818 berichtet von schweren Zerstörungen durch eine Gruppe von dreißig jungen Flüchtlingen, die zusammen mit Weißen in der Umgebung von Princess Anne County, Virginia, umherzogen. Es wird auch berichtet, daß ein Anführer und „eine alte Frau" gefangen wurden. Im November desselben Jahres wurden weitere Aktivitäten von Maroons in Wake County, North Carolina, so bedrohlich, so daß die örtlichen Medien den Patrouillen rieten, gut aufzupassen. Später kam es zu einem Überfall durch „Maroon-Banditen", die von einem Mann namens Andey alias Billy James angeführt wurden, der auch Abellino genannt wurde. Er wurde durch bewaffnete Bürger zurückgeschlagen. Man ging davon aus, daß James den Tod von mindestens einem Weißen verursachte. Auf Billy James wurde ein Kopfgeld von 100 Dollar ausgesetzt, auf sieben seiner Gefährten zusammen 100 Dollar.

Im Sommer 1819 fanden Feldzüge gegen Maroons in Williamsburg

County, South Carolina, statt. Dabei wurden drei Schwarze getötet, mehrere gefangen und ein Weißer getötet. Der Sommer 1821 bildete einen Höhepunkt der kriegerischen Aktivitäten von Maroons in den Counties Onslow, Carteret und Bladen, North Carolina. Sie planten, sich mit den Versklavten in den Plantagen zu verbünden, um mit ihnen zusammen die Sklavenhalter zu bekämpfen. Rund 300 Mitglieder der Miliz der drei Counties versahen 25 Tage im August und September ihren Dienst. 12 Männer wurden verwundet, als zwei Kompanien der Miliz versehentlich aufeinander schossen. Mitte September war die Situation „unter Kontrolle", obwohl die Miliz „keine großen Fortschritte machte, all die Flüchtlinge festzunehmen, sie fingen einige und verjagte andere und unterdrückten den Geist des Aufruhrs."[250] Ein Zeitungsartikel aus dem Jahre 1824 teilt mit, daß „die bewegende Kraft" dieses Aufstands ein Schwarzer namens Isam „alias General Jackson" gewesen sei, der zuerst entkommen konnte, jedoch später bei Cape Fear, North Carolina, zu Tode gepeitscht wurde.[251]

Im Sommer 1822 werden rund um Jacksonborough, South Carolina, „Aktivitäten" von bewaffneten schwarzen Flüchtlingen beobachtet. Drei der Freiheitskämpfer werden gefangen und am 19. Juli gehängt. Im August setzt Gouverneur Bennett eine Belohnung von 200 Dollar aus für die Ergreifung von zwanzig Maroons in der Region. Es ist denkbar, daß diese Maroons Anhänger der Verschwörung Denmark Veseys waren, die 1822 aufflog.

Denmark Vesey war zweifellos ein Mann gewesen, der in den Versklavten Hoffnungen geweckt hatte, der sie ermutigte und lange Zeit für Gesprächsstoff bei ihnen sorgte – und nicht nur bei ihnen. Im wachsenden Widerstand unter den Sklaven bedeutete der Aufstand Denmark Veseys eine erste große Zäsur; der Aufstand unter Nat Turner, knapp zehn Jahre später, würde die zweite sein: Ein „monströser Gipfel eines ganzen Jahrzehnts unheilverkündender Ereignisse, ein Jahrzehnt (...) ökonomischer Einbrüche, von lärmenden Aktivitäten der Anti-Sklaverei-Bewegung und wachsender Sklavenunruhen, die mit der Denmark-Vesey-Verschwörung ihren Anfang nahm."[252]

Gerüchte schwirrten von Charleston, South Carolina, nach Wilmington, und von dort weiter zum Ostufer von Maryland, nach Alabama, Mississippi, Louisiana. Anfangs hatte man nur gewußt, daß Denmark gefangen und verurteilt worden war. Dennoch bedeutete er für die Versklavten ein ermutigendes Zeichen: Der Kampf um Freiheit ist möglich.

Denmark Vesey war ein freier Mann gewesen. 1799 hatte er sich im Alter von 33 Jahren selbst freikaufen können, doch seine Familie war weiterhin versklavt.[253] Er war Seemann und konnte lesen und schreiben. Er gehörte zu den prominentesten Vertretern der *African Methodist Episcopal Church* in Charleston. Mit einer Handvoll Vertrauter plante er ab Ende 1821 einen Aufstand. Die Gruppe wollte „mit den Tausenden von Sklaven, welche in und um Charleston lebten, die Stadt besetzen und dann vermutlich nach Haiti segeln, da dort die Sklaverei abgeschafft war und die ehemaligen Sklaven die Macht ergriffen hatten. Wie viele Sklaven die Pläne unterstützten, ist bis heute unklar."[254] Der „schwarze Napoleon" Toussaint L`Ouverture, der, inspiriert durch die Revolution in Frankreich, 1791 Haiti von der weißen Herrschaft zu befreien versuchte, war Denmark Vesey ein Begriff; er „gehörte zu den Negern, die recht genau über die Ereignisse in Haiti informiert waren",[255] schreibt Hetmann. Denmark begriff, daß einige der Voraussetzungen, die den Aufstand in Haiti begünstigt hatten, in den USA nicht gegeben waren. Es fehlte vor allem das einigende Band eines im Untergrund fortbestehenden und solidarisierend wirkenden religiösen Kultes. Toussaint L`Ouverture war Christ, praktizierte aber auch den Voodoo-Kult, der auf den Candomblé der Yoruba zurückgeht.[256]

Denmark bezog sein Agitationsmaterial aus der Bibel, die seine Lieblingslektüre war. Er kannte die emotionale Kraft der Verse, die davon berichten, wie Moses sein Volk nach vierhundertjähriger Gefangenschaft aus Ägypten führt: Eine Parabel auf die Gefangenschaft der Schwarzen. Doch Denmark setzte hinzu: „Gott hilft nur denen, die bereit sind, sich selbst zu helfen." Er zitierte in Gesprächen nicht nur Zeitungsberichte über Haiti, sondern auch die Präambel der amerikanischen Unabhängigkeitserklärung, 1776 verfaßt von Thomas Jefferson: „Wir halten diese Wahrheiten als selbsteinsichtig, daß alle Menschen gleich geschaffen und von ihrem Schöpfer mit gewissen unveräußerlichen Rechten ausgestattet worden sind, darunter das Recht auf Leben, Freiheit und das Verlangen nach Glück. Um diese Rechte zu sichern, sind Regierungen unter den Menschen eingesetzt, deren Macht von der Zustimmung der Regierten herrührt.

Wann immer eine Regierungsform diese Rechte nicht mehr verwirklicht, ist es das Recht des Volkes, sie zu ändern oder abzuschaffen und eine neue Regierung einzusetzen, die sich auf den Boden dieser Prinzipien stellt und deren Gewalten so organisiert sind, daß durch sie nach menschlichem Ermessen die Sicherheit und das Glück herbeigeführt werden können."[257]

Das hieß doch wohl auch: Freiheit, Menschenrechte für die Schwarzen?

Jefferson hatte, als er die Einleitungssätze der Unabhängigkeitserklärung schrieb, die Schwarzen durchaus mitgemeint und dazu die Zustimmung seiner Landsleute erhofft.

Die Formulierung „that all men are created equal" („daß alle Menschen gleich geschaffen sind") ist in ihrer politischen Absicht eindeutig. Und es ist auch kein Zufall, daß in der Proklamation als Zielvorstellung nicht mehr der Slogan „Freedom und Property" („Freiheit und Eigentum") auftaucht, der in den frühen Jahren der Rebellion so oft gefallen war, sondern jene in einer anderen Sprache fast unübersetzbare Wortverbindung „Pursuit of happiness", die man als „Aussein auf Glück" umschreiben kann.

Es ging also nicht nur um eine Rebellion „zur Sicherung des Eigentums gegen ungerechte Steuern (...), sondern eine Gesellschaft wurde hier verkündet, in der alle Menschen im Rahmen des Menschenmöglichen, auch ihren Traum vom persönlichen Glück verwirklichen konnten",[258] folgert Hetmann.

Doch genau in diesem Satz lag Dynamit. Denn wenn alle Menschen vor ihrem Schöpfer gleich sind, wenn sie mit gleichen Rechten und Pflichten geboren wurden, wie stand es dann um die Rechte der Versklavten? Sie waren „unfrei, sie besaßen nicht weniger, sie besaßen überhaupt keine Rechte."

Jefferson wußte, daß die Ächtung des Menschenraubs der erste Schritt sein mußte, wollte man an der Situation der Versklavten etwas ändern. Der Sklavenhandel mußte aufhören, dann bestünde noch Hoffnung, daß sich die übrigen Probleme der Schwarzen lösen würden. Jefferson hatte Georg III. von England für den Sklavenhandel verantwortlich gemacht, der in seinen Augen „die geheiligten Rechte des Lebens und der Freiheit verletzt" hatte, indem er unschuldige Menschen „einfangen und in die Sklaverei in eine andere Hemisphäre verschleppen ließ oder auf dem Weg dorthin ihren Tod verursachte."

Bald jedoch zeigte sich, daß eine Einigung unmöglich war. Die Entscheidung für oder gegen Sklaverei sollte jeder Kolonie selbst überlassen bleiben, lautete die Gegenmeinung. Andere wiederum hofften, daß die Sklaverei eines Tages „von selbst" verschwinden würde, im Moment jedoch wäre sie unabdingbar für die wirtschaftliche Erschließung und Entwicklung des Landes; vor allem Georgia und South Carolina hatten nicht auf die wirtschaftlichen Vorteile, die der Besitz von Sklaven mit sich brachte, verzichten wollen.

Als Ergebnis der Diskussionen hatte Jefferson in sein Notizheft geschrieben: „Die Klausel, welche die Versklavung von Einwohnern Afrikas verurteilt, wurde aus Gefälligkeit gegenüber South Carolina und Georgia herausgenommen."[259]

Diese politische Niederlage hat Folgen auch für jene Schwarzen, die für die junge Republik gekämpft hatten. Zwar erhielten rund 100.000 Schwarze als Lohn für ihre Teilnahme am Freiheitskampf die Freiheit; andere jedoch „stimmten mit ihren Füßen": Sie flohen enttäuscht nach Kanada oder Florida, und als sich 1782 und 1783 die englischen Truppen zurückzogen, schifften sich viele Ex-Sklaven mit ihnen ein.

Vielleicht sind Denmark Vesery diese Geschehnisse bekannt gewesen; sicher wird er gewußt haben, daß die Präambel der amerikanischen Verfassung aus politischen Rücksichtnahmen gegenüber dem Süden Lücken aufwies. Er kämpfte weiter, sammelte Anhänger um sich. Dann bot sich ihm die Gelegenheit, nach Afrika auszuwandern.

Die meisten Kaufleute des Nordens machten sich wenig Gedanken über die Profite, die der Sklavenhandel auch für sie bedeutete, doch es gab eine Ausnahme: Paul Cuffe, der als Sohn eines freigelassenen Sklaven geboren wurde. Der Sechzehnjährige hatte auf einem Walfänger angeheuert, weil für Schulbesuch kein Geld da war. Bald hatte er so viel gespart, daß er sich als Reeder niederlassen konnte. „Zusammen mit achtzehn anderen schwarzen Steuerzahlern protestierte er 1780 bei der Revolutionsregierung von Massachusetts gegen die Benachteiligung der Neger und berief sich dabei auf die Parole, mit der die Kolonisten gegen die englische Willkür zu Felde gezogen waren: Besteuerung ohne Mitspracherechte in der Volksvertretung kann nicht geduldet werden."[260]

Drei Jahre später bestätigte ein Gericht in Massachusetts: Schwarze, die Steuern zahlen, müssen auch das Wahlrecht erhalten.

Cuffe mehrte seinen Wohlstand. Auf seinen Schiffen wurden prinzipiell Schwarze als Matrosen angeheuert. Um 1806 reifte in ihm ein Plan, den er so beschreibt: „Ich bin schon seit einigen Jahren mit dem Gedanken umgegangen, nach Sierra Leone zu reisen, um die Situation dort in Augenschein zu nehmen. Ich habe den tiefen Wunsch, daß die Einwohner Afrikas aufgeklärte Menschen werden."[261] Auf seiner Reise nahm er 38 Schwarze mit. Er hoffe, daß sein Beispiel Schule machen würde und daß an der Westküste Afrikas ein freier Staat für Schwarze entstehen könnte, „regiert nach den Idealen und Errungenschaften der amerikanischen Revolution."

Auch Denmark Vesey war zu einer solchen Auswanderungsexpedition aufgefordert worden, doch hatte er bereits andere Pläne. So stach Cuffes Schiff ohne ihn in See. Denmark plante eine Revolution, um alle Sklaven zu befreien. Sein Projekt hatte eine „gewisse Ähnlichkeit mit der Zellenbildung, wie sie die kommunistische Partei in ihren revolutionären Tagen praktizierte", meint Hetmann. „Er suchte sich Schlüsselpersonen, die ihrerseits Rekruten anwarben. Nur die Führungsspitze kannte alle Pläne, die Mitglieder einer Zelle jedoch nur den Namen ihres Führungsmannes und den groben Umriß des Gesamtplanes. Wurde also ein 'Rekrut' festgenommen und bei Verhören gefoltert, so konnte er durch seine Aussage nie den Ablauf des gesamten Unternehmens gefährden."

Auch in der Wahl seiner Unterführer bewies Denmark Einsicht in die Struktur der Gemeinden der Schwarzen und einen sicheren Blick für Personen, die imstande waren, einen solchen Aufstand zu tragen. Er warb zunächst um die freien Handwerker, deren Bewegungsfreiheit nicht eingeschränkt war; dann versuchte er mit den Gemeindevorstehern der schwarzen Methodistengemeinde Kontakt aufzunehmen. Hier konnte er mit einer ähnlichen Solidarität rechnen wie Toussaint L`Ouverture auf Haiti mit den Priestern des Voodoo-Kultes. Einer seiner Helfer war Gullah-Jack, ein in Afrika geborener Zauberer, der den Ruf hatte, kugelfest zu sein. Doch als wichtigster Mann galt Peter Poyas, ein schwarzer Schiffsbauer. Er hatte sich zur Ausführung des schwierigsten Unternehmens am „Tag X" freiwillig gemeldet: Zum Überfall auf die Hauptwache von Charleston. Von ihm geht die Fama, daß er sogar an die schwarze Regierung von Haiti geschrieben und sie um Unterstützung des Aufstandes gebeten hätte.

In der Revolte Denmark Veseys waren die Fäden weit geknüpft; von manchen Plantagen konnten alle Sklaven gewonnen werden. Heimlich wurden Waffen hergestellt und Masken, mit denen man sich als Weißer verkleiden konnte. Man vermutet, daß bis zu 9000 Sklaven an der Verschwörung beteiligt gewesen waren.

Geplant war, wie in Haiti alle Weißen umzubringen. Als Tag des Aufstandes war der 16. Juli 1822 festgesetzt worden. Das Autorenteam Meissner, Mücke und Weber dagegen nennen den 14. Juli: Das ist der „Jahrestag des Sturms auf die Bastille."[262]

Dann jedoch unterlief einem Mitarbeiter ein Fehler: Paul Williams versuchte, einen Haussklaven anzuwerben, obwohl man ihn davor gewarnt hatte, denn Haussklaven galten als größte Gefahr für die Revolte. Man vertraute ihnen nicht, weil sie aufgrund ihrer ständigen Nähe zu den Weißen als unverläßlich galten. So war es auch hier – innerhalb kürzester Zeit waren die Behörden über die Verschwörung unterrichtet. Eine fatale Rolle spielte auch ein Denunziant, der später für seine Dienste vom Staat Carolina sogar eine Belohnung und eine Pension erhielt.

Zunächst jedoch entstand eine fast groteske Situation, weil man auf „das Geschwätz der Neger" nichts gab. Williams versuchte, seinen Fehler wieder gut zu machen, indem er sich beim Verhör dumm stellte und behauptete, der Denunziant habe ihn falsch verstanden.

Über den geplanten Aufstand existieren unterschiedliche Aussagen. Edward Ball schreibt, daß ein Sklave namens „William" den Aufstand verraten hätte, ebenso die Festgenommenen. Außerdem erwähnt Ball einen Sklaven namens Paris, der in direkter Verbindung zu den Führern des Aufstandes gestanden hätte.[263] –

Da die Behörden weder Beweise noch sonstige konkreten Anhaltspunkt hatten, blieb es vorerst zwei Wochen lang bei einem gegenseitigen Belauern. Um weitere Verdächtigungen zu entkräften, wagten sich zwei der Rädelsführer, Peter Poyas und Mingo Harth, in die Bürgermeisterei und forderten, die unhaltbaren Anschuldigungen über sie genauestens zu untersuchen und dann fallen zu lassen. Die Behörden ließen sich tatsächlich bluffen. Sie konnten sich nicht vorstellen, daß sich eingeschüchterte Sklaven, die wußten, daß ihnen der Tod drohte, so benehmen würden. Peter und Mingo verließen als freie Männer das Rathaus. Sie hüteten sich, mit Denmark Kontakt aufzunehmen.

Dann jedoch lief am Freitag vor dem entscheidenden Tag ein weiterer Sklave zum Feind über. Diesmal handelte es sich um einen Mann aus dem „inneren Kreis" der Verschwörer. Nun wurden den Behörden die Namen der Führungsgruppe bekannt, und sie griffen zu. Es erfolgten Prozeß, Urteil und Hinrichtung. Nur einer der Führer legte ein Geständnis ab. Peter Poyas und die anderen dagegen ermutigten ihre Gefährten, kein Wort zu sagen. Von Peter Poyas ist bekannt, daß er weder Angst noch Reue zeigte. Auch Denmark Vesey verriet niemanden. Durch ihre Charakterstärke und Kaltblütigkeit retteten die beiden Männer vermutlich Hunderten von Sklaven das Leben. Als Peter Poyas gefragt wurde, warum er seinen Herrn und dessen Familie hatte umbringen wollen, „lächelte er nur vielsagend, was die Weißen unerhört irritiert zu haben scheint."[264]

Die Angaben über die Anzahl der Inhaftierten und am 2. Juli 1822 Hingerichteten sind widersprüchlich; eine nennt 100 Personen, eine andere 143 Inhaftierte und 35 Gehängte.[265] „Der Aufstand fand überall in den USA große Beachtung und diente als Vorwand, um die Kontrolle über die Sklaven zu verschärfen."[266]

So endete diese große Revolution von Schwarzen durch Verrat; die Verschwörer scheiterten an Kleinigkeiten, die sich nicht voraussehen lassen. Für die Sklaven, die nachts heimlich in ihren Elendsbehausungen debattieren, bedeuten jedoch Männer wie Toussaint oder Denmark eines: daß Widerstand möglich ist, und er flammt in den folgenden Jahrzehnten in der Tat immer wieder auf.

Doch auch für die Weißen hatte der Aufstand Denmark Veseys weitreichende Konsequenzen: Man fühlte sich jetzt keineswegs mehr so sicher. Eine Vorfahrin Edward Balls, die damals achtundzwanzigjährige Eliza Ball, schreibt in ihrem religiösen Tagebuch: „O himmlischer Vater, wie groß war Deine Gnade, als Du uns & unsere Stadt vor Feuer & Mord bewahrtest, die uns von einer Bande in unserer Mitte drohten... Schenke uns weiterhin Deine Gnade, o Gott, uns vor solchem Übel zu bewahren... Läutere ihre Herzen, o Herr, damit sie nie wieder Böses aushecken, sondern wie es Dein Wille ist in Ruhe und Frieden leben."[267] Die Vorfahren des Autors besaßen Sklaven, die – wie Paris Ball – in die Verschwörung verwickelt waren.

- Von „Ruhe und Frieden" konnte für die Versklavten nach der Aufdeckung und Niederschlagung der Verschwörung schwerlich die Rede sein. Sie waren nun noch stärkeren Kontrollen unterworfen, ihre ohnehin geringe Bewegungsfreiheit wurde noch mehr beschnitten. Denmark Veseys gescheiterter Aufstand erschwerte also das Leben der Versklavten noch zusätzlich. Ein Sklave, der allein, ohne einen Erlaubnisschein seines Besitzers, auf der Straße angetroffen wurde, konnte ausgepeitscht werden, und es spielte keine Rolle, ob vom Besitzer, Aufseher oder irgendeiner anderen Person. Sklaven, die untätig irgendwo herumstanden und miteinander redeten, wurden gleichfalls ausgepeitscht. Zusammen zu beten war ebenso ein Verbrechen wie das Lernen von Lesen und Schreiben: Beides wurde verboten. Die Sklavenhalter wußten nur zu gut: Lesenkönnen ermöglicht Wissen und macht den Sklaven unzufrieden mit dem ihm bestimmten Schicksal.

Trotz dieser zusätzlichen Unterdrückungsversuche und Schikanen lebt der Freiheitsgedanke in den Versklavten weiter. Ausbruchsversuche kommen immer wieder vor. Der *Norfolk Herald* vom 12. Mai 1823 z. B. enthält einen Bericht über Maroons unter den Titel: „Ein gefährliches Subjekt." Er erklärt, daß die Bürger des südlichen Teils von Norfolk County, Virginia, „seit einiger Zeit aufgrund der Tatsache, daß ihr Leben von der Gnade einiger hinterhältiger Mörder abhängt, in einer beunruhigenden Situation leben, wogegen weder die Macht des Gesetzes etwas ausrichten konnte noch Wachsamkeit oder persönliche Unternehmungen und Unerschrockenheit. Diese Gesetzlosen sind flüchtige Neger (...) Ihr erstes Ziel ist es, Waffen und Munition zu erlangen, um sich die notwendige Ausrüstung für ihre Versorgung zu beschaffen und um sich gegen Angriffe zu verteidigen oder um Rache auszuüben."

Es wird außerdem berichtet, daß bereits etliche Weiße zu Tode gekommen wären, was für Angst sorgte. „Keine Person kann ihr Leben für gesichert halten gegen die mörderischen Absichten dieser Monster in Menschengestalt. Jeder, der sich widerwärtig verhalten hatte, muß damit rechnen, früher oder später Opfer ihrer Rache zu werden."

Es wird Miliz eingesetzt, um diese „Gesetzlosen auszumerzen", und „dies erleichtert den Anwohnern eine Situation ständiger Angst, denn nichts kann quälender sein." In den nächsten Wochen werden immer wieder Berichte über das Töten oder die Gefangennahme von schwarzen Freiheitskämpfern veröffentlicht.[268] Zum Höhepunkt dieser blutigen Kriege kommt es am 25. Juni 1823, wobei der Anführer der Partisanen, Bob Ferebee, gefangen wird, der bereits sechs Jahre lang in Freiheit gelebt hatte. Im Juli wird er hingerichtet. Im Oktober desselben Jahres werden Flüchtlinge in der Nähe von Pineville, South Carolina, angegriffen. Es gibt Verletzte und Tote. Einer der Maroons wird geköpft und sein Kopf öffentlich ausgestellt, „um die teuflischen Sklaven zu warnen."[269]

Im Dezember 1825 kauft die Staatsverwaltung von South Carolina von Mrs. Perrin aus Richland County ihren Sklaven namens Royal und läßt ihn frei. Dies geschieht aufgrund einer Petition, die 81 Pflanzer in der Nachbarschaft unterschrieben hatten.

Wir müssen annehmen, daß nur äußerst ungewöhnliche Vorfälle, die die Interessen der Pflanzerklasse unmittelbar bedrohten, zu derartigen Schritten führten. Wir erfahren durch die Petition, daß „es nun einige Jahre her (ist), daß Mr. Ford, ein hochgeachteter und geschätzter Bürger unseres Staates, nicht weit entfernt von Georgetown, S(outh) C(arolina), von einem Neger namens Joe (oder Forest) ermordet wurde, der Mr. Carroll, wohnhaft Richland Distrikt, gehört." Vom Gouverneur und den Angehörigen des Verstorbenen wurde ein Kopfgeld ausgesetzt, doch der Gesuchte blieb unauffindbar. Die Petition fährt fort: „Er war so listig und geschickt, daß er der Verfolgung entkam und bisweilen so kühn, daß er ohne Anwendung von Gewalt jeden Gehorsam verweigerte. Ermutigt durch seinen Erfolg rutschte er immer tiefer ins Verbrechen ab, und weder Angst noch Gefahr hinderten ihn daran, andere zu bedrohen und der Anführer einer Bande übler Burschen zu werden.

Die meisten Flüchtlinge liefen zu ihm, und er wurde ihr Anführer. Er hat die Fähigkeit, andere zu begeistern. So war seine List; doch die wenigen Unternehmen, die er plante, waren erfolglos. Seit dem Mord an Mr. Ford sind beinahe vier Jahre vergangen, und sie alle sind angefüllt von den Verbrechen dieser üblen Burschen (...). Er ist der gefährlichste aller Schwarzen in diesem Abschnitt des Counties (solche sind dafür bekannt, Ungehorsam und Aufstände zu provozieren). (...) Wir sehen uns gezwungen, die Notwendigkeit des Zusammenhalts um der häuslichen Sicherheit willen zu erklären; und es wichtig, unsere Schwarzen durch ein passendes Beispiel mit richtiger Angst niederzuhalten. (...) Wir stellen mehrere Kompanien Infanterie zusammen."

In den Augen der Pflanzer waren diese unfähig, es mit Joe (oder Forest) aufzunehmen. Und hier kommt Mrs. Perrins Lieblingssklave Royal ins Spiel, der eine Strategie vorschlug und anbot, Joe und seine Anhänger zu überlisten und in einen Hinterhalt zu locken, damit die Pflanzer sie überwältigen könnten. Royal „verlockte diejenigen, die so lange gesucht worden waren (...). Bald begriffen sie ihren Fehler und die Gefahr, die ihnen drohte, darum versuchten sie sich sofort mit Musketen zu verteidigen, aber einige gut gezielte Schüsse durch die Weißen töteten Joe und drei seiner Kameraden. Die übrigen Mitglieder der Gruppe wurden entweder während der Verfolgung getötet, wegen Mordversuchs gehängt oder flohen in ihr jeweiliges Zuhause."

So erlangte Royal seine Freiheit – „körperlich, wenngleich nicht geistig",[270] wie Aptheker kritisch anmerkt.

Im Juni 1827 wurde in Mobile County, Alabama, eine andere Gemeinde von Maroons während einer drei Tage währenden Beschießung durch Sklavenhalter völlig aufgerieben. Die Maroons lebten seit Jahren in diesem Gebiet und raubten regelmäßig Plantagen aus. Als sie angegriffen wurden, bauten die Maroons ein von Palisaden umgebenes Fort. Man ging davon aus, daß die Maroons Versklavte befreiten und sie zum Fort führten. Die Sklavenhalter brauchten Kanonen, um es zu zerstören. Die Maroons leisteten verzweifelten Widerstand, „sie kämpften wie die Spartaner." Drei fielen, mehrere andere wurden verwundet; etliche aber entkamen. Weil die Verteidiger die schlechteren Waffen hatten, wurde nur ein Weißer leicht verwundet.[271]

Im Sommer 1829 ist von einem „Überfall durch eine große Bande fortgelaufener Neger" auf die Gemeinden Christ Church und St. James die Rede, außerdem zerstörten sie den Besitz von Pflanzern. Zufällig wurde die Gruppe von einigen Jägern entdeckt. Ein Schwarzer wurde verwundet, vier weitere gefangen. Die anderen entkamen, doch der Charlestoner *Mercury* gab der Hoffnung Ausdruck, daß die Bürger in ihren Anstrengungen nicht nachlassen würden, bis der „Teufel erfolgreich vertrieben wird."[272]

In diesem Jahr reichten 23 Pflanzer der Gemeinde Christ Church in South Carolina eine Petition an die Staatliche Gesetzgebende Versammlung ein. In der Petition wird auf ein Gesetz aus dem Jahre 1821 angespielt, das die Ermordung eines Sklaven unter Androhung von Bestrafung verbietet. Ein Sklavenhalter, der „mit Vorsatz und bösem Willen einen Sklaven ermordet, soll die Todesstrafe erleiden", während „Tötung im Affekt" mit einer Geldstrafe „von nicht mehr als 500 Dollar" und einer Haftstrafe nicht unter sechs Monaten geahndet wurde.[273]

Die Sklavenhalter erklärten, daß ihre Güter in Charleston und ihre Gemeinde von befahrbarem Wasser umgeben wären, das direkt zu ihnen führe und einen Austausch mit der Stadt ermöglichte und daß die große Straße nach Norden direkt durch ihre Gemeinde führe, so wären sie gegenüber der „teuflischen Tatsache" flüchtiger Sklaven und ihrer „ruinösen Raubzüge" besonders exponiert. Sie befürchten außerdem, daß der Geist des Aufstands das Hauspersonal „vergiften" würde; dies könne nur verhindert werden, wenn die Südstaaten „sich selbst gegenüber aufrichtig" wären, denn es sei bereits viel Unheil angerichtet worden und es nähme täglich durch „irregeleiteten Enthusiasmus und unbewachte Bewegungen, Taten und Gerede durch Personen unseres eigenen Staates zu, die nur wenig oder nichts besitzen und sich unaufhörlich in alles einmischen, obwohl sie von der Landwirtschaft des Landes unterstützt werden."

Diese Zeilen spielen auf die gegen die Sklaverei gerichtete Einstellung der ärmeren Leute in South Carolina an. Die Pflanzer beklagen sich weiter über den wirtschaftlichen Niedergang. Sie erklären, daß deswegen „große Gruppen von Negern" von Händlern aus Charleston verkauft wurden, und daß ein „zügelloser Verkehr dieser (Sklaven) mit freien Schwarzen und niedrigen und wertlosen Weißen" stattgefunden habe, was in die Köpfe der Schwarzen Gedanken von „Ungehorsam und Emanzipation" eingepflanzt hätte, die sie überall verbreiteten.

Indem sie nochmals das Gesetz von 1821 erwähnten, betonten die Bittsteller, daß jene, die es erließen, „keine praktizierenden Pflanzer" wären. Sie kritisierten, daß die Gesetzgeber der Südstaatler, die durch ein Gesetz, das einem Weißen im Fall einer Tötung eines Sklaven – der Besitz ist - mit der Todesstrafe droht, den Weißen „in eine lächerliche Situation bringen, was „von den Geschworenen unserer Landsleute nicht zugelassen worden wäre."

Die Pflanzer gehen von der Überzeugung aus, daß der Effekt des Gesetzes der wäre, daß auf Akte der Gewalt, von Schwarzen verursacht, eine sofortige Rache der Weißen folgen würde. Und sie bitten um die „unverwässerten Gesetze" der Vorväter, „denn die alten Gesetze waren praktisch, vernünftig und sie führten zur Exekution." Das Gesetz von 1821 führte ihrer Meinung nach zu einer veränderten Einstellung der Sklaven, so daß sie ihre Herren nun mit anderen Augen ansähen als vorher; das Gesetz bedeutete eine Grundlage für ihre Emanzipation gegenüber den Behörden und führe „selbstverständlich in einen Zustand ungezügelter Freiheit und Unanständigkeit", was letztlich bedeutete, daß die Weißen daran gehindert würden, dem Staat in angemessener Weise zu dienen.

Dieser Zustand einer „Sicherheit im Verbrechen", wie die Bittsteller erklärten, bedeutete „mehr und mehr Scheußlichkeiten, und seitdem haben die Plünderungen unseres Besitzes, der Raub von Feldfrüchten und Vieh zugenommen. (...) Solche Neger sind die Folge dieser Verkettung fataler Umstände, die seit Jahren unverändert fortdauern, weil der Respekt gegenüber den Weißen nachgelassen hat; und daher werden sie sorglos hinsichtlich der Folgen und suchen jede Gelegenheit, wenn Personen allein sind und vermutlich wehrlos, um sie anzugreifen." Die Bittsteller führten zahlreiche Beispiele von Kämpfen zwischen Schwarzen und Weißen an und erklärten, daß dieser Zustand „nicht länger tolerierbar" wäre – „ein Neger wurde vor einigen Monaten ergriffen; er erklärte, daß er innerhalb von drei Monaten vierzig Stücke Vieh getötet hätte; und viele von uns werden daran gehindert, ihren Besitz zu verteidigen, auch nachdem große Mengen Rinder, Schafe und Schweine getötet wurden."[274]

Zwischen September und Dezember 1830 spielten Maroons eine wichtige Rolle im Zusammenhang von „Widersetzlichkeiten" von Sklaven, und zwar in North Carolinas Counties Sampson, Bladen, Onslow, Jones, New Hanover und Dublin. Die Einwohner beklagten sich, daß „ihre Sklaven nahezu unkontrollierbar geworden sind. Sie gehen und kommen, wann es ihnen paßt, und wenn man einen Versuch macht, sie zu korrigieren, fliehen sie sofort in die Wälder und dort fahren sie Monate und Jahre hindurch fort, unser Vieh, Schweine und Schafe zu stehlen."[275] Einer dieser Flüchtlinge, Moses, der zwei Jahre in Freiheit gelebt hatte, wurde im November gefangen. Von ihm erhielt man die Information (vermutlich durch Folter), daß ein Aufstand drohe, daß die Verschwörer Waffen und Munition versteckt hätten und daß sie Läufer und Kuriere zwischen Wilmington, Newbern und Elizabeth City hätten, die Nachrichten übermittelten, z. B. berichteten sie von einem Feldlager in Dover Swamp mit dreißig bis vierzig Personen, von einem anderen in der Nähe von Gastons Island bei Price Creek, und verschiedenen weiteren bei Newport River und in der Nähe von Wilmington. An dem Platz, den Moses angegeben hatte, wurden Waffen gefunden, „die sich im Besitz einer zurückgezogen lebenden weißen Frau befanden; (…) durch die Hilfe eines Kindes fanden die Bürger einen kleinen Pfad; das Kind sagte, daß seine Mutter täglich vier oder fünf Flüchtigen Lebensmittel gäbe, und es zeigte die Stelle, (…) wo das Fleisch versteckt war und gefunden wurde – das Feldlager in Dover wurde gefunden, eine Gruppe von Nachbarn entdeckte es, verbrannte elf Häuser und fand heraus, daß dieser Platz ein oft besuchter Treffpunkt war."[276]

Möglicherweise war die Weiße eine „Station Mistress", d. h. eine Frau, die Flüchtlinge unterstützte und mithalf, das Sklavereisystem zu bekämpfen.

Zeitungsartikel berichten uns wiederholt von Kämpfen gegen schwarze Flüchtlinge. Im Juni 1836 z. B. ist von einer „Bande Flüchtlinge im Cypress Swamp in der Nähe von New Orleans" die Rede, die „Raubzüge unternimmt." Im Juli des folgenden Jahres wird vom gewaltsamen Tod eines „Sklaven-Anführers" namens Squire berichtet, dessen Gruppe man für den Tod etlicher Weißer verantwortlich machte. Squire hatte drei Jahre gekämpft. Eine Gruppe von Soldaten fing ihn und stellte seinen Leichnam in der Stadt aus.

Das Jahr 1837 bedeutete auch den Beginn des sog. Florida- oder Seminolenkrieges, der sich bis 1843 hinzog. In diesem Krieg wurden auch etliche Schwarze gefangen, die mit den Seminolen zusammengelebt hatten. Zu Beginn der Auseinandersetzungen verfügten die Indianer über 1650 Krieger und 250 schwarze Kämpfer. Letztere, so wird berichtet, waren „die furchtbarsten Feinde, noch blutdurstiger, aktiver und rachedurstiger als die Indianer."[277]

Oft kam es bereits während der Verschleppung aus Afrika zu Aufständen. Der – auch durch den Spielfilm von Steven Spielberg – bekannteste Fall ist der Aufstand auf der *Amistad*.[278] Nach ihrer Verschleppung aus Afrika waren Sklaven in Havanna erneut auf ein Schiff gebracht worden, um in einem anderen Teil der Insel zu arbeiten. Auf dieser Fahrt brachten sie im Juli 1839 das Schiff unter ihre Kontrolle und befahlen dem Kapitän, nach Afrika zu segeln. Dieser aber täuschte die Afrikaner und landete nach einer langen Fahrt schließlich in New York. Dort entspann sich eine viel beachtete juristische Schlacht um die Frage, ob die Afrikaner als freie Menschen Opfer spanischer Piraterie geworden seien oder ob es sich hier um rechtmäßigen Besitz der Spanier handelte. Am Ende mußte der *Supreme Court*, das oberste US-amerikanische Gericht, entscheiden. Und obwohl die Mehrzahl der Richter Sklavereibefürworter aus den Südstaaten war, kam das Gericht zu der Entscheidung, daß die Afrikaner auf der *Amistad* freie Menschen wären. Begründet wurde diese Entscheidung mit den „ewigen Prinzipien der Gerechtigkeit", - „ein Ausdruck, der großes Aufsehen erregte, da ja die Sklaverei in den USA weiterhin bestand."[279] Und so verurteilte der *Supreme Court* auch nicht die Sklaverei, sondern lediglich die Versklavung der Afrikaner in Afrika. Da die spanische Seite behauptet hatte, die Afrikaner wären Sklaven aus Kuba und da gefälschte Papiere vorgelegt worden waren, kamen die Afrikaner frei und wurden mit Hilfe von Spendengeldern zurück nach Afrika gebracht. Auch wenn das Urteil im *Amistad*-Prozeß sich also letztlich formaljuristisch auf die gefälschten Papiere bezog, so legte es doch insbesondere durch den Hinweis auf „ewige Prinzipien" nahe, daß aus Afrika verschleppte Sklaven das Recht hatten, sich auf den Schiffen gegen die Besatzung zu erheben. Dies erklärt die große Beachtung, die dem Urteil des *Supreme Court* zuteil wurde.

Eine Reihe von Sklavenaufständen ist allein aufgrund der Zahl der darin involvierten Personen und der Anzahl der Opfer und aufgrund der umfangreichen Zerstörungen ebenfalls gut dokumentiert. In der lokalen Presse fanden aber auch kleinere Aufstände Erwähnung, die Tage oder Wochen für Aufregung sorgten und die Weißen veranlaßten, die Miliz um Hilfe zu bitten. Bewaffnete Flüchtlinge schlugen im Januar 1841 einen Angriff in der Nähe von Wilmington in North Carolina zurück, nachdem sie einen Weißen getötet hatten. Ein Polizeiaufgebot fing drei der Flüchtlinge und steckte sie ins Stadtgefängnis. Einem gelang es zu entkommen, die beiden anderen wurden gelyncht. Im September wurden zwei Kompanien Miliz abgeschickt, um 45 Meilen von Mobile, Alabama, entfernt eine Gruppe von Maroons aufzuspüren. „Es wird angenommen, daß diese Burschen schon lange in Diebstahl und Brandstiftung erfahren sind und zwar sowohl in der Stadt als auch im Lande." Es wurde mit Bluthunden nach ihnen gefahndet. Einen Monat später berichten die Medien von häufigen Angriffen auf Weiße im Kirchspiel Terrebonne in Louisiana.[280]

Im Sommer 1841 kam es zu „ernsthaften Schwierigkeiten" im heutigen Oklahoma, das damals noch Indianergebiet war. Ein zeitgenössisches Dokument berichtet, daß „ungefähr 600 Neger", die zuvor in Florida gelebt hatten, zusammen mit weitere Flüchtlingen und Choctaws, Cherokees und auch einigen Weißen westlich von Arkansas eine Gruppe formierten, um Büffel zu jagen. Eine Gruppe Dragoner wurde losgeschickt, um das stark befestigte Fort der Schwarzen und Indianer zu zerstören – was ihnen nach schweren Kämpfen gelang.

Trotzdem entdeckte man ein Jahr darauf im selben Gebiet neue Ansiedlungen von Widerstandskämpfern: Zweihundert Schwarze und Creek- und Cherokee-Indianer, „die viel Aufregung verursachen, und man schickte ein Polizeiaufgebot los."[281]

Im Februar 1848 bereiteten mehrere bewaffnete Pflanzer in der Nähe von Hanesville, Mississippi, einen Hinterhalt, um eine Gruppe Maroons zu überwältigen, die für „viel Ärger" gesorgt hatten. Sechs Schwarze, ein „Teil der Bande", wurden überwältigt, doch drei konnten entkommen; zwei weitere wurden verwundet, einer getötet.

Im November 1846 überraschte in der Gemeinde St. Landry in Louisiana ein Dutzend bewaffneter Sklavenhalter eine „beachtliche Bande flüchtiger Neger." Die Maroons ergaben sich nicht, sondern flohen. Zwei von ihnen, ein Mann und eine Frau, wurden getötet, zwei weitere Frauen wurden „schwer verwundet." Die anderen konnten entkommen.[282]

Joshua Giddings, streitbarer und angesehener Abgeordneter des Repräsentantenhauses, erwähnte, daß im September 1850 mehr als 300 Maroons, die zuerst in Florida gelebt hatten, von ihrem Aufenthaltsort in Oklahoma nach Mexiko geflohen wären. Wenig später berichtet in Houston der *Texas Telegraph*, daß 1500 ehemalige Sklaven die mexikanischen Indianer bei ihren Kämpfen unterstützten; fünfhundert Schwarze kamen aus Texas. Giddings berichtete auch, daß im Jahre 1853 Kriegszüge von texanischen Sklavenhaltern gescheitert waren, die flüchtige Schwarze wiedererlangen wollten. Er erklärte, daß in dem Moment der Niederschrift (d. h. 1858) die Maroons in Südflorida wieder Probleme bereiteten. Frederick Law Olmsted, einer der bekanntesten Journalisten der Zeit, berichtete von Aufständen von Maroons zwischen 1850 und 1860 in Virginia, Louisiana und im Norden Alabamas.[283]

Am 25. August 1856 schreiben Richard A. Lewis und 21 weitere Bürger an den Gouverneur von North Carolina, Thomas A. Bragg, und informieren ihn über einen „sehr sicheren Zufluchtsort für fortgelaufene Neger" in einem großen Sumpfgebiet zwischen den Counties Bladen und Robeson. Es ist von dem „schlechten und gefährlichen Charakter" der Flüchtlinge die Rede, die „in jeder Hinsicht destruktiv und gefährlich für alle Personen" seien, „die in der Nähe des Sumpfes leben." Sklavenhalter greifen diese Gruppe Anfang August an. Der Wilmingtoner *Journal* berichtet, daß die Flüchtlinge in den Sumpfgebieten Gärten und Weiden angelegt hätten. Mr. Lewis und seine Freunde seien „unfähig, genügend Anreiz für Negerjäger" zu bieten, damit diese mit ihren Hunden kämen, bis anderweitig Hilfe käme. Der Gouverneur schlug dem Magistrat vor, die Miliz zu rufen, doch wir wissen nicht, ob dies wirklich geschah.[284]

Im März 1857 wurde in der Nähe von Bovina in Mississippi ein Lager von Maroons zerstört und vier Personen wurden gefangengenommen. Ähnliches wiederholte sich im Oktober 1859 in Nash County in North Carolina. Ein „organisiertes Feldlager von Weißen und Negern" in Talladega County in Alabama wurde für eine Verschwörung, in die offenbar auch Weiße verwickelt waren, verantwortlich gemacht; die Sache flog im August 1860 auf.[285]

Die Jahre des Bürgerkriegs lassen eine verstärkte Aktivität der Maroons im Kampf gegen die Sklaverei erkennen. Es existieren Berichte über Plünderungen und Raubzüge, die von „einer Bande fortgelaufener Sklaven" zusammen mit zwei Weißen in der Nähe des Comite River in Louisiana Anfang 1861 unternommen wurden. Wieder wurde ein Feldzug organisiert, und zwar „zu Fuß, um die Bande zu fangen." Im Juni 1861 wurde eine Siedlung von Schwarzen in der Nähe von Marion in South Carolina angegriffen. Es gab keine Todesopfer, doch den Sklavenjägern gelang es, zwei Kinder zu erbeuten, außerdem zwölf Gewehre und eine Axt.[286]

Das Erscheinen bundesstaatlicher Truppen führte immer dazu, daß die Schwarzen zu ihnen überliefen. Über diese Menschen berichteten Zeitgenossen, daß sie seit Jahren als Flüchtlinge in der ländlichen Umgebung gelebt hätten. Brigadier-General Burnside z. B. informierte Kriegsminister Stanton Anfang 1862, nachdem er nach Newbern in North Carolina kam, daß die Schwarzen „wild vor Freude zu sein scheinen. (...) Die Stadt ist von Flüchtlingen aus den umliegenden Siedlungen und Plantagen überrannt. Zwei berichteten, daß sie seit Jahren in den Sümpfen gelebt hätten. Es wird entschieden unmöglich sein, sie aus unseren Reihen herauszuhalten, wenn sie den Weg zu uns durch die Wälder und Sümpfe finden."[287]

Der Brigade-General der Konföderierten, R. F. Floyd bat im April 1862 Gouverneur Milton in Florida darum, das Kriegsrecht über die Counties Nassau, Duvar, Clay, Putnam, St. Johns und Volusia verhängen zu dürfen, weil „gesetzlose Neger" die Gegend unsicher machten. Im Oktober 1862 wurde in Surry County in Virginia eine Gruppe Kundschafter, die ein Feldlager von Maroons mit über hundert Personen entdeckt hatten, von diesen getötet. Gouverneur Shorter in Alabama übertrug J. H. Clayton Anfang 1863 die Aufgabe, diese Gruppen von „Deserteuren, Verrätern und davongelaufenen Negern" zu „eliminieren." Oberst Hatch von der Unionsarmee berichtete im August 1864, daß „500 Männer der Union, Deserteure und Neger (...) Überfälle vor Gainsville" in Florida begingen. Im selben Monat berichtete ein Offizier der Konföderierten, John K. Jackson, daß „viele Deserteure sich in den Sümpfen und Befestigungen von Taylor, La Fayette, Levy und anderen Counties (in Florida) versammelt und organisiert (haben), zusammen mit Negern, üblen Banden, mit der Absicht, die Plantagen und Felder loyaler Städter zu plündern und die Flucht ihrer Sklaven zu veranlassen. Die Plünderer haben sogar die Städte Tallahasse, Madison und Marianna bedroht."[288]

Eine Zeitung der Konföderierten berichtet 1864 von ähnlichen Vorfällen in North Carolina. „(Es ist) schwierig, die richtigen Worte (...) für die schrecklichen Wirkungen der Überfälle durch die Neger in diesem finsteren (...) Theater des Krieges (...) zu finden. In den Counties Currituck und Camden ist von fünf- bis sechshundert Negern die Rede, die nicht reguläre Mitglieder der Armeen der Yankees sind, aber gesetzlos und von ihren Mastern verleugnet, das Leben von Banditen führen, das Land durchwandern, indem sie Feuer legen und alle Arten schrecklicher Verbrechen gegen seine Einwohner begehen.

Dieses Theater eines Partisanenkrieges findet gegenwärtig das höchste Interesse unserer Behörden." Die Partisanen bedeuteten eine gute Möglichkeit, „unsere Armeen zu stärken."

Der Bericht endet mit einem Hinweis, daß weiße Deserteure der Konföderiertenarmee Schulter an Schulter mit „diesen Negern, die sich selbst befreit hatten", kämpften.[289]

Die zahlreichen Kämpfe der Maroons zeigen uns, - trotz etlicher Niederlagen - daß das gängige und immer noch gern überlieferte Bild der mehr oder weniger angenehmen Sklaverei der Südstaaten und ihrem patriarchalischen Habitus irreführend und einseitig ist. Der starke Geist des Widerstands von seiten der Schwarzen wurde als ein bedeutsames Kapitel der afroamerikanischen Geschichte lange Zeit unterschlagen; die Darstellung der Schwarzen als fügsame, zufriedene Sklaven ist Teil dieser verzerrten Geschichtsdarstellung. „Warum gab es kaum Sklavenrevolten?"[290] fragt Edward Ball in der Recherche seiner Familiengeschichte und bestätigt so ungewollt das Denkmuster, „daß sich die Opfer in ihr Schicksal gefügt" hätten. Es gab zahlreiche und z. T. gut dokumentierte Sklavenrevolten; die wenigsten Menschen „fügten sich."

Die Sklaven waren „weitaus weniger passives und ohnmächtiges Opfer in der Gewalt der Sklavenhalter", als die „sie in den meisten Untersuchungen über Sklaverei wahrgenommen wurden"; die afroamerikanische Geschichte ist ohne die Geschichte des schwarzen Widerstands gegen die weiße Vorherrschaft undenkbar. Die in die Zwangsarbeit Verschleppten traten als selbständig handelnde Subjekte auf, die ihrem individuellen und sozialen Leben in einer Situation, in der sie wenige Möglichkeiten dazu hatten, nach eigenen Vorstellungen Form und Inhalt gaben. Wir haben gesehen, wie sie dabei vorhandene Freiräume nutzten, um sich von den Realitäten ihres Daseins zu emanzipieren: Sie setzten der Macht des Sklavenhalters Grenzen, die es ihm unmöglich machen, „ohne ihr Einverständnis über einen bestimmten Punk hinaus zu verwirklichen, was ihren eigenen Ansichten über das Akzeptable und Wünschenswerte widerspricht."[291] Der Widerstand der Sklaven gegen die ihnen aufgezwungene Lebensweise ist so als Faktor begreifbar, der nicht nur unmittelbar auf das Leben der Versklavten selbst, sondern auch auf das ihrer Besitzer einwirkte.

Auch Harriet Tubman widersetzte sich der ihr aufgezwungenen Lebensform; zuerst noch in kindlichem Trotz gegen die ihr aufgenötigte Hausarbeit bei einer „Mistress", indem sie sich einfach dumm anstellt; später geplant und bewußt. Die Vierzehnjährige versucht den Verfolger eines Sklaven aufzuhalten und stellt sich ihm in den Weg – mit furchtbaren Folgen. Die Dreißigjährige flieht. Doch die Rettung der eigenen Person ist ihr nicht genug. Sich zu befreien ist eine Sache; „von diesem befreiten Selbst Besitz zu ergreifen eine andere."[292] Tubman fügt dem System der Sklavokratie innerhalb nur eines Jahrzehnts gewaltige Schäden zu – nicht durch blutige Aufstände (die oft zum Scheitern verurteilt waren), sondern durch „Entführungen": Sie verhilft anderen Versklavten zur Freiheit.

„Als ob ich im Himmel wäre"

Am 17. September 1849, als Eliza Brodess vor Gericht einen Antrag mit der Bitte stellt, Kessiah verkaufen zu dürfen, flieht Tubman mit ihren Brüdern Ben und Henry.[293] In den örtlichen Medien tauchen die nächsten zwei Wochen keine Suchanzeigen auf, was nahelegt, daß Eliza Brodess Harriet und ihre Brüder vielleicht an andere Plantagenbesitzer vermietete, was bedeutet, daß sie nicht immer die Aufsicht über ihre Sklaven hatte – oder sie ging von einer kurzfristigen „Abwesenheit" oder Flucht aus, „was ständig auf ihrer Plantage geschah",[294] wie Larson schreibt. Tubman arbeitete in diesem Zeitabschnitt für Thompson (zwei Jahre, wie Humez schreibt[295]), und es ist denkbar, daß ihre beiden Brüder ebenfalls an ihn vermietet worden waren.

Eliza setzt eine typische Suchanzeige auf: „Flüchtlinge von der Unterschreibenden am Montag, den 17. Drei Neger, benannt wie folgt: HARRY (Henry), Alter 19 Jahre, hat an einer Seite seines Halses eine Geschwulst, genau unterm Ohr, er ist von dunkelkastanienbrauner Farbe (...); BEN, 25 Jahre alt, ist sehr rasch im Sprechen, wenn zu ihm gesprochen wird, er ist von hellkastanienbrauner Farbe, mehr als sechs Fuß hoch; MINTY, Alter 27 Jahre, hat eine kastanienbraune Hautfarbe, sieht hübsch aus und ist fünf Fuß hoch. Einhundert Dollar Belohnung sind für jeden der obigen Neger ausgesetzt, wenn sie außerhalb des Staates sind, und 50 Dollar für jeden, wenn sie innerhalb des Staates sind. Sie müssen in Baltimore festgehalten werden, in Easton oder im Gefängnis von Cambridge, in Maryland."

Als Datum ist der 3. Oktober genannt.

Bei der Flucht kommt es zu einem dramatischen und ärgerlichen Zwischenfall, der schließlich das ganze Unternehmen zum Scheitern bringt: Die Geschwister sind sich uneins über die Richtung des Fluchtwegs. Harriet ist sich ihrer Sache ganz sicher; die Brüder widersprechen ihr. Schließlich, überwältigt von der Furcht gefangen zu werden, kehren sie um und zerren die Schwester, trotz ihrer heftigen Gegenwehr, mit sich. Flüchtige Sklaven, die wieder eingefangen wurden, erwartet meistens ein schlimmes Leben in den Reis- oder Baumwollplantagen des Südens, Auspeitschen und Schlimmeres. Ben ist erst seit kurzem Vater; wahrscheinlich entsetzte ihn die Aussicht, Frau und Kinder für immer zu verlassen. Beide Brüder hofffen, eher in die nähere Umgebung verkauft zu werden; durch ihre Flucht, so ihre

Befürchtung, hätten sie sich dieser Chance beraubt; nun drohte ihnen eher die Deportation nach Georgia oder Mississippi. Viel lieber wären sie in Dorchester County geblieben, in der Nähe ihrer Angehörigen. Bei einer Auktion bestünde wenigstens die Chance, zu einem Plantagenbesitzer in der Nähe der Familie zu kommen.

Irgendwann nach dem 3. Oktober, nachdem alle drei Geschwister wieder zurückgekehrt waren, unternimmt Harriet einen zweiten Fluchtversuch, diesmal allein. Heimlich war ein anderer Sklave zu ihr gekommen und hatte erklärt, daß sie und ihre Brüder noch in dieser Nacht verkauft würden. Später erzählt sie, was sie angesichts dieser Nachricht dachte: „Es gibt zwei Dinge, die zu wählen ich ein Recht habe, und dies sind Tod oder Freiheit. Das Eine oder Andere werde ich haben. Niemand wird mich lebend zurückbringen; ich werde für meine Freiheit kämpfen."[296] Sie verläßt die Unterkunft bei Dr. Anthony C. Thompson, und benutzt „all ihre Kräfte, die groß waren." Tubman flieht nachts und nutzt zur Orientierung den Nordstern, der schon vielen Flüchtlingen geholfen hatte. Außerdem muß man davon ausgehen, daß sie weiße und schwarze Helfer/INNEN hat, die sie unterstützen, damit sie nach Philadelphia gelangen kann, um frei zu sein. Harriet „kannte den Nordstern", wie Helen Tatlock später Conrad berichtet, „es war eine Sache, in der sie sich völlig sicher war."

Harriet war von einer Weißen unterstützt worden, die sie gut gekannt haben muß. Tatlock, eine Freundin Tubmans in späteren Jahren, erinnert sich, daß Tubman ihr berichtet habe, sie hätte einer Weißen, die in der Nähe wohnte, ihre Fluchtpläne anvertraut. Tatlock geht davon aus, daß diese Frau eine Quäkerin war, denn es ist bekannt, daß vor allem Quäker die Fluchtpläne der Versklavten unterstützen. Tubman schenkte dieser Frau, deren Name bis heute unbekannt ist, eine selbstgenähte Bettdecke, ihren einzigen persönlichen Besitz. Die Frau gibt Tubman zwei Adressen, wo man ihr weiterhelfen würde.

Der weitere Weg Tubmans und die Identität der beiden „Adressen" sind heute noch Gegenstand von Spekulationen. Die große Plantage von Dr. Thompson bei Poplar Neck in Caroline County liegt beim Choptank River zwischen Skeleton Creek im Norden und dem Dorf Choptank im Süden, wo Ben Ross die Waldarbeiten für Dr. Thompson beaufsichtigt.

Bei Poplar Neck befindet sich jedoch auch „der unsichtbare Pfad zur Freiheit"[297] Richtung Norden. Es gibt dort eine kleine Quäkersiedlung, die bereits seit über 150 Jahren existiert. Diese Quäker sind bekennende Abolitionisten. Außerdem gibt es eine Siedlung freier Schwarzer.

Die Quäker gehören zu den wichtigsten Mitgliedern eines wachsenden Netzwerks, das die Flucht der Sklaven unterstützt. Anfangs gab es auch unter den Quäkern Sklavenbesitzer, bis um 1750 John Woolman aus Ney Jersey die Verhältnisse genauer bedachte und zu dem zwingenden Schluß kam, daß sich wahres Christentum und Sklavenbesitz nicht miteinander vereinbaren lassen. Seine wiederholten Angriffe gegen das System zwangen die anderen Quäker, ihre Einstellung zu überdenken und sich klar zu ihren Überzeugungen zu bekennen. Um 1770 kam es zu einem Treffen der Quäker, dessen Folge zahlreiche Freilassungen waren. Um 1790 finden die Treffen der Quäker ohne Sklavenbesitzer statt. Diese Erfahrungen und Überzeugungen werden an andere Quäkergemeinden weitervermittelt, und nach und nach entsteht eine Organisation, die ihren Überzeugungen konkrete Taten folgen läßt. Nicht alle Quäker sind Mitglieder dieses Netzweks; doch die meisten Helfer sind Quäker. Die Bewohner des spärlich besiedelten Caroline County tolerieren wahrscheinlich die Ansichten der Quäker, weil es wenig Sklaven gibt und weil der Einfluß der Anti-Sklaverei-Liga noch wenig Einfluß hat. Poplar Neck war wahrscheinlich die erste Etappe auf Tubmans Fluchtweg.

Außer den Quäkern gibt es noch weitere Gruppen, die sich für die Befreiung der Versklavten engagieren und Flüchtlinge unterstützen. Gleichgültig, welchen Ausgangspunkt Tubman bei ihrer Flucht nahm, so hat sie doch die Möglichkeit, auf ihrem Weg in die Freiheit Unterstützung durch ein örtliches Netzwerk von Sympathisanten (einschließlich freier und versklavter Schwarzer) zu erhalten. Ihren Angehörigen jedoch konnte Tubman nichts von ihren Plänen verraten: Ihre Mutter Rit war immer noch traumatisiert durch den Verlust ihrer beiden anderen Töchter; ihre Schreie und ihr Weinen angesichts der Fluchtpläne der Tochter hätten Tubmans Unternehmen gefährdet. Trozdem will sie ihrer Mutter zumindest Andeutungen darüber zukommen lassen, daß sie dem Verkauf auf einer Auktion durch die Flucht entgehen wolle. Am Abend ihrer Flucht bietet sie der Mutter an, ihre Arbeiten zu übernehmen, so daß diese sich erholen kann. Tubman eilt zum „großen Haus", wo etliche ihrer Angehörigen arbeiten, und sucht eine Sklavin namen Mary, der sie vertraut. Wir wissen über diese Frau nichts Näheres; weder, ob sie mit Rit und Ben näher bekannt war oder wo sie auf Thompsons Besitzungen arbeitete.

Tubman hofft Mary in der Küche anzutreffen, um sie in ihre Fluchtpläne einzuweihen, aber es sind zu viele weitere Personen in der Küche. Sie lockt Mary hinaus, indem sie mit ihr scherzt und spielt. Beide rennen hinaus, als Dr. Thompson erscheint und sie überrascht. Mary rennt in die Küche zurück, doch Tubman zögert. Thompson gilt als gefürchteter Sklavenhalter, und in seiner Gegenwart reden oder singen die Sklaven nicht. Aber Tubman ist entschlossen, eine Nachricht zu hinterlassen, und mit dem Mut der Verzweiflung bleibt sie stehen und singt ein Spiritual, von dem bekannt ist, daß in ihm Anspielungen auf Fluchtgedanken enthalten sind. Mary würde – wie jeder Sklave - die geheime Botschaft heraushören – nicht aber Thompson:

I´m sorry I´m going to leave you,
Farewell, oh farewell;
But I'll meet you in the morning,
Farewell, oh farewell.

I'll meet you in the morning,
I´m bound for the promised land,
On the other side of Jordan,
Bound for the promised land.

Thompson reitet an ihr vorbei zum Tor, aber Tubman singt weiter. Er sieht sie an, weiß aber offensichtlich nicht, was das Ganze bedeutet. Nach einigen Minuten versucht Tubman wieder ins Haus zu gelangen, um Mary Details ihrer Flucht zu erklären, aber Thompson hält sich immer noch in der Nähe auf und bobachtet sie mißtrauisch. Möglicherweis hat er Verdacht geschöpft, vielleicht auch wegen ihres ersten Fluchtversuchs. Trotzdem spricht er sie nicht an, sondern reitet zum Haus zurück.

Kaum ist er außer Sicht, flieht Tubman. Als sie das erste sichere Haus erreicht, fordert die Hausfrau sie auf, den Hof zu kehren – eine geschickte Taktik, damit Tubman von Außenstehenden für eine Hausklavin gehalten wird. In der folgenden Nacht kommt der Ehemann und versteckt Tubman in seinem Wagen unter einer Decke und bringt sie zur nächsten sicheren Adresse.

Die Leverton-Familie, Quäker aus Caroline County, sind als kämpferische Abolitionisten bekannt und Mitglieder der Untergrundbewegung „Underground Railroad." Nachdem Jacob Leverton um 1849 gestorben war, helfen seine Witwe Hannah und ihr Sohn Arthur W.

flüchtigen Sklaven. Es entbehrt daher nicht einer gewissen Ironie, daß Dr. Thompsons Sohn, Anthony C. Thomson Jr., Mary Elizabeth Leverton, Jacob und Hannahs Tochter, im November 1849 heiratet. Die Levertons leben in der Nähe der Besitzungen Thompsons, und wahrscheinlich kennen auch Rit und Ben oder andere Sklaven die Levertons. Es ist durchaus denkbar, daß die Levertons in Harriet Tubmans Fluchtpläne eine Rolle gespielt haben.

Sie ist meistens nachts unterwegs und orientiert sich dabei bei klarem Himmel am Nordstern. Zuletzt überquert sie die Grenze und gelangt an einem frühen Morgen ins freie Pennsylvania. Immer noch fassungslos und überwältigt von dem völlig neuen Gefühl der Freiheit erinnert sie sich später: „Als ich die Linie (d h. die Mason-Dixon-Linie, die die sklavenhaltenden von den „freien" Staaten trennte; d. Verf. in) überquerte, schaute ich auf meine Hände, um mich zu vergewissern, ob ich noch derselbe Mensch bin. Da war solche Herrlichkeit über jedem Ding; die Sonne kam wie Gold durch die Bäume und über die Felder, und ich fühlte mich, als wäre ich im Himmel."[298] Die große Anspannung während der Flucht ist einem Gefühl überwältigender Freude und Erleichterung gewichen. Frederick Douglass erlebt den Augenblick der Freiheit ähnlich. Er berichtet: „Oft bin ich gefragt worden, wie ich mich fühlte, als ich mich in einem freien Staat befand. Auf diese Frage konnmte ich nie eine restlos befriedigende Antwort geben. Es war ein Augenblick von nie zuvor erlebter Erregung. Vermutlich fühlte ich mich, wie man sich vorzustellen hat, daß ein unbewaffneter Matrose sich fühlt, wenn ein befreundetes Kriegsschiff ihn vor Verfolgung durch Seeräuber rettet. Einem lieben Freund schrieb ich unmittelbar nach meiner Ankunft in New York, daß ich mich wie jemand fühlte, der aus einem Käfig hungriger Löwen entkommen war."[299]

Harriet Tubmans Flucht ist keineswegs ungewöhnlich für das Ostufer. Trotz aller Bemühungen der weißen „Herrenrasse" und sogar der Sklavenhalter der Südstaaten, Fluchten während der zehn Jahre vor dem Bürgerkrieg zu verhindern, gelingt etlichen Sklaven die Flucht, viele von ihnen sind aus Maryland. Mit 259 dokumentierten Fluchten im Zensus von 1850 hat Maryland die höchste Anzahl flüchtiger Sklaven von allen sklavenhaltenden Staaten. Aber selbst diese Zahl kann irreführend sein, weil nicht jeder Sklavenhalter eine Flucht bei den Behörden meldet.[300] Eine Durchsicht der Zeitungen des Ostufers belegt, daß zwischen 1847 und 1849 ein stetiger Strom von Flüchtlingen unterwegs war, etliche von ihnen verlassen die Plantagen sogar in Begleitung ihrer Familien und Freunde. Ein gewisser Robert Tubman zum Beispiel veröffentlicht im Januar 1847 in einer Zeitung in Cambrige eine Suchanzeige wegen seiner Sklavin Comfort und ihre beiden Töchter. Die Familie war in den Weihnachtsferien geflohen, in einer Zeit, in der die Sklavenhalter ihren Sklaven erlauben, Angehörige und Freunde, die auf anderen Plantagen leben, zu besuchen. Dr. Tubman geht davon aus, daß Comfort und ihre Töchter bereits eine große Strecke zurückgelegt haben; also erscheinen Suchanzeigen in der *Baltimore Sun* and im *Delaware Journal*.[301] Die Bewohner von Dorchester County, Peter Harrington und Henry McGuire, lassen eine Suchanzeige nach den Flüchtigen Vince and Anthony Cornish publizieren; Zachariah Linthicum läßt nach Martin Green suchen, und William Willoughby bietet eine Belohnung demjenigen, der seine Sklaven Stephen und Peter Dockings zurückbringt.[302] Während des Jahres 1849 fliehen „Scharen von Sklaven aus Talbot, Dorchester, und von den Sklavenbesitzern aus Caroline County";[303] und während einige Flüchtlinge immer wieder scheitern, schaffen es andere, freizukommen und zeigen so die Kraft der Untergrundbewegung und zugleich die unbesiegbare Sehnsucht der Sklaven nach Freiheit und Unabhängigkeit. Zornige Sklavenhalter wittern in ihren eigenen Kreisen eine Verschwörung von Abolitionisten; sie begreifen nicht oder wollen nicht begreifen, daß Versklavte nur den Wunsch haben, frei zu sein.

Im Oktober 1849 fliehen mindestens 24 Sklaven aus Talbot County, und die örtlichen Behörden suchen auch nach denjenigen, die die Flüchtlinge unterstützten. Oberst Edward Lloyd, der reichste Sklavenbesitzer des Ostufers, bietet eine Belohnung von 1000 Dollar für die Gefangennahme von zwei Flüchtlingen an. Einige Flüchtlinge wurden festgenommen, doch wir können davon ausgehen, daß die anderen Erfolg hatten und bis nach Südosten gelangten, „über Caroline County zum Ufer von Delaware und dort nach New Jersey."[304] Am Ende des Monats jedoch gelingt es den Behörden, zwei Männer gefangenzusetzen, die im Verdacht stehen, die Sklaven „zur Flucht verleitet" zu haben; die Männer werden im Dezember verurteilt, obwohl z. B. die *Baltimore Sun* darüber spottet, daß die Steuerzahler für die Strafe aufkommen müssen.[305]

Wem die Flucht geglückt ist, hat bereits einen weiten Weg hinter sich, aber auch in den sog. freien Nordstaaten sind die Flüchtlinge immer noch gefährdet: Die Sklavenfänger sind auch hier unterwegs. Im Moment jedoch überwiegt die Erleichterung, es geschafft zu haben. Tubman steht auf einem Hügel und blickt auf die Stadt. Earl Conrad, ein wenig pathetisch: „Das war ein epochaler Augenblick in der Geschichte der Neger."[306]

Das Bild und die Geschichte des Flüchtlings schockierten die Öffentlichkeit, werden aber manchem Abolitionisten auch ein siegesbewußtes Lächeln entlockt haben: Ein farbiger Mann, sichtbar erschöpft, ist im Begriff, aus einer großen Kiste zu steigen; umringt ist er von vier Männern (darunter einem Schwarzen[307]), einer von ihnen hebt den Deckel hoch, damit der in der Kiste Hockende herausklettern kann.

Henry „Box“ Brown ist ein Beispiel dafür, was Menschen auf sich zu nehmen bereit sind, um in die Freiheit zu gelangen – und wie wichtig Verbündete und Helfer sind. Oft greifen Sklaven auch zum letzten Mittel – der Flucht – weil sie überzeugt sind, daß ihre Master die unausgesprochenen Regeln einer fairen Abmachung gebrochen haben. So war es im Fall von Henry Brown, dessen Herr sich weigerte, Browns Frau zu kaufen. Seine Flucht gehört zu den dramatischsten Flüchtlingsgeschichten überhaupt. James Miller McKim, ein unitarischer Pfarrer und Abolitionist, Mitglied der *Anti Slavery Society* von Pennsylvania, erklärt später, er hätte die Geschichte angezweifelt, wenn er nicht dabei gewesen wäre, als „Box“ Brown in Philadelphia ankam.

Doch lassen wir den erfolgreichen Flüchtling selbst erzählen: „Eines Tages, während ich bei der Arbeit war und meine Gedanken sich eifrig an der Vorstellung von Freiheit weideten, blitzte in mir die Idee auf, mich selbst in eine Kiste einzuschließen und als Frachtgut in einen freien Staat befördern zu lassen.

Mit der Überzeugung, daß dies der richtige Plan für mich sei, ging ich zu meinem Freund Dr. Smith und nachdem ich ihn eingeweiht hatte, beschlossen wir ihn sofort in die Tat umzusetzen.“

Mit Hilfe eines Zimmermanns beschaffte er sich eine Kiste; diese mußte an den Ort gebracht werden, wo die Beladung durchgeführt wurde. Der Lagerverwalter schrieb an einen weiteren Freund in Philadelphia. „Es war dringend notwendig, daß ich die Erlaubnis erhielt, für einige Tage meiner Arbeit fernzubleiben. (…) Ich verschwand sofort zum Lagerverwalter, der bereits eine Antwort seines Freundes aus Philadelphia erhalten hatte und damit einverstanden war, die Kiste an ihn zu adressieren. Die Kiste, die ich beschafft hatte, war drei Fuß und einen Inch lang, zwei Fuß und sechs Inch hoch und zwei Fuß breit: und am Morgen des 29. März 1849 stieg ich in die Kiste hinein – zuvor hatte ich mit einem Handbohrer drei Luftlöcher hineingebohrt und mich mit einer Blase voll Wasser versorgt.“ Die Kiste wurde zum Büro des Expreßdienstes befördert.

„Als nächstes erreichten wir den Potomac Creek, wo das Gepäck von der Kutsche abgeladen werden mußte, um an Bord des Dampfers gebracht zu werden; dort stellte man mich kopfüber ab und ich mußte über viereinhalb Stunden in dieser Position ausharren. Ich spürte die Schwellung meiner Augen, als würden sie aus der Augenhöhle bersten; das Blut aus meinem Kopf pumpte die Venen meiner Schläfen auf."

Rettung nahte, als sich ein müder Fahrgast auf die Kiste setzen wollte und sie darum herumdreht. „Danach kamen wir in Washington an, wo ich vom Dampfschiff heruntergenommen und wieder auf eine Kutsche verladen wurde; mit Vorsicht und auf die richtige Seite gedreht brachte man mich ins Depot; doch als der Kutscher am Depot ankam, hörte ich, wie er nach einer Person rief, die ihm helfe sollte, die Kiste vom Wagen abzuladen; er erhielt die Antwort, er könne sie doch herunterwerfen", doch der Kutscher verwies darauf, daß auf die Kiste „mit Vorsicht transportieren" geschrieben wäre, möglicherweise könnte beim Werfen etwas zerbrochen werden. „Der andere sagte darauf (...), es spiele keine Rolle, wenn er etwas kaputt mache, denn die Bahngesellschaft sei in der Lage, den Schaden zu bezahlen. Kaum waren diese Worte gesprochen, fiel ich von der Kutsche herunter, genau auf die Seite, wo mein Kopf war. Ich hörte ein Knacken im Genick, als wenn es auseinanderbrechen würde, und verlor völlig das Bewußtsein (...) wieder wurde ich mit dem Kopf nach unten in den Waggon verladen, doch bald wurde weiteres Gepäck zugeladen, meine Kiste wurde umgelagert und so kam es, daß ich wieder auf der richtigen Seite stand; in dieser Position verblieb ich auch, bis ich nach Philadelphia kam."

Er wurde auf eine Kutsche geladen und zu dem Haus gebracht, wohin ihn der Freund in Richmond verschickt hatte. Dann kamen etliche Freunde und brachten die Kiste in das Haus, „doch da ich nicht wußte, was eigentlich vorging, verhielt ich mich ruhig. Ich hörte einen Mann sagen, 'laßt uns die Kiste aufmachen und nachsehen, ob er noch lebt', und sofort war ein Stemmeisen zur Hand und eine bebende Stimme fragte: 'Ist alles in Ordnung, da drin?,' worauf ich antwortete: 'Alles in Ordnung.' Die Freude meiner Freunde war groß; als sie hörten, daß ich am Leben war, konnten sie bald darauf die Kiste aufbrechen und dann kam meine Auferstehung aus dem Grab der Sklaverei."[308]

Temporäres Fernbleiben von der Arbeit (mensch verschwindet ein paar Tage, „vergißt" Aufträge etc.) wird von den Sklaven oft als Drohung eingesetzt, um eine bessere Behandlung durch ihre Besitzer zu erzwingen, wie das Beispiel einer Sklavin aus Cartagena 1658 belegt: Sie kündigte gegenüber einem Priester an, sie werde ihre Herrin verlassen und in die umliegenden Berge fliehen, da sie schlecht behandelt werde. „Der Priester wandte sich daraufhin an die Besitzerin, damit diese ihre Sklavin besser behandele."[309]

Doch Flucht, um die Freiheit zu erringen, ist etwas anderes als zeitweiliges „Verschwinden." Die wichtigste Frage bei einem solchen Unternehmen ist natürlich: Wohin? Dort, wo es angrenzende Länder oder Territorien ohne Sklaverei gibt, haben die Sklaven die Möglichkeit, in solche Gebiete zu fliehen. Bekanntestes Beispiel ist die Flucht von Zehntausenden von Sklaven aus den US-amerikanischen Südstaaten in die Nordstaaten und zum Teil weiter nach Kanada im 19. Jahrhundert. „Die meisten der Sklaven kamen hierbei aus den angrenzenden Staaten wie Maryland, Virginia, Kentucky oder Delaware."[310] Häufig müssen sie große Strecken zu Fuß zurücklegen; tagsüber verstecken sie sich und wandern nachts. „In vielen Fällen wurde die Flucht von Helfern aus dem Norden unterstützt."[311] Die bereits zitierten Autoren Jochen Meissner, Ulrich Mücke und Klaus Weber behaupten dennoch, daß es so etwas wie eine „Underground Railroad", also eine alle US-amerikanischen Staaten umfassende Organisation, welche die Flucht der Sklaven unterstützte, nicht gegeben habe.[312] „Es gab hingegen in kleineren Umfang sowohl im Norden als auch im Süden der USA Netzwerke, welche Sklaven zu fliehen halfen."

Hier widersprechen sich die Autoren selbst; doch abgesehen davon muß der Begriff nicht unbedingt mit einer Geheimorganisation in Verbindung gebracht werden; „Underground Railroad (d. h. „Untergrundbahn") ist ein Deckname, dessen wahre Bedeutung verborgen gehalten wurde. Everett schreibt zwar, daß mit „Untergrundbahn" ein System des Nordens zur Unterstützung geflohener Sklaven bezeichnet werde, aber sie betont auch, daß die Begriffe etwas anderes bedeuten: Das System wurde „so genannt, weil alle Aktivitäten im geheimen stattfanden und Begriffe aus der Eisenbahnerei zur Steuerung des Systems genutzt wurden. So stand beispielsweise eine ´Station´ in der Sprache der Guerillas für ein sicheres Haus", ein „depot" für Hilfe und Unterstützung. „Stockholder" (Effektenbesitzer") sind diejenigen, die mit Geld, Essen und Kleidung die Flüchtlinge unterstützen. „Das System erstreckte sich vom Norden über Ohio und Indiana bis New

York und New England im Osten."[313] Dichter organisierte Gruppen gibt es in Teilen Marylands, Delaware und Pennsylvania; „stations" gibt es in „Camden, Dover, Blackbird, Middletown und New Castle in Delaware."[314] Der Begriff „terminal" (d. h. „Endstation") würde demnach das Ziel der „Passagiere" oder des „Gepäcks" bedeuten: die Freiheit.

Auch der Begriff „Conductor", d. h. „Schaffner" (auch Harriet Tubman, die bekannteste – und am meisten gefürchtete – Freiheitskämpferin, ist ein „Conductor" oder „Pilot", d. h. „Lotse", „Führer") gehört in diesen Bereich. Und ein „System", irgendeine Art Netzwerk also, muß existiert haben: Wie sonst wäre so vielen Sklav/INNen die Flucht geglückt? Zudem sammelten zahlreiche Philanthropen und in den Norden entflohene Sklaven Geld und Hilfsmittel, um die Flüchtlinge zu unterstützen; zwischen 1830 und 1860 kommen z. B. rund 40.000 Entflohene durch Ohio.

Es gibt unterschiedliche Erklärungen, warum die technische Welt der Eisenbahn die verschleiernden Metaphern hergeben für eine Untergrundbewegung, deren Ziel die Befreiung möglichst vieler Versklavter ist; es kann aber auch ein Zufall eine Rolle gespielt haben: Wilbur H. Siebert, der die Geschichte der „Untergrundbahn" erforscht hat, gibt diese Begebenheit wieder, die zuerst im Juli 1888 in der *Firelands Pioneer* publiziert wurde: „Im Jahre 1831 kam ein Flüchtling namens Tice Davids über die Grenze und lebte hinter Sandusky. Er war direkt aus Ripley, Ohio, gekommen, wo er über den Ohio River ging. (...) Als er fortlief, verfolgte ihn sein Master, ein Mann aus Kentucky, und bedrängte ihn so hart, daß er, als er den Ohio sah, keine Alternative wußte, als in den Fluß zu springen und ihn zu durchschwimmen. Sein Master benötigte einige Zeit, ein Boot zu finden, mit dem er und seine Helfer den schwimmenden Flüchtling verfolgten und ihn in Sicht behielten, bis er an Land kam. Am Ufer angekommen konnte ihn der Master jedoch nicht finden; und nach einer langen Suche ging der enttäuschte Master nach Ripley, und als Erkundigungen eingezogen wurden, was mit seinem Sklaven geschehen war, erklärte er (...), er dächte, daß ′der Nigger auf einem Untergrund-Rad fortgegangen′ sein müsse. Die Geschichte wurde öfters amüsiert weitererzählt; und dieser Vorfall gab der Linie den Namen: Zuerst die ′Untergrund- Straße′, später „Untergrundeisenbahn."[315]

Darüber, wie die Untergrundbewegung zu ihrem Namen kam, erzählt R. C. Smedley, ein früher Forscher der „Untergrundbahn",

1883 folgende Geschichte: „In der frühen Zeit dieser gemeinsam arbeitenden Gruppe wurden Sklaven bis nach Columbia verfolgt. Dort verloren die Verfolger ihre Spuren. Die genaueste Untersuchung, die intensivste Suche schafften es nicht, auch nur die geringste Kenntnis von ihnen zu erlangen. Ihre Verfolger schienen an einen Abgrund gelangt zu sein, jenseits dessen sie nichts sehen konnten, eine Tiefe, die sie nicht messen konnten, und in ihrer Verwirrung und Enttäuschung erklärten sie, es müsse irgendwo eine Untergrundbahn sein. Dies gab den Begriff, unter dem dieser Geheimweg von der Sklaverei in die Freiheit später bekannt wurde."[316]

Einige Menschen glaubten, daß die „Untergrundbahn" eine wirkliche Eisenbahn wäre. Thomas Drake weiß folgende Geschichte: „Eine Lehrerin aus Indiana erzählte einem Freund von mir ernsthaft, daß sie den Eingang des Tunnels gesehen hätte, durch den die Flüchtlinge nach Kanada eingeschifft wurden. Ihre Phantasie war offensichtlich so sehr durch den Anblick der Höhlen am Ufer des Ohio beeinflußt worden, - Höhlen, in denen Sklaven versteckt worden waren, nachdem sie den Fluß von Kentucky aus überquert hatten, - daß sie sich einen wirklichen Tunnel einbildete, der sich den ganzen Weg von Südindiana bis zum Ufer des Eriesees erstreckte."[317]

Zuerst hatten die Flüchtlinge keine Idee, wohin sie gehen sollten. Sie benötigten Hilfe von anderen Menschen. James A. McGowan, der Biograph des „Station Masters" (d. h. Vorstand eines sicheren Hauses) Thomas Garrett, bringt es auf den Punkt: „Seit die Sklaverei praktiziert wurde, war es ebenso Praxis, daß Menschen einander helfen."[318] Aus dieser Praxis erwuchs nach und nach in den Vereinigten Staaten eine „mysteriöse Institution", die als die „Untergrundbahn" bekannt wurde. Es sind die unterschiedlichsten Menschen, die auf verschiedenartige Weise Unterstützung gaben, und jede/R Einzelne riskierte bei dem Unternehmen Besitz, Ansehen und Leben. Ein Beispiel kompromißlosen Mutes ist der Quäker Thomas Garrett, einer von Tubmans engsten Freunden und Verbündeten. Garrett ist Besitzer eines Schuhgeschäfts (die Flüchtlinge, die bei ihm ausruhen, bekommen von Garrett oft das erste Paar Schuhe ihres Lebens geschenkt) in Wilmington und versteckt Flüchtlinge hinter einer falschen Wand. William Stills Unterlagen belegen, daß Garrett 2700 Flüchtlinge unterstützt hat. Garrett wird etliche Male in seinem Leben inhaftiert, vor Gericht für schuldig befunden und belangt, weil er Sklaven bei der Flucht unterstützte. Zuletzt verliert er beides: sein Schuhgeschäft und seinen persönlichen Erfolg. Doch er läßt sich nicht abschrecken; er unterstützt noch im Alter von 60 Jahren Flüchtlinge. Wieder wird er inhaftiert und verurteilt. Der Richter sagt zu ihm, er hoffe, daß er diesmal aus seiner Erfahrung lernen und aufhören würde, „flüchtige Neger zu unterstützen." Garrett antwortet ihm in dem ein wenig altertümlichen Englisch der Quäker: „Freund, Ihr habt mir nicht einen Dollar gelassen, doch ich möchte Euch sagen: Wenn Ihr nur einen Flüchtling kennt, der Schutz benötigt und einen Freund, so schickt ihn zu Thomas Garrett."[319]

Umstritten und streitbar ist auch ein anderer Kämpfer für die Menschenrechte der Versklavten: William Lloyd Garrison, der Gründer des Anti-Sklaverei-Magazins *Liberator*, dessen Erstausgabe 1831 in Boston dank „geliehenem Papier und geborgter Druckerpresse" erschienen war. Auf die Titelseite schreibt Garrison: „Ich werde unermüdlich für die sofortige Freilassung unserer Sklavenbevölkerung kämpfen (...), ich werde mich in dieser Frage nicht zurückhalten, darüber frei denken, sprechen, schreiben (...) es ist mein Ernst – ich werde nicht davon abweichen – ich trete keinen Zentimeter zurück – UND MAN WIRD MICH HÖREN."[320] Everett nennt dieses Plädoyer das Produkt eines Mannes, „der die Grenzen des Fanatismus übertrat – für den ein friedliches Erlangen seiner Ziele undenkbar war." An anderer Stelle nennt sie ihn einen „Unruhestifter", einen „unnachgiebige(n) Abolitionist(en), der seine Ideale mit „alttestamentarischen Eifer" vertrat, was „nicht nur im Süden Befremden hervorrief, sondern auch im Norden." Garrison hatte sich im Alter von 22 Jahren der Anti-Sklaverei-Bewegung angeschlossen, nachdem er eine Rede von Benjamin Lundy gehört hatte, einem Philanthropen, der die Anti-Sklaverei-Zeitung *The Genius of the Universal Emancipation* gegründet hat. Garrison befürwortet zunächst die graduelle Emanzipation und die Ansiedlung befreiter Sklaven in Afrika. Doch im Alter von 24 Jahren radikalisiert er sich: Er fordert die sofortige Befreiung aller Sklaven. Als Garrison zum Mitherausgeber von *The Genius* wird, verschreckt er innerhalb kürzester Zeit die kleine Leserschaft „mit seinen intoleranten Attacken auf die Sklaverei",[321] wie Everett schreibt.

Den *Liberator* publiziert er seit 1831 ohne Kapital und Abonnenten und ist bereit, von „Wasser und Brot" zu leben, um weiter veröffentlichen zu können. Garrison ist kein Aktivist: Weder unterstützt er Flüchtlinge aktiv noch richtet er Schulen ein. Er stellt sich nicht dem Mob entgegen, schreibt keine fundierten Abhandlungen und „unterstützt die Schwarzen nur selten durch finanzielle Zuwendungen." Aber er ist ein herausragender Publizist. Im Süden ist er verhaßt. In Georgia wird eine Belohnung von 5000 Dollar für seine Ergreifung ausgesetzt. Garrison ist ein kompromißloser Kämpfer. Da die Bestimmungen der Verfassung zur Sklaverei seiner Ansicht nach unmoralisch sind, verurteilt er sie als einen „Pakt mit dem Tod und ein Abkommen mit der Hölle" und befürwortet die Auflösung der Union.

In Boston muß er vor einem aufgebrachten Mob ins Bezirksgefängnis flüchten. „In Neuengland", bemerkt er, „entdeckt man bittere Verachtung, hartnäckigen Widerstand und tiefere Apathie, als man sie unter den Sklavenhaltern findet."

Weit weniger glimpflich kommt ein anderer Abolitionist, Elijah Lovejoy, davon. In der Nacht des 7. November 1837 zündet ein aufgehetzter Mob sein Lagerhaus in Alton (Illinois) an. Lovejoy wird ermordet, als er versucht, aus dem brennenden Gebäude zu fliehen. Die Öffentlichkeit des Nordens ist empört, doch der Abolitionismus wird gestärkt.

Breyfogle schreibt über diese Freiheitskämpfer: „Sie nahmen das Ziel in ihre Herzen und fähigen Hände, wogen es auf gegen ihre eigenen Kräfte, und entschieden dann, was zu tun sei. Dann handelten sie, von nichts beeinflußt als von ihrem eigenen Gewissen, weil sie wußten, daß das was sie taten, richtig war."[322] Sie verstecken flüchtige Sklaven in ihren Dachkammern, Holzschuppen, Kirchen, Nebengebäuden, Kellern, Getreidebehältern, Holzstößen, Räucherkammern, Heuböden und jeden anderen vorstellbaren Platz. Sie schmuggeln sie auf Schiffen, verstecken sie in Wagen, geben ihnen ihre eigene Kleidung.

Auch der Mut der Flüchtlinge ist enorm, denn auf ihrem Weg in die Freiheit müssen sie oft die größten Entbehrungen und Risiken auf sich nehmen. Sie können aufgrund ihrer Hautfarbe nicht einfach die Identität wechseln; oft wissen sie nicht einmal den genauen Weg in die Freiheit. Sie haben nur einen Wunsch: frei sein. Hierbei nach Hilfe zu suchen ist für die Flüchtlinge ebenso gefährlich wie für ihre Helfer, sie zu geben.

Dabei geht es nicht einmal allen Helfern um Solidarität und Empathie; einige helfen gegen Geld; und Geld bekommen auch Flüchtlinge, die sich freikaufen müssen. Einige Dampfschiffkapitäne machen „das große Geschäft", wenn sie Flüchtlinge in die Freiheit bringen; und sowohl Versklavte als auch freie Schwarze erhalten Geld, wenn sie Flüchtlinge führen, vor allem, wenn sie sie über den Ohio führen.[323]

Wieder andere sind „heiß“ auf den „thrill“, den Nervenkitzel, wenn sie das Gesetz brechen. Vor sich selber haben sie die gute Rechtfertigung, daß sie so handeln mußten, weil die Sklaverei moralisch verwerflich ist und „gegen den Willen Gottes“ – auch wenn es Personen gibt, die behaupten, daß Sklaverei moralisch ist und von Gott erlaubt.

Der Aufbau der „Underground Railroad“ geschah zuerst langsam, mit der Unterstützung eines Flüchtlings hier und da. Im Lauf der Zeit nahm die Anzahl der Flüchtlinge zu. Es gibt verschiedene Gründe für die wachsende Zahl von Menschen, deren einziges Ziel die Freiheit ist: Sie werden mißhandelt (die Erinnerungen von Frederick Douglass bringen zahlreiche Beispiele); sie fürchten sich davor, verkauft und so von ihren Angehörigen und Freunden, aber auch vom vertrauten Umfeld getrennt zu werden; sie wollen lieber frei als unterworfen sein; oder sie wurden von anderen zur Flucht verlockt. Die Untergrundbewegung, die die Flüchtlinge unterstützt, war nach und nach zu einer solchen Kraft geworden, daß ein Autor schreibt, sie sei „eine der größten Kräfte (gewesen), die zum Bürgerkrieg führte und so die Sklaverei zerstörte.“[324]

Conrad bezeichnet die „Untergrundbahn“ als ein „Netzwerk von geheimen Routen, über Land oder auf dem Seeweg, den Neger benutzten um die freien Staaten oder Kanada zu erreichen, wo es ihnen möglich war, in relativer Freiheit zu leben und zu arbeiten.“[325] Diese Untergrundverbindungen hat es bereits Mitte des 18. Jahrhunderts gegeben. Um 1780 beklagt sich George Washington in einem Brief an seine Freunde über entlaufene Sklaven, und bereits im 17. Jahrhundert hat Virginia Gesetze erlassen, die das Einfangen flüchtiger Sklaven betreffen. Doch in dieser Zeit war eine Flucht noch nicht Sache einer Organisation wie im 19. Jahrhundert, als es „Stationen“ in Hunderten von Städten und Dörfern entlang der Grenzstaaten gibt.

Als Harriet ihre Flucht unternahm, war die „Untergrundbahn“ gut organisiert und arbeitete äußerst effektiv, und zwar sowohl im Osten als auch im Mittleren Westen, und zudem erfolgreich genug, die Sklavenbesitzer zu beunruhigen. Es gab kaum eine Stadt oder Siedlung ohne Sympathisanten, die bereit waren, die Untergrundbewegung zu unterstützen. Sklaven fliehen selbst aus dem tiefsten Süden des „Baumwollgürtels“, und entkommen entweder über Land oder mit Booten entlang der Atlantikküste. Kaum eine Methode des Entkommens ist unbekannt, wie das Beispiel Henry Browns zeigte.

Es gibt zwei wichtige Routen: Eine ist im Mittleren Westen und führt vom Süden durch Ohio, und das Ziel ist Kanada. Die zweite Route führt an der Küste entlang und wird die „Eastern Line" genannt, für die z. B. Tubman als herausragender „engineer", d. h. „Lokomotivführer", bekannt wurde.[326] Die Route des Mittleren Westens wird von Cincinnati aus von dem Quäker Levi Coffin geführt. Er soll einen großen Beitrag zur Entwicklung und Stärkung der Untergrundbewegung beigetragen haben. Er fungiert als „station agent" (Bevollmächtigter an einem Posten oder sicherem Haus): Er nimmt die Flüchtlinge in Empfang und leitet sie zu weiteren sicheren Häusern.

Durch die äußerst erfolgreiche Mitarbeit Tubmans (die einmal von sich sagte, unter ihrer Leitung sei nie „ein Zug aus dem Gleis gesprungen" und sie habe „keinen einzigen Passagier verloren") erreicht die Anzahl von Flüchtlingen ihren höchsten Stand, deshalb erhält sie den ehrenden Beinamen „Moses."

Bereits kurz nach ihrer Ankunft in Pennsylvania beschließt sie, sowohl ihre Eltern zu holen als auch soviel Menschen wie möglich aus der Sklaverei zu befreien.

„Ich hatte die Linie übertreten, von der ich so lange geträumt hatte", erklärt sie später. „Ich war frei, doch da war keiner, der mich willkommen hieß im Land der Freiheit. Ich war ein Fremder in einem fremden Land, und mein Zuhause war trotzdem in dem alten Sklavenquartier, mit meinen alten Leuten und meinen Brüdern und Schwestern. Doch ich kam zu diesem schwerwiegenden Entschluß. Ich war frei, und sie würden auch frei sein. Ich würde für sie ein Zuhause im Norden einrichten, und mit Gottes Hilfe würde ich sie alle herbringen."[327]

Einen ähnlichen Moment der Verwirrung, Angst und Desorientierung erlebte auch Frederick Douglass, als er am 3. September 1838 als freier Mann in New York ankommt (auch ihm hatte die Untergrundbewegung geholfen, und um sie nicht zu gefährden, verrät er in seinen Memoiren nichts über sie). Zuerst ist die Erkenntnis, endlich frei zu sein, ein fast berauschender Augenblick. „Dieser Geisteszustand blieb jedoch nicht lange bestehen; und ich wurde wieder von einem Gefühl großer Unsicherheit und Angst erfaßt." Er fürchtet, wieder ergriffen und in den Süden verschleppt zu werden. „Das allein genügte schon, die Glut meiner Begeisterung zu dämpfen." Darum sah er „in jedem weißen Mann einen Feind und begegnete beinahe jedem Farbigen mit Mißtrauen." – Doch „die Einsamkeit übermannte mich. Da lebte ich inmitten von Tausenden und war doch völlig fremd; ohne Zuhause und ohne Freunde, mitten unter Tausenden meiner eigenen Brüder – Kinder eines gemeinsamen Vaters, und doch wagte ich keinem von ihnen mein trauriges Schicksal zu offenbaren."[328] Aus dieser mißlichen Lage wurde Douglass schließlich durch David Ruggles, einem schwarzen Abolitionisten und Herausgeber des Magazins *Mirror of Liberty*, befreit.

Um ihre Pläne in die Tat umzusetzen, benötigt Tubman Geld, und zwar schnell. Also sucht sie sich Arbeit als Hausangestellte und Köchin in verschieden Hotels in Philadelphia und Cape May, New Jersey, und erlebt zum ersten Mal im Leben die Annehmlichkeit, für freie Arbeit Geld zu bekommen – die Art Fortschritt, auf die die Schwarzen so dringend angewiesen sind. Wo immer sich Tubman die Möglichkeit bietet, einen besseren Job zu bekommen, der ihr mehr Geld bietet, wechselt sie die Arbeitsstelle.

Sie hat weder Lesen noch Schreiben gelernt (Sklaven ist dies per Gesetz verboten), doch sie läßt nicht zu, daß dieses Handicap ihr die Verbindung zu anderen Menschen verunmöglicht: Sie diktiert ihre Briefe an andere; deren Briefe werden ihr vorgelesen. Auf diese Weise organisiert sie ihren Weg nach Baltimore, um ihrer Schwester und deren beiden Kindern die Flucht zu ermöglichen. Es ist der Dezember 1850, und dieser Versuch ist Tubmans erste Arbeit als „Schaffnerin." Dies bedeutet konkret, in jedem Moment das eigene Leben zu riskieren. Die Arbeit ist so riskant, daß ein bekannter Minister Neu Englands, Parker Pillsbury, bemerkte, daß es zwar eine Menge Personen gäbe, die gegen die Sklaverei seien und sich entsprechend engagierten und sogar die Untergrundbewegung finanziell unterstützten, aber nur wenige bereit wären, als Führer zu arbeiten. Es ist daher wenig überraschend, daß die meisten „Schaffner" oder „Lotsen" Schwarze sind, denn es ist *ihr* Freiheitskampf, um den es hier geht.

Man vermutet, daß zwischen 1850 und 1860, also während der Zeit, in der Tubman „Schaffnerin" war, jährlich mindestens fünfhundert Schwarze zwischen den Nord- und Südstaaten als Widerstandskämpfer gegen die Sklaverei agierten; und ihre Arbeit war so erfolgreich, daß rund 75.000 Personen der „Untergrundbahn" ihre Freiheit verdankten.

Vor 1850 führte Tubman ihre „Passagiere" nur bis nach Pennsylvania oder New Jersey. Doch im Jahre 1850, angesichts des „Fugitive Slave Law" (Gesetz über flüchtige Sklaven), das die Behörden der

Nordstaaten dazu zwingt, flüchtige Sklaven zu ihren Besitzern zurückzubringen, wird es für die Freiheitskämpfer/INNEN notwendig, nach Kanada auszuweichen.

Fast sofort gibt es in den sog. freien Staaten keine Flüchtlinge mehr. Von da an ist Tubman gezwungen, über 500 Meilen zurückzulegen und ein halbes Dutzend Staaten zu durchqueren, wenn sie Menschen befreit. Die Gefahren verdreifachen sich, denn die Behörden sind wachsam. Aber die Untergrundbewegung ist ihrerseits nicht müßig, sondern errichtet weitere „stations", findet neue Mitarbeiter/INNEN und organisiert sich stärker denn je.

Conrad schreibt, daß Tausende – Weiße und Schwarze - bereit waren, die Flucht der Versklavten zu unterstützen.[329] Sie errichten ein Kuriersystem (wie es das Beispiel von Henry „Box" Brown zeigt) und benutzen hierbei den Postdienst, um Flüchtlinge noch effektiver zu unterstützen. „Schaffner" und Besitzer sicherer Häuser kennen Verbündete in der Nachbarschaft und naheliegenden Siedlungen und halten die Verbindung mit ihnen aufrecht. Sie verständigen sich gegenseitig über die Anzahl der Flüchtlinge, die zu bestimmten Zeiten erwartet werden, ob sie zu Fuß oder in einem Gefährt kommen oder in einer Verkleidung; und sie informieren sich gegenseitig über Zwischenfälle – Gefangennahme, Kämpfe oder Inhaftierungen. Das System, so Conrad, ist „so perfekt organisiert, daß die Agenten sogar ein regelmäßig erscheinendes Publikationsorgan unterhalten, auf deren Titelblatt 'Untergrundbahn' gedruckt ist." Das ist ungewöhnlich und gefährdet zudem das dringend notwendige Prinzip der Geheimhaltung.

Denn der Süden ist wie ein bewaffnetes Feldlager. In den Südstaaten patrouillieren sowohl Uniformierte als auch Geheimpolizisten, die eigens von den Behörden der Counties eingesetzt wurden. Jeder Aufseher einer Plantage trägt einen Revolver. Es wird auch behauptet, daß jeder Weiße im Süden eine Waffe hat und daß kein Sklavenhalter ohne sie zu Bett geht; mancher legt sie sich sogar vorsorglich unters Kopfkissen. Sich auszumalen, daß jemand durch derartiges Feindgebiet gehen muß, um ein solches Netzwerk bewaffneter Tyrannei zu überlisten, reicht aus, um sich vielleicht eine Vorstellung machen zu können vom verzweifelten Mut eines flüchtigen Sklaven oder der Entschlossenheit eines Führers der „Untergrundbahn." Möglicherweise wurde deshalb Harriet Tubman als eine der fähigsten Verschwörerinnen dieser Zeit bekannt. Diese Leistung hat keine/R ihrer Mitkämpfer/INNEN übertroffen. Zwar gab es Dutzende anderer „Schaffner", meistens Männer, und einige von ihnen retteten mehr Menschen als Tubman, doch die meisten „Schaffner" hatten Pech: Etliche wurden inhaftiert, einige wurden umgebracht, andere erlitten schwere Verwundungen. Ein ehemaliger Sklave erklärt: „Moses weiß, wo's langgeht. Die Sklavenhalter können Moses nicht fangen." Franklin B. Sanborn schreibt, daß sie ihre „Vorhaben mit Kälte, Voraussicht, Geduld und Weisheit realisierte – einer Weisheit, besäße sie ein weißer Mann, ihm zu höchstem gesellschaftlichem Ansehen verholfen hätte."[330]

Die bedrohte Freiheit

Harriet Tubman unterscheidet sich in einer Hinsicht von zahlreichen anderen Flüchtlingen: Obwohl sie nominell frei ist, fühlt sie sich dazu bestimmt, zu handeln: Sie entwickelt sofort einen Plan, wie sie ihre Familie befreien könnte. In Philadelphia findet sie in Hotels und Privathaushalten eine Stelle als Hausmädchen und Köchin. Sie hortet und spart ihr Geld mühselig zusammen und plant sorgfältig ihren Rückweg zum Ostufer, um ihre Familie zu sich zu holen. Sie hält Verbindung sowohl zu freien als auch zu flüchtigen Schwarzen und zu liberalen weißen Gemeinden in Philadelphia, Baltimore, Wilmington, Delaware und Cape May, um Informationen für ihr Unternehmen zu sammeln.

Wenig später ist sie gezwungen, schnell zu handeln, um ein Mitglied ihrer Familie vor einer Auktion zu retten. Im Dezember 1850 erfährt sie durch Freunde in Baltimore, daß ihre Nichte Kessiah ein weiteres Mal in Cambridge verkauft werden soll. Tubman reist sofort nach Baltimore. Ihr Schwager Tom Tubman versteckt sie bis zum für die Auktion festgesetzten Zeitpunkt. Tom arbeitet wahrscheinlich als Stauer auf den Docks von Baltimore; hier leben viele freie Schwarze (und wohl auch Flüchtlinge und einige Sklaven, die hierher vermietet werden, einer von ihnen war Frederick Douglass). Auch John und Toms Bruder Evans, ein Seemann, arbeitet hier, wie auch etliche Bowleys, Manokeys und andere Mitglieder der schwarzen Gemeinde vom Ostufer. Diese Gemeinde erleichtert die gefährliche Arbeit Tubmans, denn sie kann mit Unterstützung rechnen. Durch diese Gemeinde erfährt sie auch Neuigkeiten über ihre Familie.

Harriet und Kessiahs Ehemann, John Bowley, haben wenig Zeit, die Flucht von Kessiah und ihren beiden Kindern zu organisieren. Durch die Untergrundbewegung erhält Tubman Nachrichten, und mit deren Hilfe wird ein Plan ersonnen.

Am Tag der angekündigten Auktion versammelt sich kurze Zeit vor dem Mittagessen eine Gruppe interessierter Händler vor dem Gerichtsgebäude, wo die Versteigerung stattfinden soll. Die Angebote um Kessiah und ihre Kinder James Alfred und Araminta beginnen. Man rechnet mit einer Summe zwischen 500 und 600 Dollar. Bald macht ein Bieter das Rennen: John Brodess macht das Gebot für seine Mutter Eliza und hat Erfolg. Kessiah wird von den Stufen des Gerichtsgebäudes heruntergeschoben und der Auktionator geht essen.

Doch als er zurückkommt und um die Bezahlung bitten will, kommt niemand. „Es wurde herausgefunden, daß ihr Ehemann Kessiah gekauft hat, ein Neger, der bei Aufruf die Frist (d. h. des Bezahlens) nicht einhielt."[331] Der Auktionator, der einen Trick vermutet, läßt wiederum bieten – und entdeckt, daß Kessiah und ihre Kinder verschwunden sind. Keiner in der Menge weiß, daß die drei „im Haus (einer Dame) versteckt wurden, nur fünf Minuten Fußweg vom Gerichtsgebäude."[332] Spätabends versteckt John Bowley seine Familie in einem Boot und bringt sie bis nach Baltimore. Als erfahrener Seemann mit Verbindungen zum Ostufer weiß er, daß das Wasser die besten Fluchtmöglichkeiten bietet. Die Seefahrt den Chesapeake hinauf bis nach Baltimore würde einen ganzen Tag dauern, vielleicht länger. Aufgrund des oft launischen und wechselhaften Wetters ist ein derartiges Unternehmen nicht ungefährlich, und Bowley riskiert es, in die Sklaverei verkauft zu werden, wenn man ihn fängt. Doch er und seine Familie gelangen nach Baltimore. Tubman versteckt sie bei Freunden. Später reisen sie nach Philadelphia.

Kühn gemacht durch diesen Erfolg, kehrt Tubman einige Monate später nach Baltimore zurück, um ihren Bruder Moses und zwei weitere Männer in die Freiheit zu führen. Wieder hat sie Erfolg. Im Herbst 1851 jedoch entscheidet sie sich, zum Ostufer zurückzukehren, zum ersten Mal seit ihrer Flucht. Sie will ihren Mann, den sie seit zwei Jahren nicht mehr gesehen hat, mit sich in den Norden bringen. Sie kratzt ihr Geld zusammen, kauft für John einen neuen Anzug und wagt sich nach Dorchester County zurück. Wie sie dieses Wagnis auf sich nahm, welche Route sie wählte, d. h. ob auf dem Land- oder Wasserweg, ist bis heute unbekannt.

Die riskante Reise endet mit einer großen Enttäuschung: Harriet muß entdecken, daß John mit einer anderen Frau zusammenlebt, einer freien Schwarzen namens Caroline. Statt „eine Szene" zu machen, versteckt Tubman sich bei Freunden, hinterläßt aber eine Nachricht an John, daß sie auf ihn warten wolle. Er weigert sich jedoch, sie zu treffen; er ist zufrieden mit seiner Art Leben. Nach allem, was wir über Harriet Tubmans Leben wissen, war John ihre große Liebe, und wahrscheinlich die einzige. Nach seiner Weigerung, sie zu treffen, fühlt sie sich wie zerstört. Im ersten Moment denkt sie sogar, „jeden Ärger zu machen, den sie konnte", gleichgültig, ob sie dabei in Gefangenschaft geraten könnte. Verschmäht von ihrem Liebhaber, überwältigt von Wut und verletzt, kann sie den Verlust ihrer Träume eines Zusammenlebens mit John in Freiheit kaum verkraften. Doch dann begreift sie, „wie närrisch es war, in dieser Stimmung Unheil anzurichten“ und daß sie ohne ihren Mann ebenso gut etwas tun könnte wie er ohne sie: So „riß sie ihn aus ihrem Herzen.“[333] Sie nutzt die Gelegenheit, um statt John eine Gruppe Sklaven nach Philadelphia in die Freiheit zu führen.

Die ohnhehin ständig gefährdeten Aussichten auf Freiheit und Sicherheit für Flüchtlinge, die in den Norden wollen, verschlechtern sich ab 1850 beträchtlich. Wütend über die wachsende Zahl von Flüchtlingen vor allem in den an den Norden angrenzenden Staaten, denken die Sklavenhalter und die ihre Interessen vertretenden Kräfte im Kongreß über die „Bedrohung der Sklaverei“ nach. Freie Demokraten und im Norden die Whigs haben über den Kongreß Kontrolle erlangt, als Präsident Zachary Taylor im Jahre 1849 die Macht übernimmt. Indem er für den Eintritt von Kalifornien und Neu-Mexiko als freie Staaten eintritt, hofft er, zusammen mit den Whigs und den meisten Demokraten des Nordens, die Expansion der Sklaverei jenseits der existierenden Südstaaten zu zügeln. Der Eintritt dieser beiden freien Staaten würde zu einer Störung des Gleichgewichts der Mächte im Kongreß zwischen sklavenhalten Staaten einerseits und „freien“ Staaten andererseits führen; die Repräsentanten des Südens drohen, aus der Union auszutreten. Nach monatelangen Debatten entschließt man sich zu einem Kompromiß, der aber lediglich weitere Konflikte – bis hin zum Bürgerkrieg – vorprogrammiert: Der berühmte „Kompromiß von 1850“ bedeutet, daß Kalifornien als freier Staat zugelassen wird, was in der Tat ein gestörtes Gleichgewicht zwischen freien und sklavenhaltenden Staaten bedeutet. Um zu einem Ausgleich im Sinne der Sklavenhalterstaaten zu gelangen und um sie zu besänftigen, wird der „Fugitive Slace Act“, das Anti-Flüchtlingsgesetz, verabschiedet. Das Gesetz verpflichtet alle Bundesrichter, Marshals und sonstige Bevollmächtigten dazu, Versammlungen einzuberufen oder Gerichte, um den gültigen Status eines als Flüchtling angeklagten Sklaven festzustellen. Sklavenjäger, die im Norden operieren, können jetzt von den Behörden jede nur denkbare Unterstützung einfordern.

Jede Person, die Sklavenbesitzer und -jäger behindert oder Sklaven bei der Flucht unterstützt, ist in Gefahr, selbst inhaftiert und bestraft zu werden. Durch dieses Gesetz ist die Polizei des Nordens verpflichtet, jeden Flüchtling aufzuspüren und seinem Besitzer zurückzugeben.

Ein Aufruhr ist die Folge, denn es wird als Übertretung der staatlichen Souveränität angesehen, und als immer mehr Flüchtlinge eingefangen und gewaltsam in den Süden zurückverschleppt werden, forden die Abolitionisten zu entschlossenem Widerstand auf. Etliche spektakuläre Gefangennahmen, die von den Abolitionisten öffentlich gemacht und angeprangert werden, verstärken noch den Zorn der Bewohner der Nordstaaten – nicht nur der Abolitionisten, die die Interessen der Sklavenhalter selbst im Norden durchgesetzt sehen. Etliche bereits Versklavte werden in dramatischen Rettungsaktion wieder befreit. Es kommt sogar zu schweren Kämpfen zwischen Behörden und Sklavenhaltern. In einem Fall wird ein Sklavenhalter von der aufgebrachten Menge gelyncht, die die Wieder-Versklavung eines Flüchtlings in Pennsylvania verhindern wollte.

Tubman und ihre Freunde und Angehörigen in Philadelphia oder irgend einer anderen Stadt des Nordens sind jetzt nicht länger in Sicherheit. Die Drohung ist konkret, denn die Sklavenjäger dürfen mit der Unterstützung durch die örtlichen Behörden rechnen. Im Winter 1851 beginnt darum für zahlreiche Ex-Sklaven eine weitere Flucht – diesmal nach Kanada. John und Kessiah Bowley und ihre Tochter Araminta verlassen Philadelphia Ende 1851, vermutlich zusammen mit anderen Flüchtlingen. Doch Tubman macht weitere Pläne; noch sind etliche ihrer Angehörigen versklavt.

Nach ihrem gescheiterten Versuch, John mit sich in den Norden zu nehmen, kehrt sie im Dezember 1851 ein weiteres Mal nach Dorchester County zurück – und befreit elf Personen, darunter möglicherweise einen ihrer Brüder und seine Frau, aus der Sklaverei. Wir wissen keine Einzelheiten; aber wahrscheinlich hat Tubman die Gruppe sogar bis nach Kanada geleitet. Die Gruppe nimmt die Route New York City – Albany und Rochester. In New York suchen sie Schutz bei Frederick Douglass. In seiner Autobiographie „The Life and Times of Frederick Douglass" aus dem Jahre 1881 beschreibt der Autor den Vorfall: „Einmal waren elf Flüchtlinge auf einmal bei mir, und es war notwendig für sie, bei mir zu bleiben, bis ich genügend Geld beisammen hatte, um sie nach Kanada zu bringen. Es war die größte Anzahl Flüchtlinge, die ich je bei mir hatte, und es gab einige Probleme, sie mit genügend Essen und Kleidung zu versorgen, doch anders, als manche vielleicht denken, waren sie nicht sehr anspruchsvoll, sondern mit wenig Essen zufrieden und mit einem Stück Teppich auf dem Boden anstelle eines Bettes oder einem Platz auf dem Stroh in einer Scheune."[334]

In seiner ersten Autobiographie „Narrative of the Life of Frederick Douglass, An American Slave" (dt. „Das Leben des Frederick Douglass als Sklave in Amerika von ihm selbst erzählt") aus dem Jahre 1845, erklärt Douglass seinen Leser/INNEn, daß er ihnen nicht das geheime Netzwerk der „Underground Railroad" offenbaren könne, von dem er Rettung und Unterstützung erfuhr.[335] In seiner zweiten Autobiographie hätte er die Namen der Helfer nennen können – doch er tat es nie. Es besteht jedoch kein Zweifel, daß Tubman in ein Teil derselben Untergrundbewegung eintrat, die auch Frederick Douglass gerettet und in New York versteckt hatte; und es ist ebendieses Netzwerk, das sich zwischen den 1840er und 1850er Jahren ausbreitet und Tubman darin unterstützt, ihrerseits Freunde und Angehörige zu retten. Um 1881 fühlt Douglass sich ermutigt, einige Namen der Agenten der „Underground Railroad" zu nennen. Er erwähnt auch einige Orte, wo es „Stations" (sichere Häuser) gab. Er erwähnt Baltimore, Wilmington, Philadelphia, New York, Albany, Syracuse, Rochester und St. Catharines in Kanada. Die „Stationer" sind dieselben Männer und Frauen, mit denen auch Tubman zusammenarbeitete: Thoms Garrett in Wilmington, Delaware; J. Miller McKim, William Still, Robert Purvis, Edward M. Davis, Lucretia und James Mott und weitere Helfer in Philadelphia; in New York Oliver Johnson und Isaac T. Hopper; in Albany die Mott-Schwestern, Stephen Myers, John H. Hooper; in Syracuse die Reverends Samuel J. May und W. J. Loguen; in Rochester J. P. Morris, Amy und Isaac Post, die erschöpfte Flüchtlinge aufnahmen.

Tubman erzählt später Wilbur Siebert (dessen Arbeit über die Untergrundbewegung die Arbeit der zahlreichen bekannten und unbekannten Helfer, der „Station Masters" und „Operators" dokumentieren half), daß sie mit einer Gruppe Flüchtlinge Philadelphia verließ und „mit einem Dampfzug nach New York fuhr; von dort hätte sie den Zug nach Albany genommen, wo Stephen Myers für sie und ihre Schützlinge sorgte."[336] In Albany nahm man einen Zug nach Rochester, wo Frederick Douglass dafür sorgte, daß die Gruppe den Zug nach Suspension Bridge und St. Catharines in Kanada bestieg.

Wir wissen nicht genau, ob vor Tubmans Flucht und Befreiung zwischen ihr und Ferederick Douglass eine Verbindung bestanden hat. Sie schätzten und achteten einander, doch z. B. über das Ausmaß ihrer Zusammenarbeit - ob am Ostufer oder im Norden - gaben sie niemals öffentliche Erklärungen ab. Vielleicht wollten sie andere Schwarze, die noch in Maryland lebten, schützen. Doch zweifellos hatten Tubman und Duglass weitreichende Verbindungen am Ostufer; und Douglass riskierte bereits viel, als er in seinen Memoiren eingehend beschrieb, was ihm in der Sklaverei angetan wurde: Dr. Absalom Thompson, der Bruder von Dr. C. Thompson, lebte bei Mary's Delight, in der Nähe der Farm, in der Frederick Douglass gearbeitet hatte, damals unter dem Namen Fred Bailey. Die Farm, auf der er 1833/34 als Mietarbeiter gelebt hatte, gehörte Edward Covey, den er in seinen Memoiren als „Sklavenbrecher" bezeichnete und dessen Foltermethoden er ausführlich schilderte.[337] Nach dem Jahr bei Covey wurde Fred an William Freeland vermietet, dessen Besitz sich gleichfalls in der Nähe von Dr. Thompsons Plantage befand. All diese Landbesitze sind nicht weit von der Kleinstadt St. Michaels entfernt, wo der Besitzer Freds, Thomas Auld, lebte; die Thompsons und die Aulds verkehrten in denselben gesellschaftlichen Kreisen. Als 1845 die Memoiren von Frederick Douglas publiziert werden, versucht C. C. Thompson, Dr. Absalom Thompsons Sohn, den Autor zu diskreditieren. In Zeitungen läßt er verlautbaren, daß er den „ungebildeten Sklaven Frederick Bailey" gut kenne. Er bestätigt auch die Richtigkeit der Namen und Orte, die Douglass erwähnte – und erklärt dann, daß der Autor „die Charaktere der meisten Ehrenmänner schamlos verleumdet"[338] habe. Der Briefwechsel der beiden Männer wird in verschiedenen Zeitungen, die die Sklaverei bekämpfen, veröfffentlicht, und die Realitätsblindheit Thompsons, die sich in seinen Briefen offenbart, ist erschreckend: Edward Covey nennt er einen „schlichten, ehrlichen Farmer"; Thomas Auld ist ein „angesehener Händler (...) und ein ehrenwertes und geachtetes Mitglied der Methodistischen Kirche"; ebenso sind all die anderen Personen, deren Handlungsweise Douglass geißelt, für Thompson „ehrlich", „ehrbar", „angesehen" und „untadelig." Douglass weiß es besser: Von all diesen Männern erfuhr er Mißhandlungen, Schläge, Demütigungen.

Die Frage, ob Douglass Tubman und ihre Familie bereits vor seiner Flucht im Jahre 1838 kannte, ist naheliegend. Anthony Thompson besaß verschiedene Sklaven mit den Nachnamen Bailey; es scheint denkbar, daß Ben Ross Frederick Bailey kannte und seine große Familie einschließlich der Personen, die verkauft wurden. Weil die Sklaven von Anthony und Absalom Thompson zwischen Dorchester und Talbot County umherreisten, um auf den Farmen der beiden Männer zu arbeiten, könnte es sein, daß viele von ihnen Frederick Douglass kannten. Zudem ist bekannt, daß zwischen Baltimore und dem Ostufer und den Caroline Counties geheime Netzwerke existierten, die Tubman und Douglass ihrerseits kannten und wohl auch genutzt haben.

Nachdem sie die elf Flüchtlinge zuerst bei Frederick Douglass versteckt und dann nach Kanada gebracht hat, bleibt Tubman etliche Monate in St. Catherines. Die Gruppe, die Ende Dezember in Kanada anlangt, hat weder Nahrung noch winterfeste Kleidung für die kommenden Monate „Der erste Winter war schrecklich hart für diese armen Flüchtlinge. Sie verdienten sich ihr Brot, indem sie Holz in den Wäldern Kanadas hackten, - sie werden vom Frost gebissen, sind hungrig und nackt.“ Harriet verrichtet die Hausarbeit für ihren Bruder und die anderen, arbeitet und betet und bringt ihre Schützlinge „mit der Hilfe Gottes durch den Winter.“[339] Durch Freunde in der Umgebung erfährt sie Unterstützung, so daß sie im folgenden Frühjahr nach Philadelphia zurückkehrt, um genug Geld zu verdienen und so weitere Angehörige aus Maryland holen zu können. Im Sommer arbeitet sie wieder in Cape May; im Herbst 1852 kehrt sie zum Ostufer zurück, wo sie eine Gruppe von neun Flüchtlingen befreit.

Die Spannungen am Ostufer nehmen zu, als die politische Situation auch Marylands soziale und ökonomische Situation verändert. Man debattiert über die Notwendigkeit der Sklaverei und ihre Bedeutung im sozialen Gefüge der USA. Auch die Spannungen zwischen den Nord- und Südstaaten nehmen zu. In Dorchester County organisieren sich die Schwarzen, weil sie nicht nach Liberia wollen; am Ostufer verschwinden immer mehr Sklaven. Ihre ehemaligen Besitzer machen die Abolitionisten dafür verantwortlich.

In den frühen Morgenstunden des 9. Mai 1852 zerstört ein unbekannter Brandstifter das Archiv des Rathauses. Trotz einer Belohnung von 1000 Dollar für seine Ergreifung wird er nie gefaßt. Die Unterlagen, die mehr als 200 Jahre Ortsgeschichte dokumentierten, werden größtenteils ein Raub der Flammen, - bis auf zwei wichtige Bände, die bei einem Angestellten verblieben waren, der an ihnen arbeiten wollte. Indem diese Bände die Jahre zwischen 1846 und 1852 dokumentieren, vermitteln sie uns als einzige Unterlagen First-Hand-Informationen über die politischen, ökonomischen und sozialen Dramen, die während dieser Jahre im County geschahen. Zudem enthalten diese Bücher einige Informationen über das Geschick von Tubmans Familie und die Gefahren, denen sie als Besitz ihrer Master ausgesetzt war.

Die entsetzten Bewohner von Dorcheser County versuchen sich von ihren Verlusten zu erholen. Das Gericht wird in ein Hotel des Orts verlegt, und man bemüht sich, Verlorenes zu rekonstruieren oder zu ersetzen. Es müssen neue Verträge und Testamente aufgesetzt, Besitzrechte an Ländereien, Steuerbescheide und Vormundschaftspapiere überprüft und neu aufgesetzt und Dokumente über Verurteilungen und andere Gerichtsunterlagen neu erstellt werden. Zum Glück für die Historiker/INNEN besaßen die Pattisons eine Kopie des Testaments von Atthow, so daß James A. Stewart, der Anwalt der Erben, mit seinen Forderungen am Besitz Rits gegenüber Eliza Brodess fortfährt.

James A. Stewart, Jurist, Politiker und Geschäftsmann im County, kennt Tubman und ihre Familie seit Jahrzehnten; sein Bruder John hatte sie, ihre Brüder und vermutlich auch ihren Vater Jahre zuvor gemietet. Zu der Zeit, als Tubman flieht, scheint der Rechtsstreit der Pattisons gegen Eliza Brodess nicht besonders wichtig zu sein, obwohl Stewart als einer der mächtigsten Anwälte des Distrikts gilt. Er besitzt außerdem über vierzig Sklaven, auch Schiffe, Gebäude, Farmen und Wälder sowohl am Ostufer als auch in Texas.

Er übernimmt sofort wieder den Fall der Pattisons und erkärt, daß sie nach wie vor ein Anrecht auf Rittia und ihre Kinder hätten, die 45 Jahre alt sind, außerdem verlangt er finanzielle Entschädigung, weil sie nicht vermietet werden konnten. Weitere Forderung: Die verbleibenden Sklaven unter 45 Jahren sollen verkauft werden und der Gewinn an die „rechthabende Partei" der Pattisons übermittelt werden. Eliza Brodess akzeptiert diese Entscheiung nicht, und der Rechtsstreit zieht sich noch weitere drei Jahre hin.

Dann, im Juli 1852, kauft Stewart von Thomas Willis die junge Sklavin Harriet, Tubmans Nichte, die Willis zwei Jahre zuvor von Eliza Brodess gekauft hatte. Eine von Bens und Rits Enkelinnen war trotz Pattisons Bemühungen, den Verkauf zu verhindern, bis das Urteil gesprochen wäre, verkauft worden. Doch Stewart kauft nicht Harriets Tochter Mary Jane (Mary Ann); die Vierjährige verbleibt bei Willis, zusammen mit der zweijährigen Sarah-Ann, möglicherweise ein weiteres Kind Harriets. Willis und Stewart leben etliche Meilen voneinander entfernt, so daß Harriet von ihren Kindern getrennt wird. Die Grausamkeit dieses Verkaufs ist nur erklärbar durch den politischen oder persönlichen Anteil auf seiten Stewarts, der weniger als vier Monate später von einem Pattison-Erben das Besitzrecht auf Rit kauft. Die Sache scheint schlecht vorstellbar und der „Wert" Rits in diesem Erbschaftsstreit erscheint zu gering. Was also ist der Grund, dass Stewart die versklavte Familie kauft? Wollte er sie beschützen?

Stewart ist ein Verteidiger der Sklaverei, und die Herzlosigkeit seiner Entscheidung, seine Sklaven im Jahre 1855 nach Texas zu bringen und damit Familien zu zerstören, zeigt keinen wohltätigen Sklavenhalter. Vielleicht geschah diese Entscheidung aus persönlichem Widerwillen gegen Brodess. Letztlich jedoch verlor auch er sein Spiel: Der Rechtsstreit ging solange weiter, bis der Fall verabschiedet wurde, denn die Partner der Gegenpartei, Mills und Eliza Brodess, verstarben.

Für die Ross-Familie muß das Erlebte traumatisch gewesen sein; erst ist Rit der Überzeugung, frei zu sein – nur, um sich wieder versklavt zu finden. Als die Tochter im Herbst 1852 nach Dorchester County zurückkehrt, weiß diese nichts von dem Rechtsstreit; aber das ändert nichts an ihrem Ziel: die Eltern zu befreien und mitzunehmen. Besorgt, daß sie in den Süden verkauft werden könnten, hatten Tubmans drei Brüder Robert, Benjamin und Henry (Taylor schreibt „Bejamin, John und William Henry“[340]) seit ihrem ersten Versuch mit der Schwester verschiedene weitere Fluchtversuche unternommen, waren jedoch immer wieder gescheitert. Da der Rechtsstreit zu dieser Zeit noch andauert, darf Eliza Brodess die Sklaven nicht verkaufen.

Tubman ist ihrerseits nicht bereit, aufzugeben, obwohl sie sich mit jeder Befreiungsaktion größerer Gefahr aussetzt; und als sich die Lage durch den „Fugitive Slave Act“ weiter verschärft, intensiviert sie ihre Bemühungen. Unterstützt durch radikale Abolitionisten, die lieber heute als morgen ein Ende der Sklaverei sähen, wagt sie sich immer wieder zum Ostufer, um Menschen zu befreien.

Die Befreiungs- und Selbstbefreiungs-Operationen haben in Maryland die besten Chancen. Maryland ist in der Nähe zu freien Staaten. Außerdem haben sich die Aussichten auf eine Flucht verbessert, weil sowohl die Land- als auch die Seewege zwischen Nord und Süd oft von freien Schwarzen genutzt werden. Selbstbefreier/INNEN können die Wege nutzen oder mit dem Zug oder mit Hilfe eines Boots fliehen; alle diese Möglichkeiten nutzt auch Tubman für ihre Flüchtlinge, auch wenn wir längst nicht jede ihrer Routen kennen. Und wie in jeder anderen Sklavengemeinschaft sind es auch die Herren von Maryland gewohnt, daß Sklaven bisweilen einige Tage fortbleiben, sei es, daß sie Besorgungen für ihre Besitzer erledigen (ein besonderer Vertrauensbeweis) oder daß sie heimlich fischen oder jagen gehen, um sich ihre kargen Mahlzeiten aufzubessern, oder Verwandte auf anderen

Plantagen besuchen. Obwohl die Strafen bisweilen besonders hart ausfallen können, ist temporäres Fortbleiben von Sklaven Alltag auf einigen Plantagen.

Diese Situation ist für Tubmans Arbeit äußerst vorteilhaft. Sie kann mit ihren Schützlingen fliehen, bevor deren Abwesenheit bemerkt wird. Larson spricht von insgesamt 13 Reisen, die Tubman unternahm, und hierbei rettete sie zwischen siebzig und achtzig Personen aus der Sklaverei; sechzig oder mehr Personen gab sie detaillierte Angaben, welchen Weg sie zu gehen hätten; nahezu alle kamen aus den Dorchester und Caroline Counties,[341] was einleuchtet, denn hier kennt sich Tubman am besten aus, das Terrain ist ihr vertraut.

Die Flucht wird sorgfältig geplant: Tubman kommt fast immer an einem Samstag, weil Zeitungen am Sonntag nicht gedruckt werden; die Suchanzeigen der Sklavenhalter erscheinen erst am Montag. Obwohl Tubman „nie auf einer Plantage gesehen wurde", setzt sie einen sicheren Treffpunkt fest. Manche Treffpunkte sind sieben oder acht Meilen von der jeweiligen Plantage entfernt. Ein Treffpunkt z. B. ist ein Friedhof. Hier sind die Flüchtlinge sicherer vor fremden Blicken als z. B. in einem Haus oder in den Wäldern, was sogar per Gesetz verboten wurde.

Sie bevorzugt für ihre Rettungsaktionen den Winter, weil die Nächte länger sind; aber auch im Frühling und Herbst hat sie Menschen fortgeführt. Wie die meisten Flüchtlinge wandert sie mit ihren Schützlingen in der Nacht; tagsüber werden Verstecke aufgesucht. Die Topographie des Ostufers bietet mit seinen Wäldern, Buchten, Sümpfen und Gezeitenflußmündungen zahlreiche Verstecke. Tubman hat den Mut, bisweilen sogar tagsüber aufzubrechen, um Nahrung und Information zu bekommen, denn sie hat „entlang der Straße vertrauenswürdige Freunde", die sie aufsucht, während ihre Schützlinge warten.[342]

Sie kennt zahllose Verstecke: Abzugsgräben von Entwässerungsanlagen, Hecken und vernachlässigte Schuppen oder Scheunen, in denen Tabak getrocknet wird. Manchmal versteckt sie ihre Schützlinge in mit Brettern abgedichteten Gruben, worin die Farmer ihr Wintergemüse lagern. Einmal muß sie sich mit ihrer Gruppe in einem Depot für Dünger verstecken und durch Strohhalme atmen.

Doch es gibt auch bequemere Plätze, die meisten von ihnen sind von Quäkern oder freien Schwarzen organisiert. Bewohner etwa des

Copper House in Camden, New Jersey, helfen regelmäßig Flüchtlingen und verstecken sie in einem Schlafraum über ihrer Küche. Ein anderer Aufenthalt für Flüchtlinge ist in Odessa, Delaware, wo die Quäker in ihrem Versammlungshaus (ihre Version einer Kirche) einen verborgenen Dachboden über ihrem Altarraum eingerichtet haben.

Tubman hat sich spezielle Tricks und Finten ausgedacht, um ihre Schützlinge zu informieren, ohne zugleich die Aufmerksamkeit der Sklavenjäger zu erregen. Singen ist eine der meistgebrauchten Geheimwaffen der Flüchtlinge und ihrer Helfer. Sobald Tubman sich einer Plantage nähert, singt sie, um denjenigen, die sie erwarten, zu zeigen, daß sie da ist. Unterwegs, wenn Flüchtlingsgruppen voneinander getrennt werden, singt Tubman, um ihnen das Gefühl von Sicherheit zu übermitteln, aber auch, um Gefahr zu signalisieren, noch bevor etwa die Jäger ihrerseits gewarnt sind, etwa durch suchende oder ängstliche Rufe. Sie trägt ständig eine Pistole mit sich, und obwohl sie sie nie gegen Sklavenjäger oder Verräter benutzen mußte, ist sie immer für gefährliche Situationen vorbereitet. Mehr als einmal bekommen Mitglieder ihrer Gruppe Angst und wollen lieber umkehren als bei der Flucht erwischt und bestraft zu werden, darunter Männer, doppelt so großgewachsen wie Tubman. Dann hebt sie jedes Mal die Pistole an den Kopf des Ängstlichen und droht ihm: „Bruder, du gehst jetzt weiter oder du stirbst." Und auch der Ängstliche geht weiter – in die Freiheit. Es ist Tubman durchaus ernst mit ihrer Drohung: „Ein toter Flüchtling kann niemanden über seine/ihre Helfer informieren."[343] Wenn die Flüchtlinge einmal die Plantage verlassen haben, gibt es keine Rückkehr: Tubman weiß, daß Zurückgekehrte so lange gefoltert würden, bis sie die Fluchtroute verrieten. Das würde Tubman nie zulassen. Um Babies am Weinen zu hindern, gibt sie ihnen bisweilen Opium. Wenn die Mütter ermüden, trägt sie das Baby in einem Korb.

Einer einzelnen Person ist es unmöglich, das System der Sklaverei zu bekämpfen. Die Befreiungsbewegung hat zahlreiche Anhänger, und hervorragende Mitarbeiter leisten wichtige Beiträge. Tubman wird in ihrer Arbeit von den Quäkern unterstützt, von versklavten und freien Schwarzen, Geistlichen, großzügigen Finanziers und anderen. Auf der gesamten Route durch Maryland, Delaware, Pennsylvania, New Jersey, New York und Ontario in Kanada – die Strecken, die Tubman mit ihren Schützlingen durchqueren muß – gibt es entschlossene Frauen und Männer, schwarze und weiße, die Geld, Zeit und Energie geben, um die Flüchtlinge zu unterstützen. Bald wird Tubman z. B. mit Thomas Garrett, dem wichtigsten dieser Verbündeten, näher bekannt werden.

Außerdem kennt Tubman etliche Helfer in Philadelphia, einem der großen „terminals" (Endstück einer Strecke). Der bedeutendste Helfer ist hier William Still, der wichtige Aufgaben in der Bewegung der Abolitionisten übernommen hat: So ist er Leiter des „Vigilance Committees" (eines Ausschusses zu rechtlicher und polizeilicher Selbsthilfe), das Entflohene nach New York weiterleitet. Zwei der wohl wichtigsten Persönlichkeiten in New York sind der schwarze Herausgeber und Autor David Ruggles und Oliver Johnson, ein Weißer, der den *National Anti-Slavery Standard* herausbringt. Dieses Blatt ist ähnlich einflußreich wie etwa Garrisons *Liberator*. Ruggles und Johnson unterstützen Harriet Tubman und ihre Schützlinge auf ihrem Weg von New York nach Albany.

Von Albany bringt sie ihr „Gepäck" zum Haus von Gerrit Smith, einem reichen Philanthropen, der in Peterboro, New York, lebt. Smith hatte Tubman bereits früher kennengelernt, unterstützte ihre Unternehmungen und befragt sie über ihre Taten und Erlebnisse. Smith, der die aufstrebende Partei der Republikaner unterstützt, beeinflußte Tubmans politische Überzeugungen. Er ist in eine Kontroverse mit den Abolitionisten verwickelt, die von Garrison beeinflußt werden und die für eine Trennung der Nord- und Südstaaten als Lösung der sog. Sklavenfrage eintreten. Garrison und sein redegewandter Nachfolger Wendell Phillips meinen, daß die amerikanische Verfassung die Sklaverei befürworte und daß es darum keine Hoffnung für die Schwarzen gäbe, die unter ihren Bedingungen leben müssen. Darum, so folgern sie, müsse die Union zerschlagen werden, der freie Norden solle keine Verbindung mit dem sklavenhaltenden Süden haben. Die Anhänger Garrisons sehen keinen Verdienst in parlamentarisch-politischen Aktionen. Gerrit Smith denkt anders darüber. Er meint, daß die Verfassung nicht die Sklaverei befürworte und ist der Meinung, daß die Sklaven durch einen Verfassungszusatz befreit werden könnten. Mit dieser Einstellung beeinflußt er sowohl Tubman als auch Frederick Douglass, und sie wird sich nach dem Bürgerkrieg durchsetzen.

In Syracuse findet Tubman im Haus von Jermain W. Loguen, einem ehemaligen Sklaven, der jetzt als Geistlicher arbeitet, Schutz und Unterkunft. Loguen bevorzugt harte Methoden im Kampf gegen die

Sklaverei. Er geleitet Tubmans Gruppe nach Auburn, einem Zentrum sowohl der Abolitionisten als auch der Suffragetten. Hier lebt auch Senator William H. Seward, der den Ehrgeiz hat, Präsident zu werden. Er hatte die berühmte Redewendung vom „nicht einzudämmenden Konflikt" geprägt und ist bereit, Tubmans Gruppen zu unterstützen. 1857 wird er ihr Landbesitz zu einem akzeptablen Preis verkaufen und es ihr so ermöglichen, ihre alten Eltern in Auburn wohnen zu lassen.

Von Auburn werden Tubman und ihre Schützlinge nach Rochester, New York, geschickt, wo Frederick Douglass und die Frauenrechtlerin Susan B. Anthony bereits warten und den Weg zum „letzten Sprung" nach Kanada ebnen.

Douglass hatte seine Aktivitäten als Mitarbeiter Garrisons begonnen, doch schon früh bricht er mit der Theorie über die Auflösung der Union. Nach einem sorgfältigen Studium der Verfassung und ihrer Inhalte gelangt Douglass zu dem Schluß, daß die Union gewahrt werden könne, während sie zugleich den Schwarzen die Freiheit gebe. Er reist von New England, das sein Hauptquartier war, nach Rochester, wo er den *North Star* gründet, den er später in *Frederick Douglass Monthly* umbenennt. Dieses Magazin wird zum führenden Beispiel der Theorie des Abolitionismus auf parlamentarischem Wege und ist das Organ der „National Abolitionist Society", einer politisch aktiven Gruppe, die bestrebt ist, diejenigen Kräfte zu stärken, die für einen Verfassungszusatz eintreten. Douglass wird zu einer treibenden Kraft, die für die Union eintritt; später entwickelt sich daraus die Partei der Republikaner. Er weiß, wie man die Schwäche der Sklavenhalter ausnutzt, und er übermittelt dieses Wissen seinen Verbündeten. Douglass, dessen Haus für alle Flüchtlinge stets offen bleibt, ist überzeugt, daß all die rettenden Taten der Sklavenbefreier/INNEN das grundsätzliche Problem nicht lösen können. Die Anzahl derer, die in den Norden entkommen können, verglichen mit der Anzahl derjenigen, die gezwungen sind, zu bleiben, ist gering. Er weiß aber auch, daß die „Underground Railroad" eine mächtige politische Kraft darstellt, um die Unterschiede zwischen dem Norden und dem Süden noch zu verstärken und daß durch die diese Untergrundbewegung neue Kräfte für die Sache der Abolitionisten gewonnen werden können. Als Ex-Sklave achtet Douglass die Arbeit Tubmans höher als die eigene und vergleicht sie mit einem Mann, den er gleichfalls verehrt - John Brown.

Durch den Kontakt mit Männern wie Douglass, Garrett und anderen wird Tubman mit den politischen Zielen der Abolitionisten vertraut, aber auch mit den verschiedenen Gruppen innerhalb der Abolitionisten und ihren unterschiedlichen Zielsetzungen. Sie lehnt entschieden die Überlegungen einiger Personen ab, die für eine Rückführung der Schwarzen nach Afrika eintreten. Sie ist der Überzeugung, daß der Schwarze das Recht habe, sich eine freie Welt auf amerikanischem Boden zu schaffen, vorzugsweise im Süden. Als sie einmal in Kanada über ihre Flucht aus der Sklaverei und ihre Liebe zu dem Ort, wo sie geboren wurde, spricht, erklärt sie: „Wir würden lieber im Land unserer Geburt (dem Süden) leben, wenn wir dort so glücklich sein könnten wie wir es hier sind.“[344] Obwohl Tubman, zusammen mit Douglass, Smith und Seward, glaubt, daß die Befreiung der Schwarzen auf parlamentarischem Wege durchgesetzt werden könne, verehrt sie die Anhänger Garrisons als politische Herausforderer und akzeptiert deren Unterstützung bei ihren Untergrundoperationen.

Trotz der drohenden Gefahr, erwischt zu werden, hält Tubman am Plan der Befreiung ihrer Angehörigen fest. Sie hatte 1850 bereits ihren jüngsten Bruder Moses befreit; doch bei zwei weiteren Versuchen um 1852 und 1854, die übrige Familie in den Norden zu bringen, scheiterte sie. In den zehn folgenden Jahren wird sie mehr Glück haben. Und nicht nur das: Durch ihr Beispiel angeregt, wagen zahlreiche weitere Versklavte die Flucht. Dies ist einzigartig in der afroamerikanischen Geschichte.

Ende 1854 erfährt Tubman, daß ihre drei Brüder Benjamin, John (oder Robert) und Henry (oder William Henry) Ross nach Weihnachten in den Süden verkauft werden sollen. All ihre Fluchtversuche hatten sie nie über die Grenzen des Ostufers hinausgeführt. Der Vater hatte versucht, ihnen zu helfen, indem er einen Mann schickte, der behauptete, die Brüder fortbringen zu können, „doch er enttäuschte uns."[345] Die Fluchtversuche beunruhigten Eliza Brodess, doch aufgrund des schwebenden Verfahrens kann sie die Brüder nicht verkaufen.

Tubmans erster Rettungsversuch im Frühjahr 1854 mißlang. Doch sie verläßt Maryland nicht gänzlich erfolglos: Sie geleitet den 27jährigen Winnibar Johnson in die Freiheit.

In Philadelphia arbeitet sie wieder in Hotels, kratzt ihr Geld zusammen – und lernt weitere wichtige Freunde und Freundinnen kennen, z. B. Lucretia Coffin Mott, die eine ihrer engagiertesten Helfer/INNEN wird und sie auch finanziell unterstützt. Lucretia ist Quäkerin, engagierte Abolitionistin und Feministin: Sie verlangt die vollen Menschenrechte für Frauen, einschließlich Wahlrecht und Recht auf eigenen Besitz. Weitere – überwiegend weiße - Helfer/INNEN, die Tubman kennen lernt, sind Isaac und Dinah Mendenhall, Allen und Maria Agnew und John und Hannah Cox in Chester County,[346] und Lucretias Schwester Martha Coffin Wright in Auburn, New York. Elizabeth Cady Stanton und Frederick Douglass, der sich für die Rechte der Frauen genauso engagiert wie für die der Schwarzen, sind Teil einer Gruppe von Menschen, die sich für gesellschaftliche und gesetzliche Reformen einsetzen und die 1848 in Seneca Falls die erste Versammlung für Frauenrechte einberufen hatten. Mott ist auch eine Verbündete von William Lloyd Garrison. Die Anhänger Garrisons treten gleichfalls für die Rechte von Frauen ein.

Die Teilnahme von Frauen an Aktivitäten der Abolitionisten begann früh. Doch um 1830 existieren auch in den Nordstaaten Stimmen, die für die Sklaverei sind; ebenso wird das Engagement der Frauen gegen die Sklaverei als Provokation verstanden; die Gender-Debatte ist keine Erfindung des 20. Jahrhunderts. Die Versuche der Frauen, an öffentlichen Diskussionen über die Abschaffung der Sklaverei teilzunehmen, bedeuten einen Wendepunkt in den Aktivitäten der Abolitionisten, denn sie müssen sich nun auch Gedanken machen über das Bild der Frau und die Einstellung, die über sie in der Öffentlichkeit existiert.

Bekannte weiße Feministinnen, die auch die Sklaverei bekämpfen, wie Lydia Maria Child, Lucretia Mott, die Schwestern Angelina und Sarah Moore Grimké oder Abby Kelly erkannten als Erste „den Zusammenhang zwischen der Unterdrückung der Frauen und der Versklavung schwarzer Menschen" und benutzen in ihren öffentlichen Reden das Bild der versklavten schwarzen Frau als Metapher für den Status aller Frauen in der amerikanischen Gesellschaft.[347] Andere Abolitionisten, die grundsätzlich die Forderungen der Feministinnen unterstützten, entschieden sich gegen die Diskussionen um die Frauenrechte auf der Bühne der Anti-Sklaverei-Bewegung. Eine Spaltung der politischen Aktivist/INNen war daher früher oder später unausbleiblich,[348] wenngleich etliche schwarze und weiße Abolitionisten den Abgrund zwischen Rhetorik und Realität durchaus begriffen, ebenso wie die Tatsache, daß Sexismus und Rassismus Symptome derselben gesellschaftlichen Krankheit bedeuten: des Patriarchats. Die schwarze Frau ist in diesem System doppelt Opfer.

Tubman lernt viel in den Diskussionen der Abolitionisten. Trotz ihrer partiellen politischen Blindheit leisten die Anti-Sklaverei-Aktivisten in Tubmans Augen Verdienstvolles, denn sie riskieren bei Befreiungsversuchen Versklavter oft Leben und Besitz. Tubman erfährt Respekt, Anerkennung und finanzielle Unterstützung, um ihren eigenen Krieg gegen die Sklaverei erfolgreich fortführen zu können.

Die nächste Schlacht führt sie im Dezember 1854: Jetzt geht es um die Rettung ihrer drei Brüder. Sie bittet einen Freund, an Jacob Jackson, einen gebildeten (und freien) Schwarzen, zu schreiben, der in der Nähe des Arbeitsplatzes der drei Brüder lebt. Tubman läßt einen äußerst vorsichtigen – und zugleich vieldeutigen – Brief schreiben, um nicht unnötig die Aufmerksamkeit der weißen Postmeister zu erregen. „Lies mein Brief den alten Herrschaften (den Eltern) vor und sende ihnen meine Grüße", heißt es in dem Brief. „Sag meinen Brüdern, daß sie immer auf die Predigt hören sollen, und wenn das gute alte Schiff von Zion vorbeikommt, sollen sie bereit sein, an Bord zu gehen." Mit dem „alten Schiff" ist natürlich Tubman gemeint, und „Zion" ist eine Metapher der Schwarzen für „Freiheit."

Der Brief ist unterschrieben mit „William Henry Jackson": So lautet der Name von Jacobs adoptiertem Sohn, der Dorchester County bereits Jahre zuvor verlassen hatte. Wahrscheinlich war der Trick bereits ein gutes Jahr vor 1854 abgesprochen worden; und die Vorsicht Tubmans und Jacob Jacksons erweist sich als klug, denn die Postbehörden sind nach den zahlreichen Fluchten Versklavter aus der Umgebung äußerst mißtrauisch, und Jackson steht unter Verdacht, diese Fluchten unterstützt zu haben.

Für Versklavte herrscht Postzensur: Jacob darf den an ihn adressierten Brief erst lesen, nachdem die Kontrolleure ihn auf Geheimbotschaften gepüft haben. Offenbar sind alle Briefe Schwarzer an andere Schwarze „mysteriöse Dokumente." Die wirkliche Bedeutung *dieses* Briefes jedoch können sie nicht wissen: William Henry Jackson hat weder Eltern noch Brüder, der Brief ist als Nachricht unverständlich.

Zuletzt wird der Brief Jacob Jackson ausgehändigt. Der begreift sofort, was gemeint ist, wirft den Brief zu Boden und erklärt „Dieser Brief kann nicht für mich sein. Der hat weder Kopf noch Fuß." Dann geht er weg und unternimmt sofort erste Maßnahmen, Harriets Brüder zu informieren, daß die Schwester kommt und sie sofort für den nächtlichen Aufbruch bereit sein müssen.[349]

Sie kommt am Weihnachtsabend an: Der perfekte Zeitpunkt für eine Flucht. Tubman holt ihre Brüder, zwei weitere Männer und eine junge Frau und begibt sich zur Hütte ihrer Eltern, vierzig Meilen weiter nördlich. An diesem Abend würde sie ihre Eltern noch nicht mitnehmen, denn daß sie in den Süden verkauft werden sollen, ist aufgrund ihres hohen Alters eher unwahrscheinlich.

Eine qualvolle Situation entsteht durch Mary, die Frau Roberts: Sie liegt in den Wehen und bekommt eine Tochter, die sie Harriet nennen wird. Robert ist zerrissen zwischen dem Wunsch, in den sicheren Norden zu entfliehen und seiner Frau beizustehen. Er zögert und erregt dadurch Marys Mißtrauen. Sie weiß nichts von den Plänen ihres Mannes, doch ihr ist klar, daß er fliehen möchte. Er versucht aufzubrechen, doch Mary ruft nach ihm, denn sie spürt, daß etwas nicht stimmt. Robert muß sich gewaltsam von seiner Familie, seinen beiden kleinen

Söhnen und der eben erst geborenen Tochter losreißen. Er weiß, daß er möglicherweise in den Süden verkauft wird, wenn er bleibt. Also belügt er seine Frau: Er sagt ihr, daß er sich über die Weihnachtsferien an einen anderen Arbeitgeber vermietet. Sie durchschaut die kleine Notlüge, doch sie läßt ihn gehen, in der Hoffnung, ihm später folgen zu können.

Tubman war bereits zur nächsten Etappe des Weges gegangen, die Robert kennt. Er weiß genau, daß seine Schwester immer nur eine knappe Frist warten würde, „nie länger."[350] Sie versammelt die rechtzeitig Gekommenen um sich und bricht mit ihnen nach Poplar Neck auf. Ben konnte es einrichten, daß seine Verlobte Jane Kane mitkommen kann. Sie ist die Sklavin von Horatio Jones, „dem übelsten Mann im ganzen Land."[351] Jones gilt als einer der schlimmsten Sklavenhalter der Gegend, der seine Zwangsarbeiter schlägt, mißhandelt und auspeitscht. Auch Jane hatte er mehrere Male geschlagen, bis ihr das Blut aus Mund und Nase lief; dann hatte er sie in einen Schrank gesperrt, wo sie beinahe erstickt wäre; auch ihren Bruder mißhandelte er. Natürlich hatte er ihr auch verboten, Ben zu heiraten, darum planten beide die Flucht gemeinsam. Jane floh in Männerkleidung, die Ben für sie im Garten von Jones versteckt hatte. Als man nach ihr suchte, fiel niemandem der „junge Mann" auf, der seelenruhig fortging.

Rit hatte ungeduldig auf die Ankunft ihrer Söhne für das traditionelle Weihnachtsessen gewartet. Von der Scheune aus, worin sie sich versteckt hatten, sehen Harriet und ihre Brüder die Mutter ratlos vor ihrer Hütte stehen. Sie sehen, wie die alte Frau ihre Blicke überallhin wendet, um dann enttäuscht in die Hütte zu gehen. Harriet hatte ihre Mutter seit fünf Jahren nicht mehr gesehen, aber sie kann es nicht riskieren, sie zu informieren, daß vier ihrer Kinder ganz in der Nähe versteckt sind: Rit würde versuchen, sie zurückzuhalten und dabei einen solchen „Aufschrei machen (...), daß die gesamte Plantage alarmiert wäre."[352] Die Nacht zuvor hatte Tubman zwei ihrer Schützlinge zum Vater geschickt. Ben hatte den Hungrigen ein wenig zu essen gegeben. Dabei hatte sich der alte Mann, der ein Leben lang völlig unfähig war, auch nur die geringste Lüge über die Lippen zu bringen, die Augen verbinden lassen, damit er im Fall eines Verhörs durch Sklavenjäger wirklich sagen konnte, er habe *niemanden gesehen*. Dabei hatte auch er seine Tochter seit ihrer Flucht nie wieder gesehen; und nun ist sie mit ihren Brüdern da – nur um wieder fortzugehen. Mit verbundenen Augen begleitet sie der Vater einige Meilen, von den Söhnen an den

Armen gehalten. Dann lassen sie ihn stehen. „Als er nicht mehr ihre Schritte hören konnte, nahm er das Halstuch herunter und kehrte zurück."[353]

Tubman nimmt meistens eine von zwei möglichen nördlichen Routen. Wahrscheinlich wählte sie den Weg nach Osten, d. h. durch Federalsburg, dann durch das Bridgeville-Gebiet in Delaware, und dann Richtung Norden nach Camden, Dover, New Castle und Wilmington. Auf der Route Richtung Blackbird und Smyrna gibt es etliche sichere Häuser, wo sich die Flüchtlinge ausruhen könen. Die zweite Möglichkeit wäre der Weg Richtung Nordosten am Choptank River entlang gewesen, durch Denton und Greensboro, dann nach Delaware, durch Sandtown und Willow Grove und weiter nach Dover und Wilmington. In Wilmington angekommen, kann sie zum Haus von Thomas Garrett gehen, wo die Flüchtlinge Essen und Kleidung bekommen. Die meisten haben völlig zerrissene Schuhe, darum bekommen sie Geld für neue. Dann sorgt er für eine Transportmöglichkeit, die die Gruppe zu Allen Agnews Haus in Pennsylvania bringen soll. Agnew würde sie zu William Still nach Philadelphia bringen, der Tubmans mittlerweile auf neun Personen angewachsene Gruppe willkommen heißen – und jeden Namen mit Altersangabe und Information über den Familienstand aufschreiben würde, um später ankommenden Angehörigen helfen zu können. Die Notizen über die Flüchtlinge enthalten auch Angaben über Aussehen, Körpergröße, Hautfarbe, Anzahl der Geschwister, außerdem über den ehemaligen Besitzer und wo der Flüchtling gelebt hatte. Still schreibt auch auf, was seine Gäste erlebt hatten: Was Sklaverei bedeutet. Er schreibt auch auf, wieviel Geld und Lebensmittel jede/R bekam.

Still schreibt auch die neuen Namen von Harriets Brüdern auf, die sie von nun an führen würden: statt Ross heißen sie von nun an Stewart, wie eine der bekanntesten weißen Familien im Dorchester County. Diese auf den ersten Blick befremdende Wahl mag als Akt der Selbst-Ermächtigung interpretierbar sein: Während andere Ex-Sklaven den Namen wechseln, um nicht mehr so leicht von Sklavenjägern erkannt zu werden, wählen die Brüder Harriets den Namen Stewart wohl deshalb, weil sie ihn als ihren richtigen selbst unter den Bedingungen der Sklaverei erkennen; vielleicht spielt es aber auch eine Rolle, einen „mächtigen" Namen zu haben, keinen „Sklavennamen." James A. Stewart, der Anwalt der Pattisons und einer der mächtigsten Männer am Ostufer, mag Macht und Kontrolle repräsentieren (allerdings ist er auch ein äußerst unsympathischer Sklavenhalter). Doch dies sind Vermutungen. Ben heißt jetzt James Stewart, Robert heißt John Stewart, und Henry wählt den Namen Levin Stewart, ändert ihn jedoch später in William Henry Stewart. Durch die Wahl dieses Namens entsteht der Eindruck einer familiären Bindung, die jedoch nie existiert hat. Auch die anderen Flüchtlinge wählen die Namen mächtiger weißer Männer.

In sein Notizbuch schreibt William Still auch einige Worte über das Verhalten der früheren Sklavenhalter. Eliza Brodess wird von Ben alias James Stewart als „sehr teuflisch" charakterisiert. Er erklärt Still, daß es schwierig für drei Sklaven gewesen sei, „eine achtköpfige Familie zu versorgen" und daß er und seine Brüder geflohen wären, weil sie verkauft werden sollten. Ihre Schwester Mary Ann Williams wolle auch fliehen. Die 21jährige Jane Kane berichtet Still von den Mißhandlungen, die sie durch ihren Master erfahren hatte. Sie wählt den Namen Catherine.

William Still ist für den Weg aus Philadelphia Richtung Norden verantwortlich, wo weitere „Stations" die Flüchtlinge unterstützen würden, etwa in den benachbarten Counties Chester und Lancaster, außerdem – jenseits des Delaware - New Jersey. Manche Flüchtlinge reisen direkt nach New York City, New Bedford und Boston – aber auch Troy, Albany, Syracuse und Rochester bieten Unterstützung durch Aktivisten der „Underground Railroad." Von dort werden Tubmans Gruppen nach Buffalo oder einen anderen sicheren Platz jenseits des Ontario, des Eriesees oder der Niagarafälle geleitet. Einige Flüchtlinge gehen nach Elmira, New York, wo John W. Jones, ein schwarzer „Maschinist" (d. h. Agent), bereits Hunderten von Flüchtlingen den Weg durch Ost- oder West- Pennsylvania und weiter durch Syracuse, Rochester und Buffalo bis zu den Niagarafällen gezeigt hatte.

Die drei Brüder Tubmans und Jane alias Catherine Kane leben in St. Catherines, Kanada, zusammen mit anderen Ex-Sklaven. Die Bowleys ziehen weiter nah Chatham, wo bereits eine große schwarze Gemeinde existiert. Wir sind über die weiteren beruflichen Erfolge und Mißerfolge der Brüder ziemlich gut informiert (William Henry z. B. wird Farmer, macht später Verluste und gerät „in einige Schwierigkeiten"[354]) - nur über den jüngsten Bruder, Moses, wissen wir nichts. Seit seiner Flucht existieren keine Dokumente über ihn.

Von Maryland erfährt Tubman weitere beunruhigende Nachrichten.

Da immer mehr Versklavten die Flucht gelingt und Ben Ross als Helfer zunehnmend in Verdacht gerät, wird die Lage für ihn bedrohlich. Vorerst ist er durch seinen guten Ruf als absolut ehrlicher Mann geschützt. Doch langsam – und auch wegen des unsicheren juristischen Status von Rit, die Eliza Brodess immer noch verkaufen will – muß sich Tubman darüber Gedanken machen, wie sie ihre Eltern nach Kanada bringen will. Doch Tubmans Schwester Rachel ist als jüngere Frau in größerer Gefahr, verkauft zu werden, auch, weil ihre Brüder geflohen waren. Sie in den sicheren Norden zu bringen entpuppt sich jetzt als besonders schwierig, weil die Sklavenhalter Marylands mißtrauischer denn je sind. Zugleich nimmt der gewaltsame Widerstand gegen die Sklaverei zu: Ostern 1855 kursieren Gerüchte über einen bevorstehenden Aufstand freier und versklavter Schwarzer in den Counties Dorchester und Talbot. Natürlich machen sich die Weißen Gedanken darüber, wie sie ihren „Besitz" unter Kontrolle halten können. Versammlungen der Schwarzen werden verboten, ihre Schulen bekommen einen weißen Aufseher. Die Quartiere der Versklavten werden untersucht, dort gefundene Waffen beschlagnahmt. Die Zeitungen fordern die Sklavenbesitzer auf, ihre Sklaven über die Osterferien nicht fortgehen zu lassen. Die *Cambridge Chronicle* äußert den Verdacht, daß sich auch in Maryland Abolitionisten befänden – das Schreckgespenst aller Sklavenbesitzer. Weil zudem die freie schwarze Gemeinde als Unruheherd verdächtigt wird, wünschen viele Weiße, daß sie aus dem Ort verschwindet.

Im Winter 1855 bleibt Tubman bei ihren Brüdern in Kanada. Während dieser Zeit werden sie von Benjamin Drew, einem Abiolitionisten aus Boston, befragt. Drew will das Leben der Schwarzen unter den Bedingungen der Sklaverei dokumentieren. Seine Bemühungen sind auch eine direkte Antwort auf Geschehnisse, die wie ein Sturm auf die Anti-Sklaverei-Aktivisten wirkten: Das Kansas-Nebraska-Gesetz von 1854 bedeutet, daß zwei neue Territorien, die einmal zu Louisiana gehört hatten (das früher gekauft wurde) herausgenommen werden sollen: Der nördliche Teil ist Nebraska, der südliche Kansas. Die Siedler jedes dieser neuen Territorien haben das Recht, sich für oder gegen die Sklaverei zu entscheiden. Die nördlichen Gegner der Sklaverei schafften es bei diesem Widerruf des Missouri-Kompromisses nicht, die Sklaverei in den neuen Gebieten zu verhindern. Die erstarkenden Kräfte aus dem Süden machen die Anstrengungen der Abolitionisten in den neuen Staaten nichtig.

In dieser Zeit werden mehrere Bücher publiziert, die die Thematik kontrovers behandeln. Zwei Autoren verteidigen die Sklavokratie als wohltuende und für die Versklavten gute Einrichtung. George Fitzhughs „Sociology for the South; or, the Failure of Free Society" und Nehemiah Adams „A Southside View of Slavery" bezeichnen die Sklaverei als ein für Schwarze gutes System und polemisieren gegen die Abolitionisten und behaupten, das Lohnarbeitssystem des Nordens sei falsch. Beide Autoren sind überzeugt, daß die Sklaven unter den Lebensbedingungen der Sklaverei glücklich seien.

Die genau gegensätzliche Meinung vertritt – nach Henry David Thoreau in seiner Streitschrift gegen die amerikanische Eroberungs- und Sklavenpolitik „Über die Pflicht zum Ungehorsam gegen den Staat" (1849) - Harriet Beecher-Stowe in ihrem vieldiskutierten Bestseller „Onkel Toms Hütte", der bereits im Jahr seines Erscheinens mehr als 300.000 Mal verkauft wird. An der Art ihrer Charakterzeichnung der Titelfigur, ihrer Religiosität, die Gehorsam fordert, mag man Kritik üben; Onkel Tom ist ein gar zu unterwürfiger Mann („Onkel Tom" wird später zu einem Schimpfwort der Schwarzen); doch sie zeigt auch Menschen, die verzweifelt um ihre Freiheit kämpfen – und dabei auch vor körperlicher Gewalt nicht zurückschrecken; außerdem, wird die „Underground Railroad" positiv gezeichnet, was ihre Popularität fördert. Die Darstellung der Grausamkeiten der Aufseher und des Sklavenbesitzers Simon Legree, unter dessen Mißhandlungen Tom stirbt, bringt Tausende auf die Seite der Abolitionisten.

In diesem Sinne arbeitet auch Benjamin Drew, dessen 1855 publiziertes Buch „The Refugee: or the North-Side View of Slavery" die Gespräche des Autors mit Flüchlingen in Kanada dokumentiert. Sein Interview mit Harriet Tubman ist das erste schriftliche Zeugnis, das wir von ihr haben; unglücklicherweise ist der Text kurz, doch insofern interessant, weil sie hier ihren richtigen Namen wählte. Ihre Brüder tauchen unter den Nachnamen „Seward" auf, einer Variation von „Stewart."[355] Erst vor kurzem der Sklaverei entronnen, vermeiden sie jedes Wort über die erlittenen Schrecken. John erzählt Drew, daß er sich zwanzig Jahre nach der Freiheit gesehnt habe. Zuerst hätte er den Abolitionisten mißtraut und hinter ihren Bemühungen einen bloßen „Trick" vermutet.[356] Catherine Kane berichtet von den brutalen Mißhandlungen, die sie und ihre Familie durch ihren Besitzer erlitten hatten.[357]

Tubman kehrt nach Philadelphia zurück, um sich durch Arbeit die finanziellen Mittel zu beschaffen, die sie für ihren Freiheitskampf benötigt. Im Oktober 1855 besucht sie wahrscheinlich die „National Colored Convention." Auch Frederick Douglass, Jacob Gibbs, Stephen Myers (aus New York), William Cooper Nell, Charles Lenox Remond und John S. Rock (aus Massachusetts), William Still und Robert Purvis (aus Philadelphia) kommen, zusammen mit sechzig weiteren Delegierten von den Nordstaaten. Dieser Kongreß verschafft Tubman die Möglichkeit, einflußreiche schwarze Abolitionisten aus anderen Städten des Nordostens kennen zu lernen. Es ist ihr Wunsch, bei der Bewegung für die Rechte der Schwarzen mitzumachen - doch auch hier führen Männer die Debatten. Mary Ann Shadd, Publizistin bei der einflußreichen kanadischen Zeitung Zeitung *Provincial Freeman*, ist die einzige Frau, die als Delegierte teilnehmen darf.

Wenig später ist Tubman wieder in anderer Mission in ihrer „Nachbarschaft" unterwegs: 17 weitere Familienangehörige, aber auch andere Personen werden von ihr in den Norden geleitet. Irgendwann zwischen 1855 und 1856 gelingt es ihr schließlich auch, William Henrys Frau Harriet Ann und ihren Sohn William Henry Stewart Jr. und möglicherweise einen zweiten Sohn, Isaac, zu befreien. Inzwischen erschweren die Bemühungen der Sklavenhalter, „Entführungen" zu verhindern, Tubmans Arbeit. Um eine Gefährdung ihrer Eltern zu verhindern, ändert Tubman ihre Strategie und sucht neue Plätze, die als Versteck geeignet ein könnten. Oft verbirgt sie sich in den Sümpfen der Umgebung. Beim Rettungsversuch ihrer Schwester Rachel ist sie gezwungen, drei Monate in Dochester County zu bleiben, bis der richtige Moment da ist, Rachel und ihre Kinder mitzunehmen – doch dieses Unternehmen scheitert aus einem Grund, mit dem Harriet nicht rechnen konnte: Kurze Zeit, bevor Harriet ankam, war ihre Schwester verstorben. Die Rettung von Rachels Kindern Angerine und Ben mißlingt gleichfalls; beide Kinder bleiben versklavt.[358] Eine andere Familie, eine Mutter mit drei kleinen Kindern, tritt mit Hilfe Tubmans den Weg in die Freiheit an. Ein erster Befreiungsversuch Rachels war gescheitert, weil diese sich geweigert hatte, ihre Kinder zurückzulassen; sie hatte sie nicht mitnehmen können, weil sie an einem anderen Ort waren.

Bei ihren Unternehmungen muß Tubman jedes Mal auch mit dem Risiko rechnen, ihren früheren Besitzern über den Weg zu laufen. Einmal begegnete sie Dr. Thompson, erzählt Garrett, doch dieser habe sie nicht erkannt, weil „ihre Hautfarbe sich verändert hatte." Garrett vermutete dies, weil Tubman nicht mehr gezwungen ist, als Feldarbeiterin in der prallen Sonne zu arbeiten, so hätte sich ihre Hautfarbe derart verändert, daß ihr früherer Master sie nicht mehr erkennen konnte. Vielleicht aber spielte eher ihre Kleidung eine Rolle: Tubman trug manchmal feine seidene Kleider, um den Eindruck zu erzeugen, daß sie eine freie Schwarze der Mittelklasse wäre, keine arme Feldarbeiterin.[359] Auch diese Verkleidung ist Teil ihrer Camouflage, die dazu dient, Sklavenbesitzer und mißtrauische Personen hinters Licht zu führen.

Während einer Expedition im Mai 1856, bei der sie vier Männer in die Freiheit geleitet, leidet Tubman unter starken Atemproblemen, vermutlich aufgrund einer Lungenentzündung, nachdem sie sich während ihres letzten Rettungsversuchs den Elementen ausgesetzt hatte. Die Krankheit schwächte Tubman so sehr, daß sie bis zum September des folgenen Jahres nichts mehr tun kann. In dieser Zeit ist sie „sehr schwach, ihre Stimme sehr beschädigt durch eine Erkältung, die sie letzten Winter erwischte",[360] wie Thomas Garrett an Eliza Wigham schreibt.

Bei dieser Expedition hatte Tubman das plötzliche, intensive Gefühl einer drohenden Gefahr gespürt. Sie berichtet Sanborn später, daß sie es immer spüre, wenn „etwas nicht stimmt", ihr Herz würde „flattern, flattern."[361] Dreißig Meilen vor Wilmington veranlaßte ihre Intuition sie, sofort die geplante Route zu ändern. „Gott befahl ihr, anzuhalten, aber dann sagte er ihr, sie solle die Straße verlassen und sich nach links wenden." Als die Gruppe an einen kleinen Strom gelangte, suchte sie vergeblich nach einem Boot oder einer Brücke, um ans andere Ufer zu gelangen. Als einzige Möglichkeit blieb, durchs Wasser zu waten oder zu schwimmen. Weil ihre Schützlinge den Strom nicht kannten, weigerten sie sich, ins Wasser zu gehen. Also ging Tubman allein, wobei ihr das Wasser maximal bis zu den Schultern reichte, so daß sie das andere Ufer erreichen konnte. Jetzt erst folgten ihr die vier Flüchtlinge. Sie gelangten ins Haus einer schwarzen Familie, die sie mit trockener Kleidung versorgte. Am folgenden Tag kam die Gruppe ohne weitere Zwischenfälle in Wilmington an. Tubman war so heiser, daß sie kaum sprechen konnte, außerdem litt sie unter Zahnschmerzen; den kranken Zahn schlug sie sich mit einem Stein heraus.[362]

Im Sommer 1857 erfährt Tubman, daß ihr alter Vater in Schwierigkeiten steckt. Er war inhaftiert und beschuldigt worden, mehrere Sklaven bei der Flucht unterstützt zu haben, ein „Verbrechen", das begangen zu haben er für schuldig befunden wurde. Kaum hat Tubman von dieser Neuigkeit gehört, eilt sie sofort zum Büro der „Anti Slavery Society" in New York und erhält genügend Geld für eine weitere Expedition nach Maryland.

Sie kommt gerade noch rechtzeitig. Ihr Vater war vorgeladen worden, am folgenden Tag vor Gericht zu erscheinen, doch er wird nicht in Haft genommen. Tubman beschließt, die Sache in die eigene Hand zu nehmen.

Thomas Garrett beschreibt, was dann geschah: „Sie brachte ihre alten Eltern auf einzigartige Art und Weise fort. Sie brach mit einem alten Pferdewagen auf, der auf primitive Weise ausgestattet war, mit einem Kummet aus Stroh, einem Paar alter Räder, mit einem Brett auf der Achse, um darauf zu sitzen, und einem anderen Brett, das mit Seilen an der Achse befestigt wurde, damit die Füße einen Halt finden. Sie versteckte ihre Eltern in diesem simplen Vehikel, um bis an die Straße zu fahren, und fuhr in die Siedlung in einer Art und Weise wie bislang und seither kein menschliches Wesen, aber sie war glücklich, sicher angekommen zu sein. Am nächsten Tag gab ich ihr Geld, um ihre Eltern nach Kanada zu bringen. Danach verkaufte ich das Pferd und schickte ihnen die Differenz."[363] Von Siedlung zu Siedlung, mit dem Wagen oder mit dem Zug, führt Tubman ihre Eltern weiter Richtung Norden, bis sie in St. Catherines ankommen.

Massenfluchten, Verdächtigungen – und eine Verurteilung

Tubmans Geschicklichkeit, eine Gefangennahme ihrer Person und ihrer Schützlinge zu vermeiden, wird von allen Abolitionisten gerühmt; als „Moses" ist sie ein fester Begriff. Die Geschichten über ihre erfolgreichen Coups werden überall erzählt. Eine, gleichfalls von Thomas Garrett berichtet, zeigt uns, wie Tubman, trotz kalten Märzwetters, durch etliche eisige Flüsse watet, um einer Entdeckung durch Verfolger zu entgehen, und sie nötigt „zwei dicke Männer", ihr zu folgen. Eine andere Begebenheit fand in Bucktown statt, und Tubman inszenierte hierbei einen für ihre List und Erfindungsreichtum typischen Vorfall, als sie auf der Straße zufällig ihrem früheren Besitzer begegnete. Sie hatte die Möglichkeit einer derartigen und für sie keineswegs ungefährlichen Begegnung vorausgesehen und sich mit zwei Hühnern „bewaffnet", die sie in dem Moment freiläßt, als der Sklavenhalter näher kommt; indem sie damit beschäftigt ist, die „entflohenen" Hühner wieder einzufangen, vermeidet sie es, daß der Mann ihr ins Gesicht sieht und sie erkennt.

Um 1858 ist Tubman auch in abolitionistischen Kreisen in England, Irland, Schottland, Kanada, Liberia und Südamerika bekannt; sie erhält Geldmittel aus Kanada und England, um ihre Arbeit fortzuführen. In Amerika wird ihre Arbeit auch außerhalb der Abolitionisten bekannt, obwohl sie lieber unbekannt geblieben wäre, um ihre Arbeit bei der „Untergrundbahn" erfolgreicher gestalten zu können.

In dieser Zeit ist der Gedanke an Flucht bei den Schwarzen am Ostufer allgegenwärtig. Die Gruppen von Flüchtlingen sind größer als früher; zugleich nimmt natürlich auch die Wachsamkeit der Sklavenhalter zu, was eine Flucht erschwert. Die Sklavenhalter wissen, daß in ihren Plantagen ein geschickter „Dieb" ihrer „beweglichen Habe" umgeht; die meisten glauben, es handele sich um einen Mann. Sie wollen „Moses" unbedingt fangen und setzen ein Kopfgeld in Höhe von 40.000 Dollar auf „ihn" aus.

Panik macht sich in Maryland breit. Die Sklavenhalter berufen Versammlungen ein und überlegen, was gegen die „Entführung" ihres „Besitzes" zu tun sei. Diese Beratungen bezeichnet Conrad als die „höchste Ehrenbezeugung an Harriet Tubman, denn sie war mehr als jede andere Einzelperson verantwortlich für den Rückgang des Marktwertes von Sklaven in Maryland."[364] Bucktown, ihre Heimatstadt, ist „fast entvölkert“ von Sklaven, so gewaltig ist der Einfluß dieser Frau. Es ist ihr gelungen, die meisten Mitglieder ihrer Familie und „Hunderte“ anderer Versklavter in den Norden zu bringen, und sie hat möglicherweise Hunderte weiterer, „vielleicht Tausend“, darin bestärkt, sich selbst zu befreien.

„Es wurde vermutet“, schreibt Conrad, daß Tubman „neunzehn Exkursionen“ ins Land der Versklavten unternommen habe, „und diese Anzahl wird grundsätzlich akzeptiert.“ Die Zahl „neunzehn“ wurde zuerst von Sarah Bradford genannt, ebenso die Angabe „300 befreite Sklaven“, doch Tubman hatte dies nie bestätigt. Sie hatte lediglich 11 Expeditionen erwähnt, aber nie genaue Angaben über die Anzahl der Geretteten gemacht. Bradford war von dieser hohen Zahl ausgegangen, weil sie mit Tubmans Freunden gesprochen hatte.[365]

Wieviele es auch immer gewesen waren – Tubmans Feldzüge haben zweifellos Konsequenzen für die Sklavenhalter und ihre wirtschaftliche Situation ebenso wie für die Abolitionisten, die gestärkt aus dem politischen Duell hervorgehen; sie bedeuten aber auch eine Zuspitzung des Antagonismus zwischen dem Norden und dem Süden, der seine wirtschaftlichen Fundamente bedroht sieht. Der erste Effekt von Tubmans Feldzügen ist, daß der Druck sowohl auf freie als auch versklavte Schwarze zunimmt, sie sind Schikanen und weiteren Einschränkungen ausgesetzt. Und auch für Tubman selbst wird aufgrund der zunehmenden Präsenz von Patrouillen und Sklavenjägern jede weitere Befreiungsaktion riskanter, auch wenn die weiße Oberschicht nichts über ihre Identität weiß.

Doch je größer die Gefahr ist, desto kälter und souveräner reagiert Tubman. Dies beweist eindrucksvoll die Befreiung einer jungen Frau namens Tilly. Diese Rettungsaktion war eine von Tubmans gefährlichsten, die sie nur deshalb meisterte, weil sie „kalte Nerven“ bewahrte und sich so auf unerwartete Geschehnisse klug einstellen konnte.

Die Begebenheit ist uns durch Briefe Thomas Garretts an Elizabeth Wigham überliefert. Er berichtet ihr, daß „die Geschichte dieser Reise bemerkenswert (ist), und sie offenbarte großen Scharfsinn“[366] Tubmans. Und vor allem starke Nerven und enorme Selbstbeherrschung. Ein Flüchtling, der bereits in Kanada lebte, hatte sieben Jahre zuvor seine Verlobte verlassen müssen, weil er fürchtete, verkauft zu werden. Nun bittet er Tubman flehentlich, die Verlobte zu befreien. Er gibt ihr sogar Geld, und sie bricht nach Phildelphia auf, wo ihr der Kapitän eines Dampfschiffs eine Bescheinigung gibt, die bestätigt, daß sie eine Bewohnerin Philadelphias ist und eine freie Person. Mit dem Dampfboot erreicht Tubman Baltimore und trifft Tilly an. Tubman weiß, daß es unmöglich ist, eine Schwarze von Baltimore nach Philadelphia zu bringen, ohne eine Bürgschaft in Höhe von 500 Dollar oder eine Bescheinigung darüber, daß sie frei ist: Beides kann Tubman nicht vorlegen. Sie läßt sich jedoch nicht abschrecken und zahlt für eine Reise mit dem Dampfboot Richtung Süden, d. h. weit den Nanticoke River hinauf bei Dorchester County. Vielleicht überzeugte sie den Kapitän (der den Kapitän des Dampfers von Philadelphia kennt), einen Reisepaß oder eine ähnliche Bescheinigung für Tilly auszustellen. Zwei schwarze Frauen, die nach Süden reisen, erregen nicht unbedingt automatisch Verdacht, und Tilly mit einem Reisepaß auszustatten ist nicht weiter bedenklich; es ist auch möglich, daß der Kapitän ein Gegner der Sklaverei war.

Tubman und Tilly finden sich bald weit südlich von Baltmore und sogar weit entfernt von freier Erde. Nach ihrer Ankunft in Seaford geht Tubman „kühn ins nächste Hotel und bestellt Abendbrot und Unterkunft."[367] Wie erholsam der Schlaf der beiden Frauen war, erzählt Garrett nicht; Tubman hat vielleicht gebetet; ob Tilly schlafen konnte, wissen wir auch nicht.

Am nächsten Morgen sehen sich die beiden Frauen mit einem mißtrauischen Sklavenhändler konfrontiert, der sie verhaften will. Tilly ist einem Nervenzusammenbruch nahe, denn sie ist überzeugt, daß sie entdeckt wurde. Doch als Tubman die Bescheinigungen des Kapitäns zeigt, dürfen die beiden Frauen gehen. Sie kaufen Fahrscheine für den Zug nach Camden in Delaware, wo William Brinkley, ein mit Tubman befreundeter freier Schwarzer und Mitarbeiter der „Underground Railroad", die Frauen nach Wilmington bringt. Und während Tilly nach Kanada weiterreist, bricht Tubman sofort zur nächsten Befreiungsaktion auf. „Sie weiß nicht oder scheint nicht zu wissen, daß sie etwas Bemerkenswertes getan hat",[368] schreibt Garrett fassunglos an Elizabeth Wigham. Mit anderen Worten: Tubman sorgt sich einfach mehr um Erfolg als um Ruhm. Garrett erklärt sie, daß ihr großes Vertrauen in Gott sie schütze, er bewahrte sie „auf all ihren gefährlichen Reisen", denn nie würde sie „eine Aufgabe der Barmherzigkeit ohne Gottes Zustimmung unternehmen."[369]

Vielleicht ist sie deshalb in besonderer Weise furchtlos – oder imstande, aufsteigende Furcht zu bekämpfen und in jeder Situation einen klaren Kopf zu bewahren. Tubmans Reisen in die sklavenhaltenden Staaten, um Menschen zu befreien, nötigten Respekt ab und imponierten sowohl Weißen als auch Schwarzen. In den Augen mancher sind ihre Überfälle doppelt erstaunlich, weil sie eine Frau ist. Von eher kleiner Statur, reinlich, aber oft ärmlich gekleidet, eher bescheiden und unprätentiös in ihrem Auftreten, scheint sie nicht den gängigen Vorstellungen von einer „Heldin" zu entsprechen, sondern sie sieht so aus „wie jede andere Person."

Doch sie ist anders. Ihre Kopfverletzung quält sie nach wie vor; oft überfallen sie Kopfschmerzen und Absenzen, und es kann geschehen, daß sie während ihrer gefährlichen Unternehmungen plötzlich einnickt, womit sie natürlich die Sicherheit ihrer Schützlinge gefährdet oder ihnen zumindest einen gewaltigen Schrecken einjagt. Dennoch läßt sie sich nie von ihrem Kampf abhalten, vor Gefahren scheut sie nicht zurück. William Wells Brown, ein schwarzer Autor und Ex-Sklave, reist 1860 nach Kanda und befragt einige von Tubmans Freunden und Familienangehörigen, die in den 1850er Jahren geflohen waren. Sie erklären Brown, daß Tubman den „Zauber" habe. „Die Weißen können Moses nicht fangen", erklärt man Brown, „sie wurde mit Zauberkräften geboren. Gott hat Moses die Macht gegeben."[370] Eine weitere Erkärung ihres Mutes; Tubman selbst sah sich stets als „Werkzeug Gottes."

Oft ist Tubman mit dem Mangel finanzieller Möglichkeiten konfrontiert, was den Weg zum Ostufer zusätzlich erschwert. Sie jobbt in Küchen und Hotels, doch es reicht nicht. Oft greifen ihr andere Mitarbeiter der „Underground Railroad" unter die Arme. Bisweilen aber enttäuschen sogar die Abolitionisten. Auch aus diesem Grunde hatte sich z. B. ein weiterer Rettungsversuch Rachels verzögert – und dann war es zu spät. Ein anderes Mal betritt Tubman wegen der dringend anstehenden Befreiung ihrer alten Eltern das Büro der „Anti Slavery Society" in New York und weigert sich so lange, es wieder zu verlassen, bis ihr die benötigten 20 Dollar zur Verfügung gestellt werden. Ein anderes Mal bekommt sie überraschend 60 Dollar. Sofort wird ein Plan für die nächste Rettungsaktion entworfen.

Am 8. März 1857 gelingt acht Sklav/INNen aus Dorchester County die Flucht. In Dover, Delaware, jedoch werden sie gefaßt. Henry Predeaux, Thomas Elliot, Denard Hughes, James und Lavinia Woolfley, Billy und Emily Kiah und eine unbekannte achte Person waren einer Route gefolgt, die ihnen Tubman erklärt hatte. Sie hatte ihnen den

Kontakt zu einem Schwarzen namens Thomas Otwell empfohlen, der außerhalb von Dover wohnt und sie zur nächsten „Station" in Wilmington bringen würde. Otwell, der die Untergrundbewegung in Camden und Dover kennt, ist auch mit William Brinkley und seinem Bruder Nathaniel befreundet, die als Agenten tätig sind. Alle drei Männer haben den Ruf, absolut vertrauenswürdig zu sein.

Und doch ging etwas schief: Otwell „hinterging und betrog" die Flüchtlingsgruppe, mit der Absicht, sie ins Gefängnis zu stecken. Es zeigte sich später, daß Otwell von einem Weißen namens James Hollis gekauft worden war, um die Gruppe zu verraten. Lohn des Verrats: 3000 Dollar. Otwell und Hollis treffen sich mit Sheriff Green von Dover und informieren ihn darüber, daß sie planen, die arglosen Flüchtlinge ins Gefängnis zu bringen, um sie dort festzuhalten; sie würden ihnen sagen, daß man sie beschützen wolle.

Doch die Rechnung ging nicht auf: Am Abend des 9. oder 10. März treffen sich die Flüchtlinge, bewaffnet mit Messern und Pistolen, mit Otwell, und zwingen ihn, sie dreißig Meilen stadtauswärts zu führen. Dafür erhält der Geprellte acht Dollar.

Morgens um 4.00 Uhr sind die Flüchtlinge in der Nähe von Dover, und Otwell bringt sie ins Gefängnis wo er ihnen Hollis als „großen Freund der Sklaven" vorstellt. Hollis bringt die völlig Erschöpften in eine andere Zelle, wo sie es angeblich wärmer und bequemer haben würden. Einige werden mißtrauisch, aber im Moment können sie nichts tun. Sheriff Green folgt den Flüchtlingen, um sie in einer anderen Zelle einzuschließen. Doch die Gruppe weigert sich, die Eingangshalle zu verlassen, so daß Green nach unten rennt, um seine Pistole zu holen. Erschreckt durch seine Flucht folgt ihm die Gruppe in seine Privaträume, wo sie Greens Familie aufweckt. Als der Sheriff nach seiner Pistole greifen will, schnappt sich Predeaux eine Schaufel voll glühender Kohle von der Feuerstelle, so daß Kohlen und Asche überall im Zimmer und sogar auf dem Bett landen. Mit einem glühenden Feuerhaken zerschmettert er das Fenster und hält den Sheriff zurück, während die übrigen Flüchtlinge aus dem Fenster springen. Sie landen im weichen Matsch, rennen weiter und verbergen sich im Wald. Predeaux, der sich als letztzer in Sicherheit gebracht hatte, verliert bald seine Kameraden aus den Augen – was sich als Glück erweist: Der Sheriff, der ihn verfolgte, versucht auf ihn zu schießen, doch der Abzug klemmt.

Die Gruppe zerstreut sich. Predeaux findet den Weg zu Garretts Haus, während die anderen umkehren, „sie wußten nicht, welchen Weg sie nehmen sollten."[371] Sie gehen nach Camden zurück - und halten Otwell fest. Der fleht um sein Leben und verspricht ihnen, sie zur nächsten sicheren „Station" von William Brinkley zu bringen, wohin sie ursprünglich gebracht werden sollten. Dort angekommen, nimmt Brinkley sie auf, und Otwell verschwindet. Der Sheriff und eine Gruppe Sklavenjäger suchten bereits nach den Flüchtlingen, doch sie konnten keine Bevollmächtigung bekommen, das Haus zu betreten, wo sie das Versteck der Flüchtlinge vermuten. Irgendwie jedoch gelingt es der Gruppe, nach Willow Grove gebracht zu werden, wo man sie auf Waldwegen weiterführt. Brinkley eilt mit ihnen so schnell wie möglich durch Dover und Smyrna, um sie zu einem anderen sicheren Haus zu bringen – eine Exkursion von insgesamt 38 Meilen.

In Wilmington wartet bereits Thomas Garrett, der befürchtete, daß alle Flüchtlinge gefangen wären. Die Besitzer von drei Männern befinden sich in der Stadt und lauern auf ihre Ankunft. Garrett sendet eine Botschaft an die Flüchtlinge, daß sie sich von der Brücke unbedingt fernhalten sollen. Die Flüchtlinge Thomas Elliot und Denard Hughes versuchen zum Haus von Moses Pinkert in Wilmington zu gelangen, dem Onkel Elliots, während Garrett die Brücke mehrere Nächte hindurch heimlich beobachtet, in der Hoffnung, die Flüchtlinge zu finden und sicher in sein Haus zu bringen. Er findet noch vier weitere Personen, die er über den Christiana River bringt und dann zu einem anderen sicheren Haus zehn Meilen von Wilmington entfernt. Fünf der acht Flüchtlinge gelangen in das Büro von William Still, von wo aus sie ins sichere Kanada gebracht werden.

William und Emily Kiah hatten weniger Glück, sie blieben entweder in Delaware, Maryland, oder in Pennsylvania. Wahrscheinlich warteten sie dort auf ihre Tochter, die sie verlassen mußten. Einen schwierigen Weg ging auch Lavinia Woolfley, die während der Flucht von ihrem Mann getrennt wurde. Nachdem sie sich etliche Monate hindurch verstecken konnte, gelang es ihr, nach Philadelphia zu gelangen, wo sie durch William Still erfuhr, daß ihr Mann bereits in Kanada ist. Die Identität der achten Person ist nach wie vor unklar, doch wir wissen, daß auch ihr der Weg nach Kanada geglückt ist. Was später mit dem Verräter Otwell geschah, ist gleichfalls unklar. Jedenfalls hatte er keinen der anderen „Stationer" verraten.

Die als „die Acht von Dover" in die Annalen eingegangenen Flüchtlinge stammten, wie Garrettt an Mary Edmundson schrieb, aus der „direkten Nachbarschaft“ von „Harriets altem Master.“[372] Pritchett Meredith, ein reicher und angesehener Farmer in Bucktown, dem zwei der Flüchtlinge gehörten, gilt als der „härteste Mann der Umgebung“,[373] wie Denard Hughes später William Still berichtet. Elliot und Hughes kennen Harriet und ihre Familie.

Die sensationelle Flucht aus einer bedrohlichen und nahezu hoffnungslosen Situation machte sich gut in der Presse der Abolitionisten – was zu einem kollektiven Aufschrei der Sklavenhalter führt. Im April 1857 kommt es einem weiteren Treffen und Beratungen darüber, wie man „seinen Besitz besser schützen kann.“ Und während sie noch ihre Verluste beklagen, droht sich die Schlinge um den Hals derjenigen enger zu ziehen, die die Flüchtlinge unterstützen.

Ein Wetterumsturz im April sorgt für Chaos in der Landwirtschaft: Es ist außerordentlich kalt – was zu extremen Verlusten in den Obstgärten führt. Eisstürme und Fröste verwüsten zahlreiche Getreidefelder. Das gesamte Ostufer Marylands ist betroffen. Farmer müssen hilflos mitansehen, wie ihre Lebensgrundlagen zerstört werden; hinzu kommt die Unsicherheit hinsichtlich des „menschlichen Kapitals“, in das sie investiert hatten. Zwar können sie nicht das Wetter kontrollieren, doch sie glauben einen Weg zu finden, Schwarze zu kontrollieren.

Bald zirkulieren Gerüchte, daß Reverend Samuel Green, Tubmans Vertrauter und Freund und wahrscheinlich auch ein Verwandter, eine Rolle in der Flucht der „Acht aus Dover“ und wahrscheinlich bei etlichen weiteren Fluchtversuchen gespielt hätte. Der Verdacht existiert bereits seit langem, doch sein guter Ruf hatte Green bislang geschützt. Als jedoch herauskommt, daß die Route der acht Flüchtlinge direkt an seinem Haus vorbeigeführt hat, wird es eng für ihn. Es kommt zu einer Hausdurchsuchung – und Green wird prompt inhaftiert, als in seiner Wohnung eine Karte Kanadas gefunden wird, außerdem Briefe von Flüchtlingen aus Ontario, mehrere Karten einer Route der „Undergrund Railroad“ durch New Jersey und ein Brief seines Sohnes, Samuel Green Jr., dem einige Jahre zuvor die Flucht nach Kanada gelungen war, außerdem ein Exemplar von Harriet Beecher-Stowes „Onkel Toms Hütte.“

Dem Brief entnehmen die Polizeibehörden Hinweise, daß Green Sen. an der Flucht Joe Baileys beteiligt gewesen war, außerdem an der von Peter Jackson, der 1854 von Tubman nach Kanada gebracht worden war. Und es gibt Hinweise, daß Samuel Green kürzlich seinen Sohn besucht hatte. Die Sklavenhalter sind sich nun sicher, daß Green an zahlreichen Fluchthilfen beteiligt war. Er wird angeklagt, in seinem Hause „Material zu haben, das geeignet ist, Gefühle von Unzufriedenheit bei den Sklaven zu erzeugen." Er hatte einem Gesetz aus dem Jahre 1841 zuwidergehandelt, das freien Schwarzen untersagt, „Flugblätter oder Pamphlete der Abolitionisten, Zeitungen, bildliche Darstellungen oder andere Papiere aufrührerischen Charakters zu bekommen oder im Besitz zu haben, die Unzufriedenheit erzeugen oder zu einem Aufstand unter den Farbigen dieses Staates führen könnten. Im Fall einer Zuwiderhandlung wird er oder sie aufgrund eines Kapitalverbrechens verurteilt", was zu einer Haftstrafe zwischen zehn und zwanzig Jahren führen kann.[374]

Greens Ankläger erklären, daß das Material, das in seinem Haus gefunden wurde, dazu geeignet sei, zu „Aufruhr und Unzufriedenheit" unter den Sklaven zu führen. Das Gericht spricht Green frei, weil es davon ausgeht, daß die konfiszierten Gegenstände keinen „aufrührerischen Inhalt" haben.

Doch die Gegenpartei gibt nicht auf. Es werden neue Indizien gesammelt. Am schwersten wiegt offenbar der Besitz von „Onkel Toms Hütte." Green wird unterstellt, er unterstütze Flüchtlinge, so daß sie selbst bestätigten, daß die Flucht eines der Protagonisten in Beecher-Stowes Roman berechtigt sei. Die Verurteilung des hilfsbereiten Reverend beinhaltet also indirekt auch eine Kritik an dem Roman Beecher-Stowes.

Der Fünfundfünzigjährige repräsentiert das, was Sklavenhalter am meisten fürchten: Den literarisch gebildeten und interessierten, von allen geachteten freien Schwarzen, der mit jedem Umgang pflegen kann, wie er es für richtig hält und so die Versklavten zu Widerstand aufstacheln kann. Green erhält „aufgrund des Besitzes eines abilitionistischen Pamphlets, genannt 'Onkel Toms Hütte',"[375] eine zehnjährige Haftstrafe.

Als Tubman Anfang April 1857 von Philadelphia aus nach Süden aufbrach, wird sie gewiß die wachsenden Spannungen miterlebt und dann von der Inhaftierung Reverend Greens gehört haben. In Caroline County war ihr Vater gleichfalls in den Verdacht auf Beihilfe der „Acht von Dover" geraten. In der Tat hatte der alte Mann die acht Flüchtlinge Anfang März in seiner Hütte versteckt. Sowohl Ben als auch Rit war die Gefahr, die diese Hilfeleistung für sie selbst bedeutete, bewußt. Die Lage war so bedrohlich, daß Ben sogar von seinem alten Master, Dr. Anthony C. Thompson (den Ben später aufgrund seiner seelischen Grausamkeit kritisieren wird) geraten wird, den Staat zu verlassen. Es fand sich dann eine bessere Lösung: Harriet brachte ihre Eltern nach Kanada.

Die Verunsicherung der Sklavenhalter nimmt indes weiter zu und steuert einem Höhepunkt entgegen, als im Oktober 1857 innerhalb von nur drei Wochen mehr als vierzig Sklaven aus Dorchester County fliehen. Diese Fluchtwelle hatte bereits im September ihren Anfang genommen und so die Ruhe der Sklavenbesitzer erschüttert, die sie durch die Inhaftierung Greens und anderer Mitarbeiter der Untergrundbewegung glaubten erlangt zu haben. Eine Gruppe von 15 Flüchtlingen – Männer, Frauen, Kinder und ganze Familien – kam glücklich bei William Still an. Und während die fassungslosen Sklavenbesitzer noch nach den Flüchtlingen fahnden, macht sich bereits eine weitere, mehr als doppelt so große Gruppe auf den Weg.

Am 24. Oktober flieht eine Gruppe von 28 Personen aus den Sklavenquartieren von Samuel Pattison, Jane Cator, Richard Keene und etlichen anderen Sklavenbesitzern. Pattison macht die „schockierende Entdeckung", daß er nahezu alle seine Sklaven verloren hat und er sich nun fragen muß, wer die Arbeit für ihn verrichtet, sei es die Bewirtschaftung seiner Farm oder die Zubereitung des Frühstücks.

Wie eine derart große Anzahl Personen erfolgreich die Flucht bewerkstelligt hat, bleibt indes rätselhaft. Es ist schon eine erstaunliche Leistung, daß es zwei derart großen Menschengruppen innerhalb kurzer Zeitabstände gelungen ist, das County zu verlassen. Die Gruppen hatten insgesant mehr als zwanzig Kinder (darunter auch Kleinkinder und einen zwei Wochen alten Säugling[376]) bei sich, was die Flucht nicht gerade erleichtert haben dürfte.

In jener regnerischen Nacht verlor allein Samuel Pattison zwei Familien; und diese Massenflucht veranlaßt wenig später weitere Angehörige der Versklavten, die man vermietet hatte, gleichfalls fortzulaufen, um von ihren Brüdern oder Schwestern nicht getrennt zu werden. Unter diesen Flüchtlingen ist auch eine weitere Sklavin Samuel Pattisons.

Trotz tagelangen schweren Regenwetters setzen die Flüchtlinge ihren Weg via Delaware nach Pennsylvania fort. Alle tragen Pistolen, Revolver und Messer bei sich, außerdem Waffen für den Nahkampf: Man ist entschlossen, sich nicht kampflos den Sklavenjägern zu ergeben. Die Flüchtlinge gelangen zu Tubmans Freund William Brinkley, der die Gruppe sofort außerhalb Wilmingtons versteckt: Samuel Pattison hatte in Erfahrung gebracht, daß die Flüchtlinge in der Stadt erwartet wurden. In der hastigen Flucht bricht Brinkleys völlig überladener Wagen zusammen und das Pferd wird dabei schwer verwundet.[377] So müssen die völlig erschöpften Flüchtlinge zu Fuß weiter, etliche von ihnen haben keine Schuhe. Doch es besteht keine Möglichkeit, innezuhalten und auszuruhen.

Bald kann Thomas Garrett William Still berichten, daß sich die Flüchtlinge außerhalb der Stadt, in Centreville, aufhalten, nahe an der Grenze von Pennsylvania. Unterwegs gibt es Probleme mit einigen Iren, die sich den Flüchtlingen mit Stöcken und Prügeln nähern. Einer der Flüchtlinge benutzt seine Pistole und schießt einem der Angreifer in die Stirn. Der Mann überlebt, doch die ohnehin angespannte Situation wird durch die Schießerei für die Flüchtlinge noch belastender. Ein vierzehnjähriger Junge geht unterwegs verloren. Er war barfuß, und die Gruppe fürchtet, daß er gefangen wird und den Aufenthaltsort der Gruppe verraten könnte.

Die Flüchtlinge werden in kleinere Gruppen aufgeteilt und außerhalb Philadelphias bei verschiedenen Mitarbeitern der Untergrundbewegung untergebracht. Die Erschöpften erwartet das seit Jahren schlimmste Novemberwetter, trotzdem glückt die Flucht nach Kanada, wo bereits Freunde und Angehörige warten.

Die Sklavenhalter sind indes nicht untätig, denn sie sehen die ihnen vertraute (und für beständig gehaltene) Welt in Gefahr. Anschuldigungen werden laut. Am schlimmsten trifft es die freie scharze Gemeinde, die der Zusammenarbeit mit den Abolitionisten verdächtigt wird.

Einer der eifrigsten Befürworter für ein sofortiges Handeln ist James A. Stewart, der 1855 zum Abgeordneten für Maryland gewählt worden war. Sein zorniges Befürworten der Sklaverei kennzeichnet ihn in den Augen seiner Anhänger als „Mann mit nationalen Ambitionen.“ Obwohl er es eigentlich besser wissen müßte, argumentiert er, daß „der Neger“ auf einer „Baumwollplantage in seinem richtigen Element“ wäre, und unter diesen Bedingungen mache er die Bemühungen der Abolitionisten, ihm bessere Lebensbedingungen zu verschaffen, lächerlich. Stewart verspottet öffentlich die Mitglieder des Kongresses, die gegen die Sklaverei sind. Er ist ein engagierter Verteidiger der Demokraten, die für die Rechte und Freiheiten der Südstaaten eintreten. Trotz der Polemik der Medien, daß die Massenfluchten von Versklavten seine Version vom „glücklichen Leben" der Sklaven widerlege, ist er bereit, mit den Vertretern der Abolitionisten im Kongreß die Lanzen zu kreuzen, geht es doch um nichts Geringeres als um die Verteidigung der Werte des Südens.

Diese eifrigen Befürworter von Werten, die sich als zunehmend fraglich erweisen, werden es wohl kaum für möglich halten, daß es ausgerechnet eine „unfähige", oft kranke Sklavin war, die diesen Stein erst ins Rollen gebracht hat. Und die Fluchtversuche von Versklavten hören keineswegs auf. Bald wird Harriet Tubmans couragierter und selbstloser Kampf um Menschenrechte und Freiheit die Aufmerksamkeit von einem der „meistgehaßten und meistgefeierten Abolitionisten aller Zeiten"[378] erregen: John Brown.

Von der subversiven Macht der scheinbaren Unterwerfung

Die Lieder der Sklaven, Spirituals genannt, bedeuten – als Mittel der Kommunikation der Schwarzen untereinander - eine Art Geheimsprache, ein Code voller verborgener Anspielungen, den Weißen nicht ohne weiteres verständlich. So ist es kein Zufall, daß Spirituals auch ein Bestandteil der Fluchthelfer-Kampagnen Tubmans sind. Als eine Art Warnung singt sie diese Lieder auch, wenn ihre Schützlinge sich in Gefahr befinden. Ist die Gefahr vorüber, ändert sie ihre Worte oder das Tempo des Liedes und führt ihre Gruppe zum nächsten sicheren Platz.[379]

Die verborgene Idee der Spirituals ist es, zu entwaffnen. Singt ein Sklave viel, neigt sein Besitzer dazu, ihn für „gutmütig und loyal" zu halten. Eine Melodie auf den Lippen ist wie ein Deckmantel und ermöglicht es dem Versklavten, seine wahren Gefühle seinem Herrn gegenüber zu verbergen, während jeder andere Sklave genau weiß, wie ihm in Wahrheit zumute ist.

Einmal, als sich Harriet mit einer Gruppe hungriger Flüchtlingen im Wald verborgen hielt, verließ sie ihre Schützlinge, um zu einer „Station" zu gehen, um Essen zu kaufen oder zu erbitten. Sie würde den Platz nicht vor Anbruch der Dunkelheit wieder aufsuchen, um ihre Schützlinge nicht zu verraten. Sie hatte mit ihnen abgesprochen, darauf achtzugeben, was sie bei ihrer Rückkehr singen würde; ihr Lied würde entweder Sicherheit oder Gefahr signalisieren. Als sie sich ihrer Gruppe näherte, sang sie folgendes Lied, um ihr Kommen zu signalisieren:

Hail, oh hail, ye happy spirits,
  Death no more shall make you fear,
Grief nor sorrow, pain nor anguish
  Shall no more distress you here.

Around you are ten thousands angels,
  Always ready to obey command.
They are always hovering around you,
  Till you reach the heavenly land.

Jesus, Jesus will go with you;
  He will lead you to his throne;

He who died has gone before you,
Trod the winepress all alone.

He whose thunders shake creation;
He who bids the planets roll;
He who rides upon the tempest
And His sceptre sways the whole.

Dark and thorny is the desert,
Through the pilgrim makes his way,
Yet beyond this vale of sorrow
Lie the fields of endless day.

(Heil, oh Heil, ihr seligen Geister,
der Tod wird euch nicht länger ängstigen,
weder Kummer noch Trauer, weder Qual noch Schmerz
werden euch hier länger bedrängen.

Um euch sind zehntausend Engel,
bereit, auf jeden Befehl zu hören.
Sie schweben allezeit um euch,
bis ihr das himmlische Land ereicht.

Jesus, Jesus wird mit euch gehen;
Er wird euch bis zu seinem Thron führen;
Er, der starb, ist vor euch gegangen,
trat die Weinpresse ganz allein.

Er, dessen Donner die Schöpfung erschüttern;
Er, der die Planeten zum Rollen auffordert;
Er, der den Sturm reitet;
und sein Zepter beherrscht alles.

Dunkel und dornig ist die Wüste,
durch die der Pilger seinen Weg geht,
doch jenseits dieses Tals der Trauer
liegen Felder endloser Tage.)

Wenn Harriets Schützlinge dieses Lied zweimal hörten, wußten sie, daß es sicher genug war, um aufzustehen. Eine andere Liedzeile signalisierte ihnen, daß es unsicher wäre, jetzt aus dem Versteck zu kommen:

Moses, go down in Egypt,
Tell old Pharoah, let me go;
Hadn't been for Adam's fall,
Shoudn't have to have died at all.

(Moses, geh in Ägypten herunter,
sag dem Pharaoh, daß er mich gehen ließe;
ich wäre nicht für Adams Sturz eingetreten,
er hätte überhaupt nicht sterben sollen.)

Diese Verse scheinen eine freie Erfindung Harriets gewesen zu sein; das ursprüngliche Lied lautet so:

Oh go down, Moses,
Way down into Egypt's land,
Tell old Pharaoh,
Let my people go.

Oh Pharaoh said he would go cross,
Let my people go,
And don't get lost in the wilderness.
Let my people go.

Oh go down, Moses,
Way down into Egypt's land.
Tell Old Pharaoh,
Let my people go.

You may hinder me here, but you can't up dere,
Let my people go,
Het sits in the Hebben and answers prayer,
Let my people go!

Oh go down, Moses,
Way down into Egypt's land,
Tell old Pharaoh,
Let my people go.

Es ist das Lied einer trotzigen Aufforderung zur Entlassung aus dem Sklavendienst, wie sie auch Denmark Vesey mit seinen Erzählungen und Zitaten aus der Bibel beschworen hatte.

Das sehr anspielungsreiche Spiritual „Swing Low, Sweet Chariot", enthält Assoziationen, die sich mit Tubman in Verbindung bringen lassen, auch wenn sie ursprünglich nicht gemeint war. Harriet ist als Fluchthelferin unter den verschiedensten Namen bekannt, einer lautet „Old Chariot" (Alter Wagen), vielleicht als Reim auf ihren Namen. Der Name ist außerdem assoziiert mit der Idee der Flucht auf einem „Wagen", das bedeutet, wie auch immer nach Norden zu entkommen, und zwar mit einer Gruppe. Wenn der Versklavte singt: „I looked over Jordan and what did I see, Coming for to carry me home" (Ich sah über den Jordan, und was sehe ich kommen, um mich nach Hause zu bringen), so schaute er über die Mason-Dixon-Linie; die „Gruppe Engel" ist Harriet oder ein anderer Fluchthelfer; „nach Hause" bedeutet ein Hafen in den sog. freien Staaten oder Kanada. Ähnliche Anspielungen enthalten auch diese Liedzeilen:

When that there old chariot comes,
    I'm going to leave you;
I'm bound for the promised land,
    I'm going to leave you.

Eine doppeldeutige Botschaft enthält eine Variante dieses Spirituals, die Harriet sang, als sie aufbrach, um zu fliehen; sie konnte die Nachricht ihrer Flucht nur indirekt – d. h. über eine Freundin an die Mutter – übermitteln, und das in Gegenwart von Thompson, der alles mitanhörte – ohne zu verstehen.

Die Worte dieses Spirituals meinen noch mehr als die Reise ins himmlische Kanaan; und Tubmans Gebrauch des Spirituals zeigen uns die ursprüngliche Bedeutung von Musik für den Afroamerikaner. Musik, Gesang sind vor allem Ausdruck des Kampfes und alles andere als ein Beweis einer „Leichtigkeit des Seins", von „Sorglosigkeit" oder „Freude", wie es Sklavenbesitzer „ihren" Zwangsarbeitern gern unterstellen. Oder wie es noch im Jahre 1884/85 der britische Historiker Sir Harry H. Johnston, Verfasser der ersten (in Cambridge erschienenen) Kolonialgeschichte Afrikas, formuliert: „Mehr als irgend ein anderer Menschentypus ist der Neger durch seine geistigen und physischen Eigenschaften zum Diener anderer Rassen ausersehen. (...) Im allgemeinen ist der Neger ein geborener Sklave. Er besitzt große Körperkräfte und Gelehrigkeit, ist zum Frohsinn geneigt, hat ein kurzes Gedächtnis für Sorgen und Grausamkeiten und wird durch freundliche und gerechte Behandlung leicht zur Dankbarkeit bewogen. An übertriebenem Heimweh, welches manche Völker befällt, wenn sie ihrer Heimat entrissen werden, hat er nicht zu leiden, und falls er gut ernährt wird, ist er leicht zufriedengestellt."[380] Die apologetische Literatur aus dreieinhalb Jahrhunderten und allen Teilen der Neuen Welt, wo Sklaven zum Einsatz gebracht wurden, ist „gespickt mit Hinweisen auf die angebliche 'Fröhlichkeit' und 'Leichtlebigkeit' der Schwarzen, die bewußt oder unbewußt vom Gewaltsystem der Sklavenarbeit ablenken oder es doch in einem gemilderten Licht erscheinen lassen sollen. Glaubt man diesen Zeugen, dann waren die Sklaven 'fortwährend heiter und guter Dinge', wie beispielsweise der deutsche Reisende Wendelin Schlosser 1839 in Brasilien beobachtet haben will",[381] und „sie verrichteten stets scherzend und munter ihre Arbeiten",[382] wie Schlossers Zeitgenossin, die Wienerin Ida Pfeiffer, behauptet. In den Augen des ehemaligen bayrischen Offiziers und späteren Großgrundbesitzers Josef Friedrich von Weech „gebährdeten" sich die Versklavten „wie Menschen, die ihres Daseyns herzlich froh sind." Sie „aßen, tranken, sangen und tanzten, ohne daß es Jemand einfiel, sie in ihrer unschuldigen Freude zu stören." Dann spricht er von der „Menge Gesetze", die es zu ihren „Gunsten" gebe und „welche von den menschenfreundlichen Gesinnungen der Regierung zeugen, und daß sie im Ganzen genommen sehr gut behandelt werden."[383]

Die vielzitierte (und -strapazierte) Redewendung von den Sklaven, die „ihres Daseyns herzlich froh" sind, beruht auf einer richtigen Beobachtung – doch es wurden die falschen Schlüsse gezogen. Es ist eine weithin geübte Praxis der Unterklassen, im Angesicht des Unterdrückers „eine Maske aufzusetzen." Der lächelnde, tanzende und singende Sklave ist der Schwache, der die Natur der Schwäche seines Unterdrückers kennt und für sich ausnutzt. Auf diese Weise verhüllt die Maske der Sanftmut, der „Fröhlichkeit" die Weisheit und List eines Menschen, der das Geheimnis gelernt hat, das „Ja" zu sagen, das die Absicht des unausgesprochenen „Nein" bedeutet. Und obwohl immer wieder mit Dreistigkeit behauptet wurde, ist niemals bewiesen worden, daß die große Mehrheit der in Knechtschaft Lebenden keinen Begriff von Freiheit hatte und daher zufrieden war. Die meisten Herren glaubten ihre Sklaven zu verstehen, und die meisten Sklaven hatten Grund, ihre Herren in diesem Glauben zu belassen. Sie sagten Dinge, von denen sie dachten, daß ihre Herren sie hören wollten, stellten sich bewußt dumm und paßten sich auch sonst scheinbar den Ritualen an, die ihre Unterwürfigkeit bekundeten. Und wenn im Süden Besucher einen Sklaven fragten, ob er frei zu sein wünschte, so hütete er sich, die Wahrheit zu sagen, sondern beteuerte gewöhnlich, daß er einen „guten Massa" habe und nicht frei zu sein wünschte. Dies war ein zweifelhafter Beweis von Loyalität; einige Sklavenhalter wußten dies; andere lernten es.[384]

Der Widerstand gegen das System der Sklaverei beginnt mit dem diensteifrigen Gehorsam; er ist ein Mittel, das Vertrauen des Sklavenhalters zu gewinnen; und geht weiter mit dem Erfinden einer Geheimsprache, einem Reden in Mehrdeutigkeiten – wovon das Spiritual ein Aspekt ist, und zwar möglicherweise der bedeutsamste.

Das bloße Singen – das keine Botschaft übermitteln will - hat noch eine andere Bedeutung, die Frederick Douglass erklärt. Die Lieder der Schwarzen drücken ihre Gefühle aus und haben zugleich die Funktion einer seelischen Entlastung. In ihnen offenbaren sich „höchstes Wohlgefühl und tiefste Traurigkeit zugleich." Er fährt fort: „Manches Mal schon habe ich gedacht, daß man sich nur diese Lieder anzuhören braucht und daraus dann mehr vom Grauen der Sklaverei erfährt, als wenn man noch so viele philosophische Abhandlungen zu dieser Frage durchliest." Douglass hört eine „schmerzvolle Geschichte" aus diesen Liedern, „ein Flehen (...), ein Wehklagen von Seelen voll der bittersten Qual. Jeder Ton war ein Zeugnis wider die Sklaverei und ein Gebet zu Gott, sie von den Ketten zu befreien. Es machte mich immer traurig, diese wilden Melodien zu hören, und sie erfüllten mich mit unaussprechlicher Schwermut", und der Autor gibt seinem Befremden darüber Ausdruck, daß es Menschen gibt, die diese Lieder als „Ausdruck von Zufriedenheit und Lebensfreude" interpretieren. „Nichts könnte falscher sein. Die Sklaven singen gerade dann besonders viel, wenn sie sehr unglücklich sind. In seine Lieder legt der Sklave alle Sorgen seines Herzens; und sie bringen ihm Erleichterung, die sonst Tränen einem wunden Herzen bringen. (...) Ich habe oft gesungen, um meine Sorgen zu ersticken, nur selten aus Lebensfreude."[385] Conrad erklärt in diesem Sinne: „Musik ist oft Ausdruck seiner (d. h. des Sklaven) Mühe, seines Kampfes, seiner Tragödie. Musik war oft ein Mittel, eine Macht, eine gewitzte Art der Zuflucht; sie war die Maske des wirklichen Negers, der insgeheim denkt, plant und seine

Pläne vorantreibt. Harriet ist besser als jeder anderer Neger, der beste Beweis davon."[386] Tubman wurde als Beispiel „religiöser" Lieder zitiert, die jedoch eine soziale Bedeutung haben, wie Conrad erklärt: Das kämpferische Spiritual Tubmans, „Go Down, Moses", beschreibt zugleich sie selbst, wie sie ihre Verwandten „aus dem Ägyptenland des Südens" befreit; „Steal Away" bedeutet eine Aufforderung, sich in die Wälder fortzuschleichen, um sich mit anderen Sklaven zu treffen; und das militante „Follow the Drinking Gourd" („Folge der trinkenden Kürbisflasche") meint: Folge dem Großen Bär bis zum Ohio River - und damit der Freiheit.

Die weiße Frauenrechtlerin Alice Stone Blackwell erinnert sich an Tubmans Beschreibung, wie sie ihre Spirituals benutzte. „Wenn ich mich recht erinnere", schreibt sie im Juli 1939 an Conrad, „erzählte mir Harriet Tubman, daß sie, wenn sie eine Gruppe Flüchtlinge begleitete, sie sie mit Hilfe von Liedern führte, wenn sie die Straße entlanggingen. (...) Keiner machte sich Gedanken darüber, was eine alte farbige Frau sang, als sie die Straße entlang trottete."[387]

Josiah Baileys Flucht

Den Gebrauch von Spirituals illustriert am besten einer von Harriets Feldzügen, wobei ein Schwarzer namens Josiah Bailey (Joe genannt) eine wichtige Rolle spielt. Im November 1856 fliehen vier Sklaven (drei Männer und eine Frau), die von Harriet begleitet werden. In diesem Jahr unternimmt Tubman einige ihrer gefährlichsten Expeditionen.

Josiah Bailey ist „die Art Sklave, die jeder Master haben wollte. Stark, gesund und als Farmer ausgebildet, widersprach er nie und machte niemals Ärger. Bailey war seit sechs Jahren von seinem Master an einen Pflanzer namens William Hughlett vermietet worden. Im Jahre 1856 entschied sich Hughlett, Bailey zu kaufen. Er zahlte 2000 Dollar: ein exorbitanter Preis, aber angemessen für den Käufer, der Geld sparen wollte, um Bailey zu seinem Aufseher zu machen."[388]

An dem Tag, an dem er Bailey kauft, mißhandelt Hughlett ihn schwer. Einen Anlaß hatte es nicht gegeben und war in den Augen Hughletts auch nicht nötig; er wollte Bailey lehren, „wem er gehört." Bailey fügte sich schweigend, wie er Tubman später berichtet, doch bei sich selbst sagte er: „Dieser Schlag war der erste und letzte." In der folgenden Nacht „lieh" er sich ein Ruderboot und machte sich auf zu Rit und Ben Ross. Ihn bat er darum, Bescheid zu geben, wenn Harriet kommen würde.

Wenig später erscheint Harriet. Mit Bailey und den anderen Flüchtlingen bricht sie nach Norden auf, verfolgt von einer kleinen Armee von Sklavenjägern. Weil Bailey so wertvoll ist, hatte sein Master eine ungewöhnlich hohe Belohnung auf ihn ausgesetzt. Hughlett hatte überall am Ostufer Poster mit einer Beschreibung Baileys aufgehängt. Sie zeigen das Südstaaten-Symbol des Flüchtlings, einen Schwarzen mit einem Stock über der Schulter, an dem ein Beutel hängt. Die Belohnung für die Gefangennahme der Flüchtlinge beträgt 2600 Dollar, wobei 1500 Dollar allein auf Bailey ausgesetzt sind. Die Suchanzeigen, die auch in Zeitungen veröffentlicht werden, beschreiben Joes Aussehen – er hat „eine bemerkenswerte Narbe auf seinen Wangen", - seine Körpergröße, und erwähnen, daß Joe stammelt, wenn er verwirrt ist, und nennen sein Alter: Er ist 28 Jahre alt. Es folgt eine Beschreibung der übrigen Flüchtlinge.[389] Wir wissen dadurch auch ihre Namen; die Frau heißt Eliza Nockey; mehr wissen wir nicht über sie. Auch auf Tubman ist ein Kopfgeld ausgesetzt: 12.000 Dollar.

Anfangs fühlt sich Tubman durch Bailey unterstützt. Er treibt die

Gruppe an und ermutigt sie durch seinen Gesang. Die Ermutigung ist auch dringend nötig: Überall schwärmen Sklavenjäger mit ihren Suchhunden herum, doch Tubman kennt das Terain des Ostufers besser als jeder andere. Einmal führt sie ihre Gruppe durch einen tiefen Flußlauf und weiß genau, wo die seichte Stelle ist: Sie hatte sie im Traum gesehen. Später versteckt sich die Gruppe in „Kartoffellöchern", während die Sklavenjäger nur wenige Schritte entfernt vorbei reiten. Freunde helfen und verstecken die Flüchtlinge in ihren Häusern; dann werden die Mitglieder der Gruppe voneinander getrennt und von verschiedenen anderen Führern zu einem neuen Treffpunkt gebracht. Samuel Green bietet Unterschlupf; zuletzt erreicht die Gruppe den Stadtrand von Wilmington.

Die Brücke von Wilmington, die die Flüchtlinge überqueren müssen, ist von Polizei bewacht. Überall hängen Poster mit Suchanzeigen. Trotz der schweren Bewachung gelingt es Harriet, ihre Gruppe aufzuteilen und die Mitglieder in verschiedenen sicheren Häusern der Umgebung zu verbergen. Um die Brücke doch noch überqueren zu können, bespricht sie sich mit ihrem alten Mitkämpfer Thomas Garrett. Und er hat eine Idee. Er leiht sich zwei Wagen und läßt Maurer in ihnen Platz nehmen. Mit viel Gesang und Geschrei überqueren sie die Brücke. Die Wachtposten sehen sie fahren, und natürlich erwarten sie, daß die Wagen später wieder zurückkommen werden. Nach Einbruch der Nacht kehren die Wagen zurück, doch diesmal verbergen sich in ihnen die Flüchtlinge. Sie liegen auf dem Boden der Wagen, und die Maurer singen und schreien wieder und passen auf, als die Flüchtlinge die Tore Wilmingtons passieren.

Als die Gruppe endlich in Philadelphia ankommt, macht sich William Still vor allem über Josiah Bailey Notizen und beschließt gleichfalls, die Gruppe zu unterstützen, bis sie in Kanada in Sicherheit sein würde. Doch es ist niemand anderes als Bailey, der nun den Mut verliert und „die Fahne sinken läßt." Als er das New Yorker Büro des Aktivisten Oliver Johnson in betritt, ist er diesem bereits durch die öffentlichen Suchanzeigen bekannt, er grüßt den Ex-Sklaven mit den Worten: „Ich fühle mich geehrt, einen Mann zu begrüßen, der fünfzehnhundert Dollar wert ist."

Diese Worte jedoch versetzen Bailey einen so schweren Schlag, daß er in eine Art depressive Lähmung verfällt. Er denkt, wenn er, ein unbekannter Sklave, der so weit vom Fluchtort entfernt ist und trotzdem erkannt werden kann, zu starke Feinde hat, so daß jeder Widerstand zwecklos ist und das Gefangenwerden so gut wie sicher. Er ist so schockiert, daß er während der Weiterreise kein Wort mehr sagt.

Er hat nicht mit der genau durchdachten Organisation der Untergrundbewegung gerechnet, denn zuletzt gelangen er und die anderen Flüchtlinge zu den Niagarafällen, dem Scheideweg zwischen den Vereinigten Staaten und der britischen Oberhoheit.

Die Anführerin der Gruppe und die übrigen Flüchtlinge versuchen Bailey von seiner tiefen Erstarrung abzulenken, indem sie ihn auf die Niagarafälle hinweisen, doch er reagiert nicht. Sie reisen mit dem „Eisenpferd" über die Hängebrücke, dieser schmalen Spanne, die Gefangenschaft und Freiheit voneinander scheidet, und als sie die Brücke endlich hinter sich gelassen haben, bricht die ganze Gruppe in erleichterten und dankbaren Gesang aus. Zur Melodie von „Oh, Susannah" singen sie:

I´m on my way to Canada,
That cold and dreary land;
The sad effects of slavery,
I can no longer stand.

I´ve served my master all my days,
Without a dime´s reward;
And now I´m forced to run away,
To flee the lash abroad.

Farewell, old master, don´t think hard of me,
I´m on my way to Canada, where all the slaves are free.

The hounds are baying in my track,
Old master comes behind,
Resolved that he will bring me back,
Before I cross the line;

I´m now embarked for yonder shore,
There a man´s a man by law;
The iron horse will bear me o´er,
To shake the lion´s paw.

Oh, righteous Father, will thou not pity me,

And aid me on to Canada, where all the slaves are free.

Oh, I heard Queen Victoria say,
        That if we would forsake
Our native land of slavery,
        And come across the lake;

That she was standing on the shore,
        With arms extended wide,
To give us all a peaceful home
        Beyond the rolling tide.

Farewell, old master, don´t think hard of me,
I´m on my way to Canada, where all the slaves are free.

(Ich bin unterwegs nach Kanada,
das kalte und trübe Land;
die traurigen Wirkungen der Sklaverei
kann ich nicht länger ertragen.

Ich habe meinem Master alle Tage gedient,
ohne die geringste Belohnung;
und nun bin ich gezwungen fortzulaufen,
vor der Prügelstrafe zu fliehen.

Leb wohl, alter Master, denk nicht schlecht von mir,
ich bin unterwegs nach Kanada, wo alle Versklavten frei sind.

Die Bluthunde sind auf meiner Spur,
der alte Master kommt hinterher,
beschließt, daß er mich zurückbringen wird,
bevor ich die Grenze überquere.

Ich bin nun eingeschifft für das dortige Ufer,
dort ist ein Mensch Mensch durch das Gesetz,
das Eisenpferd wird mich übersetzen,
damit ich die Pranke des Löwen abschüttele.

Oh, gerechter Vater, willst du dich nicht meiner erbarmen
und mir nach Kanada helfen, wo alle Versklavten frei sind.

Oh, ich hörte Königin Victoria sagen,
daß, wenn wir uns lossagen
vom Geburtsland unserer Sklaverei,
und über den See kommen,

sie am Ufer stehen würde,
mit weit ausgebreiteten Armen,
um uns allen eine friedvolle Heimstatt zu geben,
jenseits der Gezeiten.

Lebewohl, alter Master, denk nicht schlecht von mir,
ich bin unterwegs nach Kanada, wo alle Versklavten frei sind.)

In der Mitte über der Hängebrücke, wo die Oberhoheit der Vereinigten Staaten endet und das kanadische Territorium beginnt, ist ein kleiner Abhang zu erkennen. Jetzt weiß Tubman, daß ihre Gruppe „die Grenze überquert" hat. Sie springt zu Josiah und schüttelt den immer noch Angsterstarrten mit aller Kraft: „Joe, du hast die Pranke des Löwen abgeschüttelt", schreit sie. „Joe, du bist frei!"

Ihre Worte durchbrechen seine seelische Erstarrung, und er schaut endlich auf. Er hebt seine Hände; und während Tränen der Erleichterung über sein Gesicht laufen, singt er:

Glory to God and Jesus, too,
One more soul is safe!
Oh, go and carry the news,
One more soul is safe!

(Dank an Gott und auch an Jesus,
eine weitere Seele ist in Sicherheit!
Oh, geht und überbringt die Nachricht,
eine weitere Seele ist in Sicherheit!)

Auch so entstehen Spirituals: sie kommen aus dem Innersten des bedrängten Menschen, wie es Douglass beschreibt; aber sie können auch Ausdruck von Freude sein. Die Spiritualität dieser Lieder enthält die Forderung eines besseren Lebens hier und jetzt, nicht in einem Jenseits der weißen Christen. Vielleicht hat Bailey diese Liedzeilen erfunden, vielleicht ein anderer Schwarzer in derselben Lage.

Als die Gruppe den Zug verläßt, singt Bailey immer noch. Man versucht ihn zum Schweigen zu bringen, Passanten auf der Straße sind befremdet von seinem emotionalen Ausbruch. Er habe nur noch eine Reise vor sich, erklärt er seinen Freunden: das ist die Reise in den Himmel.

Offenbar ist Harriet Tubman keine Frau, die zum Pathos neigt. Sie soll zu Bailey gesagt haben: „Du alter Narr hättest zuerst zu den Wasserfällen schauen sollen und erst danach in den Himmel gehen."

Bailey und seine Gefährten wissen, daß es außer Gott noch ganz irdische Helfer ihrer erfolgreichen Flucht gab: Harriet Tubman und Geld, die Hilfsbereitschaft und Courage der Inhaber sicherer Häuser, und ihr eigener fester Wille, in die Freiheit zu gelangen. Nachdem Josiah seine Danklieder gesungen hat, dankt er ganz schlicht Harriet für ihre Unterstützung und bittet sie, auch, seinen Dank an die anderen Helfer zu übermitteln, die bei seiner Befreiung mitwirkten. Als er sein Loblied auf Jesus sang, hatte er zugleich Tubman gemeint. Oder, wie ein Forscher des Freiheitskampfes der Schwarzen erklärt: „König Jesus ist kein abstrakter Jesus; er ist in jeder Person verkörpert, die den Unterdrückten und Entrechteten beisteht oder ihnen ein Lebensrecht gibt."[390]

An ihm scheiden sich die Geister wie an wenigen Männern oder Frauen. Der Regisseur Quentin Tarantino bekennt, daß er Brown am liebsten einen Orden verleihen würde: „Für seinen Kampf gegen die Sklaverei. Wie die meisten wahren Patrioten wurde er als Verräter hingerichtet." Tarantinos „Lieblingsfigur in der Geschichte": John Brown.[391] Der Romancier Joseph O`Connor nennt ihn einen „Gotteskrieger."[392] Everett dagegen bezeichnet ihn als „frommen Fanatiker", als „exzentrisch" und „Psychopathen";[393] ähnlich eine Monographie über die Kriege und bewaffneten Konflikte des 19. Jahrhunderts. Für die Autoren des Geschichtsmagazins „Geschichte mit Pfiff" ist er „so fanatisch, daß man ihn als geistesgestört betrachten muß. Er löste die blutigen Greuel in Kansas aus, handelte dabei nach der Devise, Sklavenhalter zu töten sei ein gottgefälliges Werk, und suchte in der Bibel nach Rechtfertigungen für die Anwendung von Gewalt."[394]

Harriet Tubman hingegen verglich ihn mit Christus.[395] Ähnlich dachte auch der Geistliche Theodore Parker, der ihn „nicht nur einen Märtyrer, sondern einen Heiligen" nannte. Henry David Thoreau nannte ihn einen „gekreuzigten Helden", und Emerson prophezeite, daß dank des alten Kämpfers nun „der Galgen ebenso verherrlicht wird wie das Kreuz."[396] Thoreau, der sich 1854 der „Underground Railway" angeschlossen hatte und drei Jahre später John Brown persönlich kennenlernt, räumt in einer Rede vor einer Abolitionisten-Versammlung am 4. Juli 1854 ein, daß im Kampf gegen die Sklaverei ein gewisses Maß an Gewalt unumgänglich sei. Er wird als einziger wagen, Brown nach dessen Überfall auf Harper´s Ferry öffentlich zu verteidigen. Liberale Kreise im Norden sind empört über Browns Ende, und diese Empörung wird zur Propaganda. Das zeigt, daß der „Fanatiker" John Brown den Finger in eine Wunde gelegt hat: das Skandalon der Sklaverei. An der Art seines Widerstands wird jedoch auch Kritik geübt: „Niemand wurde mit größerem Recht hingerichtet", erklärte später der sonst eher vorsichtige Nathaniel Hawthorne. „Jeder vernünftige Mensch" müsse doch „eine gewisse intellektuelle Genugtuung empfinden, ihn hängen zu sehen, allein schon als Lohn für seine groteske Fehlkalkulation der Konsequenzen."[397] Sein Freund Herman Melville wartete mit einer Stellungnahme. Erst 1866 schreibt er ein Gedicht, das unter dem lakonischen Titel „Battle-Pieces, or Aspects of the War" veröffentlicht wird. Der Text deutet den frisch Gehenkten als düsteres, im Kern unerforschliches „Omen" („The Potent"), als Schatten, der auf das paradiesische Shenandoah-Tal gefallen sei, wo das große Gemetzel des Krieges besonders gewütet hat:

Am Galgenbaume hängt er,
  Schwingt noch sacht (nach dem Gesetz),
Auf deinem Grün ein hagerer Schatten,
  Shenandoah!
Der Schnitt zerteilt die Stirn
(Sieh, John Brown),
Die Wunden heilen nie.

Und der Dichter feiert Brown als „Meteor des Kriegs."

Der Lincoln-Biograph Kuczynski nennt ihn einen „grausamen Terrorist(en)", der „mit seinen vier Söhnen und zwei anderen fünf Männer aus einem Sklavenstaat fürchterlich verstümmelte und tötete", nachdem der „'Nebraska-Kansas-Streit' zur Ermordung von fünf Männern aus sklavenfreien Staaten geführt hatte."[398]

Was immer man von ihm halten mag, so war er doch ein leidenschaftlich für die Sache der Sklavenbefreiung eintretender Mann, weil er sah, daß das Problem auf gütliche Weise nicht zu lösen war (der wenig später einsetzende Bürgerkrieg gab ihm nachträglich Recht). Nach der fehlgeschlagenen Einnahme von Harper's Ferry, die zu seinem Tode führte, wurde er von vielen Abolitionisten verehrt, die sich an seine Ideale erinnerten.

Er wurde als Sohn puritanischer Eltern in Connecticut geboren. Einige sagen von ihm, daß er ein herausragender Weißer in der Bewegung der Abolitionisten war, wie Frederick Douglass und Harriet Tubman ihre schwarzen Führer/IN sind.

Der „alte Mann", wie er oft genannt wurde, hat sein Leben früh der Befreiungsbewegung geweiht. Er weiß, daß schwarze Menschen mit Gewalt festgehalten werden; ihm ist auch klar, daß es zu einem Blutvergießen kommen würde, ehe die Versklavten frei wären. Er studiert die Kräfte der Slavokratie, um der Frage nachzugehen, ob sich die Befreiung gewaltlos ermöglichen ließe. Als er sich dem fünfzigsten Lebensjahr nähert, wird seine Ungeduld mit der zunehmenden Macht der Sklavenhalter größer, und er kommt zu dem Schluß, daß ein Guerillakrieg der einzige Weg sein könnte, um den Marktwert der Sklaven zu verringern und vielleicht das Sklavensystem zusammenbrechen zu lassen.

Er engagierte sich bereits seit etlichen Jahren in der Untergrundbewegung und hatte so die Möglichkeit, die geographischen Gegebenheiten des Landes kennenzulernen. Im Herbst 1858 reist er in den Süden, und auch den Westen kennt er gut. Während der 1850er Jahre kämpfen der Norden und der Süden miteinander um die Vorherrschaft in Kansas. Beide Teile des Landes wünschen dieses neu eröffnete Territorium für die Ausbreitung ihrer unterschiedlichen sozialen Systeme, und als im Jahre 1854 beide Kräfte in dieses Gebiet eindringen, kommt es sofort zu bewaffneten Auseinandersetzungen. John Brown kommt, begleitet von seinen Söhnen, gleichfalls nach Kansas und verteidigt die neuen Siedlungen gegen die Übermacht der Sklavenhalter. Während der bewaffneten Auseinandersetzungen wird Browns Name bekannt, und eine große Anzahl junger Männer, die so denken wie er, verbündet sich mit ihm und gründet ein Verteidigungskorps für die Freiheit. Bei den Südstaatlern macht er sich damit natürlich nicht beliebt; die Abolitionisten wünschen ihn als militärischen Führer.

Brown und seine Soldaten aus den freien Staaten verteidigen Kansas einige Jahre lang. Erst um 1858 wird Kansas ein freier Staat, aber auch dann bleibt die Lage unsicher. Die Wahlen sind heftig umkämpft, und der Guerillakrieg zwischen Abolitionisten und Anhängern der Sklavokratie sind gewalttätiger denn je. In diesen Jahren lernt Brown die Taktiken des Guerillakampfs, und er ist begierig, seinen Plan auszuführen, den er sich bereits vor längerem ausgedacht hatte. Es geht um die Befreiung von Sklaven im Osten. Brown meint, durch Kämpfe in den Appalachen die Sklavokratie schwächen zu können. Die Schwarzen würden in seine Guerilla-Armee eintreten, und Tausend weitere, ob kampferprobt oder nicht, würden entkommen und nach Kanada geschickt werden oder im freien Nordwesten siedeln können. Es würde zu einem Showdown zwischen dem Norden und dem Süden kommen. Für diesen Plan benötig Brown die Unterstützung durch zahlreiche Verbündete vom Osten, weißer und schwarzer; er braucht Geld, Waffen für seine Männer und Rekruten, die für ihn kämpfen. Er plant den Aufstand mit den jungen Männern zu beginnen, die mit ihm in Kansas gekämpft hatten.

Im Frühling 1858 verläßt er Kansas und plant, nach New England zu reisen, um mit wichtigen Bostoner Geldgebern zu sprechen. Er erhält das Versprechen ihrer Unterstützung und reist nach New York State zu Gerrit Smith und Frederick Douglass, um sich ihrer Hilfe bei der Anwerbung freier Schwarzer aus Kanada für seine Armee zu versichern. Die New Yorker Verbündeten schlagen ihm Harriet Tubman als Mittelsfrau zu den kanadischen Schwarzen vor, und es wird abgesprochen, daß Brown von Jermain W. Loguen begleitet wird, dem schwarzen „Station Agent" (Repräsentant) in Syracuse, um Tubman in St. Catherines aufzusuchen.

Brown, der Tubmans Arbeit schon seit langem kennt, Harriet aber noch nie persönlich getroffen hatte, nennt sie voller Bewunderung „General Tubman." Tubman ihrerseits soll angesichts der ersten Begegnung einen Schock erlitten haben: In einem immer wiederkehrenden Traum war ihr Brown zuerst begegnet: „Jede Nacht", so erinnert sie sich später, träumte sie von „einem verwilderten Platz, voller Felsen und Buschwerk." Im Traum hatte sie gesehen, wie sich zwischen den Felsen eine Schlange erhob; und sie sah, wie sie im Kopf eines alten weißbärtigen Mannes verschwindet. Er starrte sie an, „als wollte er mit mir sprechen."[399] Dann waren in ihrem Traum zwei weitere Gesichter von jüngeren Männern erschienen. Zuletzt war eine Menschenmenge aufgetaucht und hatte alle drei Köpfe niedergeschlagen. Tubman hatte mit Freunden über dies beängstigenden Traumbilder gesprochen. Sie konnte den Traum nicht deuten.

Brown erläutert den Plan seines Einfalls in Virginia und bittet Tubman, ihn dabei zu unterstützen. Sie stimmt mit seinem Plan überein. Welche Informationen und welches Wissen sie auch immer über das Terrain in Virginia besitzt, übermittelt sie ihm, ebenso wie groß die Reichweite der „Untergrundbahn" in diesem Gebiet ist und wie viele Verbündete es gibt. Sie verspricht Brown, daß sie sofort versuchen würde, in Kanada Rekruten für seine Armee anzuwerben und stimmt zu, für ihn die Aufgabe zu übernehmen, die Sklaven, die fliehen würden, wenn das Schießen begänne, in den Norden zu bringen.

Sie diskutieren noch über eine andere wichtige Angelegenheit. Es geht um ein Treffen einige Wochen später in Kanada, zu dem dann auch die Rekruten für Browns militärische Operation kommen würden. Tubman will veranlassen, daß so viele Männer wie möglich zum Treffen erscheinen.

John Brown ist begeistert von Tubmans Antwort. Männer für seinen Plan zu finden, ist nun in vertrauenswürdigen Händen. Er schreibt an seinen Sohn, John Brown Jr., daß „Harriet Tubman uns mit ihrem ganzen Team sofort hilft. Sie hat das meiste von einem Mann an sich."[400] Er spricht von Tubman als Mann; offenbar kann er sich nicht vorstellen, daß eine Frau Führungsqualitäten besitzen könnte. Seine Beschreibungen Tubmans sind voller Enthusiasmus und Superlativen; dabei ist er eigentlich nicht unbedingt ein Mann der Superlative, auch Pathos ist ihm fremd.

Er sieht Tubman während seiner Reise nach Kanada etliche Male, doch bald wird seine Aufmerksamkeit von organisatorischen Problemen absorbiert. Doch beide bleiben über den Mittelsmann Frederick Douglass weiterhin miteinander in Kontakt.

In der zweiten Maiwoche 1858 wird das Treffen von Chatham abgehalten. Obwohl keine Berichte darüber existieren, daß Tubman dabei gewesen wäre, ist dies durchaus möglich. Während dieser Zeit hält sie sich meistens in Kanada auf, und etliche ihrer Schützlinge lassen von Brown als Rekruten anwerben. Wir wissen bis heute nicht, wer mehr an der Entwicklung von Browns Plan beteiligt war – er selbst oder Tubman.

Aufgrund der Drohung eines Verrats durch einen seiner Mitarbeiter, eines Abenteurers namens Hugh Forbes, wurde es nötig, die Realisierung der Pläne zu verschieben. Die Absicht, direkt nach dem Treffen nach Virginia aufzubrechen, mußte aufgegeben werden.

Harriet kehrt nach Auburn zurück, wo sie ihre alten Eltern pflegt; außerdem arbeitet sie als Zimmermädchen. Sie nimmt intensiv Anteil an Browns Plänen, arbeitet aber weiterhin bei der Untergrundbewegung mit. Sie trifft sich auch in New York mit verschiedenen Abolitionisten.

Im Winter 1858/59 betrachtet Tubman ihre Zusammenarbeit mit Brown als Ausdruck ihrer politischen Arbeit und entschließt sich, nach Neuengland zu reisen, um zu prüfen, ob man dort von Browns Arbeit profitieren könne.

Im Haus von Wendell Phillips in Boston trifft man sich ein weiteres Mal. Es ist die letzte Begegnung zwischen Phillips und seinem Freund; Tubman sieht er jetzt zum ersten Mal. Brown hatte Tubman mit den Worten „Mr. Phillips, ich bringe Ihnen eine der tapfersten und besten Personen des Kontinents – wir nennen sie General Tubman" vorgestellt. Dann beschrieb er einige ihrer Unternehmungen im Kampf gegen die Sklaverei. Brown ist überzeugt, daß Tubman so gut wie jeder Mann eine Armee anführen könnte. Phillips wird von jenem Tage an ein Anhänger Tubmans und unterstützt sie nach Kräften.

Den Winter über kehrt Tubman nach Auburn zurück, doch im Frühling wird sie wieder aktiv. Unterwegs nach Osten macht sie bei Gerrit Smith in Peterboro halt, wo sie wieder mit Brown zusammentrifft. Der Plan mit dem Unternehmen in Virginia wird wiederbelebt. Tubman meint, daß der 4. Juli ein guter Tag für die Realisierung der Pläne sein könnte.

Um diese Zeit schreibt ein weiterer Verbündeter Browns, Reverend Thomas Wentworth Higginson, der eine Gemeinde in Worcester, Massachusetts hat, einen Brief an seine Mutter, der eine Einschätzung Tubmans enthält: „Wir hatten hier die größte Heldin des Zeitalters zu Besuch, Harriet Tubman, eine schwarze Frau und entflohene Sklavin, die insgeheim verschiedene Male zurückging und sechzig Sklaven mit sich brachte, einschließlich all ihrer Angehörigen, und sie verhalf vielen anderen zur Flucht. Ihre Abenteuergeschichten sind jenseits aller Vorstellungskraft, und ihre Kunst der Kriegsführung ist außergewöhnlich. Ich kenne sie seit einiger Zeit und erwähnte sie ein- oder zweimal in meinen Reden. Die Sklaven nennen sie Moses. In Maryland ist ein Kopfgeld von 12.000 Dollar auf sie ausgesetzt und sie wird wahrscheinlich lebendig verbrannt werden, sollte sie gefangen werden, was früher oder später geschehen wird, wenn sie wieder aufbricht. Im Sommer arbeitet sie in Hotels, um Geld für ihre Kreuzzüge im Winter zusammenzusparen.“[401]

Doch es gibt keine Unterlagen oder sonstige Dokumente hinsichtlich einer Untergrund-Aktivität Tubmans in dieser Zeit. Sie konzentriert sich auf eine geplante Zusammenarbeit mit John Brown, reist durch Neuengland, sucht Verbündete und vielleicht weitere Rekruten für den entscheidenden Kampf. Währenddessen ist der „alte Mann“ bei Harper's Ferry und erkundet das Terrain, um es sich für den Kampf einzuprägen, - und doch scheint er übersehen zu haben, daß die Stadt von Hügeln und Flüssen eingeschlossen ist und somit kaum zu verteidigen. Dann wartet er auf die Ankunft von Männern und Waffen. Brown steht in Verbindung mit Franklin B. Sanborn, der in Concord, Massachusetts, lebt. Brown drängt ihn, mit Tubman Verbindung aufzunehmen und mit ihr nach Kanada zu reisen und die dortigen Verbündeten nach Virginia zu bringen.

Um die Aktivitäten und den Kampfgeist der nördlichen Verbündeten zu stärken, schickt Brown im August seinen Sohn John Jr. auf eine „Tour nach Norden.“ John Brown Jr. sucht Unterstützung und weitere Mitkämpfer. Er reist von Ohio nach New York und von dort weiter nach Neuengland. In den Korrespondenzen der Mitarbeiter taucht

Tubman als „die Frau“ auf, doch eine Zeitlang scheint man ihren Aufenthaltsort nicht zu wissen. Eines der wichtigsten Ziele von John Jr. ist es, Tubman zu finden, deren Hilfe „unschätzbar wichtig“ ist, wie Frederick Douglass schreibt.

Die Erklärung, warum Tubman unauffindbar bleibt, ist einfach: sie war erkrankt. Die Jahre harter Arbeit, ihr chronisches Leiden, die Verantwortung für ihre alten Eltern und ihre pausenlosen Aktivitäten zeigen Folgen – im ungünstigsten Moment. Sie hält sich in New Bedford auf, als es ihr unmöglich wird, mit ihrer gewohnten Arbeit fortzufahren.

Trotz ihrer schlechten gesundheitlichen Verfassung war sie nach Harper´s Ferry aufgebrochen, als John Brown, der nicht länger warten wollte, sich entschied, sofort zu handeln. Tubman ist in New York, als sie hört, daß Brown am 16. Oktober 1859 bei Harper´s Ferry gegen bundesstaatliche Truppen kämpft.

Brown wollte an seiner Seite einen angesehenen schwarzen Führer haben und dachte hierbei an Frederick Douglass, doch dieser hatte den späteren Untergang von Brown und seinen Getreuen vorausgesehen. Außerdem stimmte er zwar mit Brown überein, hatte jedoch noch aus zwei Gründen Bedenken. Er warnte Brown: „Ein Angriff gegen die Regierung würde das ganze Land militärisch gegen uns aufbringen.“[402] Zudem war er davon überzeugt, daß eine kleine Gruppe Menschen letztlich nichts ausrichten kann gegen eine Gesellschaftsordnung, die auf Sklaverei aufbaut. Auch Tubman war der Meinung, daß einzelne Personen oder kleine Gruppen nichts gegen eine Sklavokratie ausrichten können, doch weil sie an Brown glaubte und ihn verehrte, war sie trotzdem vom Sinn des Unternehmens in Harper´s Ferry und seinen weitreichenden Folgen überzeugt. Die Zukunft würde ihr Recht geben.

Der Ort für den Beginn des geplanten Aufstands, Harper´s Ferry, liegt 50 Meilen nordwestlich von Washington, wo sich die Flüsse Shenandoah und Potomac vereinigen. Dort hatte George Washington ein Waffenlager angelegt. In der Nähe werden Eisenerz und Holzkohle gewonnen, und die Flüsse liefern Wasserkraft. Brown sammelte eine Truppe von 21 Mann, darunter fünf Schwarze, auf einer gepachteten Farm auf der anderen Seite des Potomac um sich; weder Tubman noch Douglass sind bei ihm. In der Nacht des 17. Oktober fuhr er mit seinen Einspänner in die Stadt; 17 seiner Männer begleiteten ihn zu Fuß. Sie kappten die Telegraphenleitungen und brachen in ein Waffenlager ein. Auf einer der Brücken hielten sie einen Zug an und erschossen einen schwarzen Schaffner, bevor sie dem Zugführer die Weiterfahrt erlaubten – der bei Erreichen des nächsten Bahnhofs natürlich sofort telegrafisch Hilfe anforderte. Bei den Gefechten der folgenden Tage kamen zwei von Browns Söhnen um. Dann traf Oberst Robert F. Lee ein, der später als General der Konföderierten berühmt werden sollte. Seine Truppen beendeten den Aufstand; zehn von Browns Leuten kamen in den Kämpfen zu Tode. Er selbst und vier weitere Männer wurden gefangen.

Er wird am 2. Dezember gehängt. Bis zuletzt zeigte er keine Reue. Er stirbt in dem Glauben, „daß er seiner Sache als Märtyrer diente und der Krieg für sein Land unausweichlich sei.“[403]

Die posthume Glorifizierung läßt nicht lange auf sich warten. Schon bald wird er von den Abolitionisten zum „Moses“ der Bewegung erhoben (ein Image, zu dem ihm auch sein dichter Bart verhalf, den er getragen hatte, um sein kantiges Kinn zu verdecken). Bekannt wird ein Lied über ihn: *John Brown´s Body* heißt es da, „marschiert weiter.“ Harriet Tubman hält ihn für einen größeren Wohltäter und Kämpfer für die Freiheit der Schwarzen als Abraham Lincoln. Und für Brown war es Tubman gewesen, die ihn zu seinem Freiheitskampf inspiriert hatte. Umgekehrt ist ihre Unterstützung Browns nicht nur „eine Zäsur für die Geschichte der Neger, sondern auch ein Kapitel in den Annalen der Frau, eine bedeutende Rolle in der ´Geschichte der Frau in der Welt´“,[404] wie Conrad betont. Tubmans Fähigkeit, sich auf immer neue und gefährliche Situationen einzustellen und sowohl Menschen auf der „Untergrundbahn“ zu „führen“ als auch Männer in die Schlacht; ihre Begabung, die Notwendigkeit der Freiheit der Schwarzen in Worte zu fassen – dies alles macht sie zu einer zentralen Kraft der Abolitionisten und einer für den humanen Fortschritt eintretenden Welt. Wie immer wir also John Browns Charakter beurteilen mögen: sein Einfluß auf Tubman war groß und sein Kampf war – obwohl er scheitern mußte – die Trommel eines kommenden größeren Konflikts. Der Krieg würde kommen, doch Harriet Tubman ist bereit für die Schlacht.

General Tubman zieht in den Krieg

Nach John Browns gescheitertem Versuch, das System der Sklaverei gewaltsam zu zerstören, sind die Abolitionisten gezwungen, sich dem öffentlichen Auge möglichst fernzuhalten. Sie wissen, daß ihre Namen in den Briefen und Unterlagen Browns erwähnt sind, die er in dem Farmhaus zurückließ, wo er seinen Überfall geplant hatte. Etliche bekannte Abolitionisten, darunter auch Frederick Douglass, verlassen sogar für eine Weile das Land. Ein Ausschuß des Senats untersucht eingehend die Bedeutung der Freiheitskämpfer, doch letztlich wird keiner von ihnen angeklagt, bei Browns Überfall auf Harper's Ferry beteiligt gewesen zu sein. Tubman kehrt zu ihrem Haus in Auburn zurück und verbringt den Winter 1859/60 dort, immer noch krank und ihren Freund betrauernd.

Frederick Douglass wird später die Überzeugung vertreten, daß John Brown den „Krieg begann, der die Sklaverei in Amerika beendete. Vor diesem Schlag war die Aussicht auf Freiheit eher düster und unsicher. (...) Als John Brown seine Arme ausstreckte, wurde der Himmel hell."[405]

Im folgenden Frühling hat sich Tubman so weit erholt, daß sie ihre Arbeit wieder aufnehmen kann. Sie nimmt eine Einladung nach London zu einer Konferenz der Anti-Sklaverei-Aktivisten an. Im April wagt sie gleichfalls einen Überfall, der aber erfolgreicher verläuft als der ihres weißen Freundes: Sie befreit Charles Nalle. „Harriet Tubmans Sieg", kommentiert Conrad, „war ein Höhepunkt in der Geschichte der Befreiung flüchtiger Sklaven, der die Nation seit zehn Jahren heimsuchte. Wenn Browns Überfall in Virginia eine Probe für den Bürgerkrieg war, dann war Harriets Tat das Signalhorn für den Beginn des Kriegs."[406] In seiner Kurzbiographie Tubmans aus dem Jahre 1942 erklärt der Autor, daß diese Befreiungstat die „gewalttätigste Demonstration" gewesen sei, „die dem Bürgerkrieg vorausging."[407]

Demonstrationen dieser Art sind keineswegs neu. In den verschiedensten Städten hat es ähnliche Rettungsaktionen gegeben, so in Syracuse, in Rochester, in Boston und in Cleveland. Einige dieser Aktionen verlaufen erfolgreich, andere scheitern. Doch die Abolitionisten wissen, daß derartige spektakuläre Taten – besonders wenn sie erfolgreich verlaufen - mehr wert sind als tausend öffentliche Reden.

Von Troy aus wendet sich Tubman nach Boston. Dort begleitet sie ihr Freund und Mitverschwörer Browns, Frank Sanborn, von einer Versammlung der Freiheitskämpfer zur nächsten. Sie lernt etliche Bostoner Aktivisten kennen, außerdem Frauenrechtlerinnen, Ökonomen und Gesetzesreformer. In der Stadt, die sich intensiv mit Fragen der Menschenrechte befaßt, ist Tubman bald eine gefragte Rednerin. Überall in Boston hören ihr Männer und Frauen zu, wenn sie über ihre Zeit als Versklavte, ihre Arbeit in der „Untergrundbahn" und ihre Freundschaft zu John Brown spricht. Sie erklärt: „Es war nicht John Brown, der in Charles Town starb.[408] Es war Christus – es war der Retter unseres Volks."

Zahlreiche Gespräche in Boston drehen sich um die Frage, wie die Sklaverei friedvoll abgeschafft werden kann. Solche Diskussionen hört sich Tubman vermutlich mit leichter Skepsis an. Sanborn erzählt später, daß sie ihm einmal zugeflüstert hätte: „Sie mögen zwar 'Frieden, Frieden!' sagen so viel sie wollen; ich weiß, daß es Krieg geben wird."

Die meiste Zeit verbringt sie in Boston mit Abolitionisten, aber sie hält im Jahre 1860 auch eine Rede vor einer Versammlung der Frauenrechtlerinnen, die von den Pionierinnen der amerikanischen Frauenbewegung, Susan Brownell Anthony (1820-1906) und Elizabeth Cady Stanton (1815-1902), organisiert wurde. Es existieren keine Unterlagen von Tubmans Vorträgen, aber ein zeitgenössischer Beobachter, Robert W. Taylor, berichtet über den Eindruck, den Tubman und ihre Vorträge hinterließen: „Sie machte die Schwachen stark, die Starken fest. Nach ihren schlichten, aber feurigen Worten, standen ihre Hörer wie ein Mann auf."[409]

Doch für eine Frau der Tat ist es nicht möglich, häufig Vorträge zu halten; bald warten vor allem im Süden weitere Herausforderungen auf sie. Die Jahre nach 1860 warten mit zahlreichen Neuigkeiten auf. Im November wird Abraham Lincoln Präsident der Vereinigen Staaten. Bestürzt über den Sieg eines Abolitionisten trennt sich South Carolina von der Union und erklärt, daß sich die sog. Baumwollstaaten gleichfalls von der Union trennen würden. Ein Bürgerkrieg scheint immer wahrscheinlicher zu werden. Tubman, der klar ist, daß diese Situation es erschweren würde, weitere versklavte Menschen aus dem Süden zu holen, entschließt sich zu einem weiteren Vorstoß nach Maryland.

Im November 1860 nimmt sie fünf Personen mit: Maria und Stephen Ennets und ihre drei Kinder, eins ist erst drei Monate alt. Auf ihrem Rückweg nach Norden schließen sich zwei weitere Personen an.

Im Dezember sendet Thomas Garrett von Wilmington eine Nachricht an William Still vom Wachsamkeitskomitee in Philadelphia. „Ich schreibe, um Sie wissen zu lassen, daß Harriet Tubman wieder hier ist. Sie kam letzte Nacht an. (...) Ich gab ihr zehn Dollar, um einen Mann mit einem Wagen zu mieten, der sie mitnahm. Ich bin sehr beunruhigt, bis ich höre, daß sie in Sicherheit ist. Auf der Straße sind nicht so viele Risiken. Aber da Harriet einen besonderen Schutzengel zu haben scheint, habe ich Hoffnung."[410]

Die Flüchtlinge erreichen ohne einen Zwischenfall Philadelphia, und William Still notiert ihre Ankunft, da er von Browns Fehler gelernt hatte, jedoch nicht ausführlich, sondern nur in wenigen Worten. Die Auffindung von Browns Briefen und Unterlagen, schreibt er, „mit allen Namen und ausführlichen Plänen, warnte uns, daß derartige Unterlagen und Korrespondenzen, die die Angelegenheiten der Untergrundbahn betreffen, uns den Händen derer ausliefern, die für die Sklaverei eintreten."[411] Er verbirgt seine Unterlagen; einmal vergräbt er sie sogar auf einem Friedhof. Erst im Jahre 1871, als die politische Situation eine andere geworden ist, kann er seine Monographie „The Underground Railroad" publizieren.

Tubmans Trip im Jahre 1860 wird ihr letzter sein, allerdings nicht, weil sie das so will. Als sich der Konflikt zwischen dem Norden und dem Süden ausweitet, fordert der Süden eine Verschärfung des „Fugitive Slave Act" und eine Bestrafung für jeden, der das Gesetz bricht. „Diese unruhigen Monate, als sich Dunkelheit über unsere Aussichten senkte, fühlten alle als unheilbringend", erinnert sich Frank Sanborn später. Die Situation ist äußerst gefährlich, „für diejenigen, die wie Harriet, sich selbst in unangenehme Situationen begaben, indem sie den Befürwortern der Sklaverei Schaden zufügten, weil sie Flüchtlinge unterstützten, aus deren Herrschaftsbereich zu entkommen. Die Angst um ihre persönliche Sicherheit brachte Harriets Freunde schließlich dazu, sie nach Kanada zu bringen, obwohl sie das nicht wollte."

Sie bleibt nicht lange dort. Im Februar 1861 trennen sich die verbleibenden sechs Südstaaten (Alabama, Florida, Georgia, Louisiana, Mississippi und Texas) von der Union der Konföderierten Staaten von Amerika. Maryland dagegen, obwohl ein Sklavenhalterstaat, trennt sich nicht von der Union. Am 12. April eröffnen konföderierte Truppen das Feuer auf die Garnison von Fort Sumter in Charleston, South Carolina. Die Garnison wird übergeben, und die Nation zieht in den Krieg.

Als Unionstruppen im Frühjahr und Sommer in Maryland vorrücken, verlassen zahlreiche Schwarze die Plantagen und schließen sich den Soldaten an. Offiziell „Kriegskonterbande" genannt, sind diese Männer keine Sklaven mehr, aber zugleich unfrei im Sinne des Gesetzes, d. h. des „Fugitive Slave Act"; Lincoln unterzeichnet die entsprechende Proklamation, die die Befreiung legitimiert, erst Anfang Januar 1863.

Seine zögerliche Politik fand nicht nur in Harriet Tubman eine Kritikerin; auch die Journalistin und Abolitionistin Lydia Maria Child kritisiert seine Haltung. Der Präsident scheut sich, Schwarze als Soldaten anzunehmen, scheut sich, ihre Emanzipation zu fördern, und versucht lange Zeit die rebellischen Grenzstaaten zu beruhigen. Tubman faßt den Fehler dieser wenig waghalsigen Politik so zusammen: „Verwunde nie eine Schlange, töte sie."[412] Indem sie die Konföderierten als Schlange portraitiert, erklärt sie, daß die Union so lange in Gefahr ist, wie es der Sklavokratie möglich ist, zurückzuschlagen: Was bedeutet, daß die Schwarzen ebenso lange versklavt bleiben würden und ein definitiver Sieg ausgeschlossen ist. Wenn Lincoln wirklich Leben – und natürlich die Nation - retten und Geld sparen wolle, müsse er der Stärke der Schwarzen vertrauen und ihnen den Kampf auf dem Schlachtfeld erlauben, und zwar als gleichberechtigte Soldaten.

Im April 1861, als sie hört, daß die föderierten Armeen Hilfe bei der Versorgung der „Konterbande" benötigen, reist Tubman Richtung Süden. Es ist bis heute wenig bekannt über ihre Aktivitäten während dieser Zeit. Vielleicht arbeitete sie als Krankenpflegerin oder Köchin, jedenfalls unterstützte sie die Soldaten.

Danach kehrt sie zu ihren alten Eltern nach Auburn zurück, während die Unionskräfte Port Royal bei South Carolina einnehmen. Die Plantagenbesitzer fliehen und lassen Tausende Sklaven zurück. Diese „Konterbande", etliche von ihnen unterernährt und krank, wenden sich an die Armeelager der Union. Überfordert von dieser Menschenmenge, verschicken die Kommandeure einen Aufruf für Lehrer und Pflegerinnen. Hunderte aus dem Norden antworten, darunter auch Tubman.

Im März 1862 kommt sie in Beaufort, South Carolina, an, dem

Hauptquartier des südlichen Abschnitts von Port Royal, und entdeckt, daß sie mit den dortigen Schwarzen kaum sprechen kann. Das letzte (illegale) Sklavenschiff hatte seine menschliche Fracht im Jahre 1849 hierher gebracht, - diese Sklaven sprechen Gullah, einen Dialekt, der aus zahlreichen Worten afrikanischen Ursprungs besteht und daher große Unterschiede zu der Sprache der Schwarzen in Maryland aufweist. Gullah ist eine Schöpfung der afro-amerikanischen Kultur: Am stärksten ausgeprägt ist das „schwarze Englisch" der Küstenregionen South Carolinas und Georgias „auf der von Charleston bis Savannah reichenden vorgelagerten Inselkette", erklärt Edward Ball, „es wurde aber auch in den alten Reisanbaugebieten des Landesinneren – etwa am Cooper River – gesprochen. Der Dialekt ging aus einer Mischung westafrikanischer Sprachen mit dem Englischen hervor und trug auch nach dem Bürgerkrieg erheblich mit zur nationalen Identität der Schwarzen bei." Balls Interviewpartnerin erklärt Beispiele dieses besonderen Dialekts: statt „this" sagt man „dis" oder „dat." „Die Vergangenheitsform gab es kaum. 'Ich werf' dieses Glas um'. Nicht 'I have been', sondern 'I been.' Oder 'gimme dis'."[413]

Doch die Verständigungsprobleme mit den Schwarzen des Südens und die bisweilen ungenügende medizinische Ausstattung des Hospitals sind nicht Tubmanns einzige Probleme. Hinzu kommt das Mißtrauen ihrer Patienten unbekannten Menschen und Situationen gegenüber. Die Schwarzen haben wenig Vertrauen zu den Weißen oder zu denen, die für sie arbeiten. Sie hatten noch nie von „Moses" oder der „Untergrundbahn" gehört. Harriet, die in einem eilig eingerichteten Krankenhaus (ursprünglich war es ein Herrenhaus einer Plantage gewesen) für diese Schwarzen arbeitet, muß erst ihr Vertrauen gewinnen. Als sie z. B. merkt, daß man auf ihre Privilegien neidisch ist, verzichtet sie darauf. Um sich die Dinge, die sie benötigt, zu leisten, verkauft sie selbst bereiteten Kuchen und Wurzelbier, nachdem sie den ganzen Tag im Krankenhaus gearbeitet hat.

Nach ihrer Ankunft hatte sie 200 Dollar für ihre Arbeit bekommen, die sie sofort in den Bau einer Wäscherei investiert. Sie hilft anderen schwarzen Frauen, einen Wäsche-Service zu eröffnen, damit sie finanziell unabhängig werden können.

Zahlreiche Sklaven haben weite Strecken zurückgelegt, um bei den Soldaten der Union Schutz und Unterstützung zu finden. Dabei haben sie große Entbehrungen auf sich genommen; etliche sind dramatisch unterernährt: Das bedeutet Arbeit für Tubman. Sie läßt ihre Beschwerden aufschreiben und fungiert als Sprecherin für sie gegenüber Vorgesetzten. Sie lehrt sie, Gegenstände des täglichen Bedarfs herzustellen und wie man die eigene Unterkunft sauberhält.

Während ihrer Arbeitszeit in Beaufort diktiert sie einen Brief an Frank Sanborn. Darin beschreibt sie ihre Kranken als „sehr hilflos, fast nackt." Sie fährt fort: „Ich suche Plätze für diejenigen, die arbeitsfähig sind, und um sie so gut wie möglich zu unterstützen, und ich will die Bürde der Regierung so weit wie irgend möglich erleichtern helfen; und ich will (meinen Patienten) Selbstrespekt ermöglichen, indem sie sich ihre eigenen Mittel zum Leben verdienen."[414]

Sie unterstützt beide – die Schwarzen, die, oft hilflos, krank und erschöpft, in Beaufort eintreffen, und die weißen Soldaten, die auf dem Schlachtfeld verwundet wurden. Als Assistentin der Ärzte verrichtet sie jede Arbeit: Vom Baden und Pflegen der Verwundeten bis hin zum Putzen und Schrubben der Zimmer und Vernichten der allgegenwärtigen Fliegen in den Krankenzimmern. Die Arbeit ist oft entmutigend. Jahre später erzählt Tubman Bradford: „Ich ging frühmorgens zum Krankenhaus. Ich hatte einen großen Eisblock und tat ihn in einen Eimer und füllte ihn mit Wasser; dann nahm ich einen Schwamm und fing an. Zuerst mußte ich die Fliegen verjagen, und sie erhoben sich, wie Bienen um einen Bienenkorb. Dann begann ich die Wunden zu baden, und während ich drei oder vier (Soldaten) badete, hatte die Wärme das Eis geschmolzen und das Wasser war rot von Blut. Dann mußte ich gehen und mehr Eis holen, und während dieser Zeit, als ich zu dem nächsten (Verwundeten) ging, waren die Fliegen bei den ersten Verwundeten, schwarz und fett wie immer."[415]

Obwohl sie sie nicht lesen kann, bewahrt Tubman etliche Briefe und Dokumente aus der Zeit in Beaufort auf. Eine Notiz eines Sanitätsoffiziers an den Diensthabenden Offizier enthüllt einen Mangel von Lagerbeständen für Tubman und andere medizinische Helfer/INNEN. Und Captain Warfield wird aufgefordert, Tubman guten Bourbon-Whiskey für medizinische Zwecke zu schicken.

Sie arbeitet an verschiedenen Orten des Südens, wo immer sie gebraucht wird. „'Moses' war auf dem Höhepunkt ihres Ruhmes", schreibt der Historiker William Wells Brown, „und reiste von Lager zu Lager, sie wurde immer in der respektvollsten Weise behandelt. Die Schwarzen wären bereit gewesen, für sie durchs Feuer zu gehen."[416]

Von Beaufort reist Tubman zu einem Militärkrankenhaus in Fernandina, Florida. Dort, so berichtet sie später fassungslos, „sterben Soldaten wie Schafe“ an Ruhr. Als sie feststellt, daß keine Medizin hilft, geht sie in die Wälder, um heilende Kräuter und Wurzeln zu suchen. Ihre selbstkreierten Medikamente erzielen bemerkenswerte Erfolge. Außerdem behandelt sie Soldaten und entlaufene Sklaven gegen Pocken und „die schlechten Fieber“ der Malaria. Obwohl sie sich bei der Pflege selbst einem großen Ansteckungsrisiko aussetzt, erkrankt sie nie.

Im Dezember 1862 kehrt sie nach Beaufort zurück – und erfährt, daß ihr alter Freund Thomas Higginson in der Nähe von Camp Saxton ein Regiment schwarzer Soldaten zusammenstellt. An seine Frau schreibt er am 10. Dezember: „Niemand kam, um mich heute zu sehen, außer Harriet Tubman, die bei Beaufort als eine Art Pflegerin und Generalbevollmächtigte für alles lebt; sie läßt Dich grüßen. Hier tauchen alle Arten unerwarteter Leute auf.“[417]

Die lange ignorierte Geschichte der schwarzen Regimenter im Bürgerkrieg (und die bedeutsame Rolle, die auch der Abolitionist Thomas Higginson darin spielt) beweist einmal mehr und unwiderleglich, daß Menschenrechte keine Hautfarbe haben; dieser Krieg ermöglichte es den Ex-Sklaven, aus dem Schatten der Geschichte und der Vorurteile herauszutreten und zu beweisen, daß sie genausogut kämpfen können wie ihre weißen Brüder. Und genausogut sterben. „No man can hender me“ – der Refrain eines Spirituals, den die Schwarzen der südlichen Inselkette sangen - ist auf allen Schlachtfeldern ihre Überzeugung gewesen – auch wenn sie oft für dieselbe Leistung schlechter bezahlt wurden als ihre weißen Kameraden: Ein schwarzer Major z. B. bekam nur 7 Dollar ein weißer dagegen 21 Dollar.[418] Die große militärische Leistung und die Tapferkeit z. B. der 54. Freiwilligenarmee aus Massachusetts, die ausschließlich aus Farbigen bestand (die erste schwarze Truppe eines befreiten Staates, die in den Dienst der Union aufgenommen wurde), wurden legendär: Sie stürmte am 18. Juli 1863 unter Oberst Robert Gould Shaw die Schutzwälle der Wagner Battery, einem Stützpunkt der Konföderierten am Hafen von Charleston. Es gelang den Männern, die Fahne im Innern des Forts zu hissen. Letztlich aber scheiterte der Angriff unter großen Verlusten (mehr als die Hälfte der Männer fiel, unter ihnen auch der 26jährige Shaw). Er wurde jedoch zu einem „Symbol der Schwarzen Truppen, die ihr Leben in den Dienst der Freiheit gestellt hatten.“[419] Mehr noch: diese Schlacht bedeutete „den ersten wichtigen Gebrauch schwarzer Truppen, deren Tapferkeit unter Feuer von vielen Weißen angezweifelt worden war, Nordstaatlern wie Südstaatlern."[420]

Die Männer vor Fort Wagner waren nicht die einzigen schwarzen Soldaten: Unterlagen des Kriegsministeriums belegen, daß 178.895 Farbige in verschiedenen Frontabschnitten dienten; eine Biographie über General Ulysses S. Grant, Befehlshaber der Unionstruppen in Kentucky und Tennessee (1861/62) und Oberbefehlshaber der Armee der Nordstaaten seit 1864, erklärt, daß „über hunderttausend Neger in der US-Armee" wären, während das *Dictionary of American History* (Lexikon der amerikanischen Geschichte) einen Näherungswert von 300.000 angibt. Die Grant-Biographie gibt an, daß farbige Soldaten zuerst im Jahre 1863 „versuchsweise während der Belagerung von Vicksburg" eingesetzt wurden, und erklärt, daß Grant diese Soldaten eher „im Hintergrund ließ und sie mit der Bewachung der Versorgungszüge betraute." Truppen mit Farbigen wurden gleichfalls „versuchsweise" in Louisiana, Kansas und Missouri eingesetzt und im Herbst 1862 an der Atlantischen Küste. Im Mai 1863 gründete das Kriegsministerium das „Büro für farbige Truppen", um ihre Rekrutierung und Organisation zu gewährleisten. Über die farbigen Truppen bei Millikens Bend, Louisiana, im Juni 1863 schreibt General Grant seinem ersten Generalstabsoffizier: „Über ihre Handlungsweise ist zu sagen (...), daß sie die tapferste ist, und ich zweifele nicht daran, daß sie mit einem guten Offizier an der Spitze die besten Truppen abgeben werden."[421] An allen Frontabschnitten fochten zahlreiche farbige Regimenter; bei Petersburg mußten sie wiederholt kämpfen, und im letzten Vorstoß bei Appomatox bildeten farbige Soldaten das gesamte 25. Korps von Grants Armee. Dokumente belegen, daß keineswegs alle Truppen lediglich zum Bewachen von Versorgungszügen abkommandiert wurden.

Tubmans Tage als „Generalbevollmächtigte" im Krankenhaus hören bald auf, und sie erhält eine neue wichtige Aufgabe. Die Unionsarmee in South Carolina benötigt dringende Informationen über: Anzahl und Standorte der feindlichen Feldlager, Anzahl der Männer pro Feldlager, Art und Qualität der Bewaffnung. Die Unionsoffiziere, denen Tubmans Verdienste für die „Untergrundbahn" bekannt sind, verschaffen ihr eine große Herausforderung: Spionage. Im Frühjahr 1863 stellt sie eine Gruppe von Kundschaftern zusammen und führt sie tief in feindliches Gebiet hinein. Bald darauf kann sie konkrete Informationen über konföderierte Truppenbewegungen übermitteln. Sie informiert Oberst James Montgomery, einen erfahrenen Guerilla-Taktiker, der an der Seite John Browns in Kansas gekämpft hatte.

Die wahrscheinlich bedeutendste militärische Unternehmung unternimmt sie im Sommer 1863. General David Hunter, Kommandeur der südlichen Streitkräfte der Union, entscheidet, daß nun die Zeit reif sei für einen Überfall auf den Combahee River, South Carolina, und bittet Tubman um Mithilfe. Ihre Aufgabe: „Verschiedene Kanonenboote, die den Rebellen gehören und sich auf dem Combahee befinden, sollen mit Minen versehen werden; es sollen Bahngleise und Brücken zerstört werden, um Versorgungslieferungen und Truppen abzuschneiden." Hunter wünscht von Tubman außerdem, daß sie Hunderte Farbiger aus den Konföderiertengebieten herausführt.

In der Nacht des 2. Juni 1863 fahren sie und Hunter zusammen mit 150 schwarzen Soldaten in drei dampfgetriebenen Kanonenbooten flußaufwärts. Die Expedition, berichtet später der Bostoner *Commonwealth*, „schlug in das Land des Feindes ein, sie bedeutete einen kühnen und wirkungsvollen Schlag, indem sie Magazine mit Millionen Dollar wertvoller Ware zerstörte, Baumwolle und andere kostbare Dinge; und sie brachte Terror ins Herz der Rebellen, und brachte annähernd 800 Sklaven und Tausende von Dollars kostenden Besitz zurück, ohne nur einen einzigen Mann zu verlieren oder einen Kratzer zu bekommen."[422]

Die gedemütigten konföderierten Befehlshaber wissen, daß der spektakuläre Überfall von einer Frau angeführt wurde. Darum wollen sie die Niederlage einem ihrer eigenen Offiziere in die Schuhe schieben. „In dieser Situation", schreibt der offizielle Bericht der Konföderierten, „waren die Feldwachen (des Offiziers) weder wachsam noch tapfer; sie ließen zu, daß (...) ein Lumpenpack von elenden Niggern, die sich selbst als Soldaten bezeichnen, zusammen mit ein paar verächtlichen Weißen unbehelligt marschiert, mit dem aufrührerischen Vorsatz, zu rauben, zu zerstören und einen großen Teil des Landes zu verbrennen."

Tubman weiß, daß Oberst Montgomery, der weiße Offizier, der den Überfall auf dem Combahee geleitet hatte, für den Erfolg des Unternehmens den meisten Ruhm einheimsen würde. Sich gewöhnlich eher im Hintergrund haltend, erlaubt sie sich diesmal einen kleinen defensiven Stolz. In einem für Frank Sanborn diktierten Brief heißt es: „Sie haben gewiß den ausführlichen Bericht über die Expedition gelesen. Glauben Sie nicht, daß wir Farbigen Anspruch haben auf ein wenig Ehre für diese Heldentat unter der Führung des tapferen Oberst Montgomery? Wir schwächten die Rebellen auf dem Combahee River ein wenig, indem wir siebenhundert und sechsundfünfzig ihres wertvollsten „lebenden Inventars", in unserer Region als „Konterbande" bezeichnet, fortbrachten, und dies, ohne auf unserer Seite ein einziges Leben zu verlieren, obwohl wir guten Grund hatten, anzunehmen, daß etliche der Rebellen ins Gras bissen. Von den siebenhundert und sechsundfünfzig „Kontrabandisten" sind nahezu alle Fähigen in die Farbigen-Regimenter eingetreten."[423]

Wir sehen, daß Tubman ein befähigter Militär war; und sie beklagte zu Recht, daß dies nicht würdigend zur Kenntnis genommen wurde – eine Ignoranz, die noch die Militärgeschichtsschreibung des 20. Jahrhunderts charakterisiert: ein Dudley Taylor Cornish, der es sich zur Aufgabe gemacht hat, auf die allzu gern ignorierten Leistungen der farbigen Soldaten im amerikanischen Bürgerkrieg aufmerksam zu machen, erwähnt Tubmans Überfall auf den Combahee und ihre Verdienste als Agentin mit keinem Wort. Tatsache jedoch ist, daß dieses Unternehmen die einzige militärische Aktion in der US-Geschichte ist, die je von einer Frau geplant und ausgeführt wurde. Die Offiziere der Union wußten dies: Wann immer sie Tubman sahen, hoben sie ihre Kappen vor ihr.–

Im ihrem Brief erzählt Tubman noch, daß sie „fast zwei Jahre" abwesend gewesen sei und daß ihr Vater und ihre Mutter sehr alt und in schlechter gesundheitlicher Verfassung seien und ihre Hilfe und Fürsorge bräuchten. „Ich hoffe, die guten Leute (in Auburn) werden nicht zulassen, daß sie leiden, und ich glaube nicht, daß sie (leiden) werden. Aber ich weiß nicht, wie ich die gegenwärtige sehr wichtige Aufgabe, die getan werden muß, verlassen kann."

Tubman fährt mit ihrer Arbeit bis zum Ende des Krieges fort, beinahe zwei Jahre später. In dieser Zeit sieht sie einige der blutigsten Schlachten des Bürgerkrieges, der über siebenhunderttausend Todesopfer, Vermißte und Verwundete auf beiden Seiten fordert: Das ist mehr als in jedem anderen militärischen Konflikt, an dem die USA beteiligt waren. Allein der gefeierte und bereits erwähnte Angriff schwarzer Armeen der Union auf Fort Wagner, einer Festung der Konföderierten im Hafen von Charleston, South Carolina, kostete mehr als die Hälfte der daran beteiligten Soldaten das Leben.

Ihr beispielhafter Mut beeindruckt den Süden indes nicht: Als Oberst Shaws Vater um die Leiche seines Sohnes bittet, um ihn würdig begraben zu können, verweigern die Konföderierten die Herausgabe des Toten: „Wir haben ihn zusammen mit seinen Niggern begraben."

Doch die Schlacht bei Fort Wagner ändert die Sicht des Nordens auf den kämpfenden Schwarzen. „Durch den Rauch der Kanonen dieser dunklen Nacht", bemerkt die *Antlantic Monthly* mit angemessenem Pathos, „leuchtet die Mannheit der dunklen Rasse in viele Augen, die nicht sehen wollen."[424] Nach Fort Wagner werden farbige Soldaten an allen Frontabschnitten eingesetzt, oft an den besonders gefährlichen, es gibt nicht mehr den geringsten Zweifel an ihrem Mut und ihren Fähigkeiten.

Tubman, die möglicherweise Zeugin der Schlacht in South Carolina war, hatte den Abend zuvor Shaw das Abendessen gebracht; nach der Schlacht versorgt sie die Kranken und Verwundeten und hilft die Toten zu begraben. Jahre später erzählt sie dem Historiker Albert Bushnell Hart über ihre Arbeit im Bürgerkrieg: „Und dann sahen wir den Blitz, und das waren die Gewehre, und dann hörten wir den Donner, und das waren die großen Gewehre; und dann hörten wir den Regen fallen, und das waren Blutstropfen, und als wir kamen, um die Ernte einzuholen, so waren es tote Männer, die wir ernteten."[425]

Das Schlachtfeld an jenem Morgen: ein Schlachthaus. Feuer in den Gräben. Gesteinstrümmer. Der Kittel des Chirurgen, rot von Blut. Galle an seinen Händen, am Operationstisch. Die Überreste eines Mannes, in eine Mauer geschossen. Die Haufen amputierter Hände, Arme, Füße. Männer, die sich in ihrem Blut wälzen. Männer, zusammengekrümmt, wie im Augenblick der Geburt. Geier im Lampenlicht. Ratten, die an dem Blut fressen, an den Sehnen zerren. Die Ratte aller Ratten. Sie ist ein Sieger, der seine Beute davonschleppt.

Das folgende Jahr bleibt Tubman im Süden. Sie nimmt an zahlreichen Guerilla-Operationen teil, sie erfährt Dankbarkeit und Respekt, von Soldaten und Offizieren gleichermaßen. General Rufus Saxton, ein Offizier, der für die Versorgung der „Konterbanden" zuständig war, wird später berichten: „Sie unternahm zahlreiche Überfälle in die Linien des Feindes, sie zeigte bemerkenswerten Mut, Eifer und Pflichtbewußtsein."[426]

Die Fotos und Bilder dieser Zeit zeigen Tubman in Uniform: Ein dunkelblauer Mantel, blauer Anzug und blau-weißes Kopftuch, wie die bundesstaaatlichen Farben. Sie trägt eine Diensttasche mit Erste-Hilfe-Medikamenten.[427] Bei ihren militärischen Unternehmungen trägt sie eine Bloomer-Hose.

Zwischen 1863 und 1864 nimmt sie an zahlreichen Kämpfen teil: Bei der Schlacht bei den Sea Islands, bei der Bombardierung Charlestons, beim Gemetzel bei Olustee, beim Kampf bei Morris Island. Ob als Spionin, Soldatin oder Pflegerin – Tubman ist an vielen Fronten tätig.

Das gestohlene Kind

Tubman-Biograph/INNen, die „die wahre Harriet Tubman hinter der Legende“ erkennen wollen und sich bemühen, Anekdoten, Übertreibungen und Fakten sauber voneinander zu scheiden, sehen sich bisweilen mit unerwarteten Hindernissen konfrontiert, mit Verhaltensweisen Tubmans, die nicht oder nur schwer zu verstehen sind, vielleicht einfach deshalb, weil Dokumente o. ä. fehlen. So kann es geschehen, daß wir hinsichtlich der Topographie des Lebens von Tubman von einem „dark continent“ sprechen müssen, einem „dunklen Fleck“, der uns unverständlich ist – wie es überhaupt in Tubmans Leben einige ungenügend erforschte Zeitabschnitte gibt, angefangen mit dem genauen Geburtsdatum. Doch auch über manche späteren Ereignisse in Tubmans Leben sind wir nicht so gut informiert, wie es zu wünschen wäre. Über eine Begebenheit in ihrem Leben hatte bereits Conrad mit Angehörigen Tubmans korrespondiert (und dabei eine Lawine an Turbulenzen losgetreten), doch noch Larson gelingt es 2004 nicht, Licht in das Dunkel dieser Geschichte zu bringen, die wie ein Fremdkörper, eine unerklärliche Seltsamkeit in Tubmans Leben anmutet.

Irgendwann, bevor sie nach Port Royal kam, hatte Tubman ein kleines Mädchen namens Margaret Stewart zu Lazette Worden gebracht, der Schwester von William H. Sewards Frau Frances. Tubman bat Worden, sich um das Kind zu kümmern. Martha Coffin Wright berichtet im Mai 1862, daß „Mrs. Worden (…) ein zehnjähriges Kind der Konterbande bekommen hat, das bei ihr leben soll, eine Nichte von Harriet Tubman.“[428] Obwohl Worden ein eigenes Haus in Auburn hat, hielt sie sich öfters für kürzere oder längere Zeit bei den Sewards auf, vor allem, als William sich in Washington aufhielt. Frances Seward, eine engagierte Abolitionistin, die in den 1850er Jahren zahlreichen Flüchtlingen Schutz gewährt hatte, ist Teil eines Kreises, der Tubman ideell und materiell unterstützt.[429] Zu dieser Familie brachte Lazette Worden das Mädchen.

Larson bezeichnet die Identität des Kindes und sein verwandtschaftliches Verhältnis zu Tubman als „mysteriös und unklar.“[430] Margarets Tochter, Alice Lucas Brickler, erinnert sich viele Jahre später Conrad gegenüber, daß ihre Mutter „Tante Harriets Lieblingsnichte“ gewesen sei, eine Charaktersierung, die von einer anderen engen Freundin

Tubmans, Florence Carter, bestätigt wurde.[431] „Das Leben meiner Mutter", schreibt Brickler, „begann mit dem Kidnapping durch Tante Harriet, die sie vom Ostufer Marylands entführte, als sie ein acht- oder neunjähriges Mädchen war." Laut Brickler war Margaret nie versklavt gewesen. Auch ihre Mutter und ihre Brüder waren frei gewesen, und ihr Vater war einer der Brüder Harriets, „ein Ex-Sklave." Margarets Erinnerungen an ihr Zuhause in Maryland sind vage, doch ihrer Tochter erzählte sie, daß die Familie „ein herrliches Paar brauner Pferde und eine glänzende Kutsche, mit dem sie zur Kirche fuhren", besessen hätte. Das war alles, woran sie sich erinnerte.

„Ihre nächste Erinnerung war der Besuch von Tante Harriet. Sie verliebte sich augenblicklich in das kleine Mädchen. Möglicherweise, weil sie in Mutter das Kind sah, das sie selbst hätte sein können, wenn die Sklaverei weniger grausam gewesen wäre. Vielleicht, weil sie wußte, daß sie die Freuden der Mutterschaft nie erleben würde und sie ein Verlangen nach einem kleinen Wesen hatte, das sie um ihrer selbst willen lieben würde. Was immer der Grund gewesen sein mag, das Gefühl war stärker als ihr Urteilsvermögen, denn als sie ihren Besuch beendete, nahm sie das kleine Mädchen aus seinem Haus im Norden."[432]

Die beiden reisten Richtung Norden, und das Dampfboot beeindruckte Margaret „so sehr, daß sie über die Trennung von ihrem Zwillingsbruder, ihrer Mutter und der glänzenden Kutsche, die sie so sehr mochte, zu weinen vergas." Brickler findet dieses „Kidnapping" ebenso verwirrend wie ihre Mutter offensichtlich auch. Sie spekuliert darüber, daß Tubman „ihre Tat bedauert haben muß, weil sie wußte, daß sie das Kind von einem guten, beschützenden Elternhaus fortnahm und zu einem Platz brachte, wo sich niemand um sie kümmerte." Margaret von ihrem Zuhause vom Ostufer fort zu nehmen, um mit ihr im Norden zusammen zu leben, „beruhigte nicht Tubmans ruhelose Seele und machte sie nicht häuslich." Tubman hatte in den Augen Bicklers, „das Heim ihres Bruders verletzt & Kummer & Zorn blieben zurück." Tubman, vermutet Brickler, war viel zu beschäftigt, um sich um Margaret kümmern zu können, so gab sie „das kleine Mädchen, meine Mutter, zu Mrs. William H. Seward, der Frau des Gouverneurs (...), die Mutter aufzog – nicht als Dienerin, sondern als Gast in ihrem Heim." Obwohl Tubman Margaret bei Lazette Worden ließ, wuchs sie im Haus der Sewards auf und erhielt eine sorgfältige Erziehung: Sie lernte Schreiben und Lesen, Nähen, einen Haushalt zu führen und das Benehmen einer Dame.

Margarets Abstammung „bleibt ein Geheimnis, obwohl es einige Anhaltspunkte gibt",[433] meint Larson. Tubman hatte keinen freien Bruder; Edward Brodess hatte alle ihre Brüder versklavt. Einer ihrer Brüder, wahrscheinlich Ben (der sich später James Stewart nennt), hinterließ zwei Söhne, Benjamin und David, als er im Dezember 1854 aus der Sklaverei floh. Die Jungen waren frei; sie wurden im Mai 1857 bei John D. Parker in die Lehre gegeben, was bedeutet, daß ihre (nicht näher identifizierte) Mutter frei war. Benjamin war acht Jahre alt, also muß er irgendwann im Jahre 1849 geboren worden sein. Er könnte der „Zwilling" sein, den Margaret verlassen mußte. Tubmans Bruder Ben jedoch floh und ließ seine Kinder zurück, was die Frage nahelegt, wer sich um sie gekümmert hat – besonders in einem Heim, das finanziell gut genug gestellt war, um das zu besitzen, was Margaret beschrieben hatte: ein „schönes Gespann mit braunen Pferden und eine glänzende Kutsche." Als Sklave war Ben nicht frei, um mit ihnen zusammen leben zu können. Wer aber sind dann Margarets Eltern? Warum - bedenkt man all die Familienangehörigen in Tubmans Haus in Fleming, einschließlich ihres Bruders John, ihrer Schwägerin Catherine und deren Kinder, wahrscheinlich ihren Bruder James und ihre Eltern - gab sie dieses eine Kind zu einer der einflußreichsten und reichsten weißen Familien in Auburn? Was machte dieses Kind so viel wichtiger als die anderen?

Eine Möglichkeit muß hier in Betracht gezogen werden, meint Larson; ohne Rücksicht darauf, wie fernliegend es auf den ersten Blick erscheinen mag: „daß Margaret Stewart in Wirklichkeit Harriet Tubmans eigene Tochter war."[434] Dies wäre die einzig denkbare Erklärung für das „Kidnapping" des Kindes von seinem Heim. Tubman kannte die Qual der Trennung von der Familie; nie vergas sie den „hoffnungslosen Schmerz" in den Augen ihrer Eltern, als ihre älteren Schwestern verkauft wurden. Würde es Sinn machen, wenn sie ein Kind von der Mutter stiehlt? Tubmans wichtigstes Ziel zwischen 1850 und 1860 war die Zusammenführung ihrer Familie; für ihre Familie riskierte sie alles. Kehrte sie auch deshalb immer wieder zum Ostufer zurück, um ihr Kind zu sehen?

Es wäre denkbar, daß Tubman ein Kind gebar, bevor sie das Ostufer verließ. Da sie wußte, daß ihr Kind versklavt werden würde, kann sie es einer anderen Frau gegeben haben, einer freien Schwarzen, die es für sie aufzog – einer Frau, die zur selben Zeit gebar, so daß sie einfach hätte sagen können, daß sie Zwillinge bekommen hätte. Tubman könnte ihre Schwangerschaft verheimlicht haben oder sie hätte sagen können, daß ihr Kind gestorben wäre. Obwohl Margarets Tochter Alice gesagt wurde, daß ihre Mutter am Ostufer geboren worden war, belegt ihr Totenschein, daß sie in Baltimore zur Welt kam. Nach ihrer Flucht konnte Tubman Margaret hier geboren haben, um das Kind bei einer freien Familie zurück zu lassen, während sie ihre Bemühungen fortsetzte, ihre Familie zu befreien. Tatsache ist, daß sich Tubman im Dezember 1850 in Baltimore aufgehalten hatte, als sie ihrer Nichte Kessiah Bowley, deren Mann und Kindern half, von der Ostküste zu fliehen. Baltimore war das Zuhause von etlichen Angehörigen und Freunden Tubmans. Gleichgültig, wo Margaret geboren wurde, die große Anzahl freier schwarzer Familien in Maryland macht es denkbar, daß Tubman das Kind zu einer von ihnen in Pflege gab.

Auch wenn dieses Szenario spekulativ anmuten mag, so könnte es doch verschiedene Fragen über Margaret und ihre Verbindung zu Tubman beantworten – eine Verbindung, die für jede/n in Tubmans Umfeld offensichtlich war. Alice Brickler schreibt eine andere wichtige Bemerkung gegenüber Conrad. „Es ist seltsam zu sagen, aber Mutter sah sehr wie Tante Harriet aus; und da war eine Härte in ihrem Charakter angesichts des Unglücks, das muß erblich sein.“ Conrad befragte Florence Carter, ob dies wahr wäre, und diese bestätigte es. Als Margaret im Jahre 1930 stirbt, bezeichnen die Medien sie als Tubmans „Pflegetochter.“

Bleibt die Frage, warum Tubman, als sie im sicheren Norden war, die Identität ihres eigenen Kindes verbarg. Es mag verschiedene Gründe geben. Das Kind stammte wahrscheinlich nicht von John Tubman. Als sie aus der Sklaverei (und von ihm) floh, hatte er möglicherweise kein Interesse an dem Kind - wenn er überhaupt von dessen Existenz gewußt hat. John ignorierte seine Ehe mit Harriet; und sie muß davon ausgegangen sein, daß es besser wäre, ein Kleinkind in einer intakten Familie zu lassen, als sich in Philadelphia selbst darum zu kümmern, vor allem, weil sie aufgrund ihrer Befreiungsaktionen immer wieder riskierte, selbst gefangen zu werden. 1862 hegte Tubman offenbar Zweifel, daß die weißen Pflegeeltern des Kindes sie weiterhin so schätzen würden, wenn sie ihnen die Existenz einer unbekannten Tochter offenbarte. Die Vorurteile über die „Sexualität der Negerin“ grassierten bereits vor der Zeit des Bürgerkriegs und blieben auch danach ein „kitzelndes Thema“ in der Phantasie der weißen Männer. Die Texte der Abolitionisten, Erzählungen und Novellen, aber auch die „Narratives“, die Erzählungen der befreiten Schwarzen, befassen sich mit der Gefahr, mit der die schwarzen Frauen in der Sklaverei konfrontiert sind: Sexueller Mißbrauch und Vergewaltigung. Harriet A. Jacobs, die erste amerikanische Sklavin, die 1861 mit der Unterstützung weißer Frauenrechtlerinnen ihre Autobiographie schreiben und veröffentlichen konnte, wußte aus eigener Erfahrung: „Die Sklaverei ist schrecklich für Männer, aber sie ist noch viel schrecklicher für Frauen."[435] Sexuelle Ausbeutung (auch Frederick Douglass berichtet von einem derartigen Fall in seinen Memoiren) durch Weiße wird umgelogen in die „Tatsache" der „von Sitte und Moral abweichenden und nicht kontrollierbaren Sexualität der Negerin." Derartige Vorurteile sind bis heute nicht totzukriegen; in einem auflagenstarken Magazin wie dem „stern" darf sich der Dichter Alejo Carpentier über die „Wunderkräfte" der Sexualität der Mulattin auslassen, die „schon mit dem Teufel zwischen den Beinen zur Welt kommt."[436] Tatsache ist: die Sklavokratie riß erbarmungslos Familien auseinander; Frederick Douglass wurde als einjähriges Kind für immer von der Mutter getrennt; sein Vater war zugleich sein „Besitzer"; Eheschließungen der Versklavten wurden „verhindert oder kriminalisiert (...) oder (waren) von vornherein unmöglich"; die Frauen mußten Kinder gebären – „aber Kinder zu 'haben', für sie zu sorgen oder, in anderen Worten, die Elternrolle zu übernehmen war (...) undenkbar";[437] Tubman erlebte den Verkauf ihrer Schwestern; Kinder wurden unehelich geboren und allein von der Mutter erzogen. Die rassistischen Stereotype der Weißen deuteten die durch die Sklavenhalter verursachte Situation der fragmentierten und zerstörten Familie um in „Bindungslosigkeit", „sexuelle Hemmungslosigkeit" und „Verantwortungslosigkeit der Neger." Tubman hatte genug Zeit mit den Weißen im Norden verbracht, um zu wissen, daß auch sie Vorurteile gegenüber Schwarzen haben. Vielleicht wollte sie sich deshalb nicht mit diesem Thema konfrontieren, nicht sich selbst oder ihre Tochter mit der öffentlichen Mißbilligung belasten. Da nun einmal eine Lüge in die Welt gesetzt worden war, mochte es leichter sein, dabei zu bleiben. Als Tubman das Mädchen 1862 mit Lazette Wordens Hilfe in das Heim der Sewards vermittelte, traf sie die Wahl, sich nicht selbst um Margaret zu kümmern; ihre Verpflichtung nach South Carolina, um im Krieg in verschiedenen Funktionen tätig zu sein, verdrängte jeden Gedanken, in Auburn bei ihrer Familie zu bleiben. Wozu also das Risiko eingehen, verurteilt zu werden, weil sie ihr Kind vernachlässigte?

Alice Brickler konnte sich nicht mit der Situation ihrer Mutter in einem

Haushalt mit zahlreichen engen Verwandten aussöhnen, wie es bei Tubman der Fall war. Sie war verwirrt, und es scheint niemand eine Bemerkung darüber gemacht zu haben, wer Margarets Eltern waren, und es gibt auch keine Erwähnung, ob Margaret nach dem Bürgerkrieg zum Ostufer und zu der Familie zurückkehrte, von der sie angeblich fortgenommen worden war. Es scheint auch offensichtlich, daß Margarets bevorzugte Position in Tubmans Haushalt zu Eifersüchteleien und Verstimmungen führte. Margaret war „sehr stolz und versnobt (…). Sie war klein und plump, hellbraun, mit langen dicken negroiden Haaren", berichtete Brickler Conrad. Margaret war aufgrund einer guten Erziehung, eines gepflegten Heimes und all der Unterstützung, die von Seward und Worden kam, in einer privilegierten Situation. Eine Verwandte Tubmans, berichtet Brickler, „verabscheute Mutter sehr, (und) wann immer Tante Harriet außer Hörweite war, nannte sie Mutter eine 'kürbisfarbene Schlampe'."[438] Sehr zum Ärger der weitläufigen Tubman-Verwandtschaft darf Alice Luckas Brickler 1914 eine Gedenktafel zu Ehren Tubmans vor dem Gerichtsgebäude von Auburn enthüllen.

Die Feindseligkeiten gegen Margaret bestehen Generationen hindurch. Im Jahre 1940 schreibt Eva Stewart Northrup (eine Großnichte Tubmans, die seit ihrer Geburt im Jahre 1890 bei ihr aufgewachsen war) an Conrad, daß „Mrs. Brickler keine Verwandte meiner Tante ist, d. h. weder blutsverwandt noch durch eine Eheschließung oder sonstwie. Ich habe sie bereits als Betrügerin abgetan. Sie hat kein Recht, Informationen zu geben oder Glaubwürdigkeit für irgendeine Information zu beanspruchen, die sie geben mag." Northrup bittet Conrad, ihr jede Information, die Brickler ihm gab, mitzuteilen. Sie erklärt: „Es gibt nur wenige Quellen, die authentisch sind. Doch es gibt eine Menge (Auskünfte) anderer Art." Und sie möchte vom Autor wissen, wie er ihre Informationen verwendet.

Conrad konfrontiert Brickler mit den Anschuldigungen Northrups. „Mrs. Northrup aus Philadelphia hat mir geschrieben, um zu sagen, daß Sie in keiner Weise mit Harriet verwandt wären." Zuerst streitet Brickler ab, Northrup überhaupt zu kennen. Brickler versucht sich zu verteidigen und erklärt Conrad: „Da ist ein Teil der Familiengeschichte, der besser nicht erzählt werden sollte." In einer solch großen Familie, wie Tubman sie hat, komme es natürlich zu unterschiedlichen Ansichten und Geschichten, was dazu führe, daß manche Verwandte „sich für die einzigen Erben halten." In einem späteren Brief gibt Brickler zu, daß sie Northrup kennt. „Ich erinnere mich an Katy[439] Stewart Northrup. Ich wußte nicht, daß sie in Philadelphia lebt. Dies mag giftig klingen – aber ich bin über nichts überrascht, was sie sagt oder schreibt." Brickler formuliert die traurige Konsequenz der Situation so: „Ein Mitglied der Familie Harriet Tubmans zu sein, ist eine sinnlose Ehre, aber ich muß dies sagen. Mutter wurde von den älteren Mitgliedern der Familie immer gesagt, daß sie Tante Harriets Nichte wäre." Gleichgültig ob Margaret Tubmans Tochter war, die Tochter eines unbekannten Bruders oder das Kind von jemand anderem, bleiben ihre Gegenwart und Bedeutung doch ein Geheimnis. Die Geschichte von Margarets „Entführung" durch Tubman ist zweifellos eines der verwirrendsten und beunruhigendsten Kapitel in der Geschichte ihres Lebens.

Im Mai 1864 bittet Tubman um Freistellung von ihren Diensten im Militärkrankenhaus von Port Royal. Ihr Vorgesetzter, Sanitätsoffizier Henry Durrant, gibt ihr zum Abschied ein Empfehlungsschreiben: „Ich bezeuge hiermit, daß ich beinahe zwei Jahre mit Harriet Tubman bekannt bin. Meine Position als Offizier für den medizinischen Bereich, der zuständig ist für die „Konterbanden" in (Beaufort), gab mir häufig die Möglichkeit, ihr (d. h. Tubmans; d. Verf. in) Verhalten zu beobachten, besonders ihre Freundlichkeit und ihre Aufmerksamkeit gegenüber den Kranken und Leidenden ihrer eigenen Rasse. Ich habe das Vergnügen, die Wertschätzung zu bezeugen, die sie erfährt." Und General Saxton unterschreibt mit „Ich pflichte dem Obigen völlig bei."[440]

Harriet möchte endlich ihre Eltern wiedersehen, die sie bereits früher aus Kanada nach Auburn gebracht hatte, weil die alten Herrschaften die Kälte nicht vertragen hatten. Hier holen Tubman jetzt die Folgen des jahrelangen Kriegsdienstes ein: Chronisch erschöpft, erleidet sie einen besonders schweren Anfall der Schlafattacken, die ihr Leben immer wieder beeinträchtigt hatten. Sie verbringt fast ein Jahr in Auburn, ruht sich aus und besucht Freunde, wenn es ihr besser geht. Während dieser Zeit lernt sie auch Sarah Bradford kennen, ihre spätere Biographin, und sie trifft Sojourner Truth. Die beiden Frauen diskutieren über Abraham Lincoln, den Sojourner Truth als großen Freund der Schwarzen betrachtet.[441] Nach und nach revidiert Tubman ihre kritische Haltung gegenüber dem Präsidenten.

Als sie zu einem späteren Zeitpunkt über Lincoln spricht, erklärt Tubman: „Ich besuchte Mrs. Lincoln, aber ihn (den Präsidenten) wollte ich nie besuchen. Du siehst, wir farbigen Leute verstanden nicht, daß er unser Freund war. Alles, was wir wissen, war, daß die ersten farbigen Truppen, die von Massachusetts nach Süden gesandt wurden, nur sieben Dollar im Monat erhielten, während die weißen fünfzehn bekamen. Uns gefiel das nicht.... Ja, es tut mir jetzt leid, daß ich Mr. Lincoln nicht sah und ich danke ihm."[442]

Im Frühjahr 1865 fühlt sich Tubman stark genug, in den Süden zurückzukehren. Sie plant, nach South Carolina zu reisen, doch als sie Washington D. C. erreicht, erfährt sie durch ein Aufgebot siegesfroher Unionssoldaten, daß der Krieg bald zu Ende sein würde. Sherman war durch Georgia marschiert und ist nun Richtung Richmond unterwegs.

Tubman entschließt sich, vorerst in Washington zu bleiben, wo sie als Krankenschwester für die US-Sanitäts-Kommission arbeitet.

Bald fesselt eine neue aufregende Neuigkeit ihre Aufmerksamkeit: Der bekannte Führer der Schwarzen, Arzt und Abolitionist Martin R. Delany (der an Popularität nur hinter Frederick Douglass rangiert) war zu Präsident Lincoln gegangen und hatte ihm vorgeschlagen, daß die schwarzen Truppen auch von schwarzen Offizieren geführt werden sollen. Lincoln hatte Delanys Plan gutgeheißen. Delanys Plan war, so schnell wie möglich, schwarze Truppen zu trainieren; sie sollten als freie Männer die Flagge der Befreiung in den Süden führen. Dies würde den Versuchen der Konföderierten entgegenarbeiten, die Schwarzen zu zwingen, in ihre Truppen einzutreten; und es würde die Arbeit, die Männer wie Sherman, Grant und die anderen Generäle der Union begonnen hatten, vollenden. Delany erklärt dem Präsidenten, daß ein Kommunikationssystem der „Untergrundbahn" existiere und daß es mit der Hilfe von Tubman möglich sei, die ankommenden Sklaven für den Eintritt in die Armee vorzubereiten.

Delany wird zum ersten schwarzen Major in der amerikanischen Geschichte. Seine erste Unternehmung ist es, mit Tubman zu sprechen, der er seine Pläne erläutert. Sie unterstützt ihn, indem sie ehemalige Sklaven aus dem tiefen Süden vorbereitet. Ihre Reise nach Charleston, South Carolina, ist fest geplant und bezuschußt.

Allerdings ist zu dieser Zeit bereits das Ende des Krieges in Sicht. Tubman weiß, daß Delanys Plan für den Sieg des Nordens nicht länger von Bedeutung ist. Sie arbeitet bis zum Juli 1865 als Pflegerin in einem Krankenhaus im Gebiet des James River. In diesem Monat reist sie auch eigens nach Washington, um die Behörden auf verschiedene Mißstände in den Krankenhäusern hinzuweisen.

Am 9. April kapituliert der Oberbefehlshaber der Armee der Südstaaten, Robert E. Lee, bei Appomattox, Virginia, und übergibt seinen Degen seinem Gegenspieler General Ulysses S. Grant. Der vierjährige Bürgerkrieg zwischen den 11 abtrünnigen Bundesstaaten Virginia, North Carolina, South Carolina, Georgia, Florida, Alabama, Mississippi, Louisiana, Texas, Tennessee und Arkansas und dem Rest der Union ist zu Ende. Vier Millionen afrikanische Sklavenarbeiter/INNEN sind jetzt frei, die Wirtschaftskraft des Südens zerstört. Die Einschätzung aus dem Jahre 1861, „einige leichte Scharmützel" würden den Krieg rasch entscheiden, hatte sich als Irrtum erwiesen.

Wenige Monate nach der Kapitulation Lees kehrt eine erschöpfte Harriet Tubman nach Auburn zurück. Doch für sie – wie für Millionen andere Schwarze – hat der eigentliche Krieg jetzt erst begonnen, wie eine Begebenheit zeigt.

Tubman trägt ihren Militärpaß mit sich, der ihr den halben Fahrpreis zusichert, als sie in Washington einen Zug Richtung Norden besteigt. Der weiße Schaffner, der den Paß besieht, weigert sich, ihn zu akzeptieren. Tubman erzählt Bradford von dem Vorfall. „Los, verschwinde hier!" schnauzte der Schaffner. „Nigger", so sein Kommentar, seien nicht berechtigt, zum halben Preis zu fahren. Als Harriet widerspricht, packt er sie am Arm und faucht: „Ich werde dir den Spaß verderben, hier zu bleiben." Zusammen mit drei anderen Männern schleift sie der Schaffner aus dem Passagierwagen. Keiner von den anderen Fahrgästen eilt ihr zu Hilfe, als vier stämmige Angreifer sie niederringen und mit Gewalt in den Gepäckwagen verfrachten. Es ist eine „schreckliche Demütigung", kommentiert Conrad das Geschehen; eine seelische Kränkung, „mit körperlichen Folgen."[443]

Tubman reist allein in den Norden, mit einem verrenkten Arm. Es ist nicht ihre Art, sich zu beklagen, der Vorfall muß ihr eher wie bittere Ironie erschienen sein. Sie, die Unionstruppen in den Krieg geführt hatte, die verdiente Retterin, die Kugeln, Bluthunden und wütenden Sklavenbesitzern unversehrt entkam, wurde zum ersten Mal von einem Zivilisten im „freien" Norden verletzt.

Obwohl sie einen Anspruch darauf hat, vom Militär für ihre Dienste als Spionin, Soldatin und Krankenschwester bezahlt zu werden, hatte sie den Lohn nie eingefordert – und nie erhalten. Im Jahre 1864 schreibt der Bostoner *Commonwealth* über diese Ungerechtigkeit. „Diese heroische Frau (und) ihr Dienst an ihrem Volk und für die Armee wurden von den Militärbehörden unangemessen belohnt; das Geld, das sie bekam, hat sie für andere ausgegeben, wie es ihre Art ist."[444]

Sie hatte sorgfältig alle Quittungen und Unterlagen aus den Kriegsjahren aufbewahrt. Ihre Freunde prüfen diese Dokumente und kommen zu dem Schluß, daß die Regierung der Vereinigten Staaten ihr insgesamt 1800 Dollar für ihren Militärdienst schuldet. Als ihr eigenes Gesuch um Entlohnung unbeachtet bleibt, schreibt ihr alter Freund William H. Seward, jetzt Staatssekretär, zusammen mit solch einflußreichen Verbündeten wie Oberst Thomas Higginson und General Rufus Saxton ein Gesuch an den Kongreß, um Tubman zu unterstützen.

„Ich kann den Wert ihres Dienstes in South Carolina und Florida bezeugen", antwortet Saxton am 21. März 1868 auf ein Schreiben von Mary Derby, einer Verehrerin Tubmans. „Sie war in Krankenhäusern angestellt und als Spionin (...), und sie verdient es, eine Pension von der Regierung zu erhalten, wie andere pflichtbewußte Diener."[445]

Tubman benötigt das Geld dringend, um ihre Eltern und andere Hilfsbedürftige zu unterstützen. Doch nichts geschieht; für Tubmans „besonderen Fall" scheint es keine juristische Handhabe zu geben. Ein Jahr nach dem anderen vergeht, und ein Kongreß der Reconstruktion-Ära (in der z. T. die Menschenrechte der Farbigen wieder beschnitten werden) weigert sich, die Leistungen einer schwarzen Frau anzuerkennen. „Die Schuld wurde nie bezahlt", schreibt Taylor; Beate Schräpel dagegen erklärt in ihrer biographischen Skizze, daß Tubman „fast dreißig Jahre" warten mußte, „bis sie vom Staat für ihren Einsatz 'belohnt' wurde."[446]

Als Tubman nach Auburn zurückkehrte, war sie, so Taylor, „über 45 Jahre alt, ohne einen Penny in der Tasche und für zwei alte Eltern verantwortlich." Sie leidet immer noch an der Verletzung, die ihr der rassistische Schaffner zugefügt hatte. Sie versucht die Schmerzen zu ignorieren und beschäftigt sich damit, junge Apfelbäume zu pflanzen und legt einen großen Gemüsegarten an, um ihre Familie und ihre Freunde, hilf- und mittellose Schwarze wie ihre Eltern, zu unterstützen. Mit Hilfe engagierter Nachbar/INNEn gründet sie ein Heim für die mittellosen Schwarzen, die kein Zuhause und keine Unterkunft haben. Sie gibt ihnen zu essen, verpflegt die Kranken und hilft Schwangeren bei der Geburt. Obwohl sie Probleme mit dem Geld hat, beginnt sie eine Kampagne für die Aufnahme von Anleihen, um die Gründung einer Schule eigens für schwarze Kinder zu unterstützen.

Ihr Lebensmut droht zu sinken, als sie im Oktober 1867 von einem Freund einen Zeitungsausschnitt zugesandt bekommt: Es ist die *Baltimore American* vom 7. Oktober, und sie enthält eine Nachricht über den Mörder John Tubmans:

> Maryland Affairs
> Outrage in Talbot County
>
> A Colored Man Murdered
> (From the Eastern Gazette)
> A Colored Man Killed

(Geschehnisse in Maryland. Gewalttat in Talbot County. Farbiger Mann ermordet.) Der Zeitungstext fährt fort: „An einem Montagnachmittag, um 5.00 Uhr, wurde an der Straße nahe Aireys ein farbiger Mann namens John Tubman von Mr. Robert Vincent getötet. Wie die Beweisaufnahme während einer Untersuchung durch den Leichenbeschauer Justice Winterbottom ergab, hatten morgens um 10.00 Uhr Vincent und der Verstorbene einen Streit um den Besitz einiger Eschen; Vincent hatte John Tubman gedroht, ihn umzubringen, und verjagte ihn mit einer Axt. Nachmittags, als Vincent mit dem Wagen heimkehrte und unterwegs nach Cambridge war, traf er Tubman auf der Straße, und als er an ihm vorüberkam, fragte er ihn, ob er der 'Mann war, den er am Morgen getroffen' hatte. Tubman bejahte. Vincent fuhr vierzig Yards weiter, dann nahm er sein Gewehr und schoß überlegt auf Tubman, der fiel und sofort verstarb. Vincent hielt nicht an, um nachzusehen, wie schlimm sein Schuß getroffen hatte, sondern fuhr heimwärts. Es gibt jedoch zwei Zeugen für die Befragung – eine farbige Frau namens Rebecca Camper, die die Probleme am Morgen miterlebt hatte, denn sie geschahen nahe bei ihrem Haus, und ein Sohn des Verstorbenen, ein Junge von dreizehn Jahren, der in den Wäldern nahe der Straße gestanden hatte, als sein Vater ermordet wurde. Es gibt keinen weiteren Zeugen. Dr. Rogers, der den Toten untersuchte, fand eine Schußverletzung an der Stirn, die allein ausgereicht hätte, den Tod herbeizuführen. Es gab weitere Wunden am Hals, von deren tödlicher Folge er überzeugt war. Die meisten Schüsse durchdrangen Brust und Gesicht. Die Jury der gerichtlichen Untersuchung gelangte zu der Ansicht, daß 'Robert Vincent in verbrecherischer Absicht und geplant John Tubman in Kopf, Hals und Brust geschossen hat, so daß Tubman an diesen tödlichen Verletzungen starb; und so hat der benannte Robert Vincent getötet und gemordet gegen den Frieden und die Würde des Staates Maryland'."[447]

Der Artikel schließt mit dem Kommentar: „Der Mörder ist bislang noch nicht festgenommen worden, und wir fragen, ob er je festgenommen werden wird. Zuletzt sahen wir ihn in New Market, unterwegs nach Bridgeville. Das war ein Tag nach dem Mord. Wir wissen von keiner Anstrengung, die unternommen wurde, um ihn vor Gericht und der Gerechtigkeit zu übergeben."

Doch eine Anstrengung wurde unternommen, des Mörders habhaft zu werden. Die Korrespondenzen eines Berichterstatters aus Cambridge, der für die *Baltimore Sun* arbeitet, erscheinen am 17. Dezember 1867 und erklären das Geschehen aus einer Sicht, die die

Sklaverei befürwortet. Es *war* ein Verbrechen geschehen, was auf einige Rechte mehr für die Farbigen hinweist (im Vergleich zu früheren Jahren), doch die Genugtuung war gering. Das Verbrechen blieb von einem Donnerstag bis zum Sonntagmorgen ungesühnt, und die Jury spielte zehn Minuten mit den Fakten herum, um zu dem Schluß zu kommen: „Nicht schuldig."

Die *Baltimore American* publiziert einen leidenschaftlichen Artikel, der zuerst im *Cambridge Intellicencer* veröffentlicht wurde, der gegen die Sklaverei ist und in Maryland erscheint. In dem Artikel heißt es:

„Freispruch für einen Mörder

Das Gerichtsverfahren gegen Robert Vincent wegen dem Mord an dem Farbigen John Tubman wurde am Sonntagmorgen beendet, doch die Jury verkündete das Urteil „Nicht schuldig." Wir gehen ohne jeden Zweifel davon aus, daß Vincent den Verstorbenen ermordete; doch weil ein farbiger Junge das Verbrechen begehen sah, wird eingeräumt, daß er freigesprochen wird, und zwar von dem Moment an, als es klar war, daß die Jury exklusiv aus Demokraten zusammengesetzt war. Die Republikaner haben die Demokraten seit 1860 belehrt. Sie lehrten sie zumindest scheinbare Hochachtung gegenüber der Union – sie lehrten sie Toleranz gegenüber staatlichen Schulen. Sie zwangen sie, die Zeugenaussagen von Negern vor Gericht anzuerkennen. Aber sie haben sie nicht bis zu dem Punkt gebracht, einen befreundeten Demokraten für die Tötung eines Negers schuldig zu befinden. Aber selbst das wird folgen, wenn der Neger mit dem Stimmzettel bewaffnet ist."[448]

Schwarze werden das Wahlrecht durch den 15. Verfassungszusatz erst im Jahre 1870 erhalten. Doch noch hundert Jahre später wird sich für sie so gut wie nichts geändert haben: Am 17. Juni 1964 werden in Mississippi drei junge Männer (ein Schwarzer und zwei Juden, die sich in der Bürgerrechtsbewegung der Schwarzen engagiert hatten) von Mitgliedern des Ku Klux Klan, darunter einem Hilfssheriff, ermordet und unter einem Erddamm vergraben. Die Toten werden bald gefunden. Die Tat wird von vielen als skandalös empfunden. Ein Schwarzer erklärt allerdings: „Es tut mir leid, daß die drei Jungen tot sind. Aber von unseren Leuten sind allein in diesem Jahr fünf auf diese Art und Weise umgekommen, ohne daß ein Hahn danach gekräht hat. Jetzt, da es zwei Weiße erwischt hat, erregt das großes Aufsehen. Wären sie alle Neger gewesen, niemand hätte einen Finger deswegen gerührt."

Rita Schwerner, die Witwe eines der Ermordeten, sagt: „Mein

Mann ist nicht umsonst gestorben. Wären Andrew Goodman und er Neger gewesen, so hätte die Welt ihr Sterben wohl kaum zur Kenntnis genommen. Denn man weiß ja, daß der Mord an einem Neger in Mississippi keine große Neuigkeit ist."[449]

Trotzdem fühlen sich die bald ermittelten Angeklagten sicher. Das Foto ging um die Welt: Es zeigt Deputy Sheriff Cecil Price und Sheriff Lawrence Rainey im Gerichtssaal bei der Verhandlung, in der gegen sie wegen Verschwörung ermittelt wurde. Grinsend und Popcorn kauend, lümmeln sich die Angeklagten auf ihren Stühlen, völlig gewiß, daß sich Mittel und Wege finden würden, um sie durch die Maschen des Gesetzes schlüpfen zu lassen: „Helfershelfer der Mörder, erwiesenermaßen, vielleicht sogar aber direkt am Mord beteiligt."

Sie spekulierten richtig: Die Anklage gegen sie wurde fallengelassen. „Ein Bundesgericht konnte sie nicht belangen. Die Gerichte des Staates Mississippi fanden die Indizien als nicht ausreichend für eine Verurteilung."[450] So blieben auch diese Morde ungesühnt.

Wahlrecht für die Schwarzen: das ist die „große Frage", das zentrale Problem während der *Reconstruktion*; doch mit der Antwort darauf würde sich das weiße Amerika vom Stigma seiner Fesselung an eine anti-humane Tradition emanzipieren. Es sind Geschehnisse wie der Urteilsspruch im Falle John Tubmans, die zeigen, wie sehr sich Norden und Süden, die Abolitionisten und die Rebellen der „Reconstruktion"-Ära immer noch bekämpfen. Der Süden möchte am liebsten die Schwarzen wieder versklaven – diesmal im Rahmen eines „demokratischen Prozesses."

Der Norden dagegen ist in sich zerstritten. Das Geschäftsleben, das nie mit dem Leben und Sterben der Farbigen zu tun hatte, dehnt sich über den Kontinent aus und beeinflußt auch die neuen Territorien, es wird Kapital investiert, Land aufgekauft, Gewinn gemacht. Die Abolitionisten im Norden, mit Frederick Douglass an ihrer Spitze, unterstützt von Garrison und Philipps, stürzen sich mit dem ganzen Gewicht ihrer Stimmen in den Kampf, um entscheidende Verbesserungen hinsichtlich der Freiheit der Schwarzen zu gewinnen, auch um das Wahlrecht für sie zu erlangen. Die Parlamentsabgeordneten des Nordens scheinen eher am eigenen Machtzuwachs interessiert, und die Abgeordneten der Konföderierten im Senat denken ähnlich wie mancher Konservative aus dem Norden und streiten ihrerseits gegen die Fürsprecher der Rechte für Schwarze.

In der „Equal Rights Association" kommt es zu einem Konflikt angesichts der Frage, ob die Frau das Wahlrecht erhalten soll (sie wird das Wahlrecht in den USA erst durch den 19. Verfassungszusatz im Jahre 1920 erlangen, ein halbes Jahrhundert nach den Schwarzen). Zweifellos ist man dafür, daß Frauen das Wahlrecht erhalten, doch Abolitionisten wie Philipps, Garrison und Douglass denken eher darüber nach, ob der Schwarze irgendwelche Rechte habe: Ob er frei oder nur halb-frei sei. Vorfälle wie die Ermordung John Tubmans und die brutale Mißhandlung Harriets nach ihrer Heimkehr vom Krieg veranlassen Philipps zu der Forderung: „Dies ist die Stunde des Negers!"

Die Abolitionisten und die Suffragetten hatten Jahrzehnte hindurch Seite an Seite gekämpft, weil sie gemeinsame Ziele und Ideale hatten, nun aber kommt es vermehrt zu Zusammenstößen. Ein bitteres Beispiel ist das Zerwürfnis zwischen dem Abolitionisten und Frauenrechtskämpfer Frederick Douglass und der Frauenrechtlerin Elizabeth Cady Stanton. Stanton war selbst eine engagierte Abolitionistin und enge Verbündete von Douglass, konzentriert sich aber später zunehmend auf den Kampf für die Gleichberechtigung der Frauen.

Die immer schärfer werdende rhetorische Auseinandersetzung erreicht ihren Höhepunkt, als Stanton den 15. Verfassungszusatz – der schwarzen Männern das Wahlrecht zusprechen, Frauen aber nach wie vor von Wahlen ausschließen sollte – als die „Gründung einer Geschlechtsaristokratie auf diesem Kontinent" bezeichnet. Während einer hitzigen Diskussion in der New Yorker Steinway Hall im Jahre 1869 fragt Stanton: „Sollen amerikanische Staatsmänner ihre Verfassung dergestalt erweitern, daß ihre Frauen und Mütter die politischen Untertanen analphabetischer und ungewaschener, direkt aus den Sklavenplantagen des Südens kommender Kanalgräber, Stiefelputzer, Metzger und Barbiere werden?"

Darauf erhebt sich Douglass, würdigt zuerst Stantons langjährigen Einsatz für die allgemeinen Bürgerrechte und sagt dann: „Wenn Frauen, nur weil sie Frauen sind, durch die Straßen von New York und New Orleans gejagt, wenn sie aus ihren Häusern gezerrt und an Laternenpfählen aufgeknüpft werden, wenn ihnen ihre Kinder entrissen werden und deren Gehirn auf dem Straßenpflaster verspritzt wird, wenn sie auf Schritt und Tritt Zielscheibe von Beleidigungen und blinder Wut werden, wenn sie befürchten müssen, daß ihre Häuser niedergebrannt werden (…), dann werden sie es ebenso dringend nötig haben wie wir, das Wahlrecht zu erlangen."[451]

Die ungeheuerlichen Gewalttaten durch den Mob, der von denen angefeuert wurde, die ihren Profit aus der Arbeit der früheren Sklaven zu ziehen trachten, würden ohne Zweifel kein Ende finden, bis die Schwarzen politische Macht erlangt haben, denken viele. In der Debatte zwischen Frederick Douglass und den Kämpferinnen für das Frauenstimmrecht innerhalb der Vereinigung für gleiche Rechte besteht Douglass auf dem Vorrang des Wahlrechts für Schwarze, denn „für uns bedeutet das Fehlen des Wahlrechts New Orleans, bedeutet es Memphis, bedeutet es den Mob von New York."[452]

Sowohl in Memphis als auch in New Orleans waren Schwarze und auch einige weiße Radikale ermordet oder verwundet worden. Während der beiden Massaker brannten die Banden Schulen, Kirchen und die Wohnungen der Schwarzen nieder und vergewaltigten mehrere schwarze Frauen, die ihnen zufällig über den Weg liefen. Diesen beiden Ausschreitungen gingen 1863 die Gewalttätigkeiten von New York voraus, die von den Befürwortern der Sklaverei und den Gegnern der Militärpflicht für Schwarze angestiftet worden waren und rund eintausend Menschen das Leben kosteten.

Angesichts der weitverbreiteten Gewalt und des Terrors, unter dem die schwarze Bevölkerung des Südens zu leiden hat, ist es „nur logisch und zwingend", wie Angela Davis erklärt, „daß Frederick Douglass daran festhiet, daß die Schwarzen die politische Macht des Wahlrechts dringender brauchten als die weißen Frauen der Mittelschicht."[453] Die früheren Sklaven kämpfen immer noch ums Überleben, und in Douglass' Augen kann nur das Wahlrecht ihren Sieg gewährleisten. Im Vergleich dazu können die weißen Mittelstandsfrauen, deren Interessen Stanton und Susan B. Anthony vertreten, nicht behaupten, daß ihr Leben auf dem Spiel steht; sie befinden sich nicht – wie die schwarzen Männer und Frauen im Süden – in einem tatsächlichen Befreiungskrieg. Für die Schwarzen in den Südstaaten (und nicht nur dort) bedeutete der Sieg der Union nicht, daß der Gewalt des Krieges endgültig Einhalt geboten wäre. Tatsache ist aber auch, daß die Spaltung der „Equal Rights Association" in zwei einander bekämpfende Menschenrechtsgruppen letztlich zur Schwächung beider Gruppen führen wird.

Möglich, daß Stanton „rassistisch" ist, wie Davis behauptet;[454] möglich, daß Douglass voreingenommen „und von männlich-suprematistischen Vorstellungen"[455] nicht ganz frei ist; - die Kontrahenten übersahen, daß die schwarzen Frauen die doppelt Benachteiligten sind.

Stanton und Anthony wollen, daß das Wort „männlich" vom 14. Verfassungszusatz weggelassen wird. Dies würde das Wahlrecht für jeden erwachsenen Mann und erwachsene Frau bedeuten, schwarz und weiß gleichermaßen. Charles Sumner, der den 14. Verfassungszusatz der Nation vorschlägt, bemüht sich stark, das Wort „männlich" fortzulassen. Es wird über ihn gesagt, daß er 19 Seiten geschrieben habe, um neunzehn Mal den angemessenen Rahmen zu finden, damit das Frauenwahlecht in den Verfassungszusatz aufgenommen werden kann. Die Suffragetten hatten hart für diesen Verfassungszusatz gekämpft, und sie waren lange der Überzeugung gewesen, daß die sozialen Umwälzungen umfassend genug gewesen wären, um den Menschenrechten der Frau politische Anerkennung zu verschaffen. Aber die hauptsächliche Meinung der Abolitionisten bleibt diese: Da sind leidende Schwarze, die bereits von den Vertretern der Regierung vernachlässigt werden, die des Kampfes mittlerweile müde sind. Im Süden erstarkt der Ku Klux Klan, und jedem Abolitionisten ist klar, was das bedeutet: Konterrevolution. Am 4. März 1868, als manche Abolitionisten meinen, sie hätten den Kampf bereits gewonnen und daß sie bald überflüssig sein werden, schreibt Sallie Holley einem ihrer Freunde und erinnert ihn daran, wie Harriet Tubman von einem Schaffner behandelt worden war: „Ist es dort überflüssig, Menschen über die Anti-Sklaverei-Bewegung zu informieren?"[456]

Conrad meint, daß Anthony und Stanton in ihrem Kampf um das Wahlrecht für die Frau Recht hätten, doch „den Fehler begingen, drohende Töne anzuschlagen." In den Texten ihrer Zeitung *The Revolution* publizieren sie eine heftige Polemik gegen die Regierung, die den schwarzen Männern politische Rechte zusichert, während die politischen Rechte der (weißen und schwarzen) Frauen nicht anerkannt werden. Die Worte der Frauenrechtlerinnen sind schneidend, ihre Gedanken ungezwungen, in den Ohren mancher freilich „zügellos" – und werden von einigen als Kränkung der Schwarzen empfunden. Es kommt zu einem Bruch in der „Equal Rights Association." John Brown, wird argumentiert, war für die Befreiung der Schwarzen gestorben; Oberst Robert Gould Shaw empfing tödliche Schüsse - als ein Symbol, das auch weiße Männer verstehen können: doch als Menschen; Präsident Lincoln wurde von John Wilkes Booth erschossen, einem Mann, der die Sklaverei befürwortete; Hunderte siechten in Gefängnissen dahin; Tausende starben auf den Schlachtfeldern für die Freiheit (nicht als Anhänger der Union, sondern als Abolitionisten);

und nun – so lautet der Vorwurf - hielten Susan Anthony und Elizabeth Stanton, zwei klarsichtige Frauen, die einst für die Befreiung der Schwarzen ihr Leben riskiert hatten, nicht Wort, seien Abtrünnige geworden. Unter den Abolitionisten zweifelte keiner daran, daß Frauen – weiße und schwarze – das Recht haben sollten, zu wählen, und keiner wünscht das mehr als der Ex-Sklave Frederick Douglass. Aber die Frauen, meint Conrad, hätten nicht einem Kompromiß zugestimmt: „sie versagten, zuzugeben, daß die Befreiung des Negers gefährdet war." Douglass und andere, erklärt Conrad, sahen keine Möglichkeit, beides zugleich zu fordern: das Wahlrecht für Schwarze *und* für Frauen. Ein kleiner politischer Sieg wäre aber besser als eine völlige Niederlage.[457] Dies ist die Einstellung von Douglass, und die Mehrheit der Abolitionisten folgt ihm.

Anthony plädiert daraufhin für eine Trennung von der „Equal Rights Association" und gründet 1869 eine eigene Gruppe, die „National Woman Suffrage Association." Sie trennt sich damit von einer Reformbewegung, die seit 50 Jahren wie ein Gebäude feststand. Als die „Equal Rights Association" zerbricht, wird damit eine Ära beendet, die ihre große Zeit mit Kämpfer/INNEn wie Frederick Douglass, Garrison, John Brown und Harriet Tubman hatte. Es kommt in den folgenden Jahren zunehmend zu Animositäten zwischen den Abolitionisten und den Suffragetten. In einer Rede, die Anthony am 12. Mai 1869 auf einer Versammlung der „Equal Rights Association" gehalten hatte, verglich sie die Situation der Frau im Patriarchat mit der des Versklavten: „Sie (die Männer) sehen uns so, wie manche Sklavenhalter ihre Sklaven gesehen haben: 'Der Neger ist ein armes, liebenswertes Geschöpf, freundlich, sanftmütig, unfähig, selbst für sich zu sorgen, & ganz auf unsere Barmherzigkeit angewiesen, was seinen Unterhalt angeht', & so waren sie sich alle einig, daß sie es zum Wohl der Sklaven taten. Genauso denken die Männer (d. h. über die Frauen) heute." Und sie erklärte, daß eine ungebundene Frau nur die Wahl hätte zwischen Heirat oder Prostitution.[458]

Die demokratische Partei des Südens zieht aus dieser Spaltung Vorteile und sieht ihre Stunde gekommen: Sie lädt Anthony ein, und diese nimmt die Einladung an. Die Empörung ist groß: „Susan ist mit den ehemaligen Sklavenhaltern zusammen!" Doch es ist wahr, und das kostet Anthony im Norden Verluste für ihre Bewegung. Jedenfalls gibt es seit 1869 zwei Befreiungsbewegungen, und die Schwächung beider durch ihre Uneinigkeit ist genau das, was die gesetzgebenden

Körperschaften wollen. Es fällt ihnen nun leichter, die Forderungen nach einem Frauenstimmrecht zu ignorieren.

Tubman, die sich als schwarze Frau natürlich beiden Gruppen zugehörig fühlte, muß erleben, daß die Jahre der Reconstruction vor allem eines bedeuten: das Bemühen rückwärtsgewandter Kräfte, den politischen und Status quo ante wiederherzustellen. Wir wissen nicht, wie Tubman über die Zersplitterung der „Equal Rights Association" in zwei Menschenrechtsgruppen dachte. Einige wenige prominente Schwarze stimmen mit Anthony überein, darunter Robert Purvis. Frances Watkins Harper dagegen, eine bekannte schwarze Autorin, hält es mit Frederick Douglass und bringt es fertig, bei einer Versammlung zu sagen, daß sie zufrieden wäre, wenn nur die schwarzen Männer das Wahlrecht erhielten.

Wie immer Tubman über diese internen Streitigkeiten dachte, auf wessen Seite sie stand – eines ist bekannt: sie blieb eine lebenslange Verehrerin von Anthony. Sie hatte nie den geringsten Zweifel an deren Ehrlichkeit.

Das Haßgefühl, das die Nation für viele Jahrzehnte in zwei Teile aufspalten würde, bestimmt das Leben der Schwarzen in besonderer Weise. Vourteile und tägliche Kränkungen nehmen keinesweg ab, der alte Horror scheint unausrottbar. Tubman beginnt zu dieser Zeit einen 35 Jahre dauernden Kampf mit der Regierung, um ein wenig Geld zusammen zu bekommen, weil sie weiterhin anderen Menschen helfen will: Diesmal will sie eine Heimstätte für mittelloe alte Menschen gründen. In dieser Zeit erfordert es immer noch Mut, wenn z. B. eine Sarah Bradford eine Biographie Tubmans plant. Bradford ist sich dessen bewußt, daß es zu Angriffen und Polemiken kommen könnte. Sie schreibt: „Da gibt es solche, die höhnisch über meine Donquichotterie, aus einer Schwarzen und einer Sklavin eine Heldin zu machen, lächeln werden, und es gibt solche, die das bereits getan haben; doch könnte es denkbar sein, daß es Naturen gibt, die – obwohl verborgen unter hellerer Haut – nicht die Fähigkeit haben, solche selbstaufopfernde Hingabe in Fällen zu verstehen, wie es hier beschrieben ist, und dafür nehmen sie Zuflucht zu Hohn und Spott, um die ganze Geschichte in Mißkredit zu bringen."[459]

Hohn und Spott: das ist es, womit die Schwarzen konfrontiert werden – trotz eines John Brown, trotz eines Abraham Lincoln, und trotz ihrer eigenen unbestreitbaren Verdienste in einem Krieg, der erst vor wenigen Jahren vergangen ist. Und Hohn und Spott hatten auch Harriet Tubman in Kongreß und Senat begrüßt, als sie eine Pension forderte.

Im Herbst 1867 war Tubman nach Peterboro gereist, um Gerrit Smith zu besuchen. Sallie Holley war zu dieser Zeit bei den Philanthropen zu Besuch, und am 4. November schrieb sie einem Freund, daß sie Tubman gesehen hätte und daß sie Mr. Smith darum bäte, ihr bei ihrem Kampf gegen die Regierung beizustehen. Smith schrieb einen Brief an die Regierung mit der Aufforderung, Tubmans Forderungen zu prüfen.

Sallie Holley war das nicht genug gewesen, sie wollte mehr tun. Sie schrieb an Aaron M. Powell, den Herausgeber der Zeitung *The National Anti-Slavery Standard*, einen Brief, der wenig später veröffentlicht wurde. „Welche unter den amerikanischen Frauen“, schrieb Holley, „hat solchen Mut und Selbstaufopferung für das Wohl anderer bewiesen wie Harriet Tubman?“ Sie berichtete über Tubmans Arbeit in der Untergrundbewegung, verglich sie mit John Brown und schloß ihren Text mit dem Bericht über Tubmans Mißhandlung durch den Zugschaffner. „...Und sie berichtete mir von der Qual, unter der sie immer noch leidet, und sie hätte nicht gewußt, was sie für sich tun könne und die alten Eltern, für die sie sorgt, wenn Mr. Wendell Phillips ihr nicht 60 Dollar geschickt hätte, die alle warm durch den Winter gebracht hätten.“[460]

Trotz der Unterstützung durch Phillips, Smith, die Sewards und anderer waren Harriet, ihre Eltern und ihre Schützlinge nicht immer „warm durch den Winter“ gekommen. Im Winter 1867/68 litt ihr Vater an Rheuma, und Harriet konnte nicht in die Stadt, um Getreide zu kaufen. Schließlich sah sie sich doch gezwungen, zu gehen, und sie besuchte eine ihrer Freundinnen. Sie begann im Zimmer hin und her zu laufen, wie es ihre Art ist, wenn sie Probleme wälzt. Schließlich sprach sie ihre Freundin an, doch es dauerte eine Weile und es fiel ihr sichtbar schwer, darüber zu sprechen, daß sie kein Geld hatte. Sie weinte vor Scham, als sie darum bat, sich Geld leihen zu dürfen.

Diese schlimme Situation zog sich bis zum Frühling 1868 hin, als Staatssekretär William H. Seward und andere Bürger Auburns die Sache in die Hand nahmen und sich überlegten, wie Tubman, eine verdiente Soldatin des Bürgerkriegs, zu einer Pension gelangen könnte. Mary Derby, eine Verehrerin Tubmans, schrieb an General Saxton in Atlanta und bat ihn um Unterstützung. In seinem bereits zitierten Antwortschreiben vom März erklärte er, daß er die Petition um eine Staatspension Tubmans unterstützen wollte und daß er den Wert und die Verdienste der Arbeit Tubmans in South Carolina und Florida während des Krieges bestätigen könnte, denn sie hätte in jeder Hinsicht mutig und pflichtbewußt gehandelt. „Sie diente unter General Hunter und ich denke, unter den Generälen Stevens und Sherman" – und er betonte, daß sie aufgrund ihrer Leistungen unbedingt eine Staatspension verdient hätte.

Ein weiterer einflußreicher Verbündeter war Charles P. Wood, der während des Krieges geholfen hatte, Familien zu unterstützen, die ihre Angehörigen verloren hatten. Auch er schrieb an den Kongreß. Um seiner Petition Nachdruck zu verleihen, setzte er sich mit Tubman zusammen und befragte sie über die Art ihrer Arbeit und wo sie gearbeitet hat. Er wollte einen detaillierten Bericht abliefern. Außerdem prüfte er ihre Zeugnisse, die sie aufbewahrt hatte. Ergebnis der Mühe: ein 15 Seiten umfangreicher Bericht für den Kongreß.

Im Mai oder Juni 1868 war das Undenkbare geschehen: Der Kongreß erkannte Tubmans Forderungen nicht an. Dies veranlaßte Sarah Bradford, die Geschichte ihres Lebens aufzuschreiben; das Honorar sollte Tubman bekommen. Diese Anstrengungen zeigten mehr Erfolg. Bradford war keine Schriftstellerin; ihr Buch ist schmal, aber ein authentischer Bericht. Sie befragte auch Freunde Tubmans und Verbündete der Untergrundbewegung und aus dem Krieg – Wendell Phillips, Gerrit Smith, Frederick Douglass, Franklin B. Sanborn, Thomas Garrett und andere. Bradford wurde von ihrem Bruder Samuel Miles Hopkins unterstützt, auch er ein Bewunderer Tubmans. Das Vorwort enthält zahlreiche Briefe von Abolitionisten, darunter von Frederick Douglass, der ihre Bedeutung für den Freiheitskampf der Schwarzen über seine stellt. Und er gibt offen zu, daß er – außer John Brown – keine weitere Person kenne, die so mutig Gefahren begegnete und so heroisch sei wie Tubman.

Obwohl das Buch nur einen Dollar kostete, brachte es durch den Verkauf genug Geld ein, um Tubman so zu unterstützen, so daß sie ihrerseits helfen konnte, wie sie es immer wollte: Mittellose und Kranken fanden in ihrem Haus Unterstützung. Insgesamt brachte der Verkauf der Biographie 1200 Dollar ein, so daß Tubman sogar ihre Schulden bezahlen konnte. „Es ist Apfelmost im Keller, und die schwarzen Leute werden ihn bekommen; es muß das Königreich und das Jubeljahr für sie sein",[461] freute sich Tubman. Jetzt konnte sie auch eine Schule für Schwarze unterstützen, ein weiterer Traum von ihr, denn ihr selbst war Bildung vorenthalten worden.

Anfang 1869 erscheint ein weiterer Besucher vor ihrer Tür, scheinbar einer der zahlreichen Bittsteller, die nie mit leeren Händen fortgeschickt werden. Doch dieser Besucher ist kein Bittsteller, wenngleich sein bisheriges Leben alles andere als von Glück beschienen verlaufen war. Tubman war Nelson Davis zuerst im Jahre 1864 in einer Armeebasis in South Carolina begegnet. Davis, damals 20 Jahre alt, war Soldat in der Kompanie G der achten „Freiwilligen Farbigen-Infanterie" gewesen. Ob Davis nach Auburn gekommen war, um Tubman zu suchen oder ob die Wiederbegegnung zufällig war, wissen wir nicht. Wir wissen nur, daß der ehemalige Soldat die ehemalige Spionin bat, ihn zu heiraten. Trotz des großen Altersunterschieds – Davis ist 24 Jahre jünger als Tubman – heiraten die beiden. Im März 1869 findet die Eheschließung im Beisein zahlreicher schwarzer und weißer Freunde statt. Am nächsten Tag berichtet eine Zeitung: „Vor einem großen und auserwählten Publikum verband sich Harriet Tubman mit ihrem Ehemann und machte ihn zu einem gücklichen Mann. Beide wurden als Sklaven geboren (...) und standen letzten Abend als freie Menschen da, als Mann und als Frau."[462]

Etliche Berichte stimmen darin überein, daß Davis ungewöhnlich robust wirkte, doch die Wahrheit ist, daß er wohl schon seit längerem ein schwerkranker Mann war: In der Armee war er aufgrund mangelhafter Hygiene und unzureichender medizinischen Versorgung an Tuberkulose erkrankt. Manche ihrer Freunde glaubten, daß Tubman Davis deshalb geheiratet hatte, um ihn umsorgen zu können, wie es ihre Art ist. Jedenfalls arbeitet er während der 19 Jahre seiner Ehe mit Tubman nicht mehr.

Die Matriarchin

Die achtziger und neunziger Jahre sind für Tubman eine schwierige Zeit: Jahre, in denen sie ihren zweiten Ehemann, ihre Eltern (beide fast 100 Jahre alt) und Freunde verliert: 1869 war Thomas Garrett gestorben, Oberst James Montgomery zwei Jahre darauf, Wendell Phillips stirbt 1884 und 1895 Frederick Douglass. Doch gegen Ende dieses Jahrhunderts – sie ist nun beinahe 80 Jahre alt – gehen zwei ihrer größten Wünsche in Erfüllung: Die Regierung übermittelt ihr endlich eine Witwenpension in Höhe von 20 Dollar pro Monat (ihre eigenen Verdienste werden indes immer noch nicht anerkannt); jetzt kann sie ein Heim für alte und mittellose Schwarze gründen. Außerdem wird unter ihrem Namen in Boston ein weiteres Heim gegründet, das immer noch – berichtet Conrad 1942 – „eines der aktivsten Gemeindezentren in Neuengland ist."[463]

Die spektakulärste Anerkennung ihrer Verdienste kommt aus England: Königin Victoria, die Bradfords Biographie gelesen hatte, schreibt einen begeisterten Brief, schenkt Tubman eine silberne Medaille und lädt zu sich sie nach England ein. Tubman kann die Einladung nicht annehmen, aber sie hat nie ihre Exkursion nach Kanada vergessen, als sie 1856 einen verzweifelten Joe Bailey in Sicherheit brachte: in das „Herrschaftsgebiet der englischen Königin."

Tubman ist schon sehr alt, als sie Elizabeth Miller besucht, die Führerin einer örtlichen feministischen Gruppe. Miller beschreibt die Begegnung. Sie erinnert sich, Tubman bei einer Veranstaltung der Suffragetten in Rochester gesehen zu haben. Tubman bestätigt dies. „Ich gehörte zur Organisation von Susan B. Anthony." Später fragt Miller sie: „Glauben Sie wirklich, daß Frauen wählen können sollten?" Und Tubman hatte sie angeschaut. Dann erklärte sie freundlich: „Ich litt genug, um es zu glauben."[464]

Trotz ihres hohen Alters ist sie immer noch aktiv. Sie unterstützt die Gründung der Afrikanisch-Methodistischen Kirche ebenso wie die Arbeit der Abstinenz-Bewegung, die Aufklärungsarbeit über die verheerenden Folgen des Alkoholkonsums leistet. Eine ihrer letzten Unternehmungen ist der Ankauf von 25 Morgen Land in direkter Nähe ihres Hauses. Dieser Besitz wird nach und in freien Farmbesitz umgewandelt, von der Gemeinde bewirtschaftet, unter der Leitung der Schwarzen von Auburn. Bekannt als das „Harriet Tubman Home" wird es zu einem Anziehungspunkt für Schwarze und Abolitionisten gleichermaßen. Tubman ist längst zu einer lebenden Legende geworden; eine neue Generation schaut bewundernd zu ihr auf – obwohl die Misere der Schwarzen unverändert ist – sie hat lediglich ein neues Gesicht bekommen: Nach einem Vierteljahrhundert „Freiheit" arbeitet immer noch ein großer Anteil schwarzer Frauen auf den Feldern. Diejenigen, die Einlaß in das „große Haus" gefunden haben, finden die Türen zu anderen Möglichkeiten verschlossen, es sei denn, sie zögen es z. B. vor, Zuhause für mehrere weiße Familien Wäsche zu waschen anstatt mehrere Hausarbeiten für eine weiße Familie zu verrichten. Nur einem kleinen Anteil schwarzer Frauen ist es gelungen, „den Feldern, Küchen und den Waschhäusern zu entfliehen."[465] Nach der Volkszählung von 1890 gibt es 2,7 Millionen schwarze Mädchen und Frauen über zehn Jahren. Über eine Million von ihnen arbeitet für Lohn: 38,7 Prozent in der Landwirtschaft; 30,8 Prozent als Bedienstete in Haushalten; 15,6 Prozent in Wäschereien und 2,8 Prozent in einer Fabrik. Die wenigen, die in der Industrie einen Arbeitsplatz gefunden haben, verrichten dort die schmutzigste und am schlechtesten bezahlte Arbeit. Dabei haben sie nicht einmal einen wirklichen Durchbruch geschafft, denn ihre versklavten Mütter hatten auch schon in den Baumwollspinnereien, in den Zuckerraffinerien und in den Bergwerken des Südens gearbeitet. Für die schwarzen Frauen muß es um 1890 so erscheinen, „als liege die Freiheit weiter entfernt als am Ende des Bürgerkriegs."[466]

Wie in der Sklaverei werden die Frauen, die in der Landwirtschaft arbeiten – als arme Pächterinnen, als Pachtbäuerinnen oder Landarbeiterinnen – nicht weniger unterdrückt als die Männer, mit denen sie den ganzen Tag Seite an Seite schuften. Oft sind sie gezwungen mit den Landbesitzern (einige waren bis 1863 möglicherweise die Besitzer ihrer Eltern gewesen) „Verträge" abzuschließen, die quasi durch die Hintertür die Vorkriegsverhältnisse wiederherstellen sollen. Die Terminierung des Vertragsendes ist oft nur eine Formalität, da die Grundbesitzer geltend machen können, daß die Arbeiter ihnen mehr als den Gegenwert der vorgeschrieben Arbeitsperiode schulden. Oder die Arbeiter sind gezwungen, Werkzeuge, Saatgut o. ä. überteuert einzukaufen – der direkte Weg in die Schuldenfalle. Nach der sog. Emanzipation fand sich die Masse der Schwarzen in einem Zustand unbegrenzter Dienstverpflichtung durch Verschuldung wieder. Die Pächter, die angeblich die Produkte ihrer Arbeit besitzen, sind jetzt nicht besser dran als die rechtlosen Landarbeiter. Diejenigen, die direkt nach der Emanzipation Land „pachteten", besaßen kaum mehr Geld, um die Pacht zu bezahlen oder andere Bedarfsartikel zu kaufen, bevor sie die erste Ernte einbringen konnten. Da die Zinsen bis zu 30 Prozent betragen, pfänden die Grundbesitzer und Kaufleute die Ernten der Pächter.

Derartig hohe Zinsen können die Bauern natürlich nicht bezahlen und sind bereits am Ende des ersten Jahres verschuldet – „das zweite Jahr versuchten sie es noch einmal, aber da waren die alten Schulden und die neuen Zinsen zu zahlen, und auf diese Weise hat das 'Hypothekensystem' alles so total in den Griff bekommen, daß es unmöglich scheint, es jemals wieder abzuschütteln."[467]

Dieses Sträflingssystem zwingt die Schwarzen, wieder dieselben alten Rollen zu spielen, wie sie in der Sklavokratie für sie üblich waren. Unter fraglichen Vorwänden können jederzeit Männer und Frauen verhaftet und ins Gefängnis gesteckt werden – um dann von den Behörden als Sträflingsarbeiter verliehen zu werden. Hatten die Sklavenhalter in der Grausamkeit, mit der sie ihren „Besitz" an Menschen ausbeuteten, noch Grenzen erkannt (um sich nicht selbst finanziell zu schädigen), so haben die Pflanzer der Nachkriegszeit, die die Sträflinge für kurze Zeit mieten, derartige Skrupel nicht mehr. Oft müssen z. B. auch kranke Sträflinge so hart arbeiten, daß sie tot zusammenbrechen.

W. E. B. DuBois beobachtete, daß der mögliche Profit aus dem Sträflingsmietungssystem viele Plantagenbesitzer dazu veranlaßt, sich ausschließlich auf Sträflingsarbeit zu verlegen – einige beschäftigen Arbeitskolonnen von Hunderten schwarzer Sträflinge.[468] Ein Ergebnis ist, daß sowohl die Arbeitgeber wie auch die staatlichen Behörden ein zwingendes wirtschaftliches Interesse am Ansteigen der Gefängnisbelegschaften entwickeln. „Seit 1876", erklärt DuBois, „wurden Neger beim geringsten Anlaß verhaftet und zu langen Gefängnisstrafen oder zu so hohen Geldstrafen verurteilt, daß sie gezwungen waren, diese abzuarbeiten."

Diese Perversion des Strafrechtssystems unterdrückt die ehemaligen Sklaven als Gesamtheit. Die Frauen aber sind den Angriffen dieser Rechtsprechung noch stärker ausgesetzt, denn sexuelle Übergriffe, - die sie bereits während der Zeit der Sklaverei zu erdulden hatten – haben durch die Emanzipation keineswegs ein Ende gefunden. Immer noch ist die schwarze Frau als „legitime Beute des weißen Mannes angesehen."[469] Setzen sich die Frauen gegen die Angriffe der weißen

Männer zur Wehr, werden sie ins Gefängnis geworfen – und so noch mehr zu Opfern eines Systems, „das die Wiederholung der Sklaverei in einer anderen Form“[470] bedeutet.

In der Zeit nach der Sklaverei sind die meisten schwarzen Frauen, die nicht auf dem Lande arbeiten, gezwungen, Hausbedienstete zu werden. Ihre Lage, nicht weniger mißlich als die ihrer Schwester, der Pächterin oder der Sträflingsarbeiterin, trägt die bekannten Merkmale der Sklaverei. Tatsächlich waren ja die Sklaverei selbst als eine „häusliche Einrichtung“ und die Sklaven als „Hausdiener“ bezeichnet worden. In den Augen der früheren Sklavenhalter ist die „Hausbedienstetentätigkeit“ ein „höflicher Ausdruck für eine verachtenswerte Arbeit, die keinen halben Schritt von der Sklaverei entfernt“[471] ist. Während schwarze Frauen als Köchin, Kindermädchen, Zimmermädchen und als „Mädchen für alles“ arbeiten, lehnen die weißen Frauen im Süden diese Tätigkeiten für sich ab. Wenn außerhalb der Südstaaten weiße Frauen als Hausangestellte arbeiten, sind es im allgemeinen europäische Einwanderinnen, die wie ihre schwarzen Schwestern gezwungen sind, jede Arbeit anzunehmen, um zu überleben.

Die berufliche Gleichsetzung der schwarzen Frau mit dem Dienstmädchen ist jedoch nicht bloß ein Nachgeschmack der vergangen geglaubten Sklaverei – fast ein Jahrhundert sollten sich die schwarzen Frauen der Arbeit als Dienstmädchen nicht entziehen können. Mehr als zwei Drittel der schwarzen Frauen in einer Stadt sind gezwungen, sich als Köchin, Kindermädchen, Waschfrau, Näherin, Hausmeisterin etc. anzubieten. Sie finden sich in Bedingungen wieder, die „gerade so schlimm, wenn nicht schlimmer als während der Sklaverei waren.“[472]

Ein New Yorker Journalist zeichnet 1912 die Geschichte eines schwarzen Dienstmädchens aus Georgia auf. Über dreißig Jahre lang hatte diese Frau unfreiwillig in den Haushalten gelebt, in denen sie angestellt war. Sie arbeitete mehr als vierzehn Sunden am Tag; nur einmal alle zwei Wochen ist ihr ein Nachmittagsbesuch bei ihrer Familie erlaubt. Nach ihren eigenen Worten war sie mit „Leib und Seele die Sklavin“[473] ihrer Herrschaft, d. h. Arbeitgeber. Sie wird immer mit ihrem Vornamen angerufen, niemals mit dem Nachnamen und als Frau Soundso; und man bezeichnet sie als „Nigger“, d. h. als Sklavin.

Einer der erniedrigendsten Aspekte der Dienstbotentätigkeit im Süden – und ein weiterer Beweis ihrer Nähe zur Sklaverei – ist die nur zeitweilige Aufhebung der Jim-Crow-Gesetze (der Rassentrennung, benannt nach einer schwarzen Witzfigur), solange die schwarze Dienerin sich in der Gegenwart Weißer befindet.

Eine Frau erzählt: „Ich bin mit den weißen Kindern in der Straßenbahn oder mit dem Zug gefahren, und (...) ich konnte sitzen, wo ich wollte, hinten oder vorn. Wenn ein weißer Mann zufällig einen anderen weißen Mann fragte: 'Was macht der Nigger hier?' und ihm gesagt wurde: 'Oh, sie ist das Kindermädchen dieser Kinder vor ihr', dann war sofort Ruhe. Alles war in Ordnung, solange ich in dem Teil der Straßenbahn, der für den weißen Mann reserviert war, oder im Wagen des weißen Mannes als Dienerin – als Sklavin – zugegen war; aber wenn ich mich nicht als Bedienstete gezeigt und keine weißen Kinder bei mir gehabt hätte, wäre ich sofort auf die 'Nigger'-Plätze oder in den 'Wagen für Farbige' verwiesen worden."[474]

Gegen das Unrecht der Rassentrennung haben noch in den 50er und 60er Jahren des 20. Jahrhunderts eine Rosa Parks[475] und ein Dr. Martin Luther King gekämpft.

Seit der „Reconstruktion", dem Wiederaufbau (was letztlich Wiederherstellung der Vorkriegsverhältnisse bedeutet), und bis weit ins 20. Jahrhundert hinein betrachten die schwarzen weiblichen Hausangestellten den sexuellen Mißbrauch durch „den Hausherrn" als eine der Hauptgefahren ihres Berufs. Immer wieder kommt es vor, daß sie mit dem Arbeitsplatz erpreßt und gezwungen werden, zwischen sexueller Unterwerfung oder bitterer Armut zu wählen. Die Frau aus Georgia verlor einen ihrer Arbeitsplätze, wo sie wohnte, weil „ich mich weigerte, mich von dem Ehemann der Herrin küssen zu lassen."

Bald nachdem sie als Köchin eingestellt worden war, „kam er zu mir hoch, schlang seine Arme um mich und war schon dabei, mich zu küssen, als ich von ihm wissen wollte, was er vorhabe und ihn von mir wegstieß. Ich war damals jung und frisch verheiratet und kannte bis dahin nicht, was seitdem eine Last für mein Herz und Gemüt ist: daß in diesem Teil des Landes die Tugend einer farbigen Frau keinen Schutz genießt."[476]

Wie in den Zeiten der Sklaverei muß der schwarze Mann, der gegen diese Behandlung seiner Schwester, seiner Tochter oder Ehefrau protestiert, damit rechnen, daß er bestraft wird. „Als mein Ehemann zu dem Mann ging, der mich beleidigt hatte, verfluchte der ihn und – ließ ihn verhaften! Die Polizei verurteilte meinen Ehemann zu 25 Dollar Strafe."

Nachdem sie unter Eid vor Gericht ausgesagt hatte, „sah der alte Richter hoch und sagte: 'Dieses Gericht wird niemals das Wort eines Niggers gegen das Wort eines weißen Mannes annehmen'."

Seit der Zeit der Sklavokratie hat die schutzlose Stellung der im Haushalt Beschäftigten dazu beigetragen, Mythen über die „Amoralität" der schwarzen Frauen zu nähren. Die Hausarbeit wird als erniedrigend angesehen, weil sie oft von schwarzen Frauen verrichtet wird, die darum wiederum als „blöde" oder „promiskuös" angesehen werden. Aber ihre angebliche Blödheit und Promiskuität sind „Mythen, die immer wieder durch die erniedrigende Arbeit bestätigt wurden, die sie gezwungenermaßen tun mußten."[477] Ein „anständiger" weißer Mann würde seiner Tochter darum nie erlauben, eine Arbeit als Hausangestellte anzunehmen.

Doch auch im Norden müssen die Schwarzen entdecken, daß Dienstherrn keine grundsätzlich andere Einstellung zum Arbeitspotential der freigelassenen Sklaven haben als ihre früheren Besitzer. Auch sie glauben offenbar, daß „Neger Diener und Diener Neger"[478] seien. Nach der Volkszählung von 1890 ist Delaware der einzige US-Staat außerhalb des Südens, in dem die Mehrheit der Schwarzen als Landarbeiter und Pachtbauern und nicht als Hausangestellte arbeitet. In 32 von 48 Staaten jedoch ist die Dienstbotentätigkeit die hauptsächliche Beschäftigung für Schwarze. In sieben von zehn dieser Staaten arbeiten mehr Schwarze als Dienstboten als in allen anderen Beschäftigungszweigen zusammen.[479] Der Bericht zur Volkszählung ist ein Beleg dafür, daß „Neger Diener und Diener Neger" sind.

Isabel Eaton weist in ihrem 1899 publizierten Aufsatz über die Dienstbotentätigkeit nach, daß 60 Prozent aller schwarzen Arbeiter in Pennsylvania in irgendeiner Form mit Hausarbeit beschäftigt sind.[480] Dabei ist die Lage der schwarzen Frauen noch schlimmer, denn bis auf neun Prozent sind die schwarzen Arbeiterinnen – also 14.297 von 15.704 – als Dienstmädchen angestellt. Als sie nach Norden gingen, um der alten Sklaverei zu entgehen, mußten sie bald entdecken, daß ihnen dort kein Arbeitsplatz offenstand. Eaton interviewte verschiedene Frauen, die vorher Lehrerinnen gewesen, doch aufgrund von Vorurteilen entlassen worden waren. Aus der Schule vertrieben, hatten sie nun in Wäschereien arbeiten müssen.

Der Rassismus der Zeit äußert sich in vielerlei Art. Die Dienstherr/INNen, die den Schwarzen zu schmeicheln glauben, wenn sie behaupten, daß sie sie den Weißen vorzögen, meinen in Wirklichkeit ihre eigene Bestimmung: nämlich die, Dienstboten zu sein – oder Sklaven, um es deutlicher zu sagen. Eine Dienstherrin z. B. beschreibt ihre Köchin als „sehr fleißig und sorgfältig – arbeitsam. Sie ist eine gute treue Kreatur und sehr dankbar."[481] So ähnlich wurde 1852 auch der Schwarze „Onkel Tom" im Roman Harriet Beecher-Stowes charakterisiert. Denn der „gute" Diener/Sklave ist immer treu, zuverlässig, loyal und dankbar. Auch die Massenmedien und die Literatur liefern zahlreiche Stereotype von der schwarzen Frau als der treuen und geduldigen Dienerin. Die Dilseys (à la Faulkner), die Berenices (in „Member of the Wedding") und andere durch die Werbung bekannt gewordene Figuren sind Standardcharaktere der US-Kultur. So gesteht auch eine Weiße, die weiße Dienstmädchen den schwarzen vorzieht, Isabel Eaton gegenüber, daß sie in Wirklichkeit auch schwarze Aushilfen beschäftigt, „weil sie eher nach Dienstboten aussehen."[482] Dazu Davis: „Die tautologische Definition der Schwarzen als Diener ist in der Tat eins der Hauptrequisiten rassistischer Ideologie."[483]

Rassismus und Sexismus fallen häufig zusammen; die Lebensbedingungen der weißen weiblichen Arbeitskräfte sind oft abhängig von der unterdrückten Lage der schwarzen Frauen. So sind die Löhne, die weiße Dienstmädchen bekommen, immer durch die rassistischen Kriterien bestimmt, nach denen die Löhne der schwarzen Dienstmädchen errechnet werden. Die Einwanderinnen, die gezwungen sind, als Hausbedienstete zu arbeiten, verdienen nur wenig mehr als ihre schwarzen Kolleginnen. Was die Verdienstmöglichkeiten betrifft, sind sie ihren schwarzen Schwestern weit näher als ihren weißen Brüdern, die für ihren Lebensunterhalt arbeiten.

Weiße Frauen geben sich nur dann für eine Dienstbotentätigkeit her, wenn ihnen wirklich keine andere Wahl bleibt; die schwarzen Frauen hingegen sind bis zu Beginn des Zweiten Weltkriegs auf diese Beschäftigung festgenagelt.

Wenn wir uns diese Misere vor allem der schwarzen Frauen vor Augen führen, die nicht das Glück hatten, durch besondere Tapferkeit oder eine andere persönliche Leistung im Focus öffentlicher Aufmerksamkeit zu stehen, sind wir geneigt zu glauben, daß Harriet Tubman für eine bestimmte Gruppe Weißer eine Art Alibifunktion innehat. Sie erfährt im Alter zahlreiche Ehrungen. Von überall aus den Vereinigten Staaten reisen Besucher zu ihr. Sie wird zum „Modell" für zahlreiche

Autoren, die in ihrem Leben Stoff genug für eine dramatische Geschichte finden.

Doch trotz der erfahrenen Ehren und der öffentlichen Aufmerksamkeit sind Tubmans letzte Jahre von Armut überschattet. In einem Interview aus dem Jahre 1907 erklärt sie dem Reporter der *New York World*: „Sie sollen nicht glauben, daß ich, nachdem ich der Fahne so treu gedient habe, gern in einer solche Lage bin."[484] Dann verdeutlicht sie die beispielhafte Bedeutung ihres Lebens, indem sie sich an ihre Kindheit erinnert: Es war dem versklavten Kind verboten worden, die Früchte der Bäume zu essen, die sie selbst gepflanzt hatte. Sie wendet sich direkt an den Reporter und fragt ihn, ob er Äpfel mag. Als er dies bejaht, fragt Tubman, ob er je einen Apfelbaum gepflanzt habe. Er bekennt, dies nicht getan zu haben. „Aber", erwidert Tubman, „jemand anderes hat ihn gepflanzt. Ich mochte Äpfel, als ich jung war; und ich sagte zu mir: Eines Tages werde ich Apfelbäume pflanzen, damit junge Leute Äpfel essen können, und ich denke, ich tat es."

Ihre Gesundheit verschlechtert sich. Um 1910 ist sie auf einen Rollstuhl angewiesen. Ihre Nichte Alice Brickler berichtet, daß „Tante Harriet ihre Beine nicht mehr benutzen konnte. Sie verbrachte ihre Zeit im Rollstuhl und zuletzt war sie ans Bett gefesselt."[485] Brickler und ihre Mutter, Margaret Stewart Lucas, besuchen Tubman so oft wie möglich und bringen ihr Süßigkeiten mit, die sie mag. Anfang März 1913 erkrankt sie an Lungenentzündung. Kurz vor ihrem Tod am 10. März hatte sie in einem Testament angeordnet, was geschehen soll. Sie wünscht sich, daß für sie Spirituals gesungen werden. Sie wird mit militärischen Ehren begraben. Von ihren alten Freunden und Wegbegleitern leben nur noch Sanborn und Higginson.

In vieler Hinsicht repräsentiert sie „das Ende einer Ära, die dramatischste und tragischste in der amerikanischen Geschichte."[486] Trotz ihrer Arbeit als Pflegerin, als Kundschafterin, Soldatin und Spionin im Bürgerkrieg wird sie vor allem als Führerin der „Untergrundbahn" in Erinnerung bleiben, der „Bahn" zur Freiheit – eine kleingewachsene, oft kranke, doch nicht unterzukriegende Frau, aufrechterhalten von ihrem Glauben an den einen wahren Gott und inspiriert und begeistert von der Überzeugung, daß Freiheit ein unteilbares Gut für alle Menschen ist.

Am 12. Juli 1914 wird die berühmteste Bewohnerin Auburns posthum durch die Stadt geehrt. Während mehrer Tage wehen die Flaggen auf

Halbmast. In einem großen Saal treffen sich die Massen, Weiße und Schwarze, während Booker T. Washington eine Rede zu Ehren Tubmans hält und eine Bronzetafel mit einer Inschrift enthüllt wird. Washington beschreibt Tubmans Kampf um die Freiheit und Gleichberechtigung der Schwarzen als bedeutenden Beitrag für den Kampf um Menschenrechte. Sie habe es, so Washington weiter, den Schwarzen ermöglicht, in die Zukunft zu sehen. Er schließt seine Rede mit den Worten: „Sie brachte zwei Rassen enger zusammen und ermöglichte es zugleich den Weißen, der schwarzen Rasse größere Hochachtung entgegenzubringen."[487]

Die Tafel wird am Vordereingang des Justizgebäudes von Auburn angebracht. Sie trägt als bleibende Erinnerung an diese kämpferische Frau die Inschrift:

> „In Erinnerung an Harriet Tubman.
> Um 1821 als Sklavin in Maryland geboren.
> Gestorben in Auburn, N. Y., am 10. März 1913.
> Während des Bürgerkriegs
> Moses ihres Volks genannt.
> Mit seltenem Mut führte sie mehr als dreihundert
> Neger aus der Sklaverei in die Freiheit
> und leistete unschätzbare Hilfe
> als Pflegerin und Spionin.
> Mit selbstverständlichem Glauben an Gott
> meisterte sie jede Gefahr. Überdies
> besaß sie außerordentliche
> Voraussicht und Urteilsvermögen, so daß sie
> aufrichtig sagte: ‚In meiner Untergrundbahn
> stürzte nie ein Wagen aus dem Gleis
> und ich verlor keinen einzigen Passagier.'
> Diese Tafel wurde von den Bürgern
> von Auburn aufgestellt."

Für weitere Publizität – nach Bradfords Büchern – sorgt ab den 40er Jahren des 20. Jahrhunderts Earl Conrad, der von Anfang an überzeugt war, daß der Beitrag der Schwarzen zur Kultur und Geschichte Anerikas einer der bedeutendsten, wenngleich am wenigsten erforschte ist. Er vergleicht die Wahrnehmung und Würdigung dieser Leistungen mit der Weltumsegelung eines Magellan. Für ihn ist Tubman ein Symbol für all jene, denen die bürgerlichen Ehrenrechte aberkannt wurden, „und zwar bis zum heutigen Tag."[488] Hiermit polemisiert der Autor zugleich gegen diejenigen, die diese Verdienste immer noch nicht wahrhaben wollen – und die Forschung behindern. Conrads Biographie „General Tubman" erfährt massiven Widerstand in der Verlagswelt: Random House sträubt sich vehement gegen den Vergleich Tubmans mit Jeanne d´Arc durch den Autor; der Verlag Simon & Schuster bezeichnet Conrads Projekt als „monströses Thema." Ein Herausgeber fragt den Autor rundheraus, warum er seine Zeit verschwende. Ein anderer Verleger windet sich heraus, indem er erklärt, er habe bereits ein Buch „mit feministischem Thema" herausgebracht. Alfred Knopf gibt zu bedenken, daß der Markt für Conrads Thema klein sei und sein Buch würde unter der Inflation zu leiden haben. Die Anfrage, ob das Thema „Tubman" für ein Kinderbuch geeignet wäre, tut Julian Messner ab: „Ich glaube nicht, daß das Leben Harriet Tubmans für Kinder geeignet ist. Ich habe nichts gegen die Darstellung von Blut und Donner, Mördern und Revolutionen, doch ich muß zustimmen, daß Schläge und Mißhandlungen, ausgeführt gegen Neger, mich schlecht fühlen machen." Und er zweifelt, daß sie (Tubman) wichtig genug für die Kinder ist, um eine Publikation zu rechtfertigen. Man denkt über die Veröffentlichung einer Streitschrift nach, und es werden einige Artikel publiziert. Conrads Buch „Harriet Tubman" wird erst 1943 veröffentlicht.

Im Juni 1944 tauft die Marinekommission ein Schiff auf den Namen „SS Harriet Tubman." Es ist das erste Schiff der US-Marine, das den Namen einer scharzen Frau trägt, und eines von 11 Schiffen, das nach Afroamerikanern benannt wird. Der „National Council of Negro Women" hatte ein Gesuch mit der Bitte eingereicht, ein Schiff nach Tubman zu benennen, und der Bitte war stattgegeben worden.[489] Larson meint, diese Tatsache sei eine direkte Folge des durch Conrads Publikationen neugeweckten Interesses an Tubman. Endlich, so scheint es, begriff man die singuläre Bedeutung dieser kämpferischen und vorbildlichen Frau.

In seinem Roman „Aufstand aller Seelen" über den schwarzen Freiheitskämpfer Pierre Dominique Toussaint L`Ouverture (1743-1803), beschwört der Autor Madison Smartt Bell im Schlußkapitel – ist es ein innerer Monolog des inhaftierten „schwarzen Spartakus" Toussaint (er wird aufgrund der rauhen Witterungsbedingungen und der schlechten Rationen im Gefängnis sterben; sein Leichnam wird in ein Massengrab geworfen), in der Stimme des Weißen Sonthonax oder die Stimme des „allwissenden Erzählers" aus dem Off des historischen Rückblicks? – die aufbauenden, reinigenden und erkenntnisbringenden (noch der englische Begriff für die Epoche der Aufklärung, „enlightenment", spielt darauf an) und zugleich zerstörerischen Eigenschaften des Feuers der Revolution – das als Weltbrand der Geschichte auch auf der Insel Saint Domingue/Santo Domingo (die später Haiti genannt wird, was auch der ursprüngliche, d. h. indianische Name der Insel war) seine nicht mehr zu tilgenden Spuren hinterließ; wobei Ursprung des „Weltbrands" die Freiheitsideale der Französischen Revolution waren: - das Feuer „war ein hungriges Feuer, immer begierig, Zeit und Raum zu fressen, es griff mit seinen lavatropfenden Salamanderfingern nach Galbaud, Sonthonax, Leclerc und Napoleon selbst, um sie zu verschlingen; es griff nach jedem, der es hatte hinter sich lassen wollen, es verfolgte und verzehrte sie alle, es fraß sich über Ozeane und Jahrhunderte hinweg; ein Wind aus dem Strudel der Zeit trieb es vorwärts, trieb es an, die Städte der neuen zukünftigen Länder niederzubrennen; denn jedesmal, wenn es heruntergebrannt war, genügte ein leichter Atemhauch, um die Glut erneut zu einer Flammenblume zu machen (das Feuer war so hartnäckig, daß es noch aus dem kleinsten Funken ins Leben zurückkehrte); und unter der lange schwelenden Glut glimmt immer noch das Feuer, das in Le Cap zum Ausbruch kam, sich immer noch teilend und fortzeugend, so daß man nur bewundern kann, wie weiß die grellen Flammen sich aus den schwarzen Kohlen erheben, da das Licht dieses Feuers doch so einen weiten Weg zurücklegen muß und wie das Licht eines längst erloschenen Sterns aus einer so entfernten Geschichte zu uns dringt, von so weit her, daß sie fast komisch erscheint: das weit entfernte kreischende Sterben all dieser Menschen, deren Körperfett zischend in die weißglühenden Fundamente der verwüsteten Stadt tropfte, deren Lebensgeschichten ihnen auf die Haut geschrieben wurden, als sollte daraus das Pergament der Seiten gemacht werden, die du hier umwendest und beim Licht einer Lampe studierst, deren Öl aus ihren Knochen gewonnen wurde – ein solches Feuer kann zwar verblassen, aber nie ganz dunkel werden oder verlöschen, es brennt auch heute weiter, sucht immer noch seinen Weg in die Zukunft, möchte sich zu dir durchbrennen, der du dich gefeit glaubst gegen Greuel und Mord auf den Straßen, es möchte auf dein Leben ein Licht werfen, auch wenn es nur so schwach ist wie eins der winzigen grünschimmernden Pünktchen auf dem Zifferblatt deiner Uhr – es kommt immer noch, es ist immer noch da. Aber niemand sieht es leuchten."[490]

Das ist der Schlaf der Vernunft. Darum war es Feuer gewesen, das die Zucker- und Kaffeeplantagen der Insel zerstört hatte; Feuer wird im Roman Bells zur Metapher eines umfassenden Weltenbrands, der Neues hervorbringen wird; ob dieses Neue der Freiheit dienlich sein kann, bleibt fraglich.

Toussaint L`Ouverture befreite die Sklaven genausowenig „wie ein Jahrhundert später Lincoln."[491] Oder Harriet Tubman. Doch es ist ein Anfang gewesen; Freiheit; die noch nicht Gleichberechtigung war: Um sie durchzusetzen war ein weiteres Jahrhundert nötig. Auch der Amerikanische Bürgerkrieg bedeutete ein solches Feuer, wie es Bell beschwört; doch das Licht der Aufklärung leuchtet nicht jedem. Denn Freiheit ist ein Gut, das man nicht als Prämie für ausgestandenes Leid geschenkt bekommt, sondern ein Menschenrecht, um das immer gekämpft wurde und gekämpft werden muß. Das Beispiel Tubmans (wie das vieler anderer Freiheitskämpfer/INNEN) zeigt uns, daß die Vergangenheit „niemals tot" ist. „Sie ist", schreibt William Faulkner, „nicht einmal vergangen",[492] wie die Zunahme von Zwangsarbeit und von Menschenhandel, vor allem von Kindern und Frauen in Thailand und anderswo beweist. Nach einer Schätzung des US-Magazins „Newsweek" im Jahre 1999 leben bis zu 100 Millionen Menschen in Sklaverei. Die Tatsache, daß auch im 21. Jahrhundert Menschen versklavt werden, ist die ewige Rückseite der sog. Moderne – der Darkroom, durch den wir immer noch taumeln. In Abwandlung einer Bemerkung von Anna Seghers können wir darum sagen, daß die US-amerikanische Geschichte – so entfernt sie im ersten Moment anmuten mag – unbekannte Gestalten und abgelegene Begebenheiten enthält, in denen sich oft noch greller und schärfer als bei uns, unter anderen Sternen ausdrückt, was auch uns in Atem hält.

Anmerkungen

[1] M. W. Taylor, Harriet Tubman. Antislavery Activist. New York/Philadelphia 1991 (Serie "Black Americans of Achievement"): 13.

[2] Troy Whig, ohne nähere Angaben zit. in: Taylor 1991: 14.

[3] Zit. in: Taylor 1991: 15.

[4] Sarah Hopkins Bradford, Scenes in the Life of Harriet Tubman. Auburn, New York 1869, zit. in: Jean M. Humez, Harriet Tubman. The Life and the Life Stories. University of Wisconsin 203: 3.

[5] Edna (Dow Littlehale) Cheney, Moses, in: *Freedmen´s Record*, I, März 1865: 34-38, zit. in: Humez 2003: 3.

[6] Samuel J. May, Some Recollections of the Anti-Slavery-Conflict; 1861, Kap. 16: 406; Angabe in: Earl Conrad, Harriet Tubman. A Biography. New York (3. A.) 1974 (1. A. 1943; 2. A. 1969): 149.

[7] Conrad (3. A.) 1974: 128.

[8] John Brown, Brief an John Brown Jr, am 8. April 1858, zit. in: Franklin B. Sanborn, Life and Letters of John Brown, Liberator of Kansas and Martyr of Virginia. New York 1969 (1. A. 1885): 452.

[9] Tubman und Brown trafen sich am 12. und 14. April 1858 und möglicherweise noch weitere Male. John Brown, Diary, 1855-1859: 185-189. Boston Public Library Rare Book Room, Manuscript Division; Lillie B(uffum) Chace Wyman, Harriet Tubman. In: New England Magazine, March 1896, 6: 110-118.

[10] Zit. in: Humez 2003: 35.

[11] William Henry Seward, zit. in: Taylor 1991: 67.

[12] Zit. in: Taylor 1991: 49.

[13] Thomas Wentworth Higginson, zit. in: Taylor 1991: 72. Vgl. S. 86.

[14] Earl Conrad, Harriet Tubman. Negro Soldier and Abolitionist. New York 1942: 5.

[15] Angela Davis, Rassismus und Sexismus. Schwarze Frauen und Klassenkampf in den USA. Berlin 1982 (England 1981): 25.

[16] Benjamin Drew, Harriet Tubman. In: The Refugee: or the Narratives of Fugitive Slaves in Canada, 30. Boston 1856.

[17] Cheney, in: Freedmen´s Record, März 1865, I: 34-38.

[18] Franklin B. Sanborn, Harriet Tubman. In: Boston Commonwealth, 17. Juli 1863; Ders., A Negro Heroine – Scenes in the Life of Harriet Tubman. In: Springfield Recublican, 2, 25. Januar 1869; in: Kenneth Walter Cameron, Transcendental Youth and Age: Chapters in Biography and Autobiography by Franklin Benjamin Sanborn. Hartford, Connecticut 1981: 16f.

[19] Sanborn, in: The Commonwealth, Boston, 17. Juli 1863; zit. in: Kate Clifford Larson, Bound for the Promised Land. Harriet Tubman, Portrait of an American Hero. New York 2004: XV.

[20] Bradford 1869; Dies., Harriet, the Moses of Her People. New York 1886 (repr. 1897 und 1993); Dies., Harriet, the Moses of Her People. New York 1901 (erweiterte Fassung).

[21] Humez 2003: 6.

[22] William Still, The Underground Railroad; 1871 (Repr. Chicago 1970).

[23] Earl Conrad, A Great Leader - Harriet Tubman. In: Negro World Digest, August 1940: 46-50; Ders., Most of a Man. In: Negro World Digest, November 1940: 1-88; Ders., General Tubman on the Combahee. In: Negro World Digest, Dezember 1940: 13-16; Ders., General Tubman at Troy. In: The Crisis, März 1941: 78, 91; Ders. 1942; Ders., General Tubman, Composer of Spirituals. In: Etude V. (60), Mai 1942: 305, 344, 352; Ders. 1943 (2. A. 1969; 3. A. 1974); Ders., Charles P. Wood Manuscripts of Harriet Tubman. In: Negro History Bulletin, Januar 1950, 13 (4): 90-95; Ders., I Bring You General Tubman. In: Black Scholar, Januar-Februar 1970: 2-7.

[24] Ann Petry, Harriet Tubman, Conductor of the Underground Railroad. New York 1955 (2. A. 1971); Derselbe Text 1960 unter dem Titel: The Girl Called Moses: The Story of Harriet Tubman. London.

[25] „... it was really my introduction to *serious* Black History." James A. McGowan, Station Master on the Underground Railroad. The Life and Letters of Thomas Garrett. Vorwort William C. Kashatus. Jefferson/North Carolina/London (2. A.) 2005 (1. A. 1977): 6.

[26] Davis 1982: 26.

[27] Darlene Clark Hine, Harriet Tubman, Harriet Ross (c. 1821-1913), in: Dies. (Hg.), Black Women in America: An Historical Encyclopedia. Mit-Hgg. Elsa Barkley Brown und Rosalynn Terborg-Penn. Broklyn, New York 1993: Vol. II: M-Z.: 1176-1180.

[28] Humez 2003; Larson 2004.

[29] B. S. (= Beate Schräpel), Harriet Tubman, in: Luise F. Pusch/Susanne Gretter (Hgg.), Berühmte Frauen. 300 Porträts. Frankfurt a. M./Leipzig (2. A.) 2002: 288; Dies., Harriet Tubman, in: Luise F. Pusch/Andrea Schweers (Hgg.), Ohne Frauen ist kein Staat zu machen. Hundert Politikerinnen. Frankfurt a. M. 2007: 198f.

[30] Jürgen Osterhammel, Sklaverei und die Zivilisation des Westens. München 2000 (Carl Friederich von Siemens Stiftung; Themen; 70): 12; Ulrich Baer, Schwarzes Gedächtnis, in: Frankfurter Allgemeine Zeitung, Nr. 243, 19. 10. 1999: 52.

[31] Wole Soyinka, The Burden of Memory, the Muse of Forgiveness. Oxford/New York 1999; Auszüge in "Die Zeit", Nr. 25, 15. 6. 2000: 59f.

[32] Kevin Bales, Die neue Sklaverei. München 2001 (University of California 1999).

[33] Larson 2004: XIV.

[34] Eva Krafczyk, „Yes, you can!" In: Main-Post, 13. 7. 2009, Nr. 158: 3.

[35] Sonia Mikich, Obama & die Frauen: 20, in: EMMA, Nr. 1, Jan./Feb. 2009: 18-20.

[36] Vgl. Philippe Paraire, So lebten sie zur Zeit der Sklaverei. Geschichte und Schicksal

der Afrikaner in Nordamerika. Illustrationen von Michael Welply. Nürnberg 1994 (Paris 1992): 66 (auf S. 17 widerspricht sich der Autor selbst: hier ist von „mehr als zehn Millionen" Verschleppten die Rede; auch spricht hier der Autor von „drei Millionen" Gefangen, die während der Überfahrt starben; auf S. 66 ist von „sieben bis acht Millionen" die Rede, die „bei den Menschenjagden und während des Transports" umkamen); vgl. Jochen Meissner/Ulrich Mücke/Klaus Weber, Schwarzes Amerika. Eine Geschichte der Sklaverei. München 2008: 47; Heinrich Loth, Sklaverei. Die Geschichte des Sklavenhandels zwischen Afrika und Amerika. Wuppertal 1981: 15; -wm -, Die afrikanische Tragödie. Kontinent der Sklaven: 21, in: Geschichte mit Pfiff, September, Nr. 9, 1999: 20-2; vgl. Claus Lutterbeck, Ein Loch in der amerikanischen Seele (Über Spielbergs Film „Amistad"): 191, in: stern, Nr. 9, 1998: 190-193; „Sklaverei. Verbrechen des Jahrtausends": 148, in: Der Spiegel, Nr. 8, 16. 2. 1998: 148-151; Evelyn Heinemann, Das Erbe der Sklaverei. Ethnopsychologische Studie in Jamaika. Frankfurt a. M. 1997: 16; „Schwarze Schwestern": 85, in: EMMA, NR. 3, Mai/Juni 1999: 76-85. Toni Morrison widmet ihren Roman „Menschenkind" den „sechzig Millionen und mehr." Dies., Menschenkind. Roman. Mit einem Vorwort der Autorin. Reinbek (3. A.) 2007 (New York 1987).

[37] Meissner/Müller/Weber 2008: 47.

[38] Paraire 1994: 66.

[39] Paraire 1994: 67.

[40] Loth 1981: 16.

[41] Zit. in: „Sklaverei. Verbrechen des Jahrtausends": 150, in: Der Spiegel, Nr. 8, 16. 2. 1998.

[42] Paraire 1994: 14; vgl. auch: John Hope Franklin/Alfred A. Moss, Jr., Von der Sklaverei zur Freiheit. Die Geschichte der Schwarzen in den USA. Berlin 1999 (New York 1947, 1956, 1967, 1974, 1980, 1994): 15-50 (Kap. „Das Land ihrer Vorfahren" und „Die Lebensweise der Afrikaner").

[43] Loth 1981: 16.

[44] Loth 1981: 29.

[45] Loth 1981: 31f.

[46] E. Pechuel-Loesche, Volkskunde von Loanda. Stuttgart 1907; zit. in: Loth 1981: 32.

[47] Franklin/ Moss, Jr. 1999: 35.

[48] Loth 1981: 36.

[49] A. Bastian, Die deutsche Expedition an der Loango-Küste. 2 Bde. Jena 1874 und 1875; zit. in: Loth 1981: 36.

[50] Loth 1981: 33.

[51] Paraire 1994: 15.

[52] Paraire 1994: 16.

[53] Loth 1981: 13.

[54] Vgl. auch die Karte bei Paraire 1994: 16; Loth 1981: 65; „Sklaverei": 148, in: Der

Spiegel, Nr. 8, 16. 2. 1998; und Hugh Thomas, The Slave Trade. The Story of the Atlantic Slave Trade: 1440-1870. New York 1997: 316f. Eine Karte des Königreichs Kongo im 16. Jahrhundert: ebendort: 129.

[55] G. Warneck, Die Stellung der evangelischen Mission zur Sklavenfrage. Gütersloh 1889; zit. in: Loth 1981: 15.

[56] „Sklaverei“: 149, in: Der Spiegel, Nr. 8, 16. 2. 1998.

[57] „Sklaverei“: 149, in: Der Spiegel, Nr. 8, 16. 2. 1998.

[58] Über Olaudah Equiano: Susanne Everett, Geschichte der Sklaverei. Augsburg 1998 (London 1978): 1998: 56f.

[59] Zit.. in: „Sklaverei“: 150, in: Der Spiegel, Nr. 8. 16. 2. 1998; Everett 1998: 57.

[60] „Sklaverei.“: 150, in: Der Spiegel, Nr. 8, 16. 2. 1998.

[61] Everett 1998: 55.

[62] Everett 1998: 58; „Sklaverei“: 150, in: Der Spiegel, Nr. 8, 16. 2. 1998. Die Geschichte der *Zong* beschwört Fred D`Aguiar in seinem Roman „Futter für die Geister.“ Berlin (2. A.) 2000 (London 1998).

[63] Goethe an Eckermann, zit. in: Thomas 1997: 598.

[64] Zit. in: Dossier „Schwarze Schwestern“: 85 und 84, in: EMMA, Nr. 3, Mai/Juni 1999.

[65] Angabe in: Benjamin Quarles, Harriet Tubman´s Unlikely Leadership: 43, in: Leon Litwack/August Meier (Hgg.), Black Leaders of the Nineteenth Century. Urbana/ Chicago 1988: 43-57. Das vollständige Tubman-Zitat in: Priscilla Thompson, Harriet Tubman, Thomas Garrett, and the Underground Railroad: 1, in: Delaware History, 22, Nr. 1, 1986: 1-21.

[66] Quarles: 43, in: Litwack/Meier 1988.

[67] Thomas Wentworth Higgins, zit. in: Litwack/Meier 1988: 43.

[68] Conrad (3. A.) 1974: 6.

[69] Axel Pinck, Washington D. C., Maryland. Virginia. Köln 2002: 16.

[70] Hulbert Footner, Rivers of the Eastern Shore. New York 1944: 170-204 und 135-151; John R. Wennersten, Maryland´s Eastern Shore: A Journey in Place and Time. Centreville, Md. 1992: 119-121.

[71] Larson 2004: 3; vgl. Ira Berlin, Slaves without Masters: The Free Negro in the Antebellum South. New York 1974; Jeffrey R. Brackett, The Negro in Maryland: A Study of he Institution of Slavery. New York 1969 (1. A. 1889); Robert J. Brugger, Maryland, A Middle Temperament, 1634-1980. Baltimore 1988.

[72] Edward Ball, Die Plantagen am Cooper River. Eine Südstaaten-Dynastie und ihre Sklaven. Frankfurt a. M. 1999 (New York 1998): 25.

[73] Zit. in: Larson 2004: 5.

[74] Nach Brackett 1969: 149f.

[75] Merle Curti/Richard H. Shryok/Thomas C. Cochran/Fred Harvey Harrington, Geschichte Amerikas. Bd. 1. Frankfurt a. M. o. J. (New York o. J.): 22.

[76] Mehr Information über die agrartechnische Veränderungen in Maryland und ihre Folgen für die Sklaverei in: Brugger 1988; T. Stephen Whitman, The Price of Freedom. Slavery and Manumission in Baltimore and Early National Maryland. Lexington, Ky.: The University Press of Kentucky, 1997.

[77] Vgl. Larson 2004: 6f.; Brackett 1969 (1. A. 1889): 55-57.

[78] Christopher Phillips, Freedom's Port: The African American Community of Baltimore, 1790-1860. Chicago: University of Illinois Press 1997: 38-42; Whitman 1997: 66-68; Brugger 1988: 168-170; Wennersten 1992: 120f.

[79] Brackett 1969 (1. A. 1889): 149-153.

[80] Larson 2004: 8 und Anm. 20.

[81] Ich folge der Angabe Larsons 2004: 10 (und Anm. 30), nach dem Zeugnis von Reverend Dr. Anthony Thompson, Oktober 1853: Er gibt zu dieser Zeit an, daß Rittias älteste Tochter Linah 45 Jahre alt sei.

[82] Lorena Walsh, The Chesapeake Slave Trade: Regional Patterns, African Origins, and Some Implications. In: William and Mary Quarterly 58, Nr. 1, 2001: 139-170.

[83] Ball 1999: 209.

[84] Sanborn, in: The Commonwealth, Boston, 17. Juli 1863. Ders., The Late Araminta Davis: Better Known as „Moses" or „Harriet Tubman." Franklin-Sanborn-Papiere in: Schachtel 1, Mappe 5, in der American Antiquarian Society, in Worcester, Massachusetts.

[85] Ann Fitzhugh, Harriet Tubman. In: American Review, August 1912: 420. Es sollen noch weitere Dokumente existieren, die belegen, daß Rits Vater ein Weißer sein soll; seine Identität ist indes ungeklärt. Einige Forscher vermuten, daß es sich um Atthow Pattison handelte oder um einen Mann namens Green. In diesem Fall hätte Sanborn unrecht, der erklärt, daß Harriet „nicht einen Tropfen weißen Blutes in ihren Adern" hätte.

[86] Michael A. Gomez, Exchanging Our Country Marks: The Transformation of African Identities in the Colonial and Antebellum South. Chapel Hill: The University of North Carolina Press 1998: 107.

[87] Ball 1999: 118-120 und 117 und 82.

[88] Conrad (3. A.) 1974: 5.

[89] Gomez 1998: 109-111.

[90] Gomez 1998: 105.

[91] Ähnliches gilt auch für die Yoruba, deren Religion, der Candomblé, in verschiedenen Formen Haiti, Brasilien und Kuba beeinflußte: Pierre Fatumbi Verger (Zeichnungen von Carybé), Lendas Africanas dos Orixás. Salvador (4. A.) 1997; Astrid Reuter, Voodoo und andere afroamerikanische Religionen. München 2003.

[92] Curti/Shryock/Cochran/Harrington o. J. : 21f.

[93] Ivor Wilks, Forests of Gold: Essays on the Akan and the Kingdom of the Asante. Athens: Ohio University Press, 1993: 41-72; Gomez 1998: 105-113; T. C. McCaskie, State and Society in Pre-Colonial Asante. Cambridge 1995.

[94] Gomez 1998: 112.

[95] Walsh: 148, in: William and Mary Quarterly 58, Nr. 1, 2001.

[96] Larson 2004: 13; nach Joseph B. Seth und Mary W. Seth, Recollections of a Long Life on the Eastern Shore. Easton 1926. Das Autorenpaar verstand den Namen lediglich als einen "Laut, einen Klang"; oder der Name wurde mit "suck", d. h. „Säugen" oder „Saugen" gleichgesetzt.

[97] Berlin 1974: 45-48.

[98] Kay Najiyyah McElvey, Early Black Dorchester, 1776-1870: A History of the Struggle of African Americans in Dorchester County, Maryland, to Be Free to Make Their Own Choices. Ph. D. Dissertation, University of Maryland 1991. Außerdem: U. S. Census data 1790, 1800, 1810; Barbara Jeanne Fields, Slavery and Freedom on the Middle Ground. New Haven, Yale University Press, 1985: 8-13.

[99] Alex Haley, Wurzeln. Roman. Frankfurt a. M. (2. A.) 1997 (New York 1976): 386.

[100] „Special Court, July 1805", Dorchester County Criminal Court Docket, 1791-1805, hg. Deborah Smith Moxey (Privatdruck 1986), 1: 52.

[101] Alistair Cooke, Amerika. Geschichte der Vereinigten Staaten. Stuttgart/Zürich 1975 (London 1973): 142.

[102] Frederik Hetmann, Das schwarze Amerika. Vom Freiheitskampf der amerikanischen Neger. Freiburg/Basel/Wien (2. A.) 1971: 116.; Ball 1999: 331.

[103] Hetman (2. A.) 1971: 116.

[104] Claude Schaeffner (Hg.), Der Sezessionskrieg/Restauration der Bourbonen/Der Sieg des Nationalismus. Bayreuth 1982 (Lausanne 1970). (Weltgeschichte in Bildern; 20): 13.

[105] Angabe Larson 2004: 13; nach: Bureau of the Census, United States Federal Census, 1810.

[106] Larson nennt das Datum 1822 und bezieht sich hierbei auf die Thompson-Hinterlassenschaft von 1853 und den Hinweis von Eliza Ann Brodess im *Cambridge Democrat*, Md., 3. Oktober 1849; s. Emma P. Telford, Harriet: The Modern Moses of Heroism and Visions, Auburn, New York 1905.

[107] Conrad (3. A.) 1974: 3.

[108] Frederick Douglass, Das Leben des Frederick Douglass von ihm selbst erzählt (1845). Nachwort Dietlinde Haug. Göttingen (2. A.) 1991: 47.

[109] Larson 2004: XVI.

[110] B. S. (= Beate Schräpel), Harriet Tubman, in: Pusch/Gretter (2. A.) 2002: 288; Dies., Harriet Tubman, in: Pusch/Schweers 2007: 198f. Auch der Thomas-Garrett-Biograph McGowan, der Garretts Beziehung zu Tubman ein eigenes Kapitel widmet, nennt das Jahr 1820 als Tubmans Geburtsjahr. Ders. (2. A.) 2005: 36.

[111] Dieses Jahr nennt Quarles als Geburtsjahr Harriets: Ders., Harriet Tubman´s Unlikely Leadership: 44, in: Litwack/Meir 1988.

[112] Dieses Geburtsdatum scheint mir das plausibelste zu sein, denn es existieren

Unterlagen, aus denen hervorgeht, daß die Mutter Rit eine Hebamme bezahlt bekam. Vgl. Larson 2004: 16, und: Edward Brodess in einer ausführlichen Darlegung an Anthony Thompson der Jahre 1821 und 1822. Edward Brodess vs. Anthony Thompson, Dorchester County Vermögensunterlagen, MDSA (Angabe Larson 2004: 309/Anm. 1). – Dagegen Bradford 1869: Harriet Tubman „wurde geboren, soweit sie sich erinnern kann, im Jahre 1820 oder 1821, in Dorchester County, am Ostufer von Maryland, nicht weit entfernt von der Siedlung Cambridge." Vgl. aber auch: Eliza Ann Brodess, „Dreihundert Dollars Belohnung." In: Cambridge Democrat, Cambridge, Md., 3. Oktober 1849. Brodess schreibt hier, daß Harriet 27 Jahre alt sei. Demnach wäre sie 1822 geboren worden.

[113] Dieses Jahr nennt in einem Zitat ihr Besitzer „Brodas" (gemeint ist wohl Brodess), zit. in: Conrad (3. A.) 1974: 3. Conrad meint, daß Tubman früher geboren wäre.

[114] Douglass (2. A.) 1991: 33f.

[115] Telford 1905: 3.

[116] Larson 2004: 20; Seite 296-299 des Stammbaums von Ross, ebendort.

[117] Telford 1905.

[118] Douglass (2. A.) 1991: 72.

[119] Douglass (2. A.) 1991: 72.

[120] Howard I. Chapelle, The Search for Speed Under Sail, 1700-1855. New York 1967: 299.

[121] Levin Stewart über diverse Schwarze, Gericht von Dorchester County , Gerichtspapiere, 1797-1851, MDSA; Elaine McGill, Transkiption: Bescheinigungen der Freiheit, Gericht von Dorchester County 1806-1864 (Privatdruck, 2001).

[122] Larson 2004: 25.

[123] Larson 2004: 25/Anm. 34.

[124] Ball 1999: 84.

[125] Vgl. dazu: Douglass (2. A.) 1991: 36.

[126] Larson 2004: 27. Vgl. auch S. 70.

[127] Bradford (2. A.) 1993: 15.

[128] In: Cambridge Chronicle, Cambridge, Md., 25. Dezember 1830; zit. in: Larson 2004: 30.

[129] In: Cambridge Chronicle, Cambridge, Md., 30. August 1828; zit. in: Larson 2004: 30.

[130] Er ist mehr: Er unterhält „eine der größten Sklavenhandelsagenturen in den USA." Anmerkung in: Douglass (2. A.) 1991: 46.

[131] Ankündigung in: Cambridge Chronicle, Cambridge, Md., 9. Januar 1836. Vgl. Frederick Bancroft, Slave Trading in the Old South. Columbia: University of South Carolina Press, 1996: 39-44.

[132] Gericht von Dorchester County, Vermögensunterlagen, 1827-1833, MDSA, zit. in: Larson 2004: 30.

[133] John W. Blassingame (Hg.), Slave Testimony: Two Centuries of Letters, Speeches,

Interviews, and Autobiographies. Baton Rouge: Louisiana State University Press, 1977: 414-416.

[134] Blassingame 1977: 414-416.

[135] Cheney, in: Freedmen´s Record, März 1865.

[136] Bradford 1869: 9.

[137] Interviews mit John Seward (Robert Ross) und James Seward (Ben Ross), in: Tilden G. Edelstein (Hg.), Benjamin Drew, The Refugee: A North-Side View of Slavery. Reading, Massachusetts 1969 (1. A. 1855): 27.

[138] Douglass (2. A.) 1991: 66f. und 39-43.

[139] Harriet Beecher-Stowe, Onkel Toms Hütte. Roman (1852). München (2. A.) 1996: 475-484.

[140] Still 1970.

[141] Telford 1905: 4.

[142] Telford 1905: 4.

[143] Douglass (2. A.) 1991: 129-141.

[144] Telford 1905: 4.

[145] Bradford 1869: 10f.

[146] Larson 2004: 39.

[147] Samuel Hopkins Adams, Grandfather Stories. New York 1947: 274.

[148] Douglass (2. A.) 1991: 68f.

[149] Larson 2004: 40; nach der Ausgabe: Bradford, Harriet, the Moses of her Her People. New York 1901, mit einem zusätzlichen Kapitel: "Some Additional Incidents in the Life of Harriet": 135f.

[150] Bradford 1901: 137.

[151] Edelstein 1969: 20.

[152] Harkless Bowley an Earl Conrad, am 8. August 1939. Earl Conrad/Harriet Tubman Collection, New York Public Library, Schomburg Center for Research in Black Culture.

[153] Hetmann (2. A.) 1971: 154.

[154] Nat Turner, zit. in: Hetmann (2. A.) 1971: 154f.

[155] Everett 1998: 122.

[156] Hetmann (2. A.) 1971: 155.

[157] Nat Turner, Confessions, zit. in: Hetmann (2. A.) 1971: 156f.

[158] Zit. in: Hetmann (2. A.) 1971: 160.

[159] Zit. in: Hetmann (2. A.) 1971: 161.

[160] Hetmann (2. A.) 1971: 162.

[161] Ball 1999: 343

[162] J. H. (= Joey Horsley), Sarah Moore Grimké/Angelina Emily Grimké, in: Pusch/Schweers 2007: 66f.; Gerda Lerner, The Grimké Sisters from South Carolina. Pioneers for Woman´s Rights and Abolition. New York (6. A.) 1978 (1. A. 1967).

[163] Edward Brown, zit. in: Ball 1999: 344.
[164] John P. Pratt, Spectacular Meteor Shower Might Repeat. In: Meridian Magazine, 15. Oktober 1999 (Hinweis von Larson 2004: 316/Anm. 31).
[165] "Meteor" Shower, Sammlung Samuel Harrison, MS 432, Schachtel 4, Maryland Historical Society, Baltimore.
[166] Bradford 1869: 74.
[167] Telford 1905: 6.
[168] Bradford 1869: 13f.
[169] Bradford 1869: 75.
[170] Cheney, in: Freedmen´s Record, März 1865.
[171] Wilbur Siebert an Earl Conrad am 4. September 1939. Earl-Conrad-Papiere, Bourke Memorial Library, Cayuga Community College, Auburn, New York.
[172] Larson 2004: 43.
[173] Larson 2004: 44.
[174] Sanborn, in: The Commonwealth, Boston, 17. Juli 1863.
[175] Sanborn, in: The Commonwealth, Boston, 17. Juli 1863; Bradford 1869: 79f.
[176] Still 1970: 411.
[177] Frederick Douglass, Life and Times of Frederick Douglass. Scituate, Massachusetts 2001 (nach der Auflage 1882): 133.
[178] Douglass (2. A.) 1991: 110-115.
[179] Douglass (2. A.) 1991: 147-150.
[180] Douglass (2. A.) 1991: 153.
[181] Douglass (2. A.) 1991: 207-210.
[182] Larson 2004: 45.
[183] Lawrence W. Levine, Slave Songs and Slave Consciousness: 78, in: Timothy E. Fulop/Albert J. Raboteau (Hgg.), Africa-American Religion: Interpretive Essays in History and Culture. New York 1997.
[184] Bradford (2.) 1993: 75f.
[185] Jualynne E. Dodson, Lee, Jarena, in: Darlene Clark Hine (Hg.), Black Women in America. An Historical Encyclopedia. Vol. 1: A-L. Brooklyn, New York 1993: 707.
[186] Harry A. Reed, Stewart, Maria W., in: Hine 1993: Vol. 2: M-Z: 1113f.
[187] Gayle T. Tate, Elaw, Zilpha, in: Hine 1993: Vol. 1: 388f.
[188] Nell Irvin Painter, Truth, Sojourner, in: Hine 1993: Vol. 2: 1172-1176; S. K. H. (= Sarah K. Horsley), Sojourner Truth, in: Pusch/Schweers 2007: 196f.
[189] Bradford (2. A.) 1993: 61.
[190] "Six Women´s Slave Narratives." Schomburg Library of Nineteenth-Century Black Women Writers. Oxford: Oxford University Press, 1988; "Spiritual Narratives." Schomburg Library of Nineteenth-Century Black Women Writers. Oxford: Oxford University Press, 1988; William L. Andrews, To Tell a Free Story: The First Century of Afro-American Autobiography, 1760-1865. Urbana, University of Illi-

nois Press, 1986; Ders. (Hg.), Sisters of the Spirit: Three Black Women´s Autobiographies of the Nineteenth Century. Bloomington 1986; Carla L. Peterson, "Doers of the Word": African American Women Speakers and Writers in the North, 1830-1880. New Brunswick, N. J. 1995. Angaben nach Larson 2004: 318/Anm.66.

[191] Maria Stewart, "Productions of Mrs. Maria W. Stewart", in: Spiritual Narratives, Schomburg Library of Nineteenth-Century Black Women Writers. New York: Oxford University Press, 1988: 76f.

[192] Andrews (Hg.), Sisters of the Spirit. 1986: 92.

[193] Jarena Lee, Religious Experience and Spiritual Journey of Mrs. Jarena Lee, Giving an Account of Her Call to Preach the Gospel, in: Spiritual Narratives. Schomburg Library of Nineteenth-Century Black Women Writers. New York 1987: 41.

[194] Lee: 90, in: Spiritual Narratives. New York 1987.

[195] Blassingame 1977: 423-426.

[196] Ethiop, The Early Days of the Underground Railroad, in: Anglo African Magazine, Oktober 1859: 321-324.

[197] Larson 2004: 52.

[198] McElvey 1991: 270.

[199] Cheney, 34, in: Freedmen´s Record, März 1865.

[200] Still 1970: 306.

[201] Tubman zit. in: Taylor 1991: 26.

[202] Frank C. Drake, The Moses of Her People. Amazing Life Work of Harriet Tubman. In: New York Herald, 22. September 1907.

[203] Eine Tatsache, die Ann Petry in ihrer Romanbiographie ignoriert.

[204] William S. Pettigrew an James C. Johnson, zit. in: David S. Cecelski, The Waterman´s Song: Slavery and Freedom in Maritime North Carolina. Chapel Hill: The University of North Carolina Press, 2001: 104.

[205] Larson 2004: 62.

[206] Petry 1960 (1. A. 1955 unter dem Titel "Harriet Tubman – Conductor of the Underground Railroad"): 79f.

[207] Auch Frederick Douglass arbeitete gegen Geld und mußte den größten Teil seines Lohns seinem Besitzer auf den Tisch legen. Ders. (2. A.) 1991: 184ff.

[208] Vgl. Sanborn, in: *The Commonwealth,* Boston 17. 7. 1863; Bradford 1869: 75.

[209] Gespräch mit James Stewart., zit. in: Edelstein 1969: 27f.

[210] Douglass (2. A.) 1991: 98-102.

[211] Das Testament Anthony Tompsons ist im Justizgebäude von Dorchester County aufbewahrt, Estate no. 0-65-C, Cambridge, Md.

[212] Douglass (2. A.) 1991: 102-105.

[213] Larson 2004: 69. Vgl. auch S. 27 ebenda.

[214] Bradford 1869: 14.

[215] Bradford 1869: 14f.; Dies. (2. A.) 1993 (1. A. 1886): 24.

[216] Bradford (2. A.) 1993: 24.

[217] Vgl. Blassingame 1977: 414ff.

[218] Blassingame 1977: 414ff.; vgl. Bradford (2. A.) 1993: 25f.

[219] Ich folge der Darstellung des Falls bei Larson 2004: 75f.

[220] Larson 2004: 77.

[221] Colin A. Palmer, Slaves of the White God. Blacks in Mexico, 1570-1650. Cambridge/Mass., und London 1976: 119.

[222] Ximénez an Marquis de la Bresa, zit. nach: Heinrich Handelmann, Geschichte der Insel Hayti. Kiel (2. A.) 1860 (1. A. 1856): 11

[223] Déc. I, lib. III, cap. XII, zit. nach: Charles R. Boxer, Four Centuries of Portuguese Expansion, 1415-1825: A Succinct Survey. Berkeley/Los Angeles/Johannesburg 1969: 26f.

[224] Zit. (mit unvollständiger Literaturangabe) in: Peter Martin, Das rebellische Eigentum. Vom Kampf der Afroamerikaner gegen ihre Versklavung. Frankfurt a. M. (2. A.) 1988: 38.

[225] Zit. nach Palmer 1976: 120.

[226] Zit. nach: Hans Christoph Buch, Die Scheidung von San Domingo. Wie die Negersklaven von Haiti Robespierre beim Wort nahmen. Berlin 1976: 50.

[227] Zit. in: Madison Smartt Bell, Aufstand aller Seelen. Roman. Wien 1996 (New York 1995): 561f.

[228] Bei den – oft widersprüchlichen - Angaben der Lebensdaten Nannys halte ich mich an: Karla Gottlieb, „The Mother of Us All“: A History of Queen Nanny, Leader of the Windward Jamaican Maroons. Irenton, N. J./Asmara, Eritrea 2000: XVIf.

[229] S. die Hinweise in Wikipedia, der freien Enzyklopädie: „Nanny of the Maroons“, „A Tribute to Queen Nanny“ und „Granny Nanny.“ Dort auch weitere Literatur. Ich verdanke diesen Hinweis Dennis Eckart.

[230] Herbert Aptheker, American Negro Slave Revolts. Nat Turner, Denmark Vesey, Gabriel, and Others. New York (4. A.) 1969 (1. A. 1943): 1.

[231] Aptheker (4. A.) 1969: 3.

[232] Aptheker (4. A.) 1969: 2.

[233] Herbert Aptheker, Buying Freedom: 31, in: Ders., To Be Free. Studies in American Negro History. New York (2. A.) 1968 (1. A. 1948): 31-40.

[234] Aptheker (4. A.) 1969 (1. A.1943): 3.

[235] Aptheker, Introduction: 9, in: Ders. (2. A.) 1968: 9f.

[236] Aptheker, Slave Guerrilla Warfare: 11, in: Ders. (2. A.) 1968: 11-30.

[237] Aptheker: 11, in: Ders. (2. A.) 1968.

[238] Edmund Jackson, in: *The Pennsylvania Freeman*, 1. Januar 1852; Harriet Beecher Stowe, Dred (2 Bde.). Boston 1856.

[239] Vgl. P. A. Bruce, Economic History of Virginia in the 17th Century (2 Bde.). New York 1896: Bd. 2: 115.

[240] E. C. Holland, A Refutation of the Calumnies... Charleston 1823: 63; D. D. Wallace, The History of South Carolina (4 Bde.). New York 1934: Bd. 1: 372.
[241] Everett 1998: 122
[242] Zit. in: Aptheker: 12, in: Ders. (2. A.) 1968.
[243] Aptheker: 14, in: Ders. (2. A.) 1968.
[244] Brief aus Richmond, vom 19. 11. 1792, in: *Boston Gazette*, 17. Dezember 1792.
[245] *Wilmington Chronicle*, 3. 10., 17. 7. 1795 (Kopie Library of Congress); *Charleston City Gazette*, 18.bzw. 23. 7. 1795; R. H. Taylor in: *North Carolina Historical Review*, 1928, V: 23f.
[246] Raleigh Register, 1. Juni 1802 (Staatsbibliothek Raleigh); *N. Y. Herald*, 2. Juni 1802; *Edenton Gazette*, 22. März 1811; G. G. Johnson, Ante-Bellum North Carolina. Chapel Hill 1937: 514.
[247] T. F. Davis in: Florida Historical Quarterly, 1930, 9: 106f., 111, 138; Niles' Weekly Register, Baltimore, 12. 12. 1812, 3: 235-237.
[248] Hartford Connecticut Courant, 10. und 24. 9. 1816; J. B. McMaster, History of the People of the U. S.; Bd. 4: 431. McMasters Bericht ist wiedergegeben in: H. B. Fuller, The Purchase of Florida. Cleveland 1906: 228.
[249] H. T. Cook, Life and Legacy of David R. Williams. New York 1916: 130.
[250] Vgl. die Petition von John H. Hill, Oberst der Miliz von Carteret, vom Dezember 1825. Zit. in: Aptheker: 19f., in: Ders. (2. A.) 1968.
[251] N. Y. *Evening Post*, 11. 5. 1824.
[252] Stephen B. Oates, The Fires of Jubilee. Nat Turner's Fierce Rebellion. New York 1976: 147.
[253] Zu Denmark Vesey und seiner Verschwörung: Aptheker (4. A.) 1969: 15, 65, 81, 98, 106, 219, 268-276; D. R. Egerton, He shall got out free. The lives of Denmark Vesey. Madison 1999; R. S. Starobin (Hg.), Denmark Vesey. The Slave Conspiracy of 1822. Englewood Cliffs (N. J.) 1970; Meissner/Mücke/Weber 2008: 151ff.; Ball 1999: 294-297; Hetmann (2. A.) 1971: 148-153.
[254] Meissner/Mücke/Weber 2008: 152.
[255] Hetmann (2. A.) 1971: 148.
[256] Zu den afrikanischen und afroamerikanischen Religionen ausführlich: Reuter 2003.
[257] Thomas Jefferson, zit. in: Hetmann (2. A.) 1971: 98f..
[258] Hetmann (2. A.) 1971: 99.
[259] Thomas Jefferson, zit. in: Hetmann (2. A.) 1971: 106.
[260] Hetmann (2. A.) 1971: 148f.
[261] Zit. in: Hetmann (2. A.) 1971: 149.
[262] Meissner/Mücke/Weber 2008: 152.
[263] Ball 1999: 295.
[264] Hetmann (2. A.) 1971: 153.

[265] Petry (2. A.) 1971: 15.
[266] Meissner/Mücke/Weber 2008: 152.
[267] Tagebuch Eliza Balls, zit. in: Ball 1999: 297.
[268] Vgl. N. Y. *Evening Post*, 15. 5., 29. 5 und 5. 6., 30. 6. 1823.
[269] *Charleston City Gazette*, zit. in: N. Y. *Evening Post*, 24. 10. 1823; *Nile's Weekly Register*, 18. 10. 1823, 25: 112; nach: Aptheker: 20, in: Ders. (2. A.) 1968.
[270] Aptheker: 21, in: Ders. (2. A.) 1968.
[271] Zit. in: N. Y. *Evening Post*, 11. bzw. 12. 7. 1827.
[272] Zit. in: N. Y. *Evening Post*, 10. 8. 1829.
[273] Aptheker: 22, in: Ders. (2. A.) 1968.
[274] Zit. in: Aptheker: 22-24, in: Ders. (2. A.) 1968.
[275] Zit. in: Aptheker: 25, in: Ders. (2. A.) 1968.
[276] S. den Brief von Turgwyn an Gouverneur John Owen vom 15. 11. 1830, Newbern, in: Governor's Letter Book, 28: 247-249; und den Brief vom J. I. Pasteuer an Gouverneur Owen am selben Tag und Platz, in: Governeur's Papers, Nr. 60. Zit. in: Aptheker: 25, in: Ders. (2. A.) 1968.
[277] *The Liberator*, 18. 3. 1838; John T. Sprague, The Origin, Progress, and Conclusion of the Florida War. New York 1848: 309; J. R. Giddings, The Exiles of Florida. Columbus 1858: 121, 139; Grant Foreman, Indian Removal. Norman 1932: 336, 383.
[278] Der Film kam 1997 in die Kinos und wurde für 4 Oscars nominiert, ging bei der Preisverleihung aber leer aus. Zum Film: Lutterbeck, in: Stern, Nr. 9, 1998; „Verbrechen des Jahrtausends“, in: Der Spiegel, Nr. 8, 16. 2. 1998: 148-151; David Pesci, Amistad. Der authentische Roman über einen Aufstand, der Geschichte machte. Bergisch Gladbach 1998. Eine Übersicht über den Fall bietet H. Jones, Mutiny on the Amistad. The Saga of a Slave Revolt and its Impact on American Abolition, Law, and Diplomacy. New York/Oxford 1988; über Sklavenrevolten auf Schiffen: Everett 1998: 46-58 ("Der Zwischenfall auf der Amistad": S. 54).
[279] Meissner/Mücke/Weber 2008: 153; vgl. Jones 1988: 170.
[280] New Orleans *Bee*, 4. 10. 1841; Lafourche (La.) *Patriot*, in: *Liberator*, 12. 11. 1841.
[281] St. Louis *Argus*, 23. 7. 1841, zit. in: *Nile's National Register*, 7. 8. 1841, LX: 360; John D. Lang/Samuel Taylor Jr., Report of a Visit to Some of the Tribes of Indians Located West of the Mississippi. Providence 1843: 41.
[282] Hanesville *Free Press*, 1. 3. 1844, zit. in: *Liberator*, 5. 4. 1844; New Orleans *Picayune*, zit. in: *Liberator*, 4. 12. 1846.
[283] Frederick L. Olmsted, Journey in Seabord Slave States. (2 Bde.). London 1904: Bd. I: 17; Ders., Journey in the Back Country. London 1860: 30, 55.
[284] Briefsammlung des Gouverneurs, Nr. 43: 514f.; zit. in: Aptheker: 28, in: Ders. (2. A.) 1968.
[285] Vicksburger *Whig*, zitiert in: *The Liberator*, 3. 4. 1857; Norfolks *Day Book*, 13. 10. 1859.

[286] *New York Tribune*, 11. 3. 1861; H. M. Henry, Police Control of the Slave in South Carolina. Emory 1914: 121.

[287] Offizielle Unterlagen der Unionsarmeen und Konföderiertenarmeen, Ser. I, Nr. 9: 199: Burnside an Stanton, 14. 3. 1862, zit. in: Aptheker: 29, in: Ders. (2. A.) 1968.

[288] Offizielle Unterlagen der Unionsarmeen und Konföderiertenarmeen, Ser. I, Nr. 25, pt. 2: 607; zit. in: Aptheker: 29f., in: Ders. (2. A.) 1968.

[289] Hinweis Aptheker: 30, in: Ders. (2. A.) 1968; der Bericht in: Richmond *Daily Examiner*, 14. 1. 1864.

[290] Ball 1999: 58.

[291] Martin (2. A.) 1988: 9.

[292] Morrison (3. A.) 2007: 145.

[293] Der *Cambridge Democrat* publizierte am 3. Oktober 1849 eine Suchanzeige von Eliza Brodess, 16 Tage nachdem Harriet Tubman und ihre Brüder geflohen waren.

[294] Larson 2004: 78.

[295] Humez 2003: 13.

[296] Zit. in: Conrad (3. A.) 1974: 36.

[297] Larson 2004: 81.

[298] Zit. in: Bradford 1869: 19.

[299] Douglass (2. A.) 1991: 191.

[300] Fields 1985: 16f.

[301] *Cambridge Chronicle*, Cambridge, Md. 2. 1. 1847: 3.

[302] *Cambridge Chronicle*, Cambridge, 4. 9. 1847: 2.

[303] Larson 2004: 86.

[304] "A Stampede." In: *Easton Star*, Easton, Md., 24. 10. 1849.

[305] „Cost of Trial." In: *Baltimore Sun*, Baltimore, Md., 7. 12. 1849.

[306] Conrad 1942: 9.

[307] Everett schreibt, daß es sich um Frederick Douglass handelt. Dies. 1998: 167. Taylor dagegen schreibt, daß der Schwarze links im Bild William Still sei. Taylor 1991: 40.

[308] Zit. in: Everett 1998: 166f.

[309] Meissner/Mücke/Weber 2008: 146; J. Thornton, Africa and the Africans in the Making of the Atlantic World, 1400-1680. Cambridge (2. A.) 1998 (1. A. 1992): 277.

[310] Meissner/Mücke/Weber 2008: 146.

[311] Meissner/Mücke/Weber 2008: 147.

[312] Meissner/Mücke/Weber 2008: 147; vgl. auch: Larry Gara, The Liberty Line. The Legend of the Underground Railroad. Lexington: University of Kentucky Press, 1961.

[313] Everett 1998: 162.

[314] McGowan (2. A.) 2005: 15.

[315] *Firelands Pioneer*, Juli 1888, zit. in: Wilbur H. Siebert, The Underground Railroad:

From Slavery to Freedom. New York 1968: 35; Taylor 1991: 32; Petry 1960: 52f.

[316] R. C. Smedley, History of the Underground Railroad in Chester and the Neighboring Counties of Pennsylvania. Lancaster, PA, 1883: 34f.

[317] Thomas E. Drake, Quakers and Slavery in America. New Haven: Yale University 1950: 76.

[318] James A. McGowan, Station Master of the Underground Railroad. The Life and Letters of Thomas Garrett. Jefferson, North Carolina/London 2005 (1. A. 1977): 11f.

[319] Thomas Garrett, zit. in: Taylor 1991: 46.

[320] William Lloyd Garrison, zit. in: Everett 1998: 156.

[321] Everett 1998: 157.

[322] William Breyfogle, Make Free: The Story of the Underground Railroad. Philadelphia 1958; zit. in: McGowan 2005: 12.

[323] Vgl. Gara 1961: 52; 54f.

[324] Zit. in: McGowan (2. A.) 2005: 13; die Literaturangabe von ihm ist unvollständig!

[325] Conrad 1942: 10.

[326] Vgl. die Karten bei Larson 2004: Nach xxi. Zwei Karten zeigen Tubmans südliche und nördliche Routen.

[327] Bradford (2. A.) 1993: 31.

[328] Douglass (2. A.) 1991: 191f.

[329] Conrad 1942: 13.

[330] Franklin B. Sanborn, zit. in: Conrad 1942: 14.

[331] Zit. in: Larson 2004: 90.

[332] Harkless Bowley an Earl Conrad, 8. 8.1939. Harkley Bowley-Briefe, Earl Conrad/ Harriet Tubman-Sammlung, New York Public Library, Schomburg Center for Research in Black Culture, New York.

[333] Cheney, in: *Freedmen´s Record*, März 1865: 35.

[334] Frederick Douglass, Narrative of the Life of Frederick Douglass. Scituate, Massachusetts (Digital Scanning, Inc.) 2001 (repr. Von 1882): 329f.

[335] Douglass (2. A.) 1991: 191.

[336] „Interview zwischen Siebert und Harriet Tubman“, in: „The Underground Railroad“, Manuskripte von Professor Wilbur Siebert. In: Houghton Library, Harvard University, Cambridge, Massachusetts.

[337] Douglass (2. A.) 1991: 118-146.

[338] S. Frederick Douglass, My Bondage and my Freedom. New York 1969 (repr. von 1855); Ders., "Falsehood Refuted", in: The North Star, Rochester, New York, 13. 10. 1848. Ausführlich dazu: Larson 2004: 333/Anm.39.

[339] Sanborn, in: *The Commonwealth*, Boston, 17. 7. 1863.

[340] Taylor 1991: 52.

[341] Larson 2004: 100.

[342] Cheney, 36, in: *Freedmen´s Record*, März 1865.
[343] Larson 2004: 101.
[344] Tubman, zit. in: Conrad 1942: 18.
[345] Interview mit Henry Stewart 1863: 416, in: Blassingame 1977: 414-416.
[346] Mehr Information über dieses Netzwerk der Abolitionist/INNen s.: William Kashatus, Just over the Line: Chester County and the Underground Railroad. West Chester, PA 2002.
[347] J. H. (= Joey Horsley), Sarah Moore Grimké/Angelina Emily Grimké, in: Pusch/ Schweers 2007: 66f.; Margaret M. R. Kellow, The Divided Mind of Anti-Slavery Feminism: Lydia Maria Child and the Construction of African American Womanhood: 108, in: Patricia Morton (Hg.), Discovering the Women in Slavery: Emancipating Perspectives on the American Past. Athens, Georgia: University of Georgia Press, 1996: 107-126.
[348] Susan B. Anthony, Black first (Übs. Cornelia Holfelder-von der Tann), in: EMMA, Nr. 2, März/April 2008: 45. Diese Rede hielt Susan B. Anthony 1869 auf einer Versammlung der Equal Rights Commission.
[349] Bradford 1869: 58; Larson 2004: 110f.; Taylor 1991: 52.
[350] Bradford 1869: 59 („I nebber waitet for no one").
[351] Vgl. Still 1970.
[352] Bradford 1869: 61.
[353] Bradford 1869: 61.
[354] Interview mit Henry Stewart, 1863, in: Blassingame 1977: 416.
[355] Edelstein 1969: 20; 27-29. – Ironischerweise heißt auch der Gouverneur von New York William Henry Seward; er wird später Tubman unterstützen, ein sicheres Heim für ihre Eltern zu finden.
[356] Interview John Seward, in: Edelstein 1969: 27.
[357] Interview mit Mrs. James Seward, in: Edelstein 1969: 28f.
[358] Larson 2004: 185.
[359] Cheney, in: *Freedmen´s Record*, März 1865.
[360] Thomas Garrett an Eliza Wigham am 12. 9. 1856, zit. in: McGowan (2. A.) 2005: 169f.
[361] Sanborn, in: *The Commonwealth*, Boston, 17. 7. 1863;vgl. Bradford 1869: 80.
[362] Bradford 1869: 50f.
[363] Garrett, zit. in: Conrad 1942: 19.
[364] Conrad 1942: 21.
[365] McGowan (2. A.) 2005: 106; Bradford 1869: 21.
[366] Thomas Garrett an Elizabeth Wigham, am 24. 10. 1856, zit. in: McGowan (2. A.) 2005: 171-173.
[367] Garett an Wigham, am 24. 10. 1856, zit. in: McGowan (2. A.) 2005: 172.
[368] Garrett an Wigham, am 24. 10. 1856, zit. in: McGowan (2. A.) 2005: 172.

[369] Garrett an Wigham, 27. 12.1856: 175, zit. in: McGowan (2. A.) 2005: 175-178.

[370] William Wells Brown, The Rising Son; or, the Antecedents and Advancement of the Colored Race. New York 1970 (1. A. 1874): 538.

[371] „Unsuccessful Attempt to Capture Fugitive Sklaves", in: *New York Tribune*, New York, 20. 3. 1857.

[372] Garrett an Mary Edmundson, am 29. 3. 1857: 181, zit. in. McGowan (2. A.) 2005: 178-182. Larson (2004) schreibt „Edmondson" (S. 140).

[373] Pritchett Meredith hatte eine Belohnung von 600 Dollar auf die Ergreifung seiner Sklaven Denard Hughes und Thomas Elliot ausgesetzt. William Still schreibt den Namen „Richard" Meredith. Ders. 1970: 58f.

[374] „Sam Green and Uncle Tom's Cabin", in: *Easton Gazette*, Easton, Md., 28. 8. 1858.

[375] Vgl. Richard Albert Blondo, Samuel Green: A Black Life in Antebellum Maryland. Magisterarbeit. University of Maryland, 1988; Still 1970: 251-255.

[376] Larson 2004: 145.

[377] Garrett an William Still, am 17. 11. 1857, in: Still 1970: 663. Vgl. auch Brinkley an Still, am 13. 6. 1858, in: Ders. 1970: 465.

[378] Larson 2004: 152.

[379] Larson 2004: 101.

[380] Harry H. Johnston, Geschichte der Kolonisation Afrikas durch fremde Rassen. Heidelberg 1903: 81.

[381] Martin (2. A.) 1988: 49f.; Wendelin Schlosser, Reisen in Brasilien und Algier, oder Lebensschicksale Wendelin Schlossers, zuletzt gewesenen Bombaschia des Achmed Bey von Constantine. Erfurt 1839: 10.

[382] Ida Pfeiffer, Eine Frauenreise um die Welt. Reise von Wien nach Brasilien, Chili, Otahaiti, China, Ost-Indien, Persin und Kleinasien von Ida Pfeiffer; geb. Reyer, Verfasserin der „Reise einer Wienerin ins heilige Land" und der „Reise nach Island und Skandinavien." Erster Band. Wien 1850: 35.

[383] Josef Friedrich von Weech, Reise über England und Portugal nach Brasilien und den Vereinigten Staaten des La-Plata-Stromes während den Jahren 1823 bis 1827. Teile 1-3. München 1831: 2. Theil: 81.

[384] Kenneth M. Stampp, The Peculiar Institution. Slavery in the Ante-Bellum-South. New York 1956: 87.

[385] Douglass (2. A.) 1991: 51-53.

[386] Conrad (3. A.) 1974: 78.

[387] Alice Stone Blackwell am 25. und 26. 7. 1939 an Conrad; Ders. zit. (3. A.) 1974: 78.

[388] Taylor 1991: 55.

[389] Zit. in: Conrad (2. A.) 1969: 79.

[390] John Lovell, Jr., Social Implications of the Negro Spiritual. In: Journal of Negro Education, Oktober 1939.

[391] Focus-Fragebogen (Quentin Tarantino), in: Focus, Nr. 31, 30. 7. 2007: 154.

[392] Joseph O`Connor, Wo die Helden schlafen. Roman. Frankfurt a. M. 2009 (London 2007): 263.

[393] Everett 1998: 172; Schaeffner 1982: 22.

[394] - aug -, Der Kampf gegen die Sklaverei. Die Abolition: 31, in: Geschichte mit Pfiff, Nr. 9, September 1999: 29-31.

[395] Zit. in: Taylor 1991: 80.

[396] Angabe in: Daniel Göske (Hg.), Herman Melville, Ein Leben. Briefe und Tagebücher. München/Wien 2004 (Herman Melville, Ausgewählte Werke): 505.

[397] Hawthorne, zit. in: Göske 2004: 506.

[398] Jürgen Kuczynski, Abraham Lincoln. Berlin 1985: 72.

[399] Zit. in: Taylor 1991: 76.

[400] Unübersetzbares Wortspiel. „He ist the most of a man naturally that I ever met with." Zit. in: Conrad 1942: 24.

[401] Thomas Wentworth Higginson, zit. in: Conrad 1942: 26f.

[402] Frederick Douglass an John Brown, zit. in: Taylor 1991: 77.

[403] Everett 1998: 174.

[404] Conrad (3. A.) 1974: 128.

[405] Frederick Douglass zit. in: Taylor 1991: 79f.

[406] Conrad (3. A.) 1974: 138.

[407] Conrad 1942: 29.

[408] Oder Charleston. Die Stadt in Virginia, in der Brown gehängt wurde.

[409] Zit. in: Taylor 1991: 81.

[410] Thomas Garrett, zit. in: Taylor 1991: 81f.

[411] William Still, zit. in: Taylor 1991: 82.

[412] Tubman, zit. in: Conrad 1942: 35.

[413] Ball 1999: 129.

[414] Tubman, zit. in: Taylor 1991: 85.

[415] Tubman, zit. in: Taylor 1991: 85.

[416] William Wells Brown, zit. in: Taylor 1991: 85.

[417] Thomas Higginson, zit. in: Taylor 1991: 86.

[418] Dudley Taylor Cornish, The Sable Arm. Negro Troops in the Union Army, 1861-1865. New York (2. A.) 1966: 88ff. (über Higginson); 192 (über den "doppelten Standard" bei der Bezahlung weißer und farbiger Soldaten).

[419] Everett 1998: 184 und 176.

[420] Taylor 1991: 89.

[421] Ohne nähere Angaben zit. in: Cornish (2. A.) 1966: o. S. (Vorwort nicht paginiert: S. 4 von 6 Seiten).

[422] *Commonwealth*, zit. in: Taylor 1991: 87.

[423] Harriet Tubman an Frank Sanborn, zit. in: Taylor 1991: 88.

[424] *Atlantic Monthly*, zit. in: Taylor 1991: 90.

[425] Tubman, zit. in: Taylor 1991: 91.

[426] Zit. in: Taylor 1991: 91. Es handelt sich um Saxtons Brief an Mary Derby am 21. 3. 1868. Der Brief ist vollständig wiedergegeben in: Conrad (3. A.) 1974: 202f.

[427] Außerdem trägt Tubman bei ihren militärischen Unternehmungen eine Waffe: ein Gewehr, keine Pistole. Das Titelcover von Conrad (1942) zeigt Tubman in dieser Uniform, außerdem Humez 2003: 4; Priscilla Thompson, Harriet Tubman, Thomas Garrett, and the Underground Railroad: 6, in: Delaware History, 22, Nr. 1, 1986: 1-21; Larson 2004: 223; Davis 1982: 27, und Hetmann (2. A.) 1971: 164f. Bei dem sehr populären Bild – vielleicht einem von Tubmans bekanntesten überhaupt - handelt es sich um einen zeitgenössischen Holzschnitt, den zuerst Bradford als Titelbild (1869) benutzte.

[428] Martha Coffin Wright an Francis Wright, am 28. 5. 1862. Familienpapiere von Garrison, Schachtel 41, f. 1028.22, Sophia Smith Collection, Smith College, Northampton, Massachusetts. Angabe Larson 2004: 361/Anm. 115.

[429] Pam Greene, "Seward: Innkeeper on the Underground Railroad." In: *The Syracuse Newspapers: Cayuga Neighbors – Herald Journal*, Syracuse, New York, 17. 2. 2000; Larson 2004: 197.

[430] Larson 2004: 197 ("mysterious and seemingly complicated").

[431] Alice Lucas Brickler an Earl Conrad, am 19. 7. 1939. Earl Conrad/Harriet Tubman Collection, New York Public Library, Schomburg Center for Research in Black Culture. Margaret Stewart heiratete Henry Lucas im Jahre 1872 in Auburn.

[432] Alice Brickler an Earl Conrad, am 19. 7. 1939. Earl Conrad/Harriet Tubman Collection, New York Public Library, Schomburg Center for Research in Black Culture.

[433] Larson 2004: 198.

[434] Larson 2004: 198f.

[435] Harriet A. Jacobs, zit. in: „Schwarze Schwestern": 78, in: EMMA, Nr. 3, Mai/Juni 1999.

[436] S. stern-Serie, Teil 7: So liebt die Welt. Kuba: 86, in: stern, Nr. 32, 2. 8. 2007: 83-103.

[437] Morrison (2. A.) 2005: 9.

[438] Alice Brickler an Earl Conrad, am 19. 7. 1939. Earl Conrad/Harriet Tubman Collectio, New York Public Library, Schomburg Center for Research in Black Culture.

[439] Anderer Name von Eva Stewart Northrup. Ihr voller Geburtsame lautet Katherine Evelyn Helena Harriet Stewart. Vgl. Larson 2004: 362/Anm. 137.

[440] Zit. in: Taylor 1991: 93.

[441] Vielleicht hat Truth den Präsidenten ein wenig zu ideal gesehen; Freundschaften machen bisweilen blind für Fehler. Am 29. Oktober 1864 traf Sojourner Truth Lincoln in dessen Büro im Weißen Haus, „um ihn moralisch zu unterstützen." S. das Bild in: Peter Krass, Sojourner Truth. Danbury, Connecticut 1988: 87 (Serie „Black Americans of Achievement").

[442] Tubman zit. in: Conrad 1942: 41.

[443] Conrad (2. A.) 1969: 194.

[444] Bostoner *Commonwealth*, zit. in: Taylor 1991: 95.

[445] Rufus Saxton, zit. in: Taylor 1991: 95. Vgl. die vollständige Wiedergabe des Briefes in: Conrad (3. A.) 1974: 202f.

[446] Taylor 1991: 95; B. S. (= Beate Schräpel), Harriet Tubman, in: Pusch/Schweers 2007: 198f.

[447] *The Baltimore American*, 7. Oktober 1867, zit. in: Conrad (3. A.) 1974: 194f.

[448] *The Baltimore American* bzw. *Cambridge Intelligencer*, zit. in: Conrad (3. A.) 1974: 196.

[449] Zit. in: Hetmann (2. A.) 1971: 305.

[450] Hetmann (2. A.) 1971: 287-306 (Kap. „Drei Morde in Mississippi").

[451] Zitate in: Mark Leibowich, Rasse sticht Geschlecht, in: EMMA, Nr. 2, März/April 2008: 44.

[452] Philip Foner (Hg.), The Life and Writings of Frederick Douglass. New York 1950: Bd. 4: 41. Diese Bemerkung stammt aus der Rede "The Need for Continuing Anti-Slavery-Work", die Douglass auf dem Zweiunddreißigsten Jahrestreffen der American Anti-Slavery Society am 9. Mai 1865 hielt. Sie wurde zuerst im *Liberator* vom 26. Mai 1865 veröffentlicht.

[453] Davis 1982: 78.

[454] Davis 1982: 70f.

[455] Davis 1982: 77.

[456] Zit. in: John White Chadwick, A Life for Liberty: 207f.; zit. in: Conrad (3. A.) 1974: 198.

[457] Conrad (3. A.) 1974: 199.

[458] Anthony, Black first: 45, in: EMMA, Nr.2, 2008. Die EMMA schreibt "Equal Rights *Commission*."

[459] Bradford, zit. in: Conrad (3. A.) 1974: 201; Bradford 1969: 3f.

[460] Zit. in: Conrad (3. A.) 1974: 202, nach Bradford 1869: 22f.

[461] Tubman, in: Frank C. Drake, in: *New York Herald*, 22. 9. 1907.

[462] Zit. in: Taylor 1991: 98.

[463] Conrad 1942: 45.

[464] Taylor 1991: 101.

[465] Davis 1982: 85.

[466] Davis 1982: 85.

[467] Herbert Aptheker, A Documentary History of the Negro People in the United States. Syracuse, New York 1973: Bd. 2: 747; „Tenant Farming in Alabama, 1889", in: The Journal of Negro Education, 17, 1948: 46ff.

[468] W. E. B. DuBois, Black Reconstruction in America. Cleveland 1964: 698.

[469] DuBois 1964: 699.

[470] DuBois 1964: 698.

[471] Davis 1982: 87.

[472] Aptheker 1973: Bd. 1: 46.

[473] Aptheker 1973: Bd. 1: 47; vgl. "A Southern Domestic Worker Speaks." In: The Independent, Bd. LXXII (25.1.1912).

[474] Aptheker 1973: Bd. 1: 50.

[475] Über Rosa Parks: „Schwarze Schwestern": 81, in: EMMA, Nr. 3, Mai/Juni 1999; „Thank you, sista", in: EMMA, Nr. 1, Jan./Feb. 2006: 20.

[476] Aptheker 1973: Bd. 1: 49.

[477] Davis 1982: 89.

[478] W. E. B. DuBois, Darkwater. New York 1920: 115.

[479] Isabel Eaton, Special Report on Negro Domestic Service, in: W. E. B. DuBois, The Philadelphia Negro. New York (2. A.) 1967 (1. A. 1899): 427.

[480] Eaton: 428, in: DuBois (2. A.) 1967.

[481] Eaton: 485, in: DuBois (2. A.) 1967.

[482] Eaton: 484, in: DuBois (2. A.) 1967.

[483] Davis 1982: 92.

[484] Tubman, zit. in: Conrad 1942: 46.

[485] Alice Brickler an Earl Conrad, am 28. 7. 1939. Earl Conrad/Harriet Tubman Collection, New York Public Library, Schomburg Center for Research in Black Culture.

[486] Petry (2. A.) 1971: 220.

[487] Zit. in: Conrad 1942: 47.

[488] Earl Conrad an Carrie Chapman, am 3. 2. 1940. Earl Conrad/Harriet Tubman Collection, New York Public Library, Schomburg Center for Research in Black Culture.

[489] Larson 2004: 294.

[490] Bell 1996: 671f.

[491] Bell 1996: 670.

[492] William Faulkner, Requiem für eine Nonne. Zit. in: Pinck 2002: 179.

Literatur

Adams, Samuel Hopkins, Grandfather Stories. New York 1947.

Andrews, William L., To Tell a Free Story: The First Century of Afro-American Autobiography, 1760-1865. Urbana: University of Illinois Press, 1986.

Ders. (Hg.), Sisters of the Spirit: Three Black Women´s Autobiographies of the Nineteenth Century. Bloomington 1986.

Anthony, Susan B., Black first (Übs. Cornelia Holfelder-von der Tann). In: EMMA, Nr. 2. März/April 2008: 45.

Aptheker, Herbert, American Negro Slave Revolts. Nat Turner, Denmark Vesey, Gabriel, and Others. New York (4. A.) 1969 (1. A. 1943).

Ders., To be Free. Studies in American Negro History. New York (2. A.) 1968 (1. A. 1948).

Ders., A Documentary History of the Negro People in the United States. Syracuse, New York 1973.

"A Southern Domestic Worker Speaks." In: The Independent, Bd. LXXXII, 25. 1. 1912.

"A Tribute to Queen Nanny." In: Wikipedia, die freie Enzyklopädie.

- aug -, Der Kampf gegen die Sklaverei. Die Abolition. In: Geschichte mit Pfiff, Nr. 9, September 1999: 29-31.

Baer, Ulrich, Schwarzes Gedächtnis, in: Frankfurter Allgemeine Zeitung, Nr. 243, 19. 10. 1999: 52.

Bales, Kevin, Die neue Sklaverei. München 2001 (University of California 1999).

Ball, Edward, Die Plantagen am Cooper River. Eine Südstaaten-Dynastie und ihre Sklaven. Frankfurt a. M. 1999 (New York 1998).

Bancroft, Frederick, Slave Trading in the Old South. Columbia: University of South Carolina Press, 1996.

Bastian, A., Die deutsche Expedition an der Loango-Küste. 2 Bde. Jena 1874 und 1875.

Beecher-Stowe, Harriet, Dred (2 Bde.). Boston 1856.

Dies., Onkel Toms Hütte. Roman (1852). München (2. A.) 1996.

Bell, Madison Smartt, Aufstand aller Seelen. Roman. Wien 1996 (New York 1995).

Berlin, Ira, Slaves without Masters: Free Negro in the Antebellum South. New York 1974.

Blassingame, John W. (Hg.), Slave Testimony. Two Centuries of Letters, Speeches, Interviews, and Autobiographies. Louisiana State University Press, Baton Rouge 1977.

Blondo, Richard Albert, Samuel Green: A Black Life in Antebellum Maryland. Magisterarbeit. University of Maryland, 1988.

Boston Gazette, 17. 12. 1792.

Boxer, Charles R., Four Centuries of Portuguese Expansion, 1415-1825: A Succinct Survey. Berkeley/Los Angeles//Johannesburg 1969.

Brackett, Jeffrey R., The Negro in Maryland: A Study of the Institution of Slavery. New York 1969.

Bradford, Sarah Hopkins, Scenes in the Life of Harriet Tubman. Auburn, New York 1869.

Dies., Harriet Tubman. The Moses of Her People. Bedford, Massachusetts (2. A.) 1993 (1. A. 1886).

Dies., Harriet, the Moses of her People. New York 1901 (erweiterte Fassung).

Breyfogle, William, Make Free: The Story of the Underground Railroad. Philadelphia 1958.

Brown, William Wells, The Rising Son; or, the Antecedentes and Advancement of the Colored Race. New York 1970 (1. A. 1874).

Bruce, P. A., Economic History of Virginia in the 17th Century (2 Bde.). New York 1896.

Brugger, Robert R., Maryland. A Middle Temperament, 1634-1980. Baltimore 1988.

B. S. (= Beate Schräpel), Harriet Tubman. In: Pusch/Gretter (2. A.) 2002: 288.

Dies., Dass. In: Pusch/Schweers 2007: 198f.

Buch, Hans Christoph, Die Scheidung von San Domingo. Wie die Negersklaven von Haiti Robespierre beim Wort nahmen. Berlin 1976.

Cambridge Chronicle, Cambridge, Md., 30. 8. 1828; 25. 12. 1830; 9. 1. 1836.

Cameron, Kenneth Walter, Transcendental Youth and Age: Chapters in Biography and Autobiography by Franklin Benjamin Sanborn. Hartford, Connecticut 1981.

Cecelski, David S., The Waterman´s Song: Slavery and Freedom in Maritime North Carolina. Chapel Hill: The University of North Carolina Press, 2001.

Chapelle, Howard I., The Search for Speed under Sail, 1700-1855. New York 1967.

Charleston City Gazette, 18. bzw. 23. 7. 1795.

Cheney, Ednah Dow Littlehale, Moses. In: *Freedmen´s Record*, März 1865.

Conrad, Earl, A Great Leader – Harriet Tubman. In: Negro World Digest, August 1940: 46-50.

Ders., Most of a Man. In: Negro World Digest, November 1940: 1-88.

Ders., General Tubman on the Combahee. In: Negro World Digest, Dezember 1940: 13-16.

Ders., General Tubman at Troy. In: The Crisis, März 1941: 78, 91.

Ders., Harriet Tubman, Negro Soldier and Abolitionist. New York 1942.

Ders., General Tubman, Composer of Spirituals. In: Etude V. (60), Mai 1942: 305, 344, 352.

Ders., Harriet Tubman. New York 1943 (2. A. 1969; 3. A. 1974).

Ders., Charles P. Wood Manuscripts of Harriet Tubman. In: Negro History Bulletin, Januar 1950, 13 (4): 90-95.

Ders., I Bring You General Tubman. In: Black Scholar, Januar – Februar 1970: 2-7.

Cook, H. T., Life and Legacy of David R. Williams. New York 1916.

Cooke, Alistair, Amerika. Geschichte der Vereinigten Staaten. Stuttgart/Zürich 1975 (London 1973).

Cornish, Dudley Taylor, The Sable Arm. Negro Troops in the Union Army, 1861-1865. New York (2. A.) 1966.

D`Aguiar, Fred, Futter für die Geister. Roman. Berlin (2. A.) 2000 (London 1998).

Davis, Angela, Rassismus und Sexismus. Schwarze Frauen und Klassenkampf in den USA. Berlin 1982 (Engl. Ausg. 1981).

Dodson, Jualynne E., Lee, Jarena. In: Hine 1973: Vol. I: A-L: 707.

Douglass, Frederick, Falsehood Refuted. In: The North Star, Rochester, New York, 13. 10. 1848.

Ders., Das Leben des Frederick Douglass als Sklave in Amerika von ihm selbst erzählt. Nachwort Dietlinde Haug. Göttingen (2. A.) 1991.

Ders., My Bondage and my Freedom. New York 1969 (1. A. 1855).

Ders., Life and Times of Frederick Douglass. Scituate, Massachusetts 2001 (nach der Auflage 1882).

Drake, Frank C., The Moses of Her People. Amazing Life Work of Harriet Tubman. In: New York Herald, 22. September 1907.

Drake, Thomas E., Quakers and Slavery in America. New Haven: Yale University 1950.

Drew, Benjamin, Harriet Tubman. In: The Refugee: or the Narratives of Fugitive Slaves in Canada. Boston 1856.

DuBois, W. E. B., Darkwater. New York 1920.

Ders., Black Reconstruction in America. Cleveland 1964.

Ders., The Philadelphia Negro. New York (2. A.) 1967 (1. A. 1899).

Eaton, Isabel, Special Report on Negro Domestic Service. In: Dubois (2. A.) 1967.

Edelstein, Tilden G. (Hg.), Benjamin Drew, The Refugee: A North-Side View of Slavery. Reading, Massachusetts 1969 (1. A. 1855).

Edenton Gazette, 22. 3. 1811.

Egerton, R., He shall got out free. The lives of Denmark Vesey. Madison 1999.

EMMA-Dossier „Schwarze Schwestern." In: EMMA, Nr. 3, Mai/Juni 1999: 76-85.

Ethiop, The Early Days of the Underground Railroad. In: Anglo African Magazine, Oktober 1859: 321-324.

Everett, Susanne, Geschichte der Sklaverei. Augsburg 1998 (London 1978).

Fields, Barbara Jeanne, Slavery and Freedom on the Middle Ground. New Haven, Yale University Press, 1985.

Fitzhugh, Ann, Harriet Tubman. In: American Review, August 1912.

Foner, Philip (Hg.), The Life and Writings of Frederick Douglass, New York 1950.

Foreman, Grant, Indian Removal. Norman 1932.

Fragebogen: Quentin Tarantino. In: Focus, Nr. 31, 30. 7. 2007: 154.

Franklin, John Hope/Alfred A. Moss Jr., Von der Sklaverei zur Freiheit. Die Geschichte der Schwarzen in den USA. Erweiterte und aktualisierte Ausgabe. Berlin 1999 (1. A. New York 1947; weitere Auflagen 1956, 1967, 1974, 1980, 1988, 1994).

Fuller, H. B., The Purchase of Florida. Cleveland 1906.

Fulop, Timothy E./Albert J. Raboteau (Hgg.), Africa-American Religion: Interpretive Essays in History and Culture. New York 1997.

Gara, Larry, The Liberty Line. The Legend of the Underground Railroad. Lexington, University of Kentucky Press, 1961.

Geschichte mit Pfiff, Nr. 9, September 1999.

Giddings, J. R., The Exiles of Florida. Columbus 1858.

Gomez, Michael A., Exchanging our Country Marks: The Transformation of African Identities in the Colonial and Antebellum South. Chapel Hill: The University of North Carolina Press, 1998.

Göske, Daniel (Hg.), Herman Melville. Ein Leben. Briefe und Tagebücher. Deutsch von Werner Schmitz und Daniel Göske. München/Wien 2004.

Gottlieb, Karla, „The Mother of Us All:": A History of Queen Nanny, Leader of the Windward Jamaica Maroons. Irenton, N. J./Asmara, Eritrea 2000.

"**Grandy** Nanny." In: Wikipedia, die freie Enzyklopädie.

Greene, Pam, „Seward: Innkeeper on the Underground Railroad." In: The Syracuse Newspapers: Cayuga Neighbors – Herald Journal, Syracuse, New York, 17. 2. 2000.

Haley, Alex, Wurzeln. Roman. Frankfurt a. M. (2. A.) 1997 (New York 1976).

Handelmann, Heinrich, Geschichte der Insel Hayti. Kiel (2. A.) 1860 (1. A. 1856).

Hanesville Free Press, 1. 3. 1844.

Hartford Connecticut Courant, 10. und 24. 9. 1816.

Heinemann, Evelyn, Das Erbe der Sklaverei. Ethnopsychologische Studien in Jamaika. Frankfurt a. M. 1997.

Hetmann, Frederik, Das schwarze Amerika. Vom Freiheitskampf der amerikanischen Neger. Freiburg/Basel/Wien (2. A.) 1971.

Hine, Darlene Clark, Harriet Tubman, Harriet Ross (c. 1821-1913), in: Dies. 1993: Vol. II: M-Z: 1176-1180.

Dies., Black Women in America. An Historical Encyclopedia. Mit-Hgg. Elsa Barkley Brown und Rosalyn Terborg-Penn.Broklyn, New York 1993: Vol. I: A-L.

Dies., Dass. Broklyn, New York 1993: Vol. II: M-Z.

Holland, E. C., A Refutation of the Calumnies… Charleston 1823.

Humez, Jean M., Harriet Tubman. The Life and the Life Stories. University of Wisconsin Press 2003.

J. H. (= Joey Horsley), Sara More Grimké/Angelina Emily Grimké. In: Pusch/Schweers 2007: 66f.

Johnson, G. G., Ante-Bellum North Carolina. Chapel Hill 1937.

Johnston, Harry H., Geschichte der Kolonisation Afrikas durch fremde Rassen. Heidelberg 1903.

Jones, H., Mutiny on the Amistad. The Saga of a Slave Revolt and its Impact on American Abolition, Law, and Diplomacy. New York/Oxford 1988.

Kashatus, William, Just over the Line: Chester County and the Underground Railroad. West Chester, PA: 2002.

Kellow, Margaret M., The Divided Mind of Anti-Slavery-Feminism: Lydia Maria Child and the Construction of African American Womanhood. In: Morton 1996: 107-126.

Krafczyk, Eva, "Yes, you can!" In: Main-Post, 13. 7. 2009, Nr. 158: 3.

Krass, Peter, Sojourner Truth. Danbury, Connecticut 1988 (Serie "Black Americans of Achievement").

Kuczynski, Jürgen, Abraham Lincoln. Berlin 1985.

Lang, John D./Samuel Taylor Jr., Report of a Visit to Some of the Tribes of Indians Located West of the Mississippi. Providence 1843.

Larson, Kate Clifford, Bound for the Promised Land. Harriet Tubman, Portrait of an American Hero. New York 2004.

Lee, Jarena, Religious Experience and Spiritual Journey of Mrs. Jarena Lee, Giving an Account of Her Call to Preach the Gospel. In: Spiritual Narratives. Schomburg Library of Nineteenth-Century Black Women Writers. New York: Oxford University Press, 1988.

Leibowich, Mark, Rasse sticht Geschlecht. In: EMMA, Nr. 2, März/April 2008: 44.

Lerner, Gerda, The Grimké Sisters from South Carolina. Pioneers for Woman´s Rights and Abolition. New York (6. A.) 1978 (2004 unter dem Titel: "The Grimkés Sisters of South Carolina: Rebels against Slavery").

Levine, Lawrence W., Slave Songs and Slave Consciousness. In: Fulop/Raboteau 1997.

Litwack, Leon/August Meier (Hgg.), Black Leaders of the Nineteenth Century. Urbana/Chicago 1988.

Loth, Heinrich, Sklaverei. Die Geschichte des Sklavenhandels zwischen Afrika und Amerika. Wuppertal 1981.

Lovell Jr., John, Social Implications of the Negro Spiritual. In: Journal of Negro Education, Oktober 1939.

Lutterbeck, Claus, Ein Loch in der amerikanischen Seele. (Über Spielbergs Film „Amistad"): In: stern, Nr. 9, 1998: 190-193.

Martin, Peter, Das rebellische Eigentum. Vom Kampf der Afroamerikaner gegen ihre Versklavung. Frankfurt a. M. (2. A.) 1988.

McCaskie, State and Society in Pre-Colonial Asante. Cambridge 1995.

McElvey, Kay Najiyyah, Early Black Dorchester, 1776-1870: A History of the Struggle of African Americans in Dorchester County, Maryland, to Be Free to Make Their Own Choices. Ph. D. Dissertation, University of Maryland 1991.

McGowan, James A., Station Master of the Underground Railroad. The Life and Letters of Thomas Garrett. Vorwort William C. Kashatus. Jefferson, North Carolina, and London (2. A.) 2005 (1. A. 1977).

Meissner, Jochen/Ulrich Mücke/Klaus Weber, Schwarzes Amerika. Eine Geschichte der Sklaverei. München 2008.

Merle, Curti/Richard H. Shryok/Thomas C. Cochran/Fred Harvey Harrington, Geschichte Amerikas. Bd. 1. Frankfurt a. M. o. J. (New York o. J.).

Mikich, Sonia, Obama & die Frauen. In: EMMA, Nr. 1, Jan./Feb. 2009: 18-20.

Morrison, Toni, Menschenkind. Roman. Mit einem Vorwort der Autorin. Reinbek (3. A.) 2007 (Ne York 1987).

Morton, Patricia (Hg.), Discovering the Women in Slavery: Emancipating Perspectives on the American Past. Athens, Georgia: University of Georgia Press, 1996.

„**Nanny** of the Maroons." In: Wikipedia, die freie Enzyklopädie.

New Orleans Bee, 4. 10. 1841.

Nile´s National Register, 7. 8. 1841.

Nile´s Weekly Register, Baltimore, 12. 12. 1812, 3; 18. 10. 1823, 25.

North Carolina Historical Review, 1928, V.

N. Y. Evening Post, 15. 5., 29. 5. und 5. 6., 30. 6. und 24. 10. 1823; 11. und 12. 7. 1827; 10. 8. 1829; 11. 5. 1854.

N. Y. Herald, 2. 6. 1802; 22. 9. 1907.

Oates, Stephen B., The Fires of Jubilee. Nat Turner´s Fierce Rebellion. New York 1976.

O`Connor, Joseph, Wo die Helden schlafen. Roman. Frankfurt a. M. 2009 (London 2007).

Olmsted, Frederick L., Journey in the Back Country. London 1860.

Ders., Journey in Seabord Slave States (2 Bde.). London 1904.

Osterhammel, Jürgen, Sklaverei und die Zivilisation des Westens. München 2000 (Friedrich von Siemens Stiftung; Themen; 20).

Painter, Nell Irvin, Truth, Sojourner. In: Hine 1993: Vol. 2: 1172-1176.

Palmer, Colin A., Slaves of the White God. Blacks in Mexico, 1570-1650. Cambridge, Mass./London 1976.

Paraire, Philippe (Text)/Michael Welply (Illustrationen), So lebten sie zur Zeit der Sklaverei. Geschichte und Schicksal der Afrikaner in Nordamerika. Schwarzenführer des 20. Jahrhunderts. Afrika als Opfer des Sklavenhandels. Nürnberg 1994 (Paris 1992).

Pechuel-Loesche, E., Volkskunde von Loanda. Stuttgart 1907.

Pesci, David, Amistad. Der authentische Roman über einen Aufstand, der Geschichte machte. Bergisch Gladbach 1998.

Peterson, Carla L., „Doers of the World": African American Women Speakers and Writers in the North, 1830-1880. New Brunswick, N. J. 1995.

Petry, Ann, Harriet Tubman, Conductor on the Underground Railroad. New York (2. A.) 1971 (1. A. 1955; 1960 unter dem Titel "The Girl Called Moses").

Pfeiffer, Ida, Eine Frauenreise um die Welt. Reise von Wien nach Brasilien, Chile, Otahaiti, China, Ost-Indien, Persien und Kleinasien von Ida Pfeiffer; geb. Reyer, Verfasserin der „Reise einer Wienerin ins heilige Land" und der „Reise nach Island und Skandinavien." Erster Band. Wien 1850.

Phillips, Christopher, Freedom´s Port: The African American Community of Baltimore, 1790-1860. Chicago: University of Illinois Press, 1997.

Pinck, Axel, Washington D. C., Maryland, Virginia. Köln 2002.

Pratt, John P., Spectacular Meteor Shower Might Repeat. In: Meridian Magazine, 15. 10. 1999.

Pusch, Luise F./Susanne Gretter (Hgg.), Berühmte Frauen. 300 Porträts. Frankfurt a. M./Leipzig (2. A.) 2002.

Pusch, Luise F./Andrea Schweers (Hgg.), Ohne Frauen ist kein Staat zu machen. Hundert Politikerinnen. Frankfurt a. M. 2007.

Quarles, Benjamin, Harriet Tubman´s Unlikely Leadership. In: Litwack/Meier 1988: 43-57.

Raleigh Register, 1. 6. 1802.

Reed, Harry A., Stewart, Maria W. In: Hine 1993: Vol. II: M-Z: 113f.

Reuter, Astrid, Voodoo und andere afroamerikanische Religionen. München 2003.

Richmond Daily Examiner, 14. 1. 1864.

"Sam Green and Uncle Tom´s Cabin." In: Easton Gazette, Easton, Md., 28. 8. 1858.

Sanborn, Franklin B., Harriet Tubman. In: *The Commonwealth*, Boston, 17. 7. 1863.

Ders., A Negro Heroine – Scenes in the Life of Harriet Tubman. In: Springfield Republican, 2, 25. 1. 1869.

Ders., Life and Letters of John Brown, Liberator of Kansas and Martyr of Virginia. New York 1969 (1. A. 1885).

Schaeffner, Claude (Hg.), Der Sezessionskrieg/Restauration der Bourbonen/Der Sieg des Nationalismus. Bayreuth 1982 (Lausanne 1970 (Weltgeschichte in Bildern; 20).

Seth, Joseph B./Mary W. Seth, Recollections of a Long Life on the Eastern Shore. Easton 1926.

Schlosser, Wendelin, Reisen in Brasilien und Algier, oder Lebensschicksale Wendelin Schlossers, zuletzt gewesenen Bombaschia des Achmed Bey von Constantine. Erfurt 1839.

Siebert, Wilbur H., The Underground Railroad: From Slavery to Freedom. New York 1968.

"Six Women´s Slave Narratives." Schomburg Library of Nineteenth-Century Black Women Writers. Oxford: Oxford University Press, 1998.

S. K. H. (= Sarah K. Horsley), Sojourner Truth. In: Pusch/Schweers 2007: 196f.

"Sklaverei. Verbrechen des Jahrtausends." In: Der Spiegel, Nr. 8, 16. 2. 1998: 148-151.

Smedley, R. C., History of the Underground Railroad in Chester and the Neighbouring Counties of Pennsylvania. Lancaster, PA, 1883.

Smith, Debora (Hg.), "Special Court, July 1805", Dorchester County Criminal Court Docket, 1791-1805. Moxey (Privatdruck) 1986.

Soyinka, Wole, The Burden of Memory, the Muse of Forgiveness. Oxford/New York 1999.

"Spiritual Narratives." Schomburg Library of Nineteenth-Century Black Women Writers. Oxford: Oxford University Press, 1988.

Sprague, John T., The Origin, Progress, and Conclusion of the Florida War. New York 1848.

Stampp, Kenneth M., The Peculiar Institution. Slavery in the Ante-Bellum South. New York 1956.

Starobin, R. S. (Hg.), Denmark Vesey. The Slave Conspiracy of 1822. Englewood Cliffs (N. J.) 1970.

Stern-Serie, Teil 7: So liebt die Welt. Kuba. N: stern, Nr. 32, 2. 8. 2007: 83-103.

Stewart, Maria, "Productions of Mrs. Maria W. Stewart. In: Spiritual Narratives. Schomburg Library of Nineteenth-Century Black Women Writers. New York: Oxford University Press, 1988.

Still, William, The Underground Railroad. Chicago 1970 (1. A. 1871).

St. Louis Argus, 23. 7. 1841.

Tate, Gayle T., Elaw, Zilpha. In: Hine 1993: Vol. 1: 388f.

Taylor, M. W., Harriet Tubman. Antislavery Activist. New York 1991 (Serie "Black Americans of Achievement").

Telford, Emma P., Harriet: The Modern Moses of Heroism and Visions. Auburn, New York 1905.

"Tenant Farming in Alabama, 1889." In: The Journal of Negro Education, 17. 1948: 46ff.

"Thank you, sista!" In: EMMA, Nr. 1, Jan./Feb. 2006: 20.

The Baltimore American, 7. 10. 1867.

The Liberator, 18. 3. 1838; 12. 11. 1841; 5. 4. 1844; 4. 12. 1846.

The Pennsylvania Freeman, 1. 1. 1852.

Thomas, Hugh, The Slave Trade. The Story of the Atlantic Slave Trade: 1440-1870. New York 1997.

Thompson, Priscilla, Harriet Tubman, Thomas Garrett, and the Underground Railroad. In: Delaware History, 22, Nr. 1, 1986: 1-21.

Thornton, J., Africa and the Africans in the Making of the Atlantic World, 1400-1680. Cambridge (2. A.) 1998 (1. A. 1992).

"Unsuccessful Attempt to Capture Fugitive Slaves." In: New York Tribune, New York, 20. 3. 1857.

Verger, Pierre Fatumbi (Zeichnungen von Carybé), Lendas Africanas dos Orixás. Salvador (4. A.) 1997.

Wallace, D. D., The History of South Carolina (4 Bde.). New York 1934.

Walsh, Lorena, The Chesapeake Slave Trade: Regional Patterns, African Origins, and Some Implications. In: William and Mary Quarterly 58, Nr. 1, 2001: 139-170

Warneck, G., Die Stellung der evangelischen Mission zur Sklavenfrage. Gütersloh 1889.

Weech, Josef Friedrich von, Reise über England und Portugal nach Brasilien und den Vereinigten Staaten des La-Plata-Stromes während den Jahren 1823 bis 1827. Teile 1-3. München 1831.

Wennersten, John R., Maryland´s Eastern Shore: A Journey in Place and Time. Centreville, Md 1992.

Whitman, T. Stephen, The Price of Freedom. Slavery and Manumission in Baltimore and Early National Maryland. Lexington, Ky.: The University of Kentucky, 1997.

Wilks, Ivor, Forests of Gold: Essays on the Akan and the Kingdom of the Asante. Athens: Ohio University Press, 1993.

Wilmington Chronicle, 3. 10., 17. 7. 1795.

- wm - , Die afrikanische Tragödie. Kontinent der Sklaven. In: Geschichte mit Pfiff. September, Nr. 9, 1999.

„**Verbrechen** des Jahrtausends." In: Der Spiegel, Nr. 8, 16. 2. 1998: 148-151.

Wyman, Lillie B(uffum) Chace, Harriet Tubman. In: New England Magazine, March 1986, 6: 110-118.

Gesamtverzeichnis Verlag Edition AV

Anarchie ♦ Theorie ♦ Pädagogik ♦ Literatur ♦ Lyrik ♦ Theater ♦ Satire ♦ Geschichte

Gwendolyn von Ambesser ♦ Die Ratten betreten das sinkende Schiff ♦ Das absurde Leben des jüdischen Schauspielers Leo Reuss ♦ 978-3-936049-47-3 ♦ 18,00 €

Gwendolyn von Ambesser ♦Schaubudenzauber ♦ Geschichten und Geschichte eines legendären Kabaretts ♦ 978-3-936949-68-8 ♦ Preis 18,00 €

Yair Auron ♦ Der Schmerz des Wissens ♦ Die Holocaust- und Genozid-Problematik im Unterricht ♦ ISBN 978-3-936049-55-8 ♦ 18,00 €

Alexander Berkman ♦ Der bolschewistische Mythos. Tagebuch aus der russischen Revolution 1920 – 1922. ♦ ISBN 978-3-936049-31-2 ♦ 17,00 €

Franz Barwich ♦ Das ist Syndikalismus ♦ Die Arbeiterbörsen des Syndikalismus ♦ ISBN 978-3-936049-38-1 ♦ 11,00 €

Ermenegildo Bidese ♦ Die Struktur der Freiheit ♦ Chomskys libertäre Theorie und ihre anthropologische Fundierung ♦ ISBN 978-3-9806407-3-2 ♦ 4,00 €

Bilkis Brahe ♦ Tragödien sind albern ♦ Frida Kahlo (1907-1954) eine mexikanische Malerin ♦ ISBN 978-3-936049-80-0 ♦ 16,00 €

Ralf Burnicki ♦ Anarchismus & Konsens. Gegen Repräsentation und Mehrheitsprinzip: Strukturen einer nichthierarchischen Demokratie ♦ ISBN 978-3-936049-08-4 ♦ 16,00 €

Ralf Burnicki ♦ Die Straßenreiniger von Teheran ♦ Lyrik ♦ ISBN 978-3-936049-41-1 ♦ 9,80 €

Ralf Burnicki ♦ Zahnweiß ♦ Kaufhaus-Poetry ♦ ISBN 978-3-936049-78-7 ♦ 9,80 €

Michael Bootz ♦ Besser wird nischt ♦ Neue Wertschöpfungsgeschichten ♦ Satiren ♦ ISBN 978-3-936049-63-3 ♦ 12,50 €

CNT ♦ Ein Volk in Waffen (un pueblo en armas) ♦ Soziale Revolution in Spanien ♦ 1936 - 1939 DVD ♦12,00 €

Cornelius Castoriadis ♦ Autonomie oder Barbarei ♦ Ausgewählte Schriften, Band 1 ♦ ISBN 978-3-936049-67-1 ♦ 17,00 €

Cornelius Castoriadis ♦ Vom Sozialismus zur autonomen Gesellschaft ♦Über den Inhalt des Sozialismus ♦ Ausgewählte Schriften ♦ Band 2.1. ♦ ISBN 978-3-936049-88-6 ♦ 17,00 €

Cornelius Castoriadis ♦ Vom Sozialismus zur autonomen Gesellschaft ♦ Gesellschaftskritik und Politik nach Marx ♦ Ausgewählte Schriften ♦ Band 2.2. ♦ ISBN 978-3-86841-002-0 ♦ 17,00 €

Katja Cronauer ♦ Kommunizieren, organisieren und mobilisieren über E-Mail Listen ♦ Handbuch für AktivistInnen ♦ ISBN 978-3-86841-010-5 ♦ 11,80 €

Hans Jürgen Degen ♦ Die Wiederkehr der Anarchisten ♦ Anarchistische Versuche 1945-1970 ♦ ISBN 978-3-86841-015-0 ♦ 24,50 €

Jane Doe ♦ Die andere Farm der Tiere ♦ Roman ♦ ISBN 978-3-936049-94-7 ♦ 16,00 €

Helge Döhring ♦ Syndikalismus im „Ländle" ♦ Die Freie Arbeiter-Union Deutschlands (FAUD) in Würtemberg 1918 – 1933) ♦ ISBN 978-3-936049-59-6 ♦ 16,00 €

Helge Döhring ♦ Damit in Bayern Frühling werde! ♦ Die syndikalistischer Arbeiterbewegung in Südbayern von 1914 bis 1933 ♦ ISBN 978-3-936049-84-8 ♦ 17,00 €

Helge Döhring & Martin Veith ♦ Eine Revolution für die Anarchie ♦ Zur Geschichte des Anarcho-Syndikalistischen Jugend & **Aus den Trümmern empor** ♦ Anarcho-Syndikalismus in Württemberg ♦ ISBN 978-3-86841-005-1 ♦ 22,00 €

Wolfgang Eckhardt ♦ Von der Dresdner Mairevolte zur Ersten Internationalen ♦ Untersuchungen zu Leben und Werk Michail Bakunin ♦ ISBN 978-3-936049-53-4 ♦ 14,00 €

Magnus Engenhorst ♦ Kriege nach Rezept ♦ Geheimdienste und die NATO ♦ISBN 978-3-936049-06-0 ♦ 8,90 €

FAU ♦ Die ersten 30 Jahre ♦ 1977 - 2007 ♦ ISBN 978-3-86841-004-4 ♦ 14,50 €

Sébastien Faure ♦ Die Anarchistische Synthese und andere Texte ♦Herausgegeben, bearbeitet und mit Annotionen versehen von Jochen Knoblauch ♦ ISBN 978-3-936049-85-5 ♦ 10,00 €

FAU-Mat ♦ Gender und Arbeit ♦Geschlechterverhältnis im Kapitalismus ♦ ISBN 978-3-936049-73-2 ♦ 7,00 €

FAU-Bremen ♦ Die CNT als Vortrupp des internationalen Anarcho-Syndikalismus ♦ Die Spanische Revolution 1936 – Nachbetrachtung und Biographien ♦ 978-3-936049-69-5 ♦ 14,00 €

Francisco Ferrer ♦ Die Moderne Schule ♦ Herausgegeben und kommentiert von Ulrich Klemm ♦ ISBN 978-3-936049-21-3 ♦ 17,50 €

William Godwin ♦ Caleb Williams oder Die Dinge wie sie sind ♦ Historischer Roman (Libertäre Bibliothek 1) ♦ ISBN 978-3-936049-86-2 ♦ 19,00 €

Moritz Grasenack (Hrsg.) ♦ Die libertäre Psychotherapie von Friedrich Liebling ♦ Eine Einführung in seine Großgruppentherapie anhand wortgetreuer Abschriften von Therapiesitzungen ♦ Mit Original-Tondokument und Video auf CD-ROM ♦ISBN 978-3-936049-51-0 ♦ 24,90 €

Marijana Gršak, Ulrike Reimann &Kathrin Franke ♦ Frauen und Frauenorganisationen im Widerstand ♦ In Kroatien, Bosnien und Serbien ♦ ISBN 978-3-936049-57-2 ♦ 17,00 €

Stefan Gurtner ♦ Die Straßenkinder von Tres Soles ♦Von zerstörten Kindheiten, Selbstorganisation und einem Theater der Unterdrückten in Bolivien ♦ inkl. einer DVD ♦ 978-3-936049-79-4 ♦ 18,00 €

Stefan Gurtner ♦ Das grüne Weizenkorn ♦ Eine Parabel aus Bolivien ♦ Jugendbuch ♦ ISBN 978-3-936049-40-4 ♦ 11,80 €

Stefan Gurtner ♦ Die Abenteuer des Soldaten Milchgesicht ♦ Historischer Roman ♦ ISBN 978-3-936049-62-6 ♦ 14,00 €

Stefan Gurtner ♦ Der verkaufte Fluss ♦ Freilichtspiel ♦ ISBN 978-3-86841-018-1 ♦ 11,80 €

Michael Halfbrodt ♦ entscheiden & tun. drinnen & draußen. ♦ Lyrik ♦ ISBN 978-3-936049-10-7 ♦ 9,80 €

Maria Regina Jünemann ♦ Die Anarchistin ♦ Historischer Roman ♦ ISBN 978-3-936049-92-3 ♦ 14,00 €

Fred Kautz ♦ Weh der Lüge! Sie befreiet nicht...! ♦ Der Umgang mit der NS-Vergangenheit im ‚Stadtlexikon Darmstadt' ♦ Ein deutsches Beispiel ♦ ISBN 978-3-936049-95-4 ♦ 16,00 €

Fred Kautz ♦ Die Holocaust-Forschung im Sperrfeuer der Flakhelfer ♦ Vom befangenen Blick deutscher Historiker aus der Kriegsgeneration ♦ ISBN 978-3-936049-09-1 ♦ 14,00 €

Fred Kautz ♦ Im Glashaus der Zeitgeschichte ♦ Von der Suche der Deutschen nach einer passenden Vergangenheit ♦ ISBN 978-3-936049-34-3 ♦ 12,50 €

David Kessel ♦ Außenseitergedichte ♦ Lyrik ♦ ISBN 978-3-936049-77-0 ♦ 9,80 €

Michaela Kilian ♦ Keine Freiheit ohne Gleichheit ♦ Louise Michel (1930 - 1905), Anarchistin, Schriftstellerin, Ethnologien, libertäre Pädagogin ♦ 978-3-936049-93-0 ♦ 17,00 €

Ulrich Klemm ♦ Mythos Schule ♦ Warum Bildung entschult und entstaatlicht werden muss ♦ Eine Streitschrift ♦ 978-3-86841-003-7 ♦ 11,80 €

Ulrich Klemm ♦ Anarchisten als Pädagogen ♦ Profile libertärer Pädagogik ♦ ISBN 978-3-936049-05-3 ♦ 9,00 €

Ulrich Klemm ♦ Freiheit & Anarchie ♦ Eine Einführung in den Anarchismus ♦ ISBN 978-3-936049-49-7 ♦ 9,80 €

Rachel Kochawi ♦ Die Blut-Braut ♦ Eine politische Liebesgeschichte ♦ Roman ♦ ISBN 978-3-936049-89-3 ♦ 16,00 €

Rachel Kochawi ♦ Nakajima ♦ Eine Erzählung ♦ inkl. DVD „Das 23. Jahr" ♦ ISBN 978-3-86841-007-5 ♦ 16,00 €

Gustav Landauer ♦ Internationalismus ♦ Ausgewählte Schriften ♦ Band 1 Herausgegeben von Siegbert Wolf ♦ ISBN 978-3-936049-89-3 ♦ 18,00 €

Gustav Landauer ♦ Anarchismus ♦ Ausgewählte Schriften ♦ Band 2 ♦ ISBN 978-3-86841-012-9 ♦ 18,00 €

Markus Liske ♦ Deutschland. Ein Hundetraum ♦ Satire ♦ ISBN 978-3-936049-25-1 ♦ 16,00 €

Markus Liske ♦ Freier Fall für freie Bürger ♦ Eine Sozialgroteske ♦ ISBN 978-3-936049-56-5 ♦ 11,80 €

Markus Liske ♦ Weltmeister wie wir ♦ oder: Wie der Aufschwung nach Deutschland kam ♦ Satire ♦ ISBN 978-3-86841-008-2 ♦ 14,00 €

Subcomandante Marcos ♦ Der Kalender des Widerstandes. Zur Geschichte und Gegenwart Mexikos von unten ♦ ISBN 978-3-936049-24-4 ♦ 13,00 €

Stefan Mozza ♦ Abschiet ♦ Roman ♦ ISBN 978-3-936049-50-3 ♦ 16,00 €

Jürgen Mümken; Freiheit, Individualität & Subjektivität. ♦ Staat und Subjekt in der Postmoderne aus anarchistischer Perspektive. ♦ ISBN 978-3-936049-12-1 ♦ 17,00 €

Jürgen Mümken ♦ Anarchosyndikalismus an der Fulda. ♦ ISBN 978-3-936049-36-7. ♦ 11,80 €

Jürgen Mümken (Hrsg.) ♦ Anarchismus in der Postmoderne ♦ Beiträge zur anarchistischen Theorie und Praxis ♦ ISBN 978-3-936049-37-4 ♦ 11,80 € ♦

Jürgen Mümken ♦ Kapitalismus und Wohnen ♦ Ein Beitrag zu Geschichte der Wohnungspolitik im Spiegel kapitalistischer Entwicklungspolitik und sozialer Kämpfe ♦ ISBN 978-3-936049-64-0 ♦ 22,00 €

Wolfgang Nacken ♦ auf'm Flur ♦ Roman ♦ ISBN 978-3-936049-28-2 ♦ 11,80 €

Rudolf Naef ♦ Russische Revolution und Bolschewismus 1917/18 in anarchistischer Sicht ♦ Aus vielen Originalquellen ♦ ISBN 978-3-936049-54-1 ♦ 14,00 €

Stefan Paulus ♦ Zur Kritik von Kapital und Staat in der kapitalistischen Globalisierung ♦ ISBN 978-3-936049-16-9 ♦ 11,00 €

Abel Paz & die Spanische Revolution ♦ Bernd Drücke, Luz Kerkeling, Martin Baxmeyer (Hg.) ♦ Interviews und Vorschläge ♦ 978-3-936049-33-6 ♦ 11,00 €

Abel Paz ♦ Feigenkakteen und Skorpione ♦ Eine Biographie (1921 - 1936) ♦ 978-3-936049-87-9 ♦ 14,00 €

Abel Paz ♦ Anarchist mit Don Quichottes Idealen ♦ Innenansichten aus der Spanischen Revolution ♦ Eine Biographie (1926 - 1939) ♦ 978-3-936049-97-8 ♦ 16,00 €

Abel Paz ♦ Im Nebel der Niederlage ♦ Vertreibung und Flucht ♦ Eine Biographie (1939 - 1942) ♦ 978-3-86841-016-7 ♦ 16,00 €

Alfons Paquet ♦ Kamerad Fleming ♦ Ein Roman über die Ferrer-Unruhen ♦ ISBN 978-3-936049-32-9 ♦ 17,00 €

Dietrich Peters ♦ Der spanische Anarcho-Syndikalismus ♦ Abriss einer revolutionären Bewegung ♦ ISBN 978-3-936049-04-6 ♦ 8,80 €

Benjamin Péret ♦ Von diesem Brot esse ich nicht ♦ Sehr böse Gedichte ♦ ISBN 978-3-936049-20-6 ♦ 9,00 €

Oliver Piecha ♦ Roaring Frankfurt ♦ Ein kleines Panorama der Frankfurter Vergnügungsindustrie in der Weimarer Republik ♦ ISBN 978-3-936049-48-0 ♦ 17,00 €

Pierre J. Proudhon ♦ Die Bekenntnisse eines Revolutionärs. ♦ ISBN 978-3-9806407-4-9 ♦ 12,45 €

Jean-Bernard Pouy ♦ Mord im Paradis der Nackten ♦ Krimi ♦ ISBN 978-3-86841-017-4 ♦ 16,00 €

Michel Ragon ♦ Das Gedächtnis der Besiegten ♦ Roman ♦ ISBN 978-3-936049-66-4 ♦ 24,80 €

Michel Ragon ♦ Georges & Louise ♦ Der Vendeer und die Anarchistin ♦ Roman ♦ ISBN 978-3-86841-001-3 ♦ 16,00 €

Manja Präkels ♦ Tresenlieder ♦ Gedichte ♦ ISBN 978-3-936049-23-7 ♦ 10,80 €

Heinz Ratz ♦ Der Mann der stehen blieb ♦ 30 monströse Geschichten ♦ ISBN 978- 3-936049-45-9 ♦ 18,00 €

Heinz Ratz ♦ Die Rabenstadt ♦ Ein Poem ♦ ISBN 978-3-936049-27-5 ♦ 11,80 €

Heinz Ratz ♦ Apokalyptische Lieder ♦ Gedichte ♦ ISBN 978-3-936049-22-0 ♦ 11,00 €

Heinz Ratz ♦ Hitlers letzte Rede ♦ Satire ♦ ISBN 978-3-936049-17-6 ♦ 9,00 €

Han Ryner ♦ Nelti ♦ Roman ♦ ISBN 978-3-86841-006-8 ♦ 14,00 €

Birgit Schmidt ♦ Das höchste Ehrgeizideal war, für die Freiheit gehängt zu werden ♦ Russische Revolutionärinnen ♦ ISBN 978-3-86841-013-6 ♦ 11,80 €

Massoud Shirbarghan ♦ Die Nacht der Heuschrecken ♦ Roman aus Afghanistan ♦ ISBN 978-3-936049-30-5 ♦ 11,80 €

Nivi Shinar-Zamir ♦ ABC der Demokratie ♦ Demokratie-Erziehung für Kinder vom Kindergarten bis zur 6. Klasse ♦ 978-3-936049-61-9 ♦ 29,80 €

Oliver Steinke ♦ Das Auge des Meerkönigs ♦ Historischer Roman ♦ ISBN 978-3-936049-29-9 ♦ 14,00 €

Oliver Steinke ♦ Der Verrat von Mile End ♦ Historischer Roman ♦ ISBN 978-3-936049-18-3 ♦ 14,00 €

Oliver Steinke ♦ Füchse der Ramblas ♦ Historischer Roman ♦ ISBN 978-3-936049-46-6 ♦ 14,00 €

Sulamith Sparre ♦ Eine Frau jenseits des Schweigens ♦ Die Komponistin Fanny Mendelssohn-Hensel ♦ ISBN 978-3-936049-60-2 ♦ 12,00 €

Sulamith Sparre ♦ Denken hat kein Geschlecht ♦ Mary Wollstonecraft (1759 – 1797), Menschenrechtlerin ♦ ISBN 978-3-93604-70-1 ♦ 17,00 €

Sulamith Sparre ♦ Rahel Levin Varnhagen ♦ Saloniére, Aufklärerin, Selbstdenkerin, romantische Individualistin, Jüdin ♦ ISBN 978-3-93604-76-3 ♦ 16,00 €

Sulamith Sparre ♦ Das Herz eines Caesar im Busen einer Frau ♦ Artemisia Gentileschi (1593-1654), Malerin ♦ ISBN 978-3-86841-000-6 ♦ 16,00 €

Sulamith Sparre ♦ Aber Göttlich und Außerordentlich reimt sich ♦ Bettine von Arnim (1785 - 1859), Muse, Schriftstellerin, politische Publizistin ♦ ISBN 978-3-86841-009-9 ♦ 17,00 €

Katalin Stang ♦ Freiheit und Selbstbestimmung als behindertenpädagogische Maxime ♦ ISBN 978-3-9806407-5-6 ♦ 8,40 €

Leo Tolstoi ♦ Libertäre Volksbildung ♦ Herausgegeben und kommentiert von Ulrich Klemm ♦ ISBN 978-3-936049-35-0 ♦ 14,00 €

Rubén Trejo ♦ Magonismus ♦ Utopie und Praxis in der Mexikanischen Revolution 1910 – 1913 ♦ ISBN 978-3-936049-65-7 ♦ 17,00 €

Kurt Wafner ♦ Ausgeschert aus Reih' und Glied ♦ Mein Leben als Bücherfreund und Anarchist ♦ Autobiographie ♦ ISBN 978-3-9806407-8-7 ♦ 14,90 €

Kurt Wafner ♦ Ich bin Klabund. Macht Gebrauch davon! ♦ Biographie ♦ ISBN 978-3-936049-19-0 ♦ 10,80 €

Lily Zográfou ♦ Beruf: Porni [Hure] ♦ Kurzgeschichten ♦ ISBN 9787-3-936049-71-0 ♦ 16,00 €

Lily Zográfou ♦ Deine Frau, die Schlampe ♦ Roman ♦ ISBN 9787-3-936049-83-1 ♦ 16,00 €

Lily Zográfou ♦ Ein Aschenputtel mit fünfzig ♦ Roman ♦ ISBN 9787-3-86841-014-3 ♦ 14,00 €

Immer aktuell unter: www.edition-av.de